Réalisation de la maquette : Morgane Velut

ISSN : 2682-0048
ISBN : 979-10-96405-82-4

MYANMAR

Marie
Stricher

D'or et de sang

Pagodes et tatouages

AKINOMÉ

Préface

C'est en 2013 que je découvre la Birmanie. Totalement subjuguée par la magie de ce pays, j'y retourne cinq ans après avec des croqueurs bretons, pour ranimer mes souvenirs dorés, tâter le pouls du pays en pleine transition démocratique et découvrir, lors d'un trek, les singulières femmes tatouées de l'état Chin. Envoûtante Asie, paysages naturels époustouflants, villages lacustres du lac Inlé, pagodes de Bagan à l'infini, capitales royales couvertes d'or, ferveur mystique et croyances, irrationnel et surnaturel se confondent. Ici, une semaine comporte 8 jours, le mercredi compte double. Astrologues et devins sont consultés à l'entrée des temples. Sanctuaires et offrandes honorent les nats, fameux esprits gardiens, issus du culte animiste.

Oui, le Myanmar n'est pas un pays anodin. Derrière ce cliché papier glacé se cache une réalité dissonante. Jetons un coup d'œil dans les coulisses du passé édifiant le présent. 1962, coup d'État militaire, Ne Win et sa junte s'emparent du pouvoir et gouvernent d'une main de fer. En 1989, ils rebaptisent le pays en Myanmar, assignent à résidence la dissidente Aung San Suu Kyi, très populaire fille d'Aung San, libérateur des envahisseurs japonais et britanniques, exécuté en 1947 sous ses yeux d'enfant. La révolte de 2007 menée par les moines bouddhistes contre l'augmentation outrancière des carburants et denrées alimentaires s'achève dans un bain de sang. Soutenus par leur puissant voisin qui depuis longtemps fait main basse sur les ressources minières, les galonnés corrompus se partagent les dividendes sur le dos du peuple miséreux.

2011, revirement spectaculaire : dissolution de la junte remplacée par une administration civile (comment s'offrir une virginité !). On prend les mêmes, galons arrachés, et la communauté internationale applaudit ! Mais la population ressent nettement l'évolution de ses conditions de vie, s'ouvre à la modernité. Internet et téléphones portables envahissent le marché. Le tourisme se développe rapidement. Juteuse idée, les ex-galonnés investissent copieusement dans les *Resorts*. Aung San Suu Kyi, largement soutenue par le peuple, se présente aux élections et obtient la majorité des sièges au parlement.

Soudain, coup de théâtre ! Le 1er février 2021, contestant le résultat des dernières élections largement remportées par la LND, le chef des armées arrête Aung San Suu Kyi et proclame l'état d'urgence. Min Aung Hlaing, chef de la junte, reçoit le soutien de ses « chers alliés » russes et chinois. Retour aux années noires, barbarie du quotidien. Le peuple entier se rebelle, la police tire à balles réelles, arrestations et morts ne se comptent plus. Aujourd'hui, le pays est encore à feu et à sang. La jeunesse poursuit ses manifestations, relayées sur les réseaux sociaux, inventant de nouvelles parades. Un jour, elle déverse de la peinture rouge dans les rues pour évoquer « les martyrs agonisant sous les balles de la police ». D'or et de sang !

« Ne laissez jamais vos peurs vous empêcher de faire ce que vous savez juste », dit Aung San Suu Kyi, désormais condamnée à 33 ans de prison. Avec quels courage et détermination acharnés se battent les Birmans aspirant à la démocratie, grisés par le capiteux parfum d'une liberté qu'ils croyaient acquise. Depuis 2 ans, le Myanmar a rejoint la longue liste des pays sous dictature, mais le peuple ne s'avoue pas vaincu. « Un arbre tombe, plantes-en un autre » dit un proverbe birman.

Allons, il est temps de s'immerger dans les souvenirs dessinés évoquant la beauté authentique des paysages, la nostalgie des sourires dispersés à jamais et l'espoir invincible d'une renaissance.

Mandalay Bagan,
immersion mystique

Mandalay, *night and day*

Lundi 8 janvier, 13 h. Atterrissage Bangkok Mandalay. *Mingalaba* (bonjour).
Avec des croqueurs bretons, nous avons organisé notre circuit, réservé hébergements et déplacements depuis la France. Claude, Christian, Gérard, Dominique et moi – le «Club des 5» – nous posons nos bagages au Golden Mandalay, dans un faubourg typique. Dans une cour arborée, des petits bungalows cosy abritent des chambres climatisées à la déco très kitsch. Une collation est servie en terrasse devant un canal tapissé de lotus et jacinthes d'eau où s'ébattent des grenouilles tapageuses.
Immersion verticale dans l'ambiance animée du quartier populaire Nanshate près du marché. Les Birmans achètent leur repas aux petites échoppes de rue, qui proposent soupes, bouchées vapeur, brochettes, curry de viande au riz. Debout, j'attaque un croquis quand la vendeuse avenante dépose devant moi deux tabourets, pour mon sac à dos et moi.

—
Cuisine de quartier
Aquarelle, feutre, collages

—
Claude et Christian, Dominique et Gérard, compagnons de route et de pinceaux
Crayon graphite et aquarelle sur papier kraft

Momo, notre guide, est malade ; il passe le relais à son collègue francophone Win San (Vincent). Vers 18 h, l'obscurité gagne brutalement la ville.
Je m'attarde à croquer un vendeur de street food cuisinant sous une ampoule blafarde et vacillante. Ici, pas d'éclairage public ; en journée, les coupures d'électricité sont récurrentes. Première nuit difficile : dès 4 h, en plein jet lag, les psaumes s'enchaînent et décapent mes oreilles éprouvées, écourtant mon sommeil.

—
Street food by night
Aquarelle, feutre sur kraft

Pagodes et pont U Bein

Mandalay, dernière capitale royale,
compte 150 monastères et 70 000 moines.
Elle symbolise la foi bouddhique, très engagée
en 2007 lors de la révolte populaire.
Ce matin, visite de la pagode Shwe Kyat Yat,
dominant les rives du fleuve Irrawaddy.
Une activité intense règne sur le port : barges
colorées, containers empilés, chargement
à dos d'hommes de marchandises diverses,
planches de teck, habitat sommaire en vilain
plastique noir... Misère et dénuement
voisinent la superbe monastique. Je gravis
une longue volée de marches. Là haut,
le chant des moines infuse une langueur
mystique propagée par la blancheur des
murs. Sous le soleil, de somptueux bulbes
dorés scintillent, couronnés par le thi,
ombrelle arborée des clochettes d'or
frémissant au zéphyr.

—
Pont U Bein, soleil couchant
Aquarelle

Vautré dans un transat en teck, un novice consulte son smartphone. À travers la grille ornée de motifs floraux, l'ombre joue sa partition exposant des myriades d'arabesques sur son front indolent.
Ce soir, incontournable crépuscule sur le fameux pont U Bein. Le plus long pont du monde en teck (1,2 km) enjambe le lac Taungthaman où se pressent moines et familles, autour des manèges et barques peintes, profitant simplement de l'innocence de l'instant.
Coup de gomme radieux sur la rigueur du quotidien.

—

La pagode Schwe Kyat Yat au bord
de l'Irrawaddy - Aquarelle, feutre noir

—
Sculpter le divin
Aquarelle, encre de Chine

Amarapura, sculpter le divin

Aux alentours de Mandalay subsistent encore les vestiges de quatre anciennes capitales royales : Amarapura, Inwa, Sasaing et Mingun dont pagodes et monastères rivalisent de beauté.
À Amarapura, de très jeunes filles s'activent dans les ateliers de sculpture de bouddha sur marbre, plâtre ou albâtre. Polissoir, ciseaux, perceuse, petits marteaux façonnent sous leurs doigts habiles. Un simple foulard protège leur chevelure. Masque inexistant, l'implacable poussière blanche s'incruste partout. Leurs gestes minutieux et sensuels effleurent, lissent, creusent, enfoncent la matière en la caressant du regard.
Nous avons établi notre QG du soir dans un petit restaurant aux murs jaunes canari, sponsorisé par Bourbon Grand Royal colonisant l'espace avec Coca. Le cuisinier partage naturellement sa vie de famille avec la clientèle. D'après le récit des voyageurs, les toilettes publiques posent problème aux « campagnards » qui ne maîtrisent pas l'usage de la cuvette, jouant les audacieux équilibristes. Un pictogramme s'impose !

—

Scène de vie quotidienne au restaurant
Pinceau encre de Chine, aquarelle, papier collé

—

Toilettes publiques, attention Danger !
Feutre noir et couleurs

Une pépite à Inwa

Inwa (ou Ava) « embouchure du lac » fut la capitale de Birmanie pendant plus de quatre siècles. En 1839, un violent tremblement de terre la dévaste. Heureusement, le patrimoine historique est relativement préservé.
Fuyant la traditionnelle balade en calèche et les sites officiels, Win San nous conduit en pleine campagne. Sur fond de rizières, une volée de marches conduit à une large esplanade parsemée de multiples pagodes en pierre ornées de chinthes, esprits protecteurs des lieux saints. Plus loin, isolées dans un écrin de verdure luxuriante,

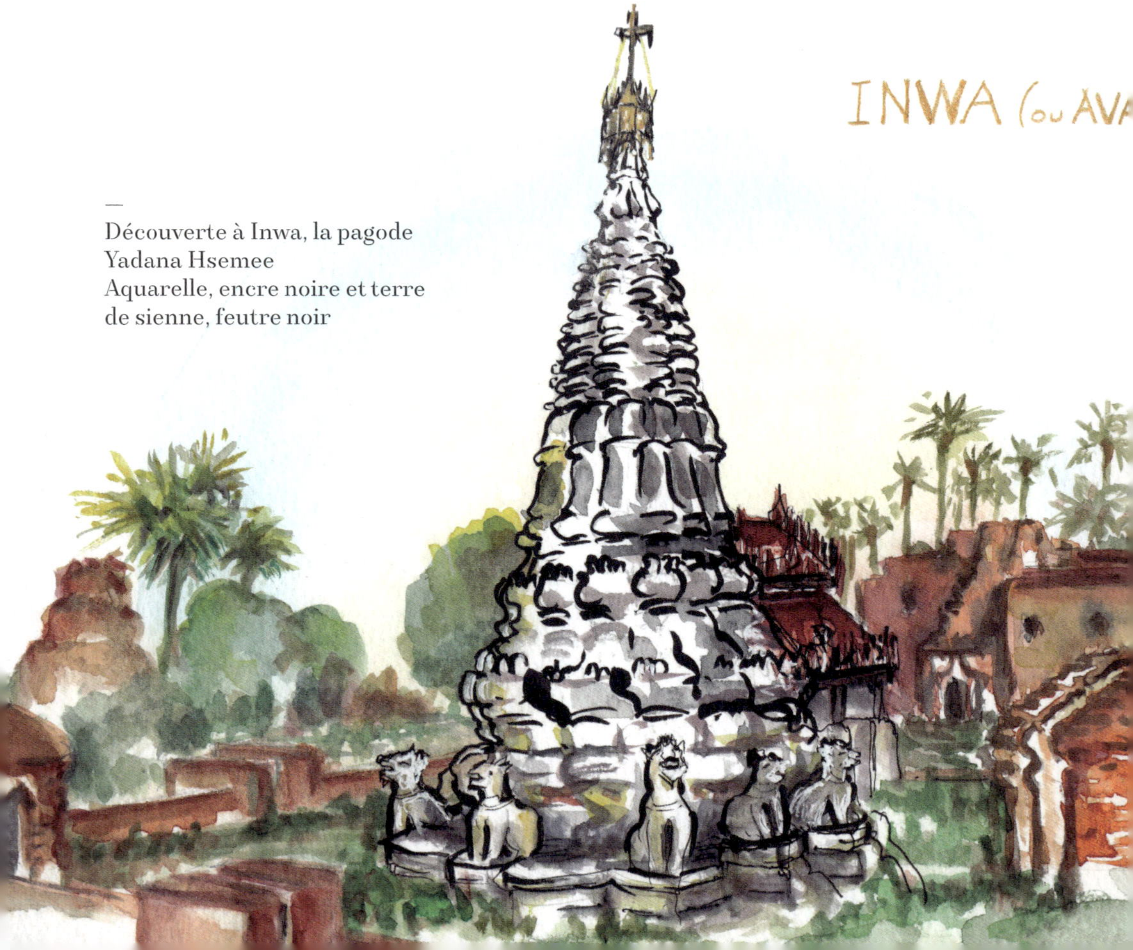

—
Découverte à Inwa, la pagode Yadana Hsemee
Aquarelle, encre noire et terre de sienne, feutre noir

s'élèvent les majestueuses pagodes de Yadana Hsemee. Les stupas de brique rouge partiellement couverts de mousse s'élancent vers l'éther. Sous un énorme banian, une statue de bouddha, dont l'humidité ronge le visage boursouflé insuffle une atmosphère languide invitant à la quiétude. Déferlante de souvenirs. Mes pensées flottent dans le passé prodigieux de la cité antique.

PAGODE YADANA HSEMEE

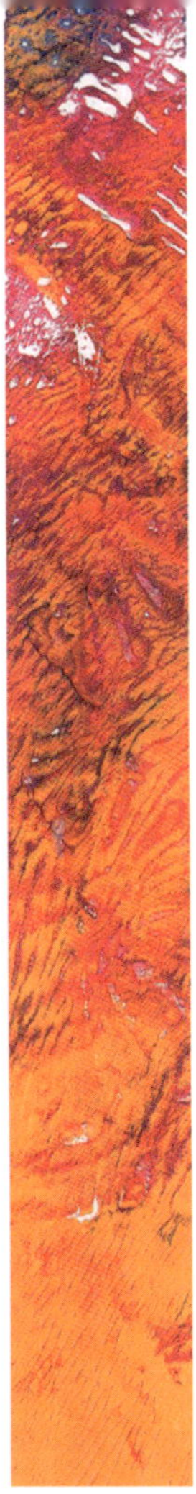

Repas au monastère Mahagandhayon d'Amarapura

Lieu de méditation, le monastère Mahagandhayon d'Amarapura est également un important centre éducatif pour enfants défavorisés. La vie monastique repose sur des horaires et rituels intangibles, lever à 5 h suivi d'un petit-déjeuner frugal, puis travail. 10 h 30, la tour de l'horloge façon Big Ben sonne l'heure du repas principal des moines, également le dernier de la journée. Sous les immenses banians, le jeune Wimela se dirige rapidement vers le réfectoire après un bref regard sur mon dessin. Il retrouve ses comparses qui déjeunent rapidement cédant la place aux suivants dans un silence recueilli. Je m'égare près des cuisines du monastère. Sous des hangars monumentaux, des femmes trient et déposent différents légumes dans de gigantesques bassines. Montagne de sacs de riz entassés, viande de porc stockée dans d'imposants paniers d'osier et faitouts géants d'un bon mètre de diamètre, bienvenue dans les coulisses des cuisines d'un monastère.

—

Haut : Wimela, moinillon, au monastère Mahagandhayon
Aquarelle

Bas : Par les portes grandes ouvertes, nous assistons au repas des moines.
Feutre noir et aquarelle réalisée par Gérard Darris

AMARAPURA-

Ghost Market à Mandalay

Écailles fuchsia des fruits du dragon, vert orangé des mangues, violet luisant des mangoustans, côtoient les ramboutans rosâtres et velus, formes et couleurs foisonnent et m'enchantent, quand la rance odeur de trois énormes durians épineux attaque mes narines sensibles. À perte de vue, étals de fruits et légumes, bassines de poissons frais ou séchés flirtent avec poulets

—
Sketch au *Ghost Market* de Mandalay
Aquarelle, pinceau encre de Chine

dodus et sacs de riz. Les stands de préparation de bétel, apportant vitalité amplifiée et sourire aux dents rouges succèdent aux buchettes de tanaka pour embellir et protéger les joues des filles. Quelques trishaws se fraient péniblement un passage à travers la foule compacte. Ambiance pétaradante et joyeuse.

Fantôme à train d'enfer

Soudain un fracas assourdissant envahit l'espace et s'amplifie. Devant mes yeux ébahis, un train de marchandises déboule à nos pieds au beau milieu des étals.
Blasées, les vendeuses repoussent leurs paniers avec nonchalance. Attention !
Le DD901 arrive en sens inverse. Quelques instants plus tard, tout est rentré dans l'ordre.
Je comprends pourquoi ce marché porte le nom de « Ghost Market ». La jolie Zinthu au bonnet à pompons rose – *Dress code de rigueur* – me propose un tabouret près d'elle, nous faisons connaissance.

—
Portrait de Win San, notre guide
Aquarelle

Page ci-contre (h) : Un train déboule au beau milieu du marché
Aquarelle et feutre noir
(b) : Zinthu au bonnet rose, rencontrée au Ghost market
Aquarelle

Win San nous quitte ce soir. Ses fréquents « Admirez les bagodes » vont nous manquer ! Tacitement, nous réalisons chacun son portrait et celui de Xu, le chauffeur. Ils sont sincèrement émus, quand nous leur offrons. Au cours de ces journées partagées à Mandalay, ils se sont montrés attentifs, prévenants et curieux de notre passion commune, toujours à la bonne distance et soucieux de notre confort.

KING GALON
Gold Leaf Workshop

Kuthodaw Pagoda - Mandalay
Yin Mon Win

De l'or pour les dieux

En Birmanie, les statues de bouddha sont recouvertes d'or, ressource naturelle du pays. Dans l'atelier King Galon, penchés sur leur masse de 3 kg, les hommes tapent en cadence les feuilles d'or séparées d'une mince pellicule de bambou, le tout solidement arrimé au socle. Elles deviendront plus fines qu'une feuille de papier à cigarettes. Dans la pièce voisine, de jeunes filles les conditionnent en carrés réguliers pour la vente. Seuls, les hommes ont le privilège de coller ces feuilles sur les statues de bouddha.

La jolie Yin Mon Win quitte son magasin de bijouterie, profitant des derniers rayons du soleil pour se recueillir comme chaque soir à la pagode Khuthodaw, composée de 729 stupas blancs contenant la transcription des canons bouddhiques gravés sur stèles d'albâtre. Au crépuscule, les alignements lactés, attributs de féminité ou forêt de mamelons déforment ma vision. Troublante sensation, bientôt voilée par le mystère des ombres nocturnes.

—

Page ci-contre (h) : De l'or pour les dieux
(b) Coucher de soleil sur la pagode Khuthodaw
Aquarelle

Artisanat de laque – Feutre noir

Controverse à la pagode Sandamuni

Ce matin, enfin rétabli, Momo nous retrouve à la pagode Sandamuni, magique ensemble de stupas blancs blottis les uns contre les autres, énorme gâteau meringué à croquer. Soudain il attaque : « Le tourisme a énormément diminué ces temps-ci depuis que les Anglo-Saxons nous font mauvaise presse. Boycott des touristes anglais, américains, australiens ! Tout ça, à cause des Rohyngyas qui ne sont même pas birmans, mais bengalis, ils ont envahi l'ouest du pays avec leur religion dangereuse et nous causent beaucoup de problèmes. Et pourtant, regardez notre beau pays, on a tout ici, n'est-ce-pas ? » Cet édifiant message stéréotypé, « la voix de la Junte », aux citoyens soumis présente une vision venimeuse de la situation, largement entretenue par le moine Wirathu, nourrissant les tensions par ses prêches violents.Condamnant les exactions, une autre version circule.

« En coulisse, la junte, discrètement aux commandes, tente de discréditer Aung San Suu Kyi, pantin du pouvoir, pour motiver son incapacité à diriger le pays. » Aujourd'hui encore, les Rohyngyas subissent exactions, viols, incendies des villages et exode forcé au Bangladesh. Et le récent coup d'État militaire ne fait qu'envenimer la situation, reléguant aux calendes grecques une hypothétique issue.

—

Ci-contre : Consignes d'entrée a la pagode

Ci-dessous :
Une forêt de stupas à la pagode Sandamuni Mandalay – Gouache blanche sur papier journal, aquarelle, feutre noir et collages

—

Mandalay Hill, l'orangé des escaliers contraste avec le camaïeu du feuillage. Aquarelle de Gérard Darris

Ci-contre : Chinthe, esprit gardien de la pagode Sutaungpae et billet d'entré[e] Feutre noir

Dernier jour à Mandalay Hill

À 220 mètres d'altitude, la colline de Mandalay dispense une vue imprenable sur la ville. Au terme d'une ascension de 1700 marches, la pagode Sutaungpae et ses décors en fragments de miroirs brisés offrent un panorama saisissant sur la plaine, entre murailles, douves du palais royal, stupas blancs et dorés à perte de vue. Quatre montées d'escaliers couverts (*Saungdan*) rythment l'ensemble de leur singulière couleur orangée. D'orgueilleux chinthes de marbre blanc, crocs offensifs, protègent l'entrée de la pagode.

Tout en bas, le palais royal, ancienne résidence du roi Mindon, rappelle son glorieux passé de dernière capitale du royaume. Le site est largement occupé par l'armée, mais la balade le long des créneaux s'impose. Un somptueux coucher de soleil encense les this, pointillés d'or dodelinant à la cime des stupas. Soudain, piaillant à tue-tête, une escadrille d'oiseaux hachure le ciel, brève aubade à notre dernière soirée.

—
Le long des douves se devine le Palais royal. Aquarelle, feutre noir

BAGAN
Schwezigon Pagoda

Les esprits
gardiens

Bagan, la sublime

Ce matin, départ en bus pour Bagan, ancienne capitale impériale à son apogée entre les XIe et XIIIe siècles.
Lors de mon premier voyage, ce panorama m'avait totalement subjuguée, souvenir intense ! Imaginez 2 000 temples, stupas et monastères disséminés sur une plaine de 50 km². Au lever du jour, une forêt de pagodes émerge subtilement de vaporeuses volutes, fragments d'un rêve enchanteur.
Logés à Nyang O, nous louons des scooters électriques pour parcourir l'immense plaine de Bagan et commençons par la célèbre pagode Schwezigon, vénérée à plus d'un titre. Elle contient une dent, une clavicule et l'os frontal de Bouddha. Un souverain décida de transférer la demeure des esprits (nats) du mont Popa à Schwezigon. Son zedi doré scintille de mille feux. Les fidèles s'y recueillent à toute heure du jour.
Plus loin, encadrée par les esprits gardiens dès l'entrée, la pagode Ananda se distingue par sa tour en épis de maïs et son stupa effilé.

—

Lieu de pèlerinage, la célèbre pagode Schwezigon à Bagan – Aquarelle, feutres brun et noir, collage

Esprits gardiens à la pagode Ananda en épis de maïs – Feutre noir, encre terre de sienne, aquarelle

Rencontre à Schwesandaw

L'incontournable pagode Shwesandaw, au centre du site, domine toutes les autres. Par l'un des quatre escaliers symbolisant les points cardinaux, je grimpe au sommet, idéal pour profiter du coucher de soleil attisant la plaine de ses volutes rouge et or. En redescendant, je pénètre dans le petit temple de Shinbinthalyaung abritant un bouddha de 18 mètres, couché sur le flanc droit, position de repos idéal préconisée par le bouddhisme theravada. La petite Kyae Sin May dîne avec sa famille sous les banians d'Ananda. Fière de son serre-tête à petits cœurs, elle dégage un côté « extra-terrestre jovial » sous ses joues rehaussées de tanaka et dans un éclat de rire spontané, applaudit gaiement à son portrait.

—
La pagode Shwesandaw
domine la plaine de Bagan.
Aquarelle, encres colorée
et feutre noir

Ci-dessus : Portrait
de Kyae Sin May à Ananda
Feutre bleu, aquarelle,
encres colorées

Ci-contre :
Bouddha couché
dans le temple
de Shinbinthalyaung
Aquarelle sur papier de riz

—

La porte de Htilominlo
à Bagan – Aquarelle, encres
sienne brûlée, gris et sépia

Soleil couchant sur
l'ensemble Khay Min Gha
Aquarelle, encre terre
de sienne

Old Bagan, soleil couchant

M'éloignant volontairement des édifices les plus convenus, je franchis la porte de Htilominlo. À quelques pas, je tombe sous le charme de Khay Min Gha, ensemble de pagodes et stupas évoquant un authentique havre de paix, associant bouddha majestueux et bienveillant. Les peintures intérieures joliment conservées confortent l'aspect intimiste du site. Invitation magique à la méditation, au silence sous les dernières salves solaires embrasant l'éther de lueurs blondes et vermeil.

État Chin,
femmes tatouées

Pourquoi tatouer ces femmes ?

Départ matinal à l'ouest pour l'État Chin et ses femmes tatouées. Autrefois, réputées plus belles femmes du pays, elles étaient fréquemment enlevées par les Seigneurs des états voisins. Pour mettre un terme à ces pratiques, on décida de tatouer leur visage pour les enlaidir. Douloureuse tradition, officiellement interdite dans les années 1960, pour atteinte à l'intégrité. Cependant au cours de ce périple, je constate qu'entre 30 à 40 ans, elles arborent encore ces signes indigo, demi-lunes sur les joues et fourches du front au menton, caractéristiques de l'ethnie mon ; d'ailleurs certaines prétendent qu'elles ne trouveraient pas de mari sans ça. Chaque tribu affiche des motifs distincts symbolisant ses racines, rappels d'une forte appartenance tribale. Par ailleurs, minorité opprimée et délaissée par l'administration, elle incarne une forme de résistance aux décisions de l'État centralisateur. Depuis la reprise en main de la junte en février 2021, la loi martiale s'applique à Mindat et les affrontements se multiplient dans la « zone rebelle ». Plusieurs églises ont été vandalisées par des militaires et transformées en quartier général. 6 h de route de Bagan à Mindat.

—

Le tatouage du visage n'a pas totalement disparu en pays chin. Acrylique, aquarelle, encres, collage journal birman

Le paysage évolue, vallons, plateaux, plantations de teck ou palmiers. Nombreux arrêts provoqués par de récurrents travaux de réfection des routes, mission remplie par des femmes harassées. Paysans et femmes sont réquisitionnés par l'État pour ces travaux « d'intérêt général », tellement bon marché !

Découverte de Mindat

Surfant sur une ligne de crête, Mindat émerge d'un nid de brume, offrant un panorama singulier de toits bleus et façades colorées sur pilotis à flanc de coteau. Ici, nulle pagode ostentatoire, mais de modestes églises de culte catholique pratiqué par 80 % de la population (baptistes, pentecôtistes, évangélistes, chrétiens) fruit de l'évangélisation massive des missionnaires américains à la fin du XIXe siècle. La région n'est ouverte au tourisme que depuis cinq ans ; eau courante et électricité sont restreintes. Bourgade toute en longueur, animée et rustique, le marché bat son plein. Quelques femmes tatouées détalent, fuyant les photos. Arrivant des zones rurales, deux femmes volubiles, leur bébé dans le dos, disposent un stand de viande séchée et s'installent en face de moi, surprises d'être l'objet de mon attention graphique, pendant qu'un groupe de fillettes observe l'évolution du dessin avec intérêt. Un pâle soleil de janvier réchauffe timidement les passants emmitouflés dans leurs manteaux et bonnets à pompons.

—

Souvenir cuisant d'une soupe épicée sous le regard ironique de la fillette
Aquarelle, collages, feutre brun

Page ci-contre (h) : Les vendeuses de viande séchée s'installent au marché devant une église baptiste colorée.
Aquarelle, feutre fin, collages, dessin sur papier kraft, feutres de couleur

(b) Arrivée au village de Mindat et ses maisons en bois coloré
Aquarelle rehaussée de feutre noir

Nous arrivons au Mount Oasis de Mindat
en début d'après-midi. Le site arboré mais
inachevé témoigne de la réelle volonté de
développement touristique dans cet état
ouvert depuis peu aux étrangers.
EGLISE BAPTISTE À MINDAT
Shempe
Shinlay
Marche Mindat

La couturière du marché

Scènes de vie au marché

La Birmanie compte 135 ethnies, véritable patchwork rassemblé en 8 groupes principaux.
Minorité d'origine tibéto-birmane, la population mon végète ici dans l'un des états les plus pauvres du pays et subit de fortes discriminations religieuses comme son voisin l'Arakan, victime de massacres perpétrés par la police sur la population musulmane. Le pays est en pleine « birmanisation » à marche forcée. Une seule langue, une seule religion, interdiction de parler ni d'apprendre les langues riches de cette mosaïque

—
Page ci-contre : L'atelier de la couturière à Mindat – Aquarelle, feutre noir, collages

200 Kyats, pas assez pour survivre.
Tas de piments
Imoy dans son échoppe vend épices et piments – Aquarelle, feutre noir

d'ethnies. Le bouddhisme, religion d'État, exclut toute aide aux régions adoptant d'autres confessions.
Dans une ruelle de Mindat, une couturière à bonnet rose abime ses yeux sur des travaux de couture, l'électricité vient d'être coupée mais l'ouvrage sera livré à temps. Adversité, banalité quotidienne !
Juste en face, Imoy, jeune maman radieuse, fan de tanakha, propose épices, piments, riz et avocats, tout en veillant sur son nourrisson endormi dans le couffin.
Durant ce voyage, je ressens constamment l'incessant va-et-vient du merveilleux au tragique sous un sourire permanent masquant les vicissitudes.

Un billet contre un portrait

Ce matin, nous retrouvons John, notre guide anglophone incontournable pour randonner dans cette région. Natif de Mindat, il parle le dialecte. Il nous conduira par les chemins qu'il connaît parfaitement, traduira les nébuleuses traditions.
Nous rassemblons des vêtements dans un sac à dos léger, cette nuit nous logeons dans une famille au cœur du pays. Plus de route carrossable, le trek commence maintenant. La piste grimpe sec, dénivelés impressionnants, traversée d'une rivière, découverte des petits hameaux. Au village de Lote Vae, sous un auvent de paille, deux jeunes femmes besogneuses et un vieillard tout sourire édenté et anneaux d'oreilles, apostrophent John. Halte bienvenue, occasion de croquer une scène de vie.
Soudain, une femme tatouée au bonnet rose (!) surgit et nous observe. Je demande à John si je peux la dessiner. D'accord semble-t-elle dire en tendant la main pour recevoir un billet. Elle s'assied tout contre moi. Visiblement, elle désire communiquer. Du bout des doigts, elle détaille sur sa peau le tracé des tatouages et les crayonne sur le carnet. Une complicité tactile s'installe, attentive au portrait qui émerge sous mes crayons. Finalement, elle me tend le billet. John m'explique qu'elle se sent coupable. Je lui rends en la rassurant, j'ai accaparé un peu de son temps. Son regard digne et résigné me touche. Brusquement, sans un mot, elle se lève et s'enfuit.

—

Rencontre des villageois de Lote Vae,
Birmanie profonde et oubliée – Aquarelle

Un billet contre un portrait – Aquarelle

Soirée dans une famille de Kyartoé

Au terme d'un trek épuisant, nous arrivons au village de Kyartoé à flanc de coteau où nous attendent un jeune couple et ses quatre enfants, dont un nouveau-né. Les joues de notre hôtesse sont couvertes de tanaka. Ici, les habitants sont tous petits, je suis à ma place ! Pieds nus, une nuée d'enfants tapageurs dévale le sentier rocailleux à notre approche. Nous avons apporté des fournitures scolaires. Une maman les distribue équitablement. Un adolescent radieux empoche mes feutres. Un groupe de femmes tatouées passe sur le chemin et nous font signe en riant « pas photo ». C'est tabou, les touristes sont rares dans cette région retirée. Ici, les familles ont en moyenne 6 enfants tous scolarisés mais les écoles manquent totalement de moyens, preuve tangible de l'abandon de la région par l'État.

Heureusement, la solidarité au quotidien est une valeur ancrée et chacun aide son voisin aux travaux des champs. La maison comporte une vaste pièce où nous dormons ce soir. Un brasero brûle en permanence dans l'âtre. La grande terrasse en bois symbolise la pièce à vivre. John aide à la préparation du repas. Soupe aux petits légumes, chou kalé, viande, salade de thé et noix de cajou, un festin épicé ! Alignés dans nos sacs de couchage sur des tapis, nous guettons le sommeil, torpeur du silence entrecoupé de chahut d'oiseaux véhéments. Dès la nuit tombée, la température a cruellement chuté, les couvertures chinoises sont les bienvenues.

—

Les enfants de Kyartoé – Pinceau encre de Chine, feutre noir, crayon graphite aquarellable, collages
Notre hôtesse devant les poteaux de sacrifice – Aquarelle, feutre noir

Un bain mémorable à Ayé

Comment résister à cette apparition improbable ? J'avoue m'être approchée pour m'assurer que ce bonnet rose était porté par un HOMME. Dans ma petite collection personnelle « Dress code Winter Burma », le bonnet rose rafle le « pompon ».
Nous descendons au village d'Ayé pour distribuer des vêtements à une association caritative. Aussitôt, les femmes s'en emparent et enfilent sur le champ les habits à leurs enfants. Deux femmes enceintes font partie du groupe. « Il ne faut pas leur donner des vêtements de bébé, c'est un mauvais présage avant la naissance, de même que demander son nom à une femme ne se fait pas ici, c'est inconvenant », dit John.

Logés dans un gite d'étape ouvert en 2013, le confort est sommaire et les nuits glaciales. Une cahute en planches est pompeusement baptisée « salle de bains ». Ce soir, John, guide attentionné, fait chauffer des bassines d'eau chaude pour le tub de chacun. Souvenir magique de ces instants de béatitude bien trempée, lovée dans une bassine en zinc pile à ma taille, parfumée aux plantes aromatiques. Zenitude absolue !

ÉTAT CHIN

AYE VILLAGE

—

Ci-dessus : Notre logement au village d'Ayé
Aquarelle, feutre noir, collages

Le bonnet rose est un grand classique, même pour les hommes – Aquarelle, feutre noir sur papier beige

Page ci-contre : Notre chauffeur Maung Maung Hwe et John, le guide - Aquarelle

—

Belle rencontre d'une femme
mon Aquarelle, encre de Chine noire
et terre de sienne, collages

Traditions et belle rencontre

Dans cet État, les buffles sauvages, appelés *gayal* ou *mïthan*, ont un statut particulier. En troupeaux, ils se déplacent principalement la nuit et sont chassés par les villageois. Devant les maisons, des poteaux de sacrifice sculptés indiquent les qualités du chasseur correspondant à ses prises. Les traditions des autochtones résistent en terre animiste. La nature est habitée par les esprits. Dieux, nats, chamanes et astrologues sont honorés. Lors des célébrations religieuses, les familles sacrifient buffles,

porcs ou volailles, l'épargne de l'année est dépensée ce jour-là. À quelques kilomètres de Kyartoé, notre chemin croise cette noble dame au tatouage mon en vêtement traditionnel vert, triant des haricots sur la vaste terrasse de bambou prolongeant sa maison. John engage le dialogue. Après avoir feuilleté les carnets, elle accepte qu'on la dessine, moyennant quelques kyats. Ici, une dizaine de totems sculptés sont fièrement plantés. Le mari s'éclipse et revient les bras chargés de colliers traditionnels qu'il entoure délicatement au cou de son épouse, fier de son éclat. Partage d'émotion inoubliable. En prenant congé, elle nous offre un sac de haricots blancs pour notre repas du soir. Dommage, je ne connaîtrai jamais son nom.

Un cadeau à l'école d'Ayé

Dans mes bagages, j'ai emmené une poupée « Ken », le copain de Barbie, pour l'offrir à un enfant birman.
John nous conduit à l'école d'Ayé. Tous les élèves jouent dans la cour. Justement, ils s'apprêtent à répéter leur spectacle annuel, les garçons ont abondamment plaqué du gel sur leurs cheveux drus, les filles paré leurs joues de tanaka. Les coiffures s'emballent ! Notre arrivée les divertit. Testant leurs notions d'anglais, les plus grands nous interpellent : «*How are you ? Where are you from ?* » Mes compagnons échangent amicalement avec eux.
Mais à qui donner Ken ? John propose le tirage au sort, poings fermés sur un tic-tac, le plus rapide gagnera.
Victoire pour la petite fille en robe rouge, radieuse de sa bonne fortune.
Consciente de son privilège, elle pose fermement Ken sur ses genoux, petite maman prête à le défendre de toute intrusion. Distribution générale de tic-tac. Ça mérite un dessin.
Instants inoubliables, les enfants nous regardent croquer, subjugués.

—
Tirée au sort, la fillette en robe rouge a gagné Ken – Feutre noir, encres de couleur sur vieille carte du monde

À l'école, les enfants préparent le spectacle annuel – Feutre noir et encres sur papier kraft

Chasse et cueillette en pays chin

Dernières balades dans cette région si particulière. Claude croque quelques visages de femmes croisées sur le sentier. Au centre du village d'Ayé, de nombreuses façades affichent leurs trophées. Ici, à n'en pas douter, le propriétaire est un valeureux chasseur, au regard des crânes de buffles exhibés fièrement. Tradition virile, parfaitement restituée par Gérard. Indubitablement, la chasse s'avère indispensable aux familles pour subvenir à leurs besoins. Sauvage et isolée, cette province « dans son jus » s'affiche radicalement décalée des remarquables cités birmanes séduisant le touriste. Surgissant de nulle part, apparaît une vieille dame fumant une longue pipe. Ses tatouages indigo creusent ses rides profondes. Autour du crâne, une large sangle soutient dans son dos une hotte d'osier lourdement chargée de sa collecte du jour. Collier et vêtements traditionnels, elle nous dévisage sans vergogne. John échange quelques mots avec elle. Tirant des bouffées sur son calumet, elle esquisse un sourire dévoilant une dentition aléatoire avant de s'éloigner paisiblement. Cueillette, curiosité, frugalité des échanges.

—
Une femme tatouée fumant sa pipe transporte sa cueillette du jour.
Feutre noir sur carte du monde

—
Haut : Les façades des maisons affichent leurs trophées.
Aquarelle de Gérard Darris
Bas : Deux portraits de femmes croisées sur le sentier
Aquarelles de Claude Quintric

Mont Victoria
et parc national Nat Mat Aung

D'évanescentes volutes enlacent la canopée, des vallonnements délicats se nappent de brume japonisante sous la griffe des sommets. Bientôt, le soleil déchire la torpeur, imposant son show matinal.
Dernière étape de notre périple, le parc naturel Nat Mat Aung. Le groupe attaque le raidillon pour atteindre la plus haute montagne de l'État chin, le mont Victoria à 3 050 mètres. Quel panorama sublime ! Au sommet, un gigantesque bouddha blanc surplombe l'ensemble. Juste en face sur un piton, l'incontournable stupa doré étincelle sous le bleu ultime de midi.
Quelques moines, ravis de nous accorder un brin d'ombre pour le pique-nique, partagent repas et selfies avec nous.

Le trek terminé, John doit regagner Mindat. Nous échangeons nos mails avant de nous séparer. Aujourd'hui, après tous ces bouleversements politiques, je me demande ce qu'est devenu ce jeune guide passionné par son métier, témoin et passeur des traditions singulières de l'État chin. Une dernière soirée agréable au Mount Oasis de Kampetlet clôt notre périple dans cette province authentique et mystérieuse, quittée à regret. Mais, le mythique Inle nous attend.

—

Mont Victoria, à 3050 m, plus haute montagne de l'État chin – Aquarelle, feutre brun
Le soleil déchire les nuages imposant un ciel céruléen
Pinceau encre de Chine, aquarelle

Femmes tatouées ethnie mon

—
Femmes tatouées ethnie mon
Aquarelle, feutre, encre de Chine, collages sur papier beige ou journal birman

01 02 03 04 05 06 07
08 09 10 11 12 13 14
15 16 17 18 19 20 21
22 23 24 25 26 27 28
29 30 31

INLE,
lac en péril

Arrivée au lac Inle

Après l'État chin, nous partons pour l'État shan à l'ouest rejoindre le lac Inle. Un long trajet en bus local occupe notre journée. Plaines cultivées, rizières, villages et vallons se succèdent. Enfin, à 900 mètres, émergeant des nuages, les reliefs du plateau shan surplombent l'immense lac. Magiques et singuliers, des plants de vigne s'étagent à flanc de coteau; altitude et terroir s'avèrent propices à la culture du vin. Inle signifie « 4 villages » mais désormais on en décompte près d'une quarantaine, un constant développement qui pose problème.

Deuxième plus grand lac du pays, il s'étend sur 20 km de long, sa profondeur maximum n'atteint que 6 m et diminue constamment en raison de la prolifération des jacinthes d'eau. Arrivés au village de Niangshwe, impossible de rater l'embarcadère chargeant les touristes sur de longues barques pétaradantes et colorées. Effluves écœurants de kérosène mêlés aux bouffées d'encens. À l'Aquarius Inn, notre charmante hôtesse anglophone distribue thé et fruits tropicaux aux nouveaux venus, dans une courette envahie de plantes exubérantes, lieu d'échanges sympathiques et précieux entre routards passionnés.

Ambiance Inle, maison bleue sur pilotis devant les barques pétaradantes - Aquarelle et encres terre de sienne sur journal birman gouaché en amont

Artisanat, cheroot et scènes de vie

Ce matin, nous louons des vélos pour découvrir les villages et les rives du lac. Mes collègues s'élancent hardiment. Rouillée par l'absence d'entraînement je suis lanterne rouge ! Particularité de la région, l'intense activité artisanale de tissage à base de soie, coton ou lotus. Fabriquer une écharpe en fibre de lotus demande environ trois semaines de travail, justifiant les prix élevés. Un savoir-faire transmis de génération en génération pour ces artisans qui occupent d'immenses bâtisses sur pilotis.

Un atelier de forgerons fabrique couteaux, ciseaux, pinces, marteaux. Juché sur une estrade au-dessus du foyer, le maître du feu attise vigoureusement les flammes grâce à deux tiges de fer reliées au soufflet. Fournaise, brasier, halètement cacochyme et coups de marteau, bienvenue dans l'antichambre du diable.

Pour moi, le plus spectaculaire demeure l'atelier de fabrication de cheroots, cigares populaires typiquement birmans, fabriqués par les femmes. Dans une feuille de Cordia myxa, elles mélangent du tabac haché accompagné d'arômes divers : jus de tamarin, canne à sucre, menthe ou sucre de palmier. Une feuille de maïs enroulée serrée sert de filtre. Leur dextérité est fascinante (500 par jour) et n'a rien à envier à leurs consœurs cubaines. J'en rapporte un paquet pour le souvenir.

—

Bas : Hemo, histoire d'une vie
Pinceau encre de Chine, collages

Tissage traditionnel à base de tiges de lotus, made in lac Inle - Aquarelle

Ci-dessous : atelier de fabrication de cheroot, spécialité féminine – Dessin à la plume, encres noire, terre de sienne, gris de payne et collages

Hemo, patriarche de 82 ans, profite paisiblement du soleil. Émue par son regard empreint d'une langueur triste et ses doigts déformés, mes crayons racontent l'histoire d'une vie.

Inthas, fils du lac

Effleurant les eaux miroitantes sur leurs barques à fond plat, les Inthas, « fils du lac », offrent un spectacle d'une folle élégance, sans cesse attisé par une audacieuse technique. Jouant de la rame maintenue sur un pied tel un gouvernail et dirigeant à deux mains la nasse conique armée d'un trident qu'ils plantent vigoureusement au fond du lac, ils harponnent les poissons prisonniers du filet. Même si les funambules du lac cabotinent naturellement, leur barque se faufile, ouatée, magique. Ici, une impression d'envoûtante solitude, en harmonie

parfaite au monde me saisit. Ramant sur l'onde satinée, la barque discrète nous guide, dévoilant ses moindres méandres et canaux étroits, invitation à la méditation poétique. Ultimes rencontres : canards sauvages, hérons et cormorans cabotant en file indienne, s'envolent brusquement en gracieuses formations, turbulente calligraphie sous l'azur sibyllin. Purs instants de bonheur intemporel, temps suspendu, communion infinie avec les éléments.

—

Les Inthas jouent les funambules du lac.
Pinceau encre de Chine, encre terre de sienne, aquarelle et collages

Menaces sur l'écosystème de la « Venise potagère »

Hélas, cette vision idyllique de nature paisible risque bien de disparaître. Depuis 1950, le lac a perdu 30 % de sa surface et son niveau baisse régulièrement. Les raisons sont multiples : augmentation de la population locale, affluence des touristes d'où multiplication des hôtels et des déchets, rejets des eaux usées, pollution au kérosène des barques motorisées, déforestation récurrente et engrais chimiques. Enfin, ces jardins flottants au charme authentique, s'ils permettent une autosuffisance alimentaire aux populations locales, sont littéralement phagocytés par les jacinthes d'eau qui prolifèrent, saturent le fond du lac et l'étouffent. La superficie

s'amenuise et la quantité de poissons diminue, incitant les pêcheurs à devenir agriculteurs et créer de nouvelles parcelles plus rentables. L'écosystème du lac court un grave danger. Une véritable politique en matière de protection environnementale devient primordiale et la gravité de la situation politique actuelle ne fait qu'accentuer le problème. Petit bémol, l'absence de touristes pendant 2 ans de Covid retarde sensiblement l'inéluctable échéance d'un écocide sous tension. Certaines organisations locales lancent des actions de conservations du lac, agriculture biologique, gestion des déchets et contrôle de la pêche. Souhaitons une prise de conscience collective parmi les jeunes générations.

—

Une Venise potagère, en voie d'extinction ?
Aquarelle, feutre noir, collages

Rencontres au marché de Phaung Daw U

Le marché des cinq jours, flottant ou pas, rythmé par le calendrier lunaire se déplace quotidiennement de village en village. Le lac est habité par les Inthas et les Pa-o appartenant à l'origine à l'ethnie karen. Près de la sublime pagode Phaung Daw U sur pilotis se tient un marché uniquement accessible par bateau. Ici les femmes pa-o se reconnaissent à leur écharpe à carreaux, serviette éponge jetée sur la tête et leur petit sac aux couleurs vives.

Hottes surchargées de fruits et légumes, effervescence, produits singuliers, les femmes sont à la manœuvre et font goûter leurs spécialités sous un écarlate « sourire-bétel », écartant d'emblée le dilemme d'un échange illusoire. La vente bat son plein. Sur un étal : des jujubes, fruit rouge riche en vitamines, au goût de pomme, également utilisé en médecine naturelle. Un vieillard, foulard noué sur le crâne, me fait déguster des fruits du dragon. Sous la chorégraphie des barques effilées et l'exquise harmonie des couleurs, je goûte cet instant suspendu au cœur du remue-ménage quotidien. C'est ici et maintenant.

—

Ci-dessus : Au marché Phaung Daw U, les femmes trient les jujubes – Aquarelle

Page ci-contre (h) : Le vieux Pa-o observe le remue-ménage – Encre de Chine et aquarelle

Page ci-contre (b) : Au marché, la petite Miseteou arbore le bonnet rose à pompons – Aquarelle, encre terre de sienne, feutre

Nam Pan Market

—
Au Nam Pan Market, les femmes se laissent dessiner avec indulgence – Aquarelle, crayon à l'huile

Nam Pan Market

Nam Pan, important village situé à une heure de bateau de Nyang Shwe, attire un marché conséquent.
Ce matin, les Pa-o et les Taungyo, peuples des collines, descendent dans la vallée vendre leurs produits dans un ballet joyeux et coloré. Soulevant habilement leur longyi, ils traversent de pirogues en pirogue pour atteindre la terre ferme. Antiquités, poterie, textile et gadgets *made in China* côtoient sacs de riz, tubercules et médecine traditionnelle à base de décoctions de racines, plantes médicinales et quelques dépouilles repoussantes d'animaux énigmatiques. Certaines femmes en costumes ethniques indigo agrémentés de broderies multicolores traversent la place, nonchalantes, foulard à franges assorti sur la tête, hotte surchargée au dos.
Nimbée d'un entêtant mélange de bétel et cheroot, je me pose discrètement pour dessiner au milieu de feuillages et bouquets destinés à Bouddha.

Des vendeuses avenantes dégagent leur comptoir pour améliorer mon confort. Souriantes, elles se prêtent volontiers à la douce tyrannie des pinceaux. Le bonnet rose confirme la tendance locale. J'infuse dans la mélodie de la langue, chantante ou rauque, et plonge, indolente, dans l'exotisme magique du pays doré.

—

Page ci-contre : Vendeuse de noix de coco
Aquarelle, encre de Chine sur papier brun

Vente de fleurs et feuillages à Nam Pan
offertes aux Dieux – Aquarelle

—

Jeune artisan fabriquant de pirogues
Aquarelle, feutre brun

Ci-dessous : Nam Pan, éclatante maison orange – Aquarelle

Fabrique de pirogues traditionnelles à Nam Pan

Confortablement installée dans l'atelier
je surplombe l'éclatante maison orange
sur pilotis juste en face. Elle semble me faire
de l'œil sous le clapotis nonchalant
des vaguelettes.
La fabrique traditionnelle de pirogues
en construit environ une vingtaine par an.
Cinq ouvriers et un mois de travail auront
raison de l'assemblage d'une longue pirogue
traditionnelle en teck en provenance de l'État
Kaya. Ici on fabrique aussi bien des bateaux
pour la pêche que pour le transport
des marchandises ou des touristes.
J'observe le travail des piroguiers
et la précision de leurs gestes. Les planches
assemblées pour la coque sont coupées
manuellement à la scie mécanique.
Une équipe de deux scieurs placés l'un
en dessous de l'autre pousse et tire
simultanément une scie géante dans
une cadence infernale et une synchronisation
parfaite, conditionnant l'excellence de leur
travail. Une blondeur de copeaux légers vole
alentour. Plus tard, des chevilles en bois
maintiendront les planches de teck et une
laque naturelle viendra parfaire l'étanchéité.
Travail exténuant et difficile, performance
remarquable de l'artisanat local.

La pagode Phaung Daw U et ses rites

Construite sur pilotis au XIIe siècle, cette spacieuse pagode lacustre demeure la plus fréquentée par les fidèles de la région. Au fil des ans, de nombreuses transformations et agrandissements ont apporté de la modernité à l'ensemble. À l'intérieur, un autel central richement décoré abrite cinq statuettes de bouddha. À chaque passage, les fidèles les recouvrent de feuilles d'or. Totalement surchargées, elles sont devenues difformes.Chaque année, en octobre, les Inthas organisent leur grande fête aquatique. À cette occasion, ces statuettes, véritable trésor spirituel, sont transportées en musique sur le lac. Elles défilent de village en village sur une barge décorée tirée par les « fils du lac ». Ce pèlerinage associé à des courses de pirogues attire des milliers de pèlerins. Les « filles du lac », quant à elles, fabriquent des pièces de soie de qualité, aux couleurs et motifs uniques en Birmanie. Elles tissent également les fibres de lotus pour le thingan (robe de moines), vêtement confortable pour riches religieux. Travail de fourmi, lent et méticuleux, rien n'est trop beau pour Bouddha.

—

La pagode Phaung Daw U sur pilotis surplombe le lac – Feutre noir et or, ciel aquarellé
Prière du grand prêtre à la pagode – Aquarelle sur papier birman et collages

Pagode Phaung Daw U

Lac Inlé

Magie lacustre des jardins flottants

Farandole radieuse de maisons sur pilotis,
Vaguelettes colorées, miroir à l'infini,
Flammèches pourpres, indigo, émeraude ou orange,
Reflets dorés sur pontons d'amarrage...
Une barque étire sa ligne, élégance naturelle,
Coup de rame feutré sur l'onde matinale,
Harmonie parfaite des éléments sereins
Hymne à la nature de retour chez les siens.

Aux premières lueurs du jour,
Le maraîcher lacustre façonne ses parcelles,
Consolide la stabilité des piquets d'ancrage.
Humus et limon végétal s'entremêlent, luttent,
Contre les dévoreuses, impitoyables jacinthes d'eau.
Touchées par la caresse du jeune soleil
Un cœur vermillon batifole sur les joues des tomates.

—

Page ci-contre : Sous les pinceaux
de Gérard Darris Nam Pan s'éveille.
Aquarelle
Ci-dessus : Les jardins potagers s'animent
dès l'aube.
Aquarelle de Christian Quintric

Échappées belles au fil des canaux

Petite balade en douceur sur une barque mutique, à travers un dédale des canaux qui se croisent, s'emmêlent, s'égarent. Le soleil boit la tasse ou surgit brusquement au détour d'un bosquet, illuminant pagodes et stupas oubliés. Le batelier placide accoste, tend une main prévenante. Balade paisible sur des sentiers abandonnés. Soudain, jaillit une étrange forêt de vieux stupas cabossés par le temps. Télescopage de Dame Nature et fée Carabosse ?

—

Des stupas endiablés perdent la tête
Pinceau encre de Chine sur journal birman

Page ci-contre : Émouvant monastère Si Son, discret et serein – Aquarelle

Il règne ici une énergie incroyable, survie effrénée de la pierre dévorée de végétal, lutte à la vie à la mort d'une beauté fascinante, hypnotique, invitation sauvage au noir et blanc. Au terme du chemin forestier surgit le petit monastère Si Son, simple et discret, loin de l'exubérance dévote et dorures omniprésentes. Ici, un vieux moine nous accueille chaleureusement, charmé par notre visite, nous dédiant ses prières pour la paix de l'âme. Rendez-vous inespéré avec la Birmanie de l'intérieur, touchée par la grâce, cœur de nature abandonnée et mystique, pépite miraculeuse oubliée de tous.

—

Détail d'un nœud de paso, longyi masculin
Aquarelle, encres

En attendant les bateaux à décharger,
les hommes en longyi patientent sur la rive.
Feutre noir, aquarelle, Pentel encre de Chine
sur journal birman

Le longyi de la révolte

Le longyi assimilé au sarong malais a été introduit en Birmanie par les immigrés indiens au XIXe siècle. Porté par les hommes sous le nom de paso, leurs motifs restent sobres, à petits carreaux ou unis. Le htamain féminin affiche des motifs colorés ou floraux. Ici, sur la rive, des hommes en paso attendent les bateaux à décharger après le marché. Quatre ans plus tard, un étrange ballet débute dans les rues de Loïkaw. Un soldat juché sur une échelle armé d'un bâton se contorsionne pour tenter de faire tomber des pièces de tissu colorées étendues sur les fils électriques, sous le regard anxieux de ses supérieurs. La « révolution des longyis » bat son plein. De partout dans le pays, les femmes ont décidé de suspendre leurs jupes et sous-vêtements en hauteur. Une vieille croyance interdit aux hommes de passer sous les vêtements féminins portés sur la partie inférieure du corps, sous peine de perdre leur virilité et subir les pires malheurs. Pour les étrangers, ces croyances semblent d'un autre âge. Mais, nous sommes en Birmanie, pays de grande superstition. Dans les zones ethniques, ce stratagème fonctionne plutôt bien. Les jupes suspendues retardent l'avancée des militaires. « On ne les enlèvera pas tant que la démocratie n'aura pas triomphé ». À Rangoon, des hommes manifestent en jupe pour attirer l'attention de la communauté internationale depuis février 2021 sonnant le retour de la dictature.

—
Inn Dein, forêt de pagodes colorées
Feutre noir, aquarelle, collage

Magique Inn Dein

Dans un premier temps, notre balade dévoile l'antichambre de la vie lacustre. Étrange phénomène, on navigue sur une rivière coulant au-dessus du lac. Ça et là, bambouseraies géantes et aréquiers oscillent, frémissants. Des enfants s'éclaboussent à grands cris pendant que les mères, sereines, lavent leur brune chevelure. Quelques rares moteurs pétaradent, crachant l'infâme kérosène. En arrière-plan, une ligne de fuite vert fluo illumine les collines.
D'abord, nous traversons un interminable passage couvert abritant des étals de souvenirs dérisoires. Le spectacle alentour capte rapidement l'attention,

l'incroyable se dévoile au coin du sentier. Ici, la nature a repris ses droits sur le minéral. L'enchevêtrement luxuriant des lianes étouffe de vieux stupas du XVIIe siècle. La sauvage verdure enserre de fragiles zedis décapités, chancelants, prêts à sombrer.
Au terme du chemin apparaît enfin le panorama des pagodes Shwe Inn Dein. À perte de vue, restaurés par de riches donateurs étrangers, se déploie une forêt de temples et stupas multicolores décorés de stucs délicats et fascinants. Je découvre les sculptures polychromes des Kinnaris, êtres mythiques, mi-hommes mi-femmes mi-oiseaux adorés des Birmans. La balade méritait vraiment le détour.

Lait de chaux
noix d'ar

Recettes locales, préparation du bétel, thanaka et cheroot
Aquarelle, feutre noir, encres sépia et sienne brûlée, collages

Adieu nostalgique, derniers bonheurs du lac

La vie s'ébroue, rêveries assouplies, le ciel
emprunte les habits incarnats de l'aurore.
Récompense suprême au lever du jour, ultime
retour en barque avant de s'envoler à Heho.
Une galerie d'ambiances magiques fourmille
dans mon journal de bord.
Myriades de filets lancés à la volée, jambe raide
transformée en rame unique, dôme de nasses
de bambou, forêt mouvante de parapluies
orange surfant sur le lac mauve, des jacinthes
d'eau sabrant le vert acide de ses feuilles
vampires, canetons placides, culbutos
burlesques voguant au gré des courants.
Dès l'aube en file indienne, de pourpre vêtus,
des moinillons engourdis recueillent l'obole
des fidèles. L'épisode Inlé s'achève, retour
à Rangoon.

—
Ci-dessous :
Dur métier des maraîchers du lac
Feutre noir

Fleur de lotus sur papier birman noir
Aquarelle

Rangoon,
Une journée à Schwedagon

Schwedagon, étreinte des dieux

Dernier jour à Rangoon, désormais capitale économique depuis que Naypyidaw, construite en 2006 au milieu de nulle part, est devenue capitale officielle. Ville cosmopolite et surpeuplée, le trafic routier est saturé, trépidant et pollué. Cependant, Rangoon a su garder un certain charme grâce à son quartier colonial, ses marchés typiques et vendeurs de rue dans une ambiance résolument bouddhiste.
Je décide de passer la journée entière à la fameuse pagode Shwedagon, pour profiter des variations de lumière de l'aube au crépuscule et croquer des scènes de vie. Immense édifice, le plus vénéré du pays, bâti

au sommet de la colline de Singuttara sur une plateforme de marbre de six hectares, il domine généreusement la cité. Après avoir ôté mes chaussures, j'emprunte escaliers et ascenseurs. D'imposants chinthes belliqueux protègent l'entrée principale. Devant moi, écrasant, se dresse le Grand Stupa central de 98 m entièrement recouvert d'or cerné de 64 pagodons et 4 grands temples aux points cardinaux. Haut-lieu du bouddhisme theravada, le site renferme de nombreuses reliques dont 8 cheveux du bouddha Gautama.
Je remarque les fameux pyatthat, ces toitures pyramidales caractéristiques de l'architecture birmane. Blanc et or à profusion, terriblement impressionnant !

—
Lever du jour à Shwedagon
Aquarelle, feutre noir, silhouettes sur journal birman

Divinités birmanes

Hormis cette profusion d'or, qui questionne singulièrement dans un pays passablement pauvre, l'incroyable ferveur religieuse des Birmans interpelle. Selon la tradition, ils tournent autour du stupa dans le sens des aiguilles d'une montre. Les rituels d'offrande se succèdent : joindre les mains devant les autels, se prosterner front contre sol, arroser d'eau purifiée le bouddha blanc et les statuettes dans les temples, offrir des fleurs de jasmin. Enfants, adolescents, femmes, hommes et vieillards rendent hommage à Bouddha, dans une même dévotion mystique. Ils honorent également les nats correspondant à leur année de naissance, ces fameux esprits, qu'ils implorent pour racheter leurs fautes ici-bas, afin de renaître dans les meilleures conditions. Sur un socle, trône un ogre de pierre verte polie et luisante, dont les yeux globuleux me traquent intensément. Quelques chats birmans surgissent folâtres et véloces. Devant un stupa, une imposante divinité bedonnante et moustachue parée d'un longyi à damiers bleus, bracelets cliquetant aux chevilles, semble ébaucher un lascif pas de danse, tel un désopilant « Bonhomme Lustucru ». Oups !
J'ai dû offenser les dieux !

—

Ci-contre (h) : Chinthe, gardien des pagodes – Aquarelle et feutre noir

(b) : Divinités Birmanes – Aquarelle rehaussée de feutre noir sur fond acrylique
Chats découpés dans journal birman

—

Librairie des moines
Aquarelle de Gérard Darris
En attendant le client
Aquarelle rehaussée de feutre noir

Allée des Libraires

Dans la montée contigüe à Schwedagon, de nombreuses librairies liturgiques se sont établies. Des montagnes de bouquins, en équilibre précaire, tentent d'atteindre le plafond des boutiques, ouvertes directement sur la rue. Sur le pas de porte, quelques moines attendent le chaland érudit, proposant leurs précieux livres. Un rayon de soleil joue à la marelle entre l'obscurité des sombres officines et les ouvrages éparpillés, quand un passage nuageux confisque brusquement la lumière. Chaises plastique et tabourets ponctuent la rue de vives accolades colorées, invitant les fidèles à parcourir quelques pages. Attirée par une échoppe biblique tenue par des femmes, j'observe ces jeunes filles, plongées dans la lecture des ouvrages ou musardant, téléphone en main, espérant d'hypothétiques clients. Quand soudain, d'un brusque mouvement pourpre, surgit un groupe de vénérables. On se lève promptement, mains jointes, buste incliné, occasion bénie de dévoiler les mystérieuses pépites amoncelées qui feront le bonheur des toges magenta.

Dévotion en famille

Passer une journée à Schwedagon permet d'approcher au plus près l'étonnante capacité de dévotion birmane au quotidien. Postée près de la pagode Aung Myea, j'observe les allées et venues. Vaguement cachée par un pilier, une jeune femme donne le sein à son nouveau-né. Assise par terre, deux jeunes filles chuchotent entre elles, sous le regard ironique du père. Une famille entière déballe d'un torchon plié le repas partagé sur place. Une fois terminé, ils nettoient scrupuleusement l'espace. Un petit garçon intrigué me regarde dessiner, j'esquisse son portrait.
Toge rose déployée, une jeune nonne, yeux clos, psalmodie en égrenant un chapelet d'ambre. Tout se passe sous le regard serein d'un gigantesque bouddha assis, recouvert d'or, dont la taille des mains avoisine un bon mètre. Odeurs d'encens, friture et agrumes mélangés. Vénération des dieux, instant de paix, recueillement, nourriture spirituelle et banalité du quotidien, tout se confond. Bouddha veille sur vous, le pouvoir aussi.

—
Ci-contre (h) : Petit garçon à Schwedagon
Collage, aquarelle, pierre noire

Dévotion en famille à Schwedagon – Aquarelle

Schwedagon, revendications et refuge

La pagode Schwedagon symbolise encore un haut-lieu de revendications politiques. En 1988, en pleine dictature militaire, Aung San Suu Kyi réunissant ici ses partisans, réclamait l'accession à la démocratie. En 2007, quand l'État décide une augmentation brutale des produits de première nécessité, la population descend dans la rue pour crier son indignation, rejointe par les moines dans une immense manifestation pacifique. La pagode se retrouve alors le théâtre de sanglantes répressions qui scandalisent le monde entier. Les moines adoptent la politique du bol renversé, refusant les oboles des militaires et policiers. Aujourd'hui, depuis la reprise en main du pays par la junte, écrasant violemment toute forme de contestation, la pagode devient un refuge pour les opposants. Récemment, la population a fait la grève du silence, une journée entière. Les militaires les forcent à vivre une vie normale sous peine de coups. Des passants sont contraints de nettoyer les barricades, un fusil pointé dans le dos. Reprise en main par la terreur, telle est la situation, sous l'or impavide de Schwedagon.

—
Quand la pagode devient un refuge
Aquarelle rehaussée de feutre noir

နှင်းဆီ
ရွှေရည်မို
အာမခံ
ရွှေဆိုင်း
ဦးကြည်သိန်း+ဒေါ်တင်ရီ
ရွှေဆိုင်းကုန်သည်

Tous les sens en éveil

Circulation intense à toute heure du jour, nous partons déjeuner. Downtown, façades décrépies, parasols déployés, étals divers sur le bitume, trottoirs engorgés de tables et tabourets colorés, klaxons et couleurs s'invitent au bal de la rue.
Le pourpre éternel des robes monastiques flirte allègrement avec les taxis jaunes et les parapluies bariolés des Birmanes adeptes du teint clair au tanaka, jouant les couleurs complémentaires. De puissantes odeurs d'épices envahissent les rues. Sur une cotonnade, s'étalent à foison ciboule fraîche, coriandre, curcuma, paprika, cumin, piments bariolés, racines de gingembre torturées aiguisant l'appétit. Dans le quartier indien, le marché Bogyoke bat son plein, entre moiteur, foule compacte et friture grésillant sous les auspices du Sri Kali Temple.
D'imposantes noix de coco entassées instaurent une frontière naturelle entre vendeurs et chalands. La *street food* fait recette. Les papilles en émois, nous goûtons des satays, brochettes épicées à point.
Ici, la féminité birmane s'affirme d'évidence par la longue chevelure d'une qualité naturelle remarquable, lisse ou en chignon. Entre deux bouchées, croquis furtif de Pyae Pyae la jeune serveuse. D'un charmant sourire, elle me remercie pour son portrait.

—

Ci-contre : La serveuse de *street food*
Mine de plomb aquarellée

Vie de quartier autour de Schwedagon
Aquarelle rehaussée de feutre noir
et encre de Chine

Balade au quartier colonial

Après le déjeuner, Gérard s'installe confortablement pour croquer la vie du quartier. Les immeubles décrépis vibrent sous l'intensité de la canicule et des fils électriques enchevêtrés aux poteaux archaïques. Des vendeurs, les bras surchargés de marchandise dansent entre les voitures. Quelques tuk-tuk intrépides se fraient un passage fuyant l'enfer des embouteillages. Enfin, le calme s'installe sous les frondaisons du boulevard, les commerces se vident. Harassé par la chaleur, un chauffeur de trishaw installé sur la banquette arrière ronfle sourdement, déclenchant les sourires complices des passants.

Je flâne dans le quartier colonial, goûtant l'apaisante fraîcheur de fin d'après-midi. Je découvre l'ancien Hôtel des Douanes et sa célèbre horloge à deux faces. L'architecture typiquement victorienne s'impose, même si les moussons ont fortement dégradé la splendeur d'antan des façades rongées de salpêtre. 37e rue, une jeune vendeuse de fruits exotiques dresse son étal, je m'installe tout près.
Ce sera mon dernier dessin du jour, avant de rejoindre, pour un ultime cocktail, mes amis attablés au Strand Hôtel, *so british*. Toute une époque !

—

Ci-contre : Rangoon – Aquarelle de Gérard Darris
Ci-dessous : Quartier colonial et son petit marché
Aquarelle, pinceau encre de Chine, feutre noir sur papier journal

—
Aung Ko That au crépuscule
Aquarelle et mine graphite aquarellable

Crépuscule à Schwedagon

Retour à la pagode pour profiter du crépuscule, « à la fraîche ». Je décide de peindre le « pyatthat » cette fameuse architecture aux toits délicatement recourbés, typiques des pagodes birmanes. De fines virgules dorées ponctuent chaque étage pyramidal, imprimant une subtilité ciselée à l'édifice. Un adolescent aux traits délicats observe mon dessin. Parcourant mon carnet, il semble intrigué par les portraits. Je lui propose de poser un moment. Pour valoriser la pureté du visage d'Aung Ko That, j'opte pour la tendre patine du graphite aquarellable, sous les tons dégradés du fond vespéral. J'emporte, émue, ce beau souvenir nocturne.

Ferveur nocturne autour du grand zedi

Lentement, la nuit envahit Schwedagon. La journée de travail terminée, une foule dense vient honorer ses dieux. Tout l'or du grand zedi de la pagode principale semble réfracter la lumière des mille bougies fichées dans d'immenses tables postées devant les fidèles mains jointes, assis sur leurs talons. Tout au sommet, le hti en forme d'ombrelle, orné de diamants et pierres précieuses, frissonne sous la caresse du zéphyr, cédant enfin un brin de fraîcheur. Postée en retrait, j'observe l'incessant ballet des hommes et des femmes réalisant leurs rituels. Une dernière fois, je traverse un labyrinthe de pagodes et stupas blancs ou dorés, véritable jardin spirituel dédié à Bouddha. Malgré le côté kitsch des auréoles de lumière clignotante au-dessus de certaines divinités, je me sens apaisée et partage l'émotion profonde, la ferveur intacte d'un peuple entier aspirant à la paix et au bonheur malgré l'adversité de la vie.

—
Or et lumière à Schwedagon
Aquarelle

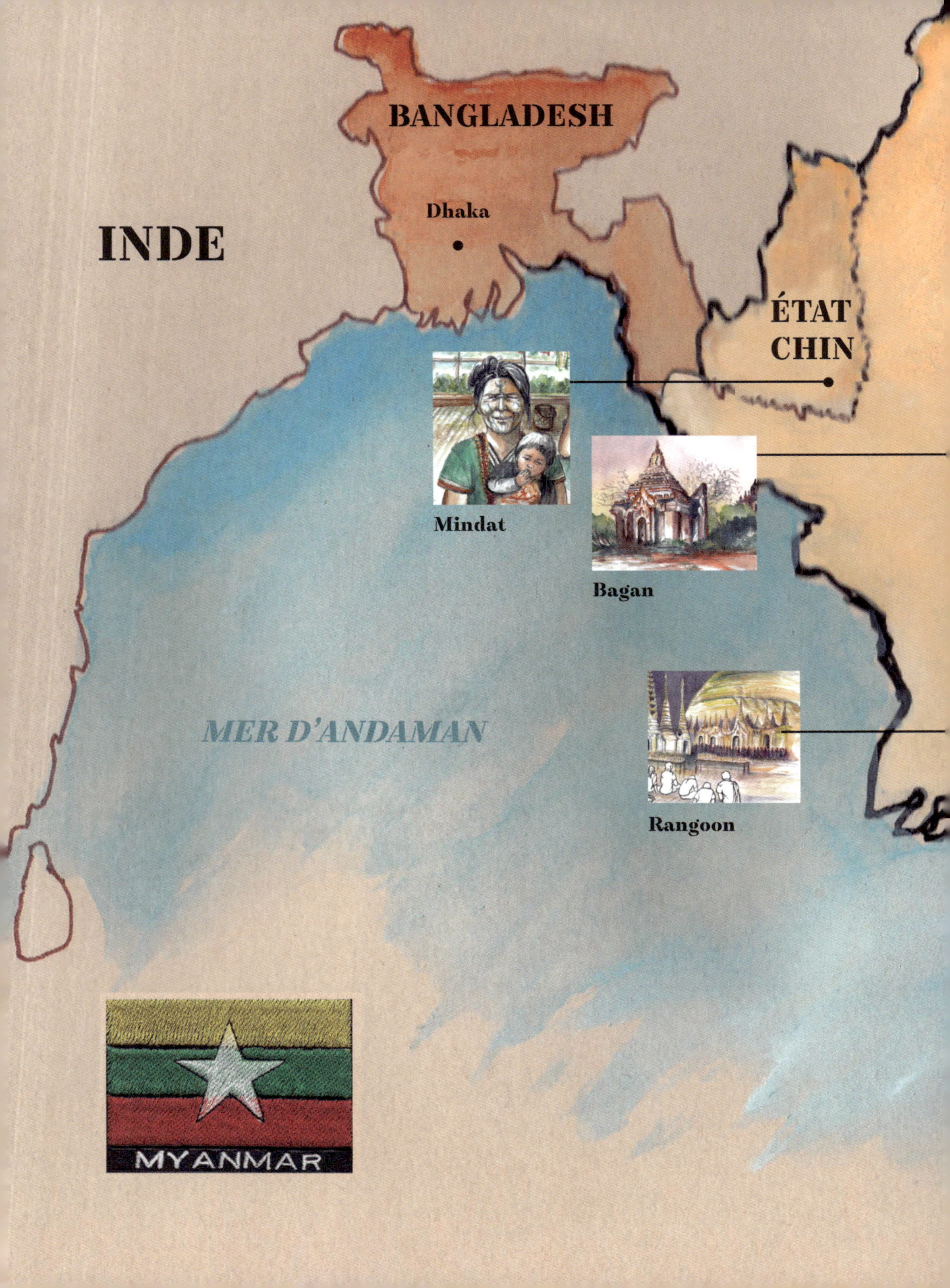
BANGLADESH
Dhaka
INDE
ÉTAT
CHIN
Mindat
Bagan
MER D'ANDAMAN
Rangoon
MYANMAR

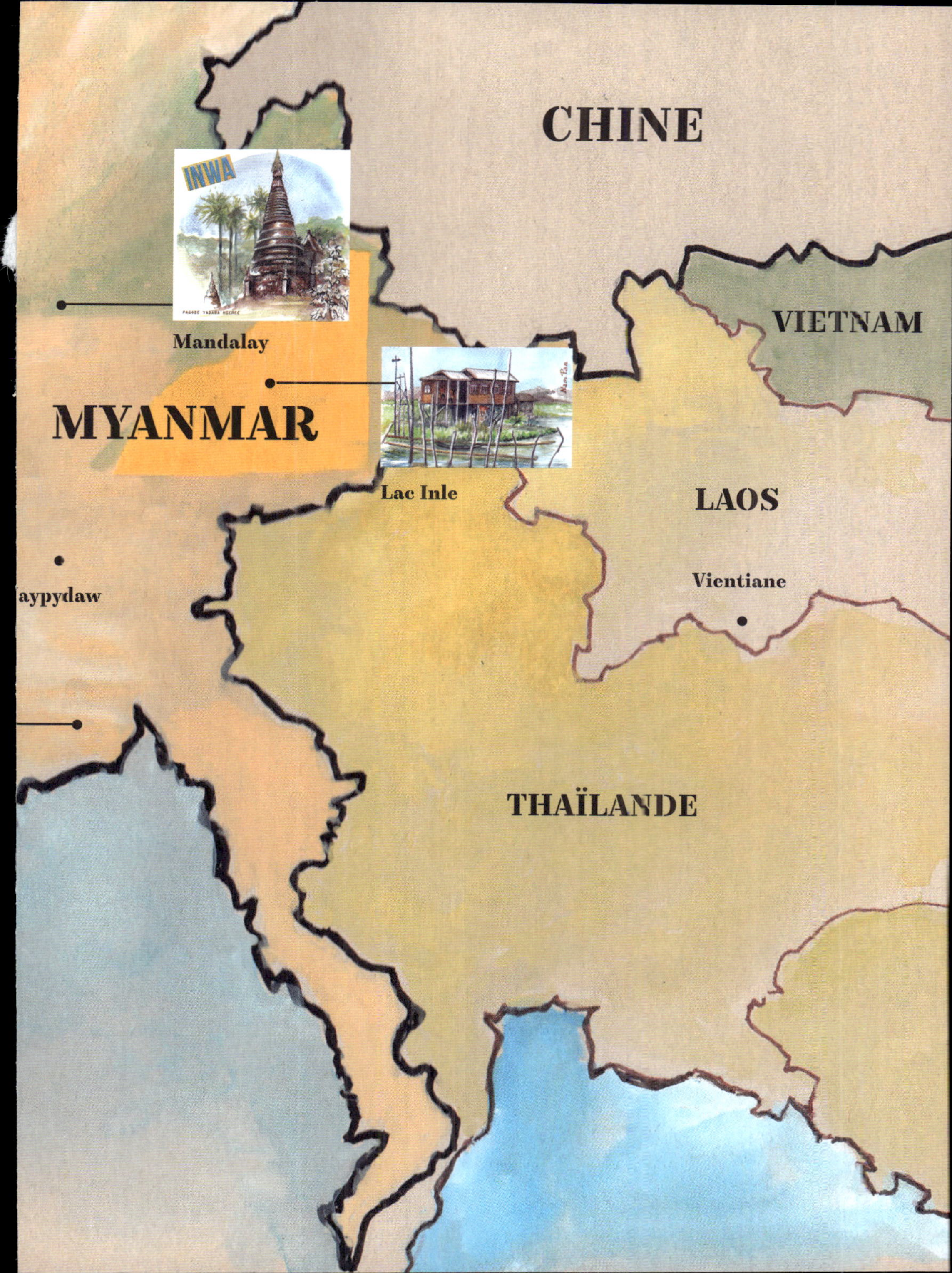
CHINE
INWA
VIETNAM
Mandalay
MYANMAR
Lac Inle
LAOS
Vientiane
aypydaw
THAÏLANDE

Dépôt légal : juin 2023
N° d'édition : 96405824-01
Achevé d'imprimer en UE

Cover art, design, illustrations by Franz Nowak

Titel: Unterwegs - Lebe dein Leben mutig, sinnvoll und frei

ISBN: 9798343861600

Für Angelika, Hannah und Rebecca

Danke!

Dieses Buch wäre ohne die Unterstützung und Inspiration vieler Menschen nicht entstanden, und ihnen gilt mein aufrichtiger Dank.
Zunächst möchte ich meiner Frau danken, die nicht nur meine ständige Begleiterin im Leben ist, sondern auch eine Quelle tiefer Liebe und Geduld. Sie hat mich immer wieder ermutigt, auch in Zeiten, in denen ich selbst gezweifelt habe. Ihr Vertrauen in mich und unsere gemeinsamen Träume haben mich durch so viele Herausforderungen getragen. Auch wenn wir manchmal unterschiedliche Wege zu einem Ziel sehen, habe ich durch sie gelernt, wie wertvoll das gemeinsame Lernen und Wachsen ist. Ihre Liebe und ihre Unterstützung bedeuten mir mehr, als Worte es je ausdrücken könnten.
Ebenso danke ich meinen Töchtern, die mir tagtäglich zeigen, was es bedeutet, für jemanden da zu sein, zu lieben und zu lernen. Ihre Energie, Lebensfreude und klugen Gedanken haben mein Leben bereichert und mich oft inspiriert, weiterzumachen, auch wenn der Weg schwer war.
Ein besonderer Dank geht auch an meine Freunde und all jene Weggefährten, die mich im Laufe der Jahre begleitet haben. Eure Gespräche, euer Rat und eure Unterstützung haben mir mehr gegeben, als ihr vielleicht wisst. Ihr habt mir immer wieder gezeigt, dass Freundschaft und echte Verbundenheit das Leben auf wundervolle Weise bereichern.

Besonders danke ich Brian Johnson, dessen Einsichten und Coaching-Programm (Heroic.us und sein Buch „Aretè“) einen Sprung in meiner persönlichen Entwicklung bedeutet hat. Sein unermüdliches Bestreben, Weisheit und neue wissenschaftliche Erkenntnisse zu erproben und zu bündeln, hat mir wertvolle Werkzeuge an die Hand gegeben, um über mich hinauszuwachsen.

Ich möchte auch den großen Denkern, Praktikern und Autoren danken, deren Werke mich auf meiner Reise begleitet haben. Besonders hervorheben möchte ich Abraham Maslow, Phil Stutz und Ryan Holiday, deren Gedanken und Ideen einen festen Platz in meiner Praxis gefunden haben.
Nicht zuletzt danke ich mir selbst, dass ich den Mut gefunden habe, den Weg der Selbstentfaltung und des Wachstums zu gehen. Es war nicht immer leicht, und oft schien der Weg unklar, doch die kleinen Schritte, die Dankbarkeit und die Hoffnung auf ein besseres Morgen haben mich weitergehen lassen.
Dieses Buch ist mein Geschenk an all jene, die wie ich nach Glück, Erfüllung und persönlichem Wachstum suchen. Möge es euch inspirieren, euren eigenen Weg zu gehen und euer volles Potenzial zu leben.
Danke, von Herzen.
Franz Nowak
Oktober 2024

Der Aufbruch

Dieses Buch ist mein Geschenk an all jene, die wie ich nach Glück, Erfüllung und persönlichem Wachstum suchen. Möge es euch inspirieren, euren eigenen Weg zu gehen und euer volles Potenzial zu leben.
Dieses Buch ist auch ein Geschenk an mich selbst.
Eine Erinnerung an alle die wertvollen Impulse, die mir geholfen haben, mich selbst besser zu verstehen und mehr von mir in meinem Alltag auszudrücken. Es ist eine Sammlung von Einsichten und Erfahrungen, die mich begleitet und unterstützt haben.

Viele Perspektiven auf Stärken, Schwächen und Entwicklungsmöglichkeiten.
Viele Menschen haben über die Jahrtausende Weisheit erzählt, Bücher geschrieben, Studien gemacht, Papers verfasst, mit mir geredet und ich habe ausprobiert, ob das funktioniert, was sie so erzählen.
Und so habe ich gehört, gesehen, gelesen, ausprobiert und das in mein Leben integriert, was mir hilft.
Irgendwie bin ich dabei glücklicher geworden.

Ich bin in den letzten Jahren angesprochen worden, was denn dazu führt, dass ich mental und körperlich stärker erscheine, als noch vor wenigen Jahren.
Angeblich baut man ja ab 30 ab und nicht auf.
Ich war auch schon kräftig mit dem Abbauen beschäftigt und hab es umgedreht.
Das liegt an dem Prozess, jeden Tag einen dieser Impulse umzusetzen, anzupassen und daran Freude zu haben.

Was löst den Wunsch aus, wieder aufzubrechen? Wofür soll ich das überhaupt wollen? Steckt das Zeug eigentlich in mir, dass es braucht, meine Träume zu verwirklichen? Wozu überhaupt Träume, wenn alles geregelt ist oder alles schon den Bach hinunter?

Ich sehe mich selbst vor mir, als ich auf der Treppe zu meinem Hochbett in unserer Studentenwohnung sitze, verschlafen, im Pyjama, den ich damals oft tagelang nicht ausgezogen habe. Ich sehe mich vor einem Richter, der mich fragt, wie blöd ich eigentlich war, die Konkursreife meiner Firma so spät zu erkennen. Ich sehe mich im Streit mit meiner Frau, die verlangt, dass ich die Finanzen in den Griff bekomme, mehr im Haushalt mache und mehr für die Kinder da bin.
Ich könnte mein Leben als Kette von Looser-Situationen sehen.
Rat und hilflos bis zuletzt.

Ist aber nicht so.
Warum ist das nicht so?

Es stimmt, dass vieles nicht so gelaufen ist, wie ich geplant habe.
Und da war noch etwas anderes.
Da ist Dankbarkeit für die Menschen, die mit mir gegangen sind Dankbarkeit für Begegnungen, für ein Stück Weisheit im Gespräch, für einen Funken Kraft etwas anders zu machen, weil es anderen gelungen ist.
Dankbarkeit für die vielen schönen Momente und die stärkende Freundschaft mit meiner Frau und meinen Töchtern. Für die vielen kleinen Dinge, die gelingen durften. Auch dafür, dass meine Finanzen sich leicht schleudernd in die richtige Richtung bewegt haben.
Da ist Hoffnung, dass mein Leben immer noch besser wird, jedes Jahr, nachdem es schon so oft besser geworden ist, aus den Krisen heraus.
Da ist Erfahrung, da sind die Werkzeuge, die ich unterwegs gefunden habe.
... und immer wieder ein Stück Mut, noch einen Schritt im gegenwärtigen Sumpf weiterzugehen, in der Hoffnung, dass jeder Sumpf von festem Land umgeben ist.

Jetzt aber konkret. Ich schreibe das Buch auch an mich, um mir vor Augen zu führen, was mir geholfen hat und weiterhin helfen wird, eine bessere Version von mir zu werden.
Einwand: Hah, das bringt es überhaupt nicht! Besser werden müssen!
Was soll das? Noch nicht genug Stress gehabt?
Berechtigter Einwand. Es geht um glücklicher werden.
Das klingt schon besser. Glücklich sein ist gut. Wo krieg ich das?

Abraham Maslow schreibt, dass wir glücklicher werden, wenn wir unser Potential erforschen und leben. Er meint aber auch, dass es da einen Haken gibt. Das Potential ist jenseits der Grenze unseres jetzigen Wohlbefindens. Auch wenn einiges echt unangenehm in meiner Situation ist, so ist es doch gewohnt. Ich komme damit zurecht. Das ist mein Land, mit seinen gemütlichen Plätzchen, seinen Sümpfen und Ärger, Frust und Streit Freilich hätte ich gerne die Welt von dem Berg dort drüben gesehen, und schon die ersten Schritte sind steil und steinig, die Luft wird dünn da oben, der Muskelkater wird arg, und überhaupt ...
Es wäre ja kein Problem ein Leben lang in der engen, aber doch sicheren, Komfortzone zu bleiben, wenn da nicht mein Wunsch nach Glück wäre. Wenn da nicht die Krisen wären, welche die schönste Komfortzone durcheinanderwerfen. Wenn da nicht der Frust wäre, dass ich so viele Träume abschreiben muss, nur um hier zu bleiben.

Maslow meint, dass Glück eben jenseits der Grenze liegt. Dass der Schmerz an der Grenze so etwas wie der Kompass sein kann, wo es lang geht zum Glück. Fühle einmal nach. Hast du dich einmal angestrengt, etwas Mut gebraucht und etwas geschafft, auf das du stolz warst?

Ok, Ok, ich kenne ja Leute, die echt super sind und Dinge schaffen, von denen ich nur träumen kann. Frauen und Männer machen und haben Sachen, die ich auch gerne könnte und hätte. Und ich habe schon so oft mit etwas angefangen aber innerhalb von Tagen und Wochen war der Schwung draußen und nichts erreicht. Ja, so ist das. Wie viele Neujahrsvorsätze sind solche geblieben?
Also, Hoffnung aufgeben, einrollen und schlafen?

Dieses Buch soll helfen, nach dem 'Wofür' zu suchen und beim 'Wie' zu helfen. Soll helfen, ganz kleine Schritte zu gehen, die im Rückblick immer größer werden. Wie eine Kette von Dominos, jedes ein kleines Stück größer als das vorhergehende. Mühelos stößt du den ersten Dominostein an. Dann macht es Klick, dann Klack, dann Klock, dann KRACH, wenn ein großes Stück gelingt.

Ein zentraler Auslöser für dieses Buch ist auch, dass die Menschheit in einer kritischen Entwicklungsphase ist. Wir verändern das Klima, wir überformen den ganzen Planeten. Wir sind inzwischen ein geologisches Phänomen.
Wir haben mit Erfindungsgeist und unglaublichem Vorwärtsmomentum unsere Welt an den Abgrund geführt.
Menschen sind wunderbare Wesen, Menschen sind grausam in ihrer Ignoranz.

In den letzten Jahren ist nach banger Furcht vor dem Ende in mir immer mehr Hoffnung gewachsen, dass wir, die Menschheit, alles haben, was es braucht, den Planeten in ein Paradies zu verwandeln.
Unmöglich? Es ist Zeit fliegen zu lernen! :-)
Dazu braucht es Menschen, die über sich selbst hinauswachsen und immer wieder ihren Sinn und ihr Glück finden.

Dafür ist das Buch in acht Abschnitte geteilt, die einen Weg beschreiben. Du kannst dir vorstellen, dass du jeden Tag ein oder zwei Seiten liest, eine Kleinigkeit an deinem Verhalten anpasst und über die Monate einen Prozess durchmachst, der dein Leben verändert. Oder du schlägst auf einer Seite auf und bekommst genau den Kick, den du an diesem heutigen Tag brauchst.

Die Abschnitte sind:

I. WOFÜR? Von der Kunst, loszulegen.
II. ZUVERSICHT! Von der Kunst, weiterzumachen.
III. WERTVOLL! Von der Kunst, sich selbst zu wählen.
IV. DER TAG! Von der Kunst, Tage zu Meisterstücken zu machen.
V. MEISTER! Von der Kunst, sich selbst zu meistern.
VI. FUNDAMENT! Von der Kunst, immer stärker zu werden
VII. AKTIVIERT! Von der Kunst, in der eigenen Kraft zu leben.
VIII. EINSATZ! Von der Kunst, einen Planeten zu retten

Jeder der Abschnitte enthält kleine Kapitel, Ideen, Übungen, Hinweise, Erfahrungen.
Ja, es ist auch eine Sequenz, die zunächst den Einstieg sucht.
Den Punkt, an dem die Lunte zündet.
Dann gilt es Fähigkeiten und Werte schrittweise zu entdecken und auszubauen.

Du bist einzigartig.
Du findest den eigenen Weg.
Wenn dir etwas gelingt?
“Das bist du und noch viel mehr!”

Worauf baue ich auf? Jahrtausende menschlicher Erfahrung und Weisheit.
Ich erzähle darüber.

Die Texte sind über zwei Jahre als tägliche Memos an mich selbst entstanden.

Ich habe das von Marcus Aurelius abgeschaut, der als römischer Kaiser seine Philosophie in ein Tagebuch an sich selbst geschrieben hat. Als Stütze und Erinnerung, was ihm gutgetan hat, was ihm geschadet hat und wie er seinen Job als Kaiser und Mensch jeden Tag besser machen kann.

Besonders dankbar bin ich Brian Johnson, der in jahrzehntelanger Arbeit Erfahrungen und Einsichten der Jahrtausende, immer wieder neue wissenschaftliche Erkenntnisse und immer wieder seine praktische Umsetzung im eigenen Leben zu einem Coaching Programm kondensiert hat, das tausenden Menschen und mir in 300 Tagen einen gewaltigen Sprung in der Persönlichkeitsentwicklung ermöglicht hat.

Ich hatte Glück! Meine Tochter hat mir den Kurs geschenkt! Ganz großes Danke! :-)
Dazu Weiterführendes auf heroic.us und in Brian Johnson‘s Buch ARETÉ.

Ich wünsche dir, dass dieses Buch ein wenig mehr Licht, Bewegung und Glück in dein Leben bringt.
Ich wünsche dir den Mut zuzugreifen, dich und dein Leben mehr und mehr in die Hand zu nehmen und zu gestalten.

Franz Nowak
im Oktober 2024

Inhalt

I - WOFÜR?
Von der Kunst, loszulegen.

Am Beginn eines jeden großen Vorhabens steht oft die Frage nach dem "Wofür?". Dieses Kapitel entführt uns in die Kunst des Anfangens, eine Reise, die weit mehr als nur den ersten Schritt umfasst. Es geht darum, den Mut zu finden, den ersten Pinselstrich auf einer leeren Leinwand zu setzen, den ersten Satz auf ein blankes Papier zu schreiben, oder, wie Leonardo da Vinci es ausdrücken würde, die hundert Fragen zu stellen, die den Geist beflügeln.

Dies ist kein einfacher Weg. Es ist ein Pfad, der mit Selbstzweifeln, Hindernissen und der ständigen Suche nach Sinn gepflastert ist. Doch gerade diese Herausforderungen machen die Reise spannend und lohnend.

Die Einladung, die dieses Kapitel ausspricht, ist eine Einladung zum Träumen, zum Fragenstellen, zum Erforschen der unzähligen Möglichkeiten, die das Leben bereithält. Es ist eine Aufforderung, den sicheren Hafen zu verlassen und in unbekannte Gewässer zu segeln, getrieben von der Neugier und dem Wunsch, das eigene Potenzial voll auszuschöpfen. In den Worten großer Denker und durch die Praxis bewährter Übungen werden wir angeleitet, tief in uns selbst zu blicken, um jene Fragen zu entdecken, die unser Handeln leiten und unserem Leben Richtung geben.

In diesem Kapitel entwickelst du einen Kompass, um etwas zu bewegen, zu verändern und zu wachsen. Es ermutigt, über den Tellerrand hinauszublicken, unsere tiefsten Ängste zu konfrontieren und den ersten Schritt in Richtung der besten Version unserer selbst zu wagen.

Lass uns gemeinsam die Kunst des Loslegens zu meistern und entdecken, wofür wir wirklich brennen. Die Reise beginnt jetzt – mit dem Mut zum Scheitern und der unerschütterlichen Hoffnung, dass es nie zu spät ist, den Kurs zu ändern und das Leben in vollen Zügen zu leben.

Domino

Die Physik von Dominos ist faszinierend und man kann diese Gesetzmäßigkeit wunderbar auf Mikro-Ziele anwenden, die schnell einen wachsenden Effekt haben können.
Dieser Video von Physik Professor Stephen Morris
https://www.youtube.com/watch?v=y97rBdSYbkg
zeigt es anschaulich.

Kurz die Geschichte: 13 Dominos stehen in einer Reihe, jeder Stein ist 1,5 mal größer als der vorhergehende. Der erste Stein ist 5 mm hoch und 1 mm dick, der letzte ist über 1m hoch und 50kg schwer. Gib dem Mikro Domino den entscheidenden Stoß und ... klack, klack, ... klack, der 50kg Brocken fällt. Der Effekt der letzten Sequenz setzt 2 Milliarden mal mehr Energie frei, wie der erste Schritt.

Jetzt die Übersetzung in unser Leben.
Wähle ein großes Ziel, das du wirklich erreichen willst, das großen Sinn für dich und die Welt macht. Setze deine kleinen und größer werdenden Dominosteine auf den Weg zum Ziel. Mache sofort einen winzig kleinen Schritt, dann einen etwas größeren! Mach es! Bleib dran! Mit jedem Schritt wird mehr potentielle Energie freigesetzt, die den Fortschritt ermöglicht. Wenn du anstehst, finde weitere Dominowege zum Ziel.

Mein Beitrag ist die Entscheidung, mein kleiner Beitrag mit jedem Schritt und Willenskraft dran zu bleiben.

Die Welt (und auch ich selbst) ist ein Ozean von potentieller Energie, die angestoßen werden will.

Viele erfolgreiche Menschen erzählen, dass sie rückblickend nicht verstehen, wie ein so kleiner Anfang zu ihrem jetzigen Erfolg geführt haben kann.

In dem Video beschreibt Prof. Morris, dass bei einer Kette von 29 Dominosteinen der letzte Stein die Größe des Empire State Buildings hätte.
Krawumm ... das wäre ein Knall.

Welche Dominowege sind für mich wichtig?
Welches kleine Domino kann ich heute aufstellen?

... und dann den ersten Kick :-) Ich freue mich auf das Krawumm!

Annehmen was ist

Michael Singer beschäftigt sich in seinem Buch "The Untethered Soul: The Journey Beyond Yourself" mit der Idee, dass Menschen lernen können, sich von den Einschränkungen ihres eigenen inneren Dialogs und ihrer tief verwurzelten Gewohnheiten zu befreien. Er betont die Bedeutung des Beobachtens der eigenen Gedanken und Emotionen, um ein tieferes Verständnis des Selbst zu erlangen und ein erfülltes, ein freieres Leben zu führen.

Im Buch "Living Untethered" schreibt Michael Singer: „Eines der erstaunlichsten Dinge, die du jemals erkennen wirst, ist, dass die Situation vor dir dich nicht stört – du störst dich selbst an der Situation vor dir.“

Dazu Mark Aurel in seinen Meditationen: „Wenn du durch etwas Äußeres beunruhigt bist, liegt der Schmerz nicht an der Sache selbst, sondern an deiner eigenen Einschätzung davon; und diese kannst du jederzeit aufheben.“

Da gibt es zu lernen, die Weisheit und die Demut zu haben, das größere Bild zu sehen und DIE REALITÄT ZU AKZEPTIEREN.
Das ist es, was Singer „wahre Hingabe“ nennen würde.
Byron Katie nennt es „das lieben, was ist“.
Phil Stutz nennt es „radikale Akzeptanz“.
Die Stoiker nannten es „die Kunst der Zustimmung“, und ihre Philosophie basiert im Grunde auf diesem Prozess.

Mir gefällt in diesem Zusammenhang das Gelassenheitsgebet:
“Schenke mir die Gelassenheit,
Dinge zu akzeptieren, die ich nicht ändern kann,
Den Mut, Dinge zu ändern, die ich ändern kann,
Die Weisheit, zwischen beidem zu unterscheiden.”

Das könnte ich heute zum Thema machen.
Es gibt so viele Gelegenheiten dafür! :-)
HEUTE.

Ich und mein Äffchen

Michelle Segar beschreibt in ihrem Buch “No Sweat” eine Studie, in der die Ziele von Personen, die ihre Lebensumstände, körperlichen Zustand etc. verändern wollen, analysiert wurden. 75% der Teilnehmer:innen an der Studie formulierten etwas wie “Abnehmen” oder “Bessere Gesundheit”.

25% antworteten etwas in der Art “Ich will mich jetzt, jeden Tag, großartig fühlen”. Die erste Gruppe mit dem Ziel weiter in der Zukunft und eher unbestimmter, trainierten um 32% weniger als jene, die sich jetzt, heute, gut fühlen wollen.
Wie kommt das?

Die Minderheit planten konkrete Aktivitäten für heute und wussten, dass sie sich unmittelbar danach besser fühlen würden. Es gab eine direkte Verbindung zwischen Anstrengung und Ergebnis

(Ursache > Wirkung). Sie trainierten, um ihre Lebensqualität zu erhöhen, JETZT.

Wir Menschen sind neuronal hart verdrahtet, kurzfristige Befriedigung einem langfristigen Ziel vorzuziehen. Das hatte wesentliche Vorteile für unser Überleben in einer harten Umwelt vor tausenden von Jahren.
Jetzt können wir, wie die Studie zeigt, diese ‘Verdrahtung’ nutzen, um anstrengende Tätigkeiten, die langfristig unsere Ziele unterstützen, JETZT durchzuführen. Dazu stellen wir eine Verbindung her zwischen einer langfristig sehr nützlichen Aktivität und einem unmittelbaren Nutzen heute.

Meine Tochter spricht mit ihrer Tochter über das Äffchen, wenn diese etwas sofort haben will, zum Beispiel in einem Geschäft. Das Äffchen will immer alles und das sofort (Englisch: Immediate Gratification Monkey). Meine Enkeltochter setzt diese Taktik bereits in Verhandlungen ein. An einer Autobahnstation sagte sie zu ihrer Mutter: „Wenn ich jetzt kein Eis verlange – gehen wir dann zu Hause in den Eissalon?“ Das Kind ist mir um Jahrzehnte voraus! ;-)
Zurueck zu mir! Zum Beispiel:
Laufen am Morgen >> Ich fühle mich energetisiert. Ich bin selbstbewusster.
oder: Ich habe rechtzeitig mit dem Essen aufgehört.
>> Ich fühle mich leichter. Ich schlafe besser.
oder: Eine lange verzögerte Arbeit für eine Minute beginnen
>> Ein kleiner Sieg organisiert. Ich freue mich!
Also dann mach ich doch was! Wann? Jetzt!

„Ich kann nicht!“ oder “Ich will nicht!“

Im Umgang mit mir, mit Familie, mit Mitarbeitenden oder Teams habe ich einen großen Unterschied zwischen ‘Kann’ und ‘Will’ wahrgenommen.
Wir können das jetzt nicht angehen!
Ich kann das nicht jeden Tag machen!
Ich kann die Zeit nicht finden, um mein Buch zu schreiben!
Wir können nicht miteinander reden!
Ich kann den Job nicht annehmen, weil die Fahrzeit zu lange ist!
Ich kann nicht um Hilfe bitten!
Ich kann das Projekt nicht starten, weil mein Boss nicht zugestimmt hat!
Ich kann keine Gehaltserhöhung verhandeln!
Ich kann nicht …
Da gibt es ein kleines Problem. In 99% der Fälle meine ich mit “Ich kann nicht” “Ich will nicht”. Klar ausgedrückt also “Ich will das nicht machen!”
Ich könnte das als Rücksichtnahme interpretieren. Mir oder anderen gegenüber. “Ich will nicht!” klingt doch ein wenig hart.
Der Umweg über “Ich kann nicht!” hat Nachteile. Die Aussage ist irreführend und schafft Unklarheit. Es wird auch keine Entscheidung getroffen, weil es ja nur am ‘Können’ liegt, könnte eine andere Person meinen, dass ich mir Hilfe wünsche, um das gewünschte zu tun. Ein Missverständnis mehr.
“Ich will nicht” schafft eine Basis. Ich oder mein Gegenüber können fragen: Warum? Oft hängen nicht getroffene Entscheidungen wie Nebelwände über dem Weg und wir verstricken uns.
Liegt es am Aufwand? Liegt es am Preis, den ich zahlen muss, wenn ich das wirklich haben will?
Entscheiden, ob ich es wirklich will und wenn ja, die Entscheidung die Hindernisse aus dem Weg zu räumen schafft Klarheit und Energie.
Das führt mich zu einer Übung, die Brian Johnson in diesem Zusammenhang vorschlägt.
Schreib so viele ‘Ich kann nicht!’ wie möglich auf. Nimm dir zehn Minuten. Dann dreh die Sätze um in “Ich will … nicht!”
Wie fühlt sich das an?
Etwas selbstbewusster? Etwas ehrlicher? Stärkend?
Das ist doch was! :-)

Leonardo da Vinci - “Die hundert Fragen”

Brian Johnson hat mich heute an eine wertvolle Übung erinnert.
Diese wird von Michael Gelb in seinem Buch mit dem Titel "How to Think Like Leonardo da Vinci" vorgestellt. Michael hat eine Reihe großartiger Übungen und Unterscheidungen, um zu helfen, unser Potenzial auszuschöpfen. Und damit zur erwähnten Übung.

Sie heißt “Die Übung der Hundert Fragen”.
Vorgangsweise: Finde einen ruhigen Ort, an dem du für fünfundvierzig bis sechzig Minuten nicht gestört wirst. Bringe dein Tagebuch und einen Stift mit. Beginne, Fragen aufzuschreiben. Es sollen hundert werden.
Deine Fragen können sich auf alles beziehen, was dir in den Sinn kommt. Warum ist der Himmel blau? Was ist mein Sinn? Was immer dir einfällt, ist perfekt. Schreib sie einfach auf.

Nochmals, wir wollen hundert davon.
Bei meinem ersten Versuch sind die ersten zwölf Stück oder zwei Dutzend ziemlich leicht gekommen. Und dann musste ich ein wenig tiefer graben. Nicht aufhören, bis du hundert erreicht hast.
Das ist Teil I.

Teil II Schaue dir diese Liste von Fragen an und reflektiere die Themen, die auftauchen. Vielleicht hattest du eine Menge Fragen über deine Gesundheit oder Beziehungen oder den Sinn deines Lebens. Bilde Kategorien.
Teil III Jetzt sind wir bereit für die Hauptveranstaltung. Sieh dir diese hundert Fragen an und wähle die zehn Fragen aus, die du am wirkungsvollsten und bedeutungsvollsten findest.
(Hinweis: Es soll nicht einfach sein. Das ist der Punkt. Zeit lassen. Dran bleiben.)

Sobald du diese zehn Fragen hast, ORDNE sie nach ihrer Wichtigkeit, von der mächtigsten Frage abwärts.

... und dann schau dir das Blatt in Ruhe an. Was entsteht daraus?
Daher mein Programm für heute: Eine Stunde reservieren und machen!
Ich bin gespannt und freu mich drauf :-)

Kleine Dinge

Wenn ich meine Entwicklung in den letzten Jahren betrachte, erscheinen mir die KLEINEN Dinge besonders groß zu sein. Wie habe ich mich geändert? Was mache ich anders? Woran merke ich morgen, dass ich gut drauf bin?

Ich bemerke das in verschiedenen Kontexten. Wenn ich in der Früh die Küche zusammenräume und am Esstisch Servietten hinlege, damit es hübsch aussieht. Oder wenn mich meine kleine Enkeltochter mitten in der Arbeit 'stört' und ich ohne Bedauern oder Widerstand auf ihren Wunsch zu spielen eingehe.
Ja, das ist ein wichtiger kleiner Punkt. Weniger Widerstand dagegen, dass die Realität ein wenig anders läuft als ich sie mir gerade vorgestellt habe.

Byron Katie beschreibt das so
"In the fight against reality, reality wins, but only 100% of the time."

Oder, wenn ich weiter zuhöre, wenn der Impuls sich bemerkbar macht, mein "Besseres Wissen" zum Besten zu geben. Das hat die Kommunikation mit meiner Frau wesentlich verbessert und auch meinen Beitrag in der Vorstandssitzung, an der ich heute teilnahm.

Das sind 'kleine' Verhaltensänderungen.
Wie würde die 'beste' Version von mir sich verhalten?
Wer ist die beste Version von mir?

Abraham Maslow schrieb, dass das Erkennen und Schließen der Differenz zwischen meinem gegenwärtigen Zustand und der Person die ich sein kann, Sinn und Glück ins Leben bringt.
Mir gefällt der Zugang :-)

Insbesondere, wenn es mit der Leichtigkeit und Neugier verbunden ist, was mich gerade zum Stolpern gebracht hat, was ich gerade lernen kann. Perfektion ist nicht nur NICHT erforderlich, sie ist schädlich. Sie bedeutet Schluss mit Stolpern und Lernen.
Auf welche kleinen Dinge werde ich heute achten. Was wäre ein kleines Ding, das ich heute ändern werde?
Auf die Realität ist Verlass. Sie wird es mir zeigen ;-)
Guter Ansatz :-)

Don’t Should Youself!

Tony Robbins prägte einmal den Satz “Don’t should yourself”.

Die lange deutsche Übersetzung: “Schieß dir nicht selbst ins Knie durch Gedanken wie “Ich sollte …” , “Ich muss …”.

Tony meint: “Tu es oder tu es nicht!”

Seneca meint dazu:
“Es gibt nichts, was ein weiser Mensch widerstrebend tut.”

Oder etwas weiter östlich Buddha:
“Was auch immer wert ist, getan zu werden, mach es mit deinem ganzen Herzen!”

Ich bin schon richtig allergisch auf Gedanken von mir und Worte von anderen:
“Ich sollte heute, aber ..” , “Ich würde ja, aber ..” .

Ich will, oder ich will nicht. Meine Entscheidung! Was soll das Jammern?

Jedes ‘sollte’ ist ein Schuss ins Knie.
Einfach unterlassen, entscheiden und es ist gut so.
Das Ergebnis ist dann Basis für weitere Entscheidungen.
Keine Notwendigkeit mir leid zu tun.
Also “Don’t ‘should’ yourself!”

Leben auf der Irgendwann-Insel

Brian Tracy hat einige wichtige Bücher geschrieben.

Vor 20 Jahren habe ich mir beim Laufen eine Kurzfassung von 'Goals!" immer wieder angehört.

Ein anderes ist "No Excuses". An einer Stelle schreibt er: "Wir scheinen alle die gleichen Dinge zu wollen und wir wissen, was zu tun ist, um diese Ziele zu erreichen. Und wir alle haben auch vor, die notwendigen Aktionen einmal auch zu tun. Aber bevor wir loslegen, entscheiden wir uns einen kleinen Urlaub auf der wunderbaren, fantastischen "Irgendwann Insel" zu machen.

Wir sagen zu uns:
"Irgendwann werde ich dieses Buch lesen,
irgendwann beginne ich ernsthaft zu trainieren,
irgendwann lerne ich etwas dazu und verdiene mehr Geld,
irgendwann bekomme ich meine Finanzen unter Kontrolle,
... ,
irgendwann werde ich alle die Dinge tun, die nötig sind, meine Ziele zu erreichen!'"

Brian Tracy vermutet, dass etwa 80% der Menschen die meiste Zeit auf der 'Irgendwann Insel' verbringen.

Hm, erwischt!

Was wollte ich vielleicht doch erst (über)morgen machen?
Wie wäre es mit Heute? Jetzt? Sofort?

Uff! Gemma's an!
Danach fühlt es sich besser an!
Versprochen!

Eine kleine Reise in die Hölle

In ihrem Buch "The How of Happiness" sagt Sonja Lyubomirsky, dass "Best-Self-Übungen" wie die folgende zu den robustesten Methoden zählen, um unsere Hoffnung und unser Wohlbefinden zu steigern.

Tal Ben-Shahar bietet in seinem großartigen Buch "Happier" eine eigene zeitreisende Übung an, in der er uns sagt, dass WIR ALLE BEREITS ALLE WEISHEIT HABEN, DIE WIR BRAUCHEN – wir müssen nur darauf zugreifen und dann in Übereinstimmung damit leben.

Und noch ein Buchtip zur Einleitung: Caroline Adams Miller - "Getting Grit" führt sie uns durch die Wissenschaft der Beharrlichkeit und hilft uns, sie auf unser Leben anzuwenden.
Eine der Hauptlektionen aus ihrem Buch ist die Tatsache, dass hartnäckige Menschen keine Angst vor Misserfolg haben. Sie WISSEN (!), dass sie, um Großes zu erreichen, unweigerlich scheitern werden. Oft !
Wie sie über diese Menschen sagt: „Du musst immer wieder deine Komfortzone verlassen, um dorthin zu gelangen, wo du hinwillst, und das alles ohne Erfolgsgarantie. Das hält dich jedoch nicht auf!
Du setzt lieber auf dich selbst, als ein Leben zu akzeptieren, in dem du nie wissen wirst, was hätte sein können.“

Was ist denn die Prognose für mein Leben?
„Jemand hat mir einmal die Definition der Hölle erzählt: Am letzten Tag deines Lebens trifft die Person, die du geworden bist, auf die Person, die du hättest werden können.“
Autsch!

Und damit beginnt die Übung “Ein kleiner Trip zur Hölle”.
Du hast eine Zeitmaschine. Schalte auf den allerletzten Tag deines Lebens.
Tief durchatmen.
Du bist am Ziel der Zeitreise angekommen.
Du steigst aus der Zeitmaschine aus... Und du siehst dich auf deinem Sterbebett.
Da stimmt etwas nicht ...
Es ist klar, dass du NICHT auf die guten Ratschläge gehört hast, die du dir selbst oft gegeben hast. Müdigkeit, Frust, kaputter Körper und sterbender Geist.
Das tut weh. Bedauern. Keine Chance jetzt noch etwas zu ändern.
Gerade als du deinen letzten Atemzug nehmen willst...
Öffnet sich die Tür zu deinem Zimmer...
Und...
Herein kommt diese beste Version von dir. Gealtert, immer noch so vital, lebendig, freudig und liebevoll wie immer. Diese Version von dir schaut die andere Version von dir mit Mitgefühl und Traurigkeit an.

Dann…
Ist Schluss.

Manche würden sagen, das ist eine Definition der Hölle – die Version von dir zu treffen, die du hättest werden können, gerade wenn es zu spät ist, etwas dagegen zu tun.

Tatsächlich mache ich eine ähnliche Übung jeden Morgen, wenn ich an meinem Reck hänge, um von 0,8 Klimmzügen auf mehr zu kommen.

Dabei schaue ich auf ein Bild von Phil Stutz' fünften Werkzeug 'Jeopardy'. (Buch: The Tools)
Sehe die beiden Versionen vor mir und tanke Willenskraft.
Wofür strenge ich mich heute an?

Was auch immer ich verpasst habe, welchen Mist ich gebaut habe, es ist NICHT zu spät. NIE zu spät!

Irgendwie ermutigt mich das.

Ziele sind für Looser

Von Scott Adams, dem Autor der Dilbert Cartoons, kenne ich den Ausspruch. 'Goals are for Losers'.

Das finde ich spannend, weil ich zu Beginn meiner Unternehmerkarriere intensive Zielearbeit gelernt und in der Vordergrund gestellt habe... und mit meinem ersten Unternehmen gegen die Wand gefahren bin. Meine Frau hat daraufhin eine Allergie gegen exponentielle Kurven entwickelt.

Was ich gelernt habe? Ein motivierendes klares Zielbild ist wichtig! Sinn ist zentral.

ABER Ziele, die nicht in täglichen Handlungen abgebildet sind, werden nicht Realität.
Und damit ist nicht das tägliche ‚Visualisieren' des Ziels gemeint (auch nützlich), sondern eine konkrete Handlung, die das Ziel näher bringt.
Ein Prozess.

Der tägliche Prozess und die Gewohnheiten sind die kleinen Schritte zum Erfolg. Ja, Sinn ist wichtig, aber nur den nächsten Schritt gehen bringt mich weiter. Als Person und als Organisation.

Tatsächlich gilt dann das Gesetz der kleinen, sich multiplizierenden Effekte. Damit kann die exponentielle Kurve tatsächlich Realität werden.

Goethe – Alles ist schwer, bevor es leicht wird!

Von Goethe soll die Aussage stammen “Alles ist schwer, bevor es leicht wird.”
Ich habe das beim Jonglieren gelernt. Hartnäckiges wiederholen immer wieder versuchen, hat zum Ziel geführt.

Das gilt nicht nur für physische Fertigkeiten.
Was fällt mir gerade jetzt in meinem Leben schwer?

Ha! Da habe ich etwas! Seit Jahren gebe ich meinen Coaches eine Aufgabe, die sie nicht erfüllen konnten: “Ich will am Morgen, besonders am Montagmorgen, voll Freude über den neuen Tag und die neuen Chancen erwachen.”
Das fällt mir definitiv schwer und ich will, dass es mir leichtfällt.
Was will ich dafür üben? Was ist eine einfache Übung, die ich wie Jonglierversuche jeden Tag mehrfach durchführen kann?

Ja, da ist ja das Werkzeug von Phil Stutz! Er nennt es “Grateful Flow”.
Auf die Gefahr hin, mich zu wiederholen. Ist doch so: Wiederholung wirkt.
Daher die Vorgangsweise: “Atme tief aus und ein, stell dir fünf Kleinigkeiten vor, für die du dankbar bist. Das darf ruhig ein wenig anstrengen. Dann fühle diese Dankbarkeit einfach so. Ohne Anlass.
Dann lass dich von einem Strom von Dankbarkeit über die Wolken der Sorgen hinaus zur Sonne tragen. Nimm dieses Gefühl der Unterstützung durch die Sonne wahr.”

So, jetzt braucht es für den Aufbau jeder Gewohnheit zwei Rahmenbedingungen: Erstens, es muss leicht fallen … das passt bei mir und kommt mit der Übung. Zweitens, es braucht Trigger, die das Verhalten auslösen.Da bieten sich für mich drei Trigger an, die Übung zu machen. Ich mache die Übung zum Bestandteil meines Morgenrituals. Passt. Tagsüber verwende ich jedes Gefühl der Sorge/Befürchtung, um die Übung sofort durchzuführen. Achtsamkeit! Und ich binde die Übung in mein Abendritual ein.

Meine Hypothese, wie beim Jonglieren: Nach wenigen hundert Versuchen weitet sich das Gefühl von Dankbarkeit und Vorfreude auf die Zukunft in meinen ganzen Tag, insbesondere mein Erwachen in der Früh aus.

Ich glaube, dass das die Anstrengung wert ist.
Also, dann los!

Wer will denn schon glücklich sein

Zu Glück und Unglück fällt mir eine Aussage des stoischen Philosophen Epictetus ein: “Es sind nicht die Ereignisse in der Welt, die uns unglücklich machen, sondern wie wir die Realität, wie sie ist, bewerten.”

Eine modernere Autorin, Byron Katie, bemerkt “Man verliert, wenn man gegen die Realität kämpft, aber nur in 100% der Fälle.”

Beispiel “Stau auf der Autobahn”. Das ist Fakt, fast jeden Tag, auf der Südosttangente von meinem Wohnsitz nach Wien hinein.
Aber die Personen in den tausenden Autos nehmen das ganz unterschiedlich war.

Eine Person denkt: “Ich werde ein unangenehmes Gespräch heute nicht haben. Um so länger der Stau dauert, desto besser.”
Oder: “Verdammt, ich muss um 9Uhr beim Termin sein. Ich versäume eine einmalige Chance!”
Oder die Verkehrsplanerin: “Seit fünf Jahren kämpfe ich für eine vernünftige Lösung! Wie kriege ich das durch den Gemeinderat?”
Tausende Perspektiven, eine äußere Realität.

Daher: “Wähle deine Perspektive mit Bedacht!”

Viktor Frankl hat drei Konzentrationslager überlebt und stellt in etwa das fest: “Zwischen der auslösenden Situation und meiner Reaktion ist ein Raum, diesen Raum nenne ich Freiheit”.

Ich atme und frage mich “Was ist wichtig, JETZT?”
In diesem Raum zwischen Auslöser und meiner äußerlichen Reaktion werde ich handlungsfähig und entdecke ein Stück Glück im Unglück.

Kostenanalyse von Selbstmitleid

Michael Singer gibt uns in seinem Buch “Living Untethered” großartige Hinweise, wie wir unser Leben leichter machen können. Schon einmal über das Wetter beklagt oder über den Autofahrer vor mir aufgeregt?

Kostenanalyse dieser Emotion, dieses Energieaufwands: 100% Aufwand, null Prozent positiver Effekt. Und ich mache das immer wieder?
In seinem Buch “The Upward Spiral” beschreibt Alex Korb einen Weg, wie neurologische Erkenntnisse eingesetzt werden können, um den Trend einer Depression (oder einfach negativer Emotionen) umzudrehen. Eine Depression ist durch Trauma oder/und Genetik tief eingegraben in unser Hirn. Sie ist wie das Wetter. ABER, im Gegensatz zum Wetter zeigen neurologische Erkenntnisse und therapeutische Erfahrungen, dass wir Werkzeuge haben, den Trend umzudrehen.

Seine Lösung ist nicht ein Medikament oder die Empfehlung einer besonderen Therapie, sondern Praxis, Praxis, Praxis.

Wenn ich in der glücklichen Situation bin, das negative Gefühl wahr zu nehmen, dann kann ich eine ganz kleine Aktion machen, um die Situation zu drehen. Zum Beispiel ALI - Atmen-Lächeln-Innehalten. Es braucht Übung, immer wieder eine ganz kleine Aktion zu machen, wenn ein unerwünschter Effekt, eine Emotion mich beeinträchtigt.
Als Menschen haben wir die wunderbare Fähigkeit, unseren Geist zu formen. Es lohnt sich, früh und abends kurze Übungseinheiten einzuführen und jede Chance tagsüber, wenn etwas unangenehm erscheint, als Chance für Training zu nutzen.

Der Geist ist wie ein Muskel. Willenskraft ist wie ein Muskel.

Ich habe es in der Hand, jeden Trigger für Training zu nutzen.
Das Wetter ist beschissen und ich muss raus!
> Ah, interessant. > Regenschutz anziehen. Lächeln.
Der Fahrer schneidet mich gefährlich von links!
> Ah, interessant. > Bremsen. Lächeln.
Ich fühle mich sau schlecht!
> Ah, interessant. > Aufrichten. Lächeln!
Ich wache auf und der Tag macht mir Angst!
> Ah interessant! > Aufrichten! Lächeln.
Aus einem Minus ein Plus machen. Immer wieder. Jeden Tag. Oft!
Das wäre doch ein Experiment! Heute! … und Morgen, …

Mein unendliches Potential wartet außerhalb meiner Komfortzone

Phil Stutz' schenkt in seinem Buch "Lessons for Living" jede Menge praktischer Weisheit.
So ertappe ich mich immer wieder dabei, dass ich es leicht haben will und frustriert bin über die Gummiwand des Widerstands, den ich von der Realität spüre.
Ich erkenne ein Missverständnis:
Es ist nicht die Realität, die Widerstand leistet, gegen das was ansteht.
Ich bin im Widerstand! :-)

Die erste Wahrheit aus Phil's Buch? Es ist auch die erste edle Wahrheit des Buddhismus.
Das Leben ist hart.
Diese einfache Tatsache der Existenz zu leugnen und mir selbst die Geschichte zu erzählen, dass mein Leben *nicht* hart sein sollte, ist wohl DAS größte Hindernis für den Genuss des Lebens.
Phil bringt sein Werkzeug "Reversal of Desire" ins Spiel.
Statt in Unzufriedenheit und Angst zu leben, mit Neugier auf das zugehen, was ansteht.
Wie oft muss ich mir das noch erzählen?

Phil meint: Das ganze Leben. Phil Stutz spricht in seinen Büchern vom 'Part X'.
Einer inneren Stimme, die in jedem Menschen lebt und alles klein macht, was du bist und erreichst. Die in Befürchtungen lebt und diese aufbläht.
Er meint: "Dein innerer Part X flüstert dir immer wieder vom leichten Leben vor. Es gäbe einen Punkt, wo du sagen kannst: Jetzt habe ich es geschafft - Mich wirft nichts mehr um."
Und dann knallt meine Phantasie auf die Realität. Gestolpert. Gefallen. Es schmerzt!
Teil X flüstert: "Liegen bleiben! Ein Schluckerl Gin und alles ist gut! Wer liegt kann nicht fallen!"
Aber warum bin ich dann traurig, unmutig, aggressiv?
Weil Teil X lügt! Es stimmt nicht, dass alles gut wird , wenn wir aufgeben!
Ich habe hundertfach die Erfahrung gemacht:
Wenn ich aufgebe, werde ich grantig.
Wenn ich auf auf die Angst zugehe, wenn ich das mache, vor dem ich mich scheue, dann gehe ich durch, überlebe, stolpere, lerne, stolpere, lerne und blicke zurück mit Freude.
Aufstehen und weiter trainieren, heißt die Devise! :-)

Wenn ich aufhöre, mit der Realität zu streiten und zu denken, dass etwas mit mir nicht stimmt, weil die unvermeidlichen Herausforderungen des Lebens auf mich zukommen, kann ich meine Beziehung zu all dem Schmerz, der Unsicherheit und der harten Arbeit, die zu einem guten, erfüllten Leben gehören, ändern.

Ralph Waldo Emerson sagt dazu: „Vertraue auf dich selbst."
Marcus Aurelius sagt mir: „Spiele deine Rolle gut."
Joseph Campbell sagt mir: „Helden trainieren."

Und zum Abschluss noch einmal Phil Stutz: „Mein unendliches Potenzial existiert außerhalb meiner Komfortzone. Ich liebe Schmerz, Unsicherheit und harte Arbeit. Gemma's an!"

Interessant, dass Freude aufkommt, wenn ich mir so etwas erzähle.
Jeden Tag von neuem! :-)

Hindernisse machen mich stärker

Ich habe mir heute ein neues Mantra zugelegt: HIMMS! ;-)
"Hindernisse Machen Mich Stärker".
Zugegeben die englische Variante OMMS "Obstacles Make Me Stronger" klingt eher nach indischem Mantra, aber was solls :-) .

Ich habe schon ich über die Umkehr des Wunsches davonzulaufen in den Wunsch, durch eine Herausforderung durchzubrechen, gesprochen.
Warum komme ich jetzt auf mein neues Mantra zu sprechen?

Immer, wenn sich wieder ein neues Hindernis vor mir aufrichtet, kriecht Enttäuschung und Ärger in mir hoch. Das ist suboptimal für den Umgang mit der Situation. Dieses Zögern vor Hindernissen und Gefahren ist eine Gewohnheit. Zunächst einmal eine gute, weil es meine Sicherheit erhöht, insbesondere als Kind, das lernt mit der Welt umzugehen. Die Kindheit ist schon ein paar Jahrzehnte vorbei, der Reflex ist aber immer noch eingebaut.
Im Heroic Coaching Programm schlägt Brian Johnson vor, sich zu einem Spartan Race (Gegründet von Joe de Sena und es gibt jedes Jahr auch mindestens zwei Veranstaltungen in Österreich) anzumelden und sich den 20 Hindernissen dieses 5 KM Parcours zu stellen. Ich bin mein erstes Rennen im letzten Jahr in St. Pölten gelaufen. Ich konnte mich einer Gruppe der Sparkasse Niederösterreich anschließen, die mich buchstäblich über manche Hindernisse drüber gehoben haben. Danke an die mir unbekannten Menschen! :-) Zusammenarbeit ist beim Spartan Race erlaubt und erwünscht :-) . Eine ganz wichtige Erfahrung habe ich mit dem Schlammgraben und dem Robben unter Stacheldraht auf einem schlammigen Weg gemacht. Da gibt es keine Ausrede, wie "Ich habe die Kraft nicht", sondern einfach den Widerstand gegen den Dreck. Ich habe die Hindernisse geschafft und damit meinen inneren Schweinehund besiegt. Wenige Wochen später war unser Klo verstopft. Keine Saugglocke. Ich greife rein. Entferne den Dreck. In 20 Sekunden erledigt. Das war für mich erleuchtend. Man kann einfach tun was ansteht und sinnvoll ist. Greif einfach in den Dreck und erledige die Sache! Hände kann man waschen.

HIMMS - "Hindernisse Machen Mich Stärker" bedeutet, dass ich mich über ein Problem freue, weil jedes Hindernis meine Hürde, die nötigen Sachen anzugehen, etwas niedriger macht.
Ich werde (mental) stärker.
Ist doch was! :-)

Authentisches Glück – Stärken stärken

Ich habe Martin Seligmann schon mehrfach erwähnt. In einem seiner vielen Bücher "Authentic Happiness" schreibt er: "Ein gutes Leben besteht im Erleben von Glück durch den Einsatz der eigenen Stärken in den Haupt-Bereichen des täglichen Lebens"
Viel Material zu Seligmann's Werk findest du unter
https://www.authentichappiness.sas.upenn.edu/
Seligmann stellte fest, dass sich die Forschung in einem Verhältnis von 100 zu 1 auf die Korrektur von Schwächen, von Trauma, Neurosen, etc konzentriert hat (20. Jahrhundert). Therapie bringt Menschen von -9 auf -3, vielleicht auf Null. Aber was mach ich als gesunder Mensch, der von 0 auf +3, auf +9 kommen will?
Das ist der Fokus der 'Positiven Psycholgie'.

Jetzt aber zurück zu seiner Aussage. Erstes Problem: Was sind denn eigentlich meine Stärken, deren Einsatz mich glücklich machen soll?
Seligmann erforschte, was Kulturen rund um die Welt und über die Jahrtausende zum Thema Glück zu sagen haben.
Die weisen Menschen sich einig: Es geht um Werte, um Tugenden, die wir in unserem täglichen Leben ausdrücken und sie sind auch einig, dass folgende Werte, Tugenden, Stärken ein glückliches, sinnvolles leben untermauern:
Weisheit - Mut - Liebe&Menschlichkeit - Gerechtigkeit - Gleichmut - Transzendenz.
Seligmann et al. haben 24 Kategorien identifiziert, beschrieben und in einem Test zur Verfügung gestellt:
https://www.authentichappiness.sas.upenn.edu/user/login?destination=node/434
Ich habe für mich zunächst notiert , welche Stärken ich glaube zu haben und dann den Test gemacht. Das war interessant. Besonders spannend habe ich Überlegung gefunden, wie ich immer wieder meine expliziten Stärken einsetzen kann, um meine nicht so ausgeprägten Stärken (Nr 23 und 24 aus der Liste) zu stärken.
Seligmann warnt auch, dass man hauptsächlich Stärken einsetzen und damit stärken sollte und die schwach ausgeprägten Stärken gerade so bearbeiten sollte, dass sie Lebensziele nicht gefährden.
Also: Stärken stärken!
Heute natürlich! Jeden Tag! :-)

Mind the GAP!

Abraham Maslow liebe ich für die Ideen, die er in die Welt gebracht hat. Sein zentrales Mantra: "Was man sein *kann*, *MUSS* man sein". Klingt zunächst recht *zwingend*. Mich und meine Mitmenschen beobachtend, sehe ich es einfach als eine Beschreibung der Realität, wenn man davon ausgeht, ein erfülltes Leben leben zu wollen.
Wer will schon auf ein vergebliches und unglückliches Leben zurückblicken.
Was Maslow nicht verschweigt, ist, dass sich damit ein Zwischenraum, ein GAP, zwischen meiner Realität JETZT und dem, was ich sein kann, auftut.
Damit verbunden ist das MUSS, diesen GAP zu schließen.
Und jetzt wird es anstrengend. Die Kluft kann ziemlich groß sein. Und zur Beruhigung ;-) fügen Meister aus dem Osten hinzu: Umso weiter du gehst, desto weiter entfernt sich das Ziel, weil jeder Schritt die Optionen des Wachstums erweitert. "There is no finish line"
Es wird also von den Weisen behauptet, ein Leben voller Anstrengung würde glücklich machen?
Na, Mahlzeit!
Ich hab es mir doch verdient, nach einem Arbeitstag oder Arbeitsleben einfach abzuhängen! (Vor dem Fernseher, nicht am Ast! ;-))
Antwort der Weisen: Es gibt keine "Fairness". Es gibt kein "Ich hab es mir verdient!". Das ist aus der Kind- oder Opferrolle verständlich, macht aber unglücklich.
Maslow: "You have the choice between the pain of regret and the pain of training. Every moment of your life."
Hm, jetzt bequem machen und sich später leid tun oder jetzt anstrengen und später glücklich sein. Unangenehme Alternative.
Zum Glück gibt es Tricks, um den inneren "Unmittelbaren-Belohnungs-Affen" (Immediate Gratification Monkey) zu nutzen und nicht zu konfrontieren.
Ich wähle meine Schritte so, dass ich sofort etwas davon habe.
Plane kleine Erfolgserlebnisse, die in die Zielrichtung gehen.
Auf meine Sonnengrüße am Morgen will ich nicht mehr verzichten, weil ich mich anschließend so wohl fühle. So nebenher wird dadurch mein Körper gesünder und sollte mir länger dienen. Oder dieses Memo. Es macht mir Spaß, es an mich zu schreiben. Es macht Freude, wenn es jemand hilfreich findet. ... und langfristig festige ich meine Ausrichtung, die kleinen täglichen Anstrengungen zu leisten, die für langfristigen Erfolg, Zufriedenheit und Glück nötig sind.
Daher ... Ran an die Arbeit! :-)

Statt Abhängen – Hochziehen

Heute habe ich mich zum ersten Mal am Ast unseres Ahornbaumes unten am Bach hochziehen können. In einem anderen Memo habe ich erwähnt, dass ich gerne von 0,..e< und etwas Klimmzügen auf einen und mehr kommen will. Ein Freund von mir ist vor etwa einem Jahr zum dem Ast gegangen und hat sich einfach hochgezogen. Oh! Will ich auch! :-)

Zu dieser Zeit - und bis jetzt - war ich in der 'Birnen-Phase' des Klimmzuglernens. Das bedeutet, ich strecke mich hoch, greife nach dem Ast und dann … hänge ich. Keine Option nach oben. Das ist aber eine gute Übung zum Start! Einfach hängen. Der Körper gewöhnt sich daran immer länger die eigene Last zu tragen

… und später zu heben.

Konsequenz - Ich habe das Hängen und etwas später mich langsam herunterlassen aus der hochgezogenen Position in mein Morgenprogramm am Reck in meiner Schlafzimmertür aufgenommen. Diese drei Minuten, jeden Tag, über mehr als ein Jahr haben jetzt zum erwünschten ersten Hochziehen am Ast geführt. Ich habe das seit einem halben Jahr nicht mehr probiert. Hah, jetzt geht es :-)

Ich bin echt glücklich mit meinem Morgenprogramm. Es ist eine tägliche Gewohnheit, ein Ablauf, in den ich das Training für neue Ideen von mir einhängen kann. Das kann ein Haiku dichten sein, oder Liegestütze, oder Singen, in Dankbarkeit etwas Schönes notieren, Tasks für den Tag planen, Meditieren, Yoga, ein Musikinstrument üben, oder … eben hängen und langsam herunterlassen. Was immer ich gerne weiterentwickeln und ausbauen will, hier ist Platz für die minimale Trainingseinheit.

Jeden Tag!

Dieses Einklicken von Lerneinheiten in einen stabilen Rahmen ist eine große Errungenschaft.

Ich habe mit drei Minuten Singen (Morning has broken … ;-)) gestartet.

Jeden Tag.

Dann kam dies und das und sonst noch was dazu über die Jahre.

Wichtig ist der kleine Anfang. Wenn ich mir zu viel vornehme, verliere ich den Mut und gebe auf. Und ein fixer Termin, der nicht durch Tagesstörungen verhindert werden kann.

Bei mir ist das früh am Morgen.

Damit ist weiteres Wachstum programmiert :-)

Eudaimonologie – Wissenschaft von der guten Seele

Ich bin immer froh, wenn ich einem Hype aufsitze, der schon zwei, drei tausend Jahre alt ist. So ein Hype muss sich bewährt haben. ;-)
Die Stoa ist so etwas, oder die Lehren des Buddha, oder LaoTse, oder ... :-)
Die Stoiker prägten fünf Begriffe, die als Säulen eines guten Lebens und einer guten Seele dienen können:
Aretè + Eudaimonia + Entheos + Heros + Euthymia
Was meinen die griechischen Weisen damit?

Zunächst Aretè. Direkt übersetzt, so etwa Tugend oder Exzellenz. Etwas tiefer meinen die Stoiker (und auch andere griechische Philosophenschulen) unser höchstes Potential auszudrücken (Erinnert doch sehr an Abraham Maslow, oder?)
Was uns zum Wort EUDAIMONIA führt. Dieses Wort bedeutet schlicht "Gute Seele". Wenn ich mit ARETÈ lebe, dann lebe ich im Einklang mit meiner guten Seele. Das führt zu einem tiefen Gefühl von Wohlbefinden und Glück.
Aretè und Eudaimonia zusammen zu bringen bedeutet dann, dass Gott in mir wohnt ENTHEOS, die Energie des Universums. Enthusiasmus, unbändige Energie strahlt aus.
Und was machen wir mit dieser Energie? Die Griechen nennen das HEROS - Heldin. Sie meinen damit nicht unsere Comic-Helden, die böse Menschen umbringen und harte Typen sind. Sie meinen damit "Beschützer". Die Heldin hat Kraft für zwei und ihre geheime Waffe ist Mitgefühl. Die Welt braucht jetzt mehr Helden und Heldinnen als jemals zuvor. Wir haben es zum ersten Mal in der Geschichte in der Hand, als Menschheit unseren Planeten in eine Hölle oder einen Himmel zu verwandeln.
Um das zu tun, ist EUTHYMIA nötig. Das ist tiefe, kraftvolle Ruhe. Du lebst und agierst kraftvoll im Einklang mit deinen höchsten Werten. Kein Hetzen, kein Überreden müssen, kein Zwingen zum eigenen Glück. Leben in Integrität.
Wo stehe ich damit?
Das Tröstliche für mich: Gleichgültig, wo ich jetzt stehe, ich kann das alles lernen. Tag für Tag, Schritt für Schritt.
Aber klar: Angefangen wird JETZT, und dann JEDEN Tag ein kleiner Schritt. Was trainiere ich in der Früh, was am Abend. Körper und Geist. Mit einer Minute starten. Das erste kleine Domino.
GO! :-)

Höre nicht auf dich selbst! Rede mit dir!

Darrin Donnelly hat eine Serie von bisher sieben Büchern geschrieben “Sports for the Soul” Kurz, SEHR lehrreich und spannend zu lesen. Im Buch “The Mental Game” geht es um “Winning the War within Your Mind”
Dazu die Einleitung von Donnelly:
"Um es klarzustellen, dies ist kein Buch über Golf. Es spielt in der Welt des Golfs, der Hauptcharakter ist ein professioneller Golfer und die Geschichte entfaltet sich während einer Saison auf der PGA Tour. Aber das Buch handelt nicht von Golf. Dieses Buch handelt von dem mentalen Spiel, das wir alle täglich spielen müssen – unabhängig von unserem gewählten Beruf. Es geht um den inneren Krieg, der in unseren Köpfen stattfindet und wie man diesen Krieg gewinnt. ...
In deinem Kopf tobt ein Krieg. Es ist ein Kampf zwischen dem Positiven und dem Negativen.
Es gibt eine Stimme, die dir sagt, warum du etwas erreichen kannst und eine Stimme, die dir sagt, warum du es nicht kannst. Eine Stimme, die dir sagt, dankbar, glücklich und optimistisch zu sein; und eine Stimme, die dir sagt, deprimiert, besorgt, gestresst und zynisch zu sein. Eine Stimme, die dein Selbstbild aufbaut und eine Stimme, die es zerstört. Eine Stimme, die dir sagt, weiterzumachen und eine Stimme, die dir sagt, aufzuhören.
Die Stimme, die du am meisten fütterst, wird die Richtung deines Lebens bestimmen. Du kannst diesen inneren Krieg nicht passiv ablaufen lassen, wie er will. Du musst eine aktive Rolle dabei spielen, zu bestimmen, welche Seite gewinnt. Dieses Buch wird dir zeigen, wie du die Kontrolle über den Krieg in deinem Kopf übernehmen und sicherstellen kannst, dass die positive Seite gewinnt. Sobald du anfängst, den Krieg in deinem Kopf zu gewinnen, wirst du anfangen, das Spiel des Lebens zu gewinnen."
Dem füge ich nur die wichtigsten Themen hinzu und freue mich, wenn es anderen, wie mir, hilft:
Dein Selbstbild - Welche Identität wählst du?
Höre nicht auf dich selbst, REDE mit dir selbst.
Entscheide dich, dankbar zu sein. JETZT.
Anstrengung & Einstellung - Steuere das Kontrollierbare.
Wo liegt die Chance? Deine Reaktion auf Herausforderungen.
Auf ein gelungenes Leben!
Möge jedes Jahr besser als die vorhergegangen werden.

Denkst du, dass ich das kann?

Joseph Campbell schreibt in seinem Buch "The Power of Myth"
"Als ich an einer Jungenschule unterrichtete, sprach ich oft mit den Jungen, die sich überlegten, was sie später einmal werden wollten. Ein Junge kam zu mir und fragte: 'Denkst du, ich kann das machen? Denkst du, ich kann Schriftsteller werden?' 'Oh', sagte ich, 'ich weiß nicht. Kannst du zehn Jahre Enttäuschung ertragen, ohne dass jemand auf dich reagiert, oder denkst du, dass du beim ersten Versuch einen Bestseller schreibst? Wenn du den Mut hast, bei dem zu bleiben, was du wirklich willst, egal was passiert, dann mach weiter.'"
Wie wichtig sind mir die Projekte, die ich vorhabe?
Denke ICH, dass ich es kann?
Will ich gesund bleiben?
Will ich einen kräftigen und ausdauernden Körper haben?
Will ich Hoffnung in die Welt bringen?
Will ich in einer frohen Familie leben?
Will ich in der Früh ausgeruht aufwachen?
Will ich das Buch schreiben?
Will ich ... ?
Bin ich bereit, die notwendigen Schritte zu planen?
Bin ich bereit, den Preis zu zahlen?
Bin ich bereit, die nötigen Schritte zu gehen, wenn andere skeptisch kommentieren?

Als ich vor 20 Jahren mit fast 20KG Übergewicht begann, jeden Tag ein paar Schritte mehr zu gehen, zu notieren, was ich aß und jeden Tag mein Gewicht aufzuschreiben, hat meine Frau mein Ziel den Marathon zu laufen und ein wenig auch mich, für verrückt gehalten.

Drei Jahre später und 20KG leichter bin ich den Marathon gelaufen und habe mich gesünder gefühlt als all die Jahre davor.
Hm, das ist Stoff zum Nachdenken.
Das könnte doch bei einem anderen Thema auch funktionieren?

Was ist mir wert, den Preis zu zahlen?
Welche Gewohnheit muss ich ändern?
Welchen kleinen Schritt kann ich heute schon gehen?

Der Krieger und das 0.5 Ziel

Heraklit, ein griechischer Philosoph, geboren im Persischen Reich/Anatolien im fünften Jahrhundert vor Christus bemerkt folgendes: “Wenn du das Schlachtfeld betrachtest, zehn von hundert Männer sollten gar nicht dort sein 80 sind nur Ziele, 9 sind richtige Kämpfer, und du bist glücklich, sie zu haben. Oh, und einer ist ein Krieger … “

Dieses Zitat ist aus dem Buch von David Goggins, einem ehemaligen Navy SEAL, der einen Guiness Weltrekord gehalten hat mit 4030 Klimmzügen in 17 Stunden. David war nicht immer der Marathonmann, er war fett und am besten Weg sein Leben zu verschenken. Dann schaute er in den Spiegel und hörte auf, sich zu belügen. Er meint das auch wörtlich, wenn er seine Erfahrung auf uns, auf mich bezieht. Er nennt es den ‘Accountability Mirror’

Keine Ausreden. Gewohnheiten ändern. Auf den langen Weg einstellen. Es wird immer wieder sehr schwierige Momente geben.
Er sagt: “Wenn du dich am miesesten fühlst, gib dein Bestes!

“Doing, what needs to be done, whether I feel like it or not.”

Es sind die kleinen täglichen Schritte die ich gehe, ob es mich freut oder nicht. Goggins erzählt, dass er 1999 150Kg wog und gerade ein paar hundert Meter laufen konnte. Acht Jahre später läuft er in 39 Stunden über 350 km. Wie er das gemacht hat? Jeden Tag ein wenig mehr gehen, bewegen, dann laufen.

Ich habe das Wunder im Kleinen selbst erlebt. Es war Weihnachten 2002. 90kg auf 172 Größe. Knieweh nach wenigen Metern gehen.

Dann die Entscheidung: Ich gehe jeden Tag ein paar Schritte mehr.
Ich nutze jede Gelegenheit, zu gehen.
Aus Gehen wurde Laufen, die Knieprobleme waren Vergangenheit,
viele Stunden im Wald wanderlaufend und 2006 (sozusagen zum 50sten Geburtstag) bin ich dann langsam aber doch zwei Marathons gelaufen.

So fit habe ich mich zuvor Jahrzehnte nicht gefühlt. Ich habe dann 10 Jahre und viel beruflichen Stress gebraucht, um wieder 90kg zu haben.
Aber jetzt weiß ich, wie ich damit umgehe. Restart 2021.

15 Jahre später wieder die kleinen Schritte. Der Heroic Jahreskurs von Brian Johnson hat mir sehr geholfen, mein Programm zu professionalisieren . Im Moment habe ich 75kg (Größe 172cm) und mein Bauchumfang ist 92. Mein Ziel ist jetzt nicht Strecke, sondern geistige und körperliche Gesundheit und Langlebigkeit. Dazu wäre laut wissenschaftlichen Studien 86cm Bauchumfang ein starker positiver Indikator. Das ist 0,5 (50%) meiner Körpergröße.

Daher das '0,5 Ziel'
Welche Gewohnheiten muss ich ändern?
Welche kleinen Schritte kann ich jeden Tag gehen?

Jetzt ist der Moment! Heute ist der Tag! :-)

Träume und Pläne übertreffen

Dr. John Eliot (Verwandt mit T.S.Eliot und einer langen Linie von Harvard Präsidenten) schreibt in seinem Buch ‘Overachievement’: das Buch “richtet sich an Menschen, die ihr Potenzial maximieren wollen. Und um das zu erreichen, bestehe ich darauf, dass du alle Vorsicht fahren lässt und die Bitten von Eltern, Trainern, Ehepartnern und Chefs ‘realistisch’ zu sein, ignorierst. Realistische Menschen erreichen keine außergewöhnlichen Dinge, weil ihnen die Unwahrscheinlichkeit des Erfolgs im Weg steht. Die besten Leistungsträger ignorieren die geringe Wahrscheinlichkeit. Ich werde zeigen, dass die Besten herzbewegende, aufregende, wirklich große und weithin wirkende Träume verfolgen, anstatt sich auf das Wahrscheinliche zu beschränken – solange es, wenn auch mit großer Anstrengung und Glück, möglich erscheint, sie zu verwirklichen.”
Das Buch beschreibt jede Menge an Verhaltensweisen und Gewohnheiten, die ‘Overachiever’ auszeichnen.
Ich hebe hier nur zwei hervor, deren Stärkung für mich wichtig erscheinen.
Eine Fähigkeit nennt er ‘Trusting Mindset’. Er vergleicht diesen Zustand mit einem Eichhörnchen. Es vertraut blind seinen Fähigkeiten, wenn es auf seinen Baumstraßen dahin huscht und tanzt. Routinezugriff auf diesen Zustand zeichnet große Performer aus. Sie denken nicht nach im kritischen Moment, sie tun, schon gar nicht zweifeln sie.
Ja, Top-Performer sind gut trainiert und haben Erfahrung, Daran ist täglich zu feilen. Selten ist göttliches Talent nötig.
Gewisse Haltungen und Gewohnheiten, betont Eliot, sind allerdings nötig. Auch die kann man trainieren, wie eben das "Trusting Mindset".
Eine zweite Fähigkeit, an der ich persönlich intensiv arbeite, weil es da hapert, ist “Eat Stress Like an Energybar”. Oft scheue ich vor stressigen Situationen zurück, verschiebe, verschwende Energie im Nachdenken über das, was auf mich zukommt.
Diesen Druck willkommen heißen, ist ein Grundthema des Buches.
Phil Stutz nennt die passende Übung (Das Tool ;-)) “Reversal of Desire”. Ich habe den Impuls davon zu laufen und drehe den Zustand per Trigger/Response in Freude auf die Chance über meine Grenze zu gehen. Vorfreude auf stressige Situationen! :-)
Ich erlebe oft, wie erfolgreich diese Umkehr ist und erinnere mich, wie viele meiner beruflichen Tiefen verursacht wurden, durch angstvoll davon laufen, statt mit Energie auf die Situation zugehen. Da hab ich viel zu lernen :-)
Kleine Schritte. Ein Domino nach dem anderen!
Klick, Klack, Klock, …

Strukturelle Disziplin

In seinem Buch 'Lessons for Living' geht Phil auf drei Typen von Disziplin ein, deren erste er so beschreibt: „Die erste nenne ich strukturelle Disziplin. Sie besteht aus Dingen, die du routinemäßig tust – essen, schlafen, sich bewegen usw. Das Ziel ist, in einem konstanten Rhythmus zu leben. Das verbindet uns mit höheren Mächten, weil das Universum in Rhythmen funktioniert. Jeden Tag mit einer organisierten Struktur zu leben, lehrt das Ego, sich etwas Größerem als sich selbst zu unterwerfen – der Zeit. Um aus einem lethargischen Zustand herauszukommen, ist das Erste, was zu tun ist, Struktur in das tägliche Leben zurückzubringen."

Coaches von Spitzensportlern nennen es 'Das Protokoll'. Und wenn es mir wirklich dreckig geht, dann führe ich mein Protokoll, eine tägliche Routine besonders fokussiert durch.

Es nützt nichts tolle Vorsätze und hehre Lebensziele zu haben, wenn sich diese nicht jeden Tag in meinem Verhalten ausdrücken.

Die meisten von uns haben einen Teil, der ihnen immer wieder sagt: "Das schaffst du nicht. Dazu bist du zu schwach. Das hältst du keine drei Tage durch! Du bist müde und solltest dich ablenken. Die anderen sind schuld und du kannst gar nichts tun, ... " und tausende Ausreden mehr. Phil Stutz nennt diesen Teil, der uns bremst, wo es geht, Part X. Teil X führt uns in Minderwertigkeit, Resignation und Depression.
Stutz sieht diesen Teil als das 'Böse'. Er bemerkt dazu: "Die Achtsamkeit auf die Machenschaften von Teil X trainiert täglich unsere Fähigkeit mit der Realität besser umzugehen." Der Teil ist also ein GESCHENK der Realität.

Die Verbindung mit den oben genannt höheren Mächten (Dankbarkeit, Liebe, Vorwärts- Momentum, Selbstentfaltung, und unsere damit verbundene Kraft wird in dieser täglichen Auseinandersetzung trainiert.

Teil X wird nie endgültig besiegt. Das wäre auch schade. Teil X hält uns auf Trab wenn wir zu glauben beginnen, wir hätte es endgültig geschafft. Stutz schreibt: "Wenn Teil X uns inspiriert, diese inneren Ressourcen zu finden, dann wird es zu unserem spirituellen Lehrer. Dies verwandelt das Böse von einer Kraft, die unsere Ziele bedeutungslos erscheinen lässt, in eine, die uns antreibt, sie zu erreichen. Es macht uns als Person unbesiegbar und, wenn wir das alle verstehen können, als Menschheit unbesiegbar. Doch wenn wir keine konstruktive Reaktion auf das Böse - auf Teil X - entwickeln, sind wir gelähmt."

Hm, ich muss meinen Teil X Sensor aktivieren und dann das tun, wovon er abrät ..
Ein paradoxer Leitstern.
So kann ich besser auf Kurs bleiben.

Etwas murmelt in mir: “Sitzen bleiben ist gemütlich. Bewegung kann ich später auch noch machen. ... “

Ah ! Alles klar. Runter gehen. Ein paar Liegestütze machen. JETZT!

Dankbarkeit – Wenn's so viel bringt – Trainieren?

Zahlreiche Studien haben belegt, dass drei Werte/Haltungen/Tugenden für Glück und Erfolg von Menschen signifikante vorlaufende Indikatoren sind. Wenn eine Person viel Energie hat (im englischen ZEST) , dankbar und hoffnungsvoll ist, dann wird dieser Mensch mit hoher Wahrscheinlichkeit glücklich und erfolgreich sein und werden.

Daher ist es so wichtig, durch gutes Schlafen, gesundes Essen und viel Bewegung die Energie jeden Tag in Schwung zu bringen.

Hoffnung braucht die Vision, dass die Zukunft besser als die Gegenwart sein wird, eine klare Vorstellung von der Zielwelt, Wege zum Ziel und die Gewissheit selbstwirksam diese Wege zu gehen und wenn es einmal nicht klappt neue Wege zu finden.

Dankbarkeit ist zentral, weil diese Haltung Türen öffnet, wo andere Mauern sehen. Dankbarkeit ist ein Organ, ein trainierbarer mentaler Muskel.

Martin Seligman schlägt in seinem Buch ‚Flourish' vor: „Jeden Abend in der nächsten Woche, vor dem Schlafen gehen, schreibe drei Dinge auf, die gut gelaufen sind und für die du dankbar bist. Zu jedem dieser positiven Ereignisse. Diese Ereignisse müssen nicht weltbewegend sein, aber können auch wichtig sein. Dann schreib dazu, warum das passiert ist. Wie ist es dazu gekommen?

Es ist wichtig, ganze Sätze echt aufzuschreiben und nicht nur mental zu machen. Zunächst kann es umständlich wirken. Daher bleib dabei für eine Woche. Die Wahrscheinlichkeit ist hoch, dass du nach einer Woche spürbar glücklicher bist und nach einigen Woche nicht mehr darauf verzichten willst."

Also? Wie wär's mit heute Abend? Und Morgen! Und jeden Tag?

Partnerschaft

Nachdem ich in meiner Partnerschaft immer wieder echte Herausforderungen erlebe, und eben auch entsprechende Lernprozesse und Freude am Gelingen, interessiert mich, was Phil Stutz dazu sagt.
"Sobald du Entfaltung von Potentialen zur Grundlage deiner Beziehungen machst, hast du ein realistisches Modell, um deinen (potenziellen) Partner oder Partnerin zu bewerten. Du musst das Engagement eingehen, mit deiner allernächsten Person an dieser Bindung zu arbeiten, und das wiederum wird die Schlüsselfrage, ‚Ist dies eine Person, die mit mir an der Schaffung dieser Bindung arbeiten wird?' Wenn sie es nicht ist, dann spielt es keine Rolle, wie schnell er oder sie dein Herz zum Flattern bringt. Letztendlich wirst du unglücklich sein.

Es gibt drei grundlegende Eigenschaften, die eine Person in einer solchen Beziehung haben muss, um die Bindung aufzubauen: Initiative, Opferbereitschaft und Empathie.
Die beiden Menschen werden nicht in allen drei Bereichen die Bestnote erzielen (du auch nicht), aber sie müssen zumindest in jedem Bereich einen kontinuierlichen Einsatz zeigen.

Sobald du lernst, dich auf diese Qualitäten zu konzentrieren, hast du ein objektives und konstantes Set an Parametern, mit denen du deinen Partner, Ehepartner oder Liebhaber beurteilen kannst. Du musst nicht länger von deinen Emotionen geblendet werden." Und weiter: "Einfach ausgedrückt, Liebe ist ein Prozess. Alle Prozesse erfordern endlose Arbeit, weil Perfektion nie erreicht wird. Diese Tatsache zu akzeptieren, ist zwar nicht aufregend, aber es ist der erste Schritt zum Glück. Du kannst an der Zufriedenheit in deiner Beziehung arbeiten, genau wie du an deinem Klavierspiel oder deinem Garten arbeiten würdest."

Hm, das passt. Ich bin froh, dass ich diesen 'Vertrag' mit meiner Frau habe und dass sie es auch so sieht. Oft ist sie nahe am Verzweifeln, wie lange es dauert bis ich etwas gelernt habe, zB bis ich zuhöre, statt zu versuchen ihr etwas weises rein zu drücken. Wir lernen - mühsam - Geduld miteinander zu haben und freuen uns, dass so vieles besser geworden ist in den Jahren.
Phil Stutz meint dazu: Dranbleiben!
Mach ma! :-)

Stress Be Gone!

Die Wissenschaftlerin Amy Cuddy stellt fest, dass nicht nur Gefühle unsere körperliche Haltung beeinflussen, sondern, dass unsere bewusst eingenommene körperliche Haltung unsere Gefühle und unseren Energielevel beeinflusst. Amy nennt das einen 'Mindset Nudge', der uns in einen kraftvollen Zustand der Präsenz versetzt.

Das ist nicht der fromme Wunsch mit der Vorstellung "Ich bin toll". Dieser ist im allgemeinen nicht sehr wirkungsvoll. Das ist wirkungsvoller Einsatz unseres Körpers und unserer Achtsamkeit.

Wissenschaftler haben den 'Trier Social Stress Test' (TSST) entwickelt. Dieser funktioniert so: Stell dir vor, dass du eine spontane Rede vor einer strengen Jury halten solltst. Diese blicken dich streng an, ohne jede Ermutigung. Dann wirst du angewiesen von 2083 in 13er Sprüngen zurück zu zählen auf Null, während die Juroren dich auffordern schneller zu zählen.

Das macht Stress , oder?

Beobachtet wurde, dass der Wert für das Stresshormon Cortison sprunghaft anstieg.

Aber, wenn die Versuchspersonen vorher kurz notierten, warum es für sie wichtig ist, diese Situation zu bewältigen, dann unterblieb die übermäßige Ausschüttung des Hormons und entsprechend besser war die Performance.

Wie kann mir das helfen?

Hinter Frage 'Warum ist es mir wichtig?' stehen zwei weitere Fragen.

Wer bin ich? oder besser Wer will ich sein?

Und welche Werte hat diese Identität?

Brian Johnson schlägt folgende kleine Übung vor:

Welche drei Worte beschreiben die beste Version von mir am besten?

____

____

____

Welches davon ist mir am wichtigsten?

____

Warum? ____________________

Wann? _____________________

Wie fühlt sich das an?

Wie gehe ich mit diesem Zustand in eine neue Herausforderung?

Jeden Tag so eine kleine Auffrischung meines Wertesystems und das Leben sollte um einiges leichter fallen.

Das ist doch was!

Fehler sind ein unverzichtbares Feature! FAIL – Faithful Attempt In Learning

Marie Forleo transformiert in ihrem Buch “Everything is Figureoutable” neben vielen ausgezeichneten Tipps zwei Begriffe ‘FEAR’ und ‘FAIL’. FEAR übersetzt sie mit “Facing Everything And Rising”. Das erinnert mich sehr an Phil Stutz’ “Reversal of Desire” wo er vorschlägt den Wunsch davon zu laufen in den Wunsch auf die Angst zuzugehen zu verwandeln und damit unser Potential erschließen.
Hier will ich mich in erster Linie mit dem Akronym ‘FAIL’ auseinandersetzen. Es bedeutet schlicht “Faithful Attempt In Learning”.

Marie sagt uns: “Wenn ich auf dieses atemberaubende, herzzerreißende Abenteuer namens Leben zurückblicke, sehe ich keine Misserfolge. Jeder schmerzhafte Fehltritt, den ich gemacht habe, war ein Sprungbrett zu einem besseren Ich.” Außerdem: “Der Begriff ‘Fehler’ ist unglaublich kurzsichtig. Es ist, als würde man einen Film ansehen und in der Mitte anhalten, weil die Charaktere auf Konflikte stoßen.”

Und zur Alchemie: “Denken Sie an das Wort ‘Fehler’ so: Es ist ein wertvoller Versuch zu Lernen. Das ist es. Ein wertvoller Versuch zu Lernen. Es gibt nichts zu befürchten und nichts zu vermeiden. Aus dieser Perspektive ist das Scheitern kein Fehler auf deiner Reise, sondern ein Must-Have-Feature. So abgedroschen es auch klingen mag, Du kannst nur wirklich scheitern, wenn Du aufhörst zu lernen und zu wachsen.”

Das baut mich auf. Ich ärgere mich oft über Mist, den ich baue, anstatt die Situation als Kompost für schnelleres Wachstum zu betrachten. Ich kann nichts ‘falsch’ machen, außer, nichts aus der Situation zu lernen.

Das ist Growth-Mindset! :-)
Ralph Waldo Emerson sagt dazu weise:
“Das ganze Leben ist ein Experiment. Umso mehr, umso besser:”

Dann freue ich mich doch auf meine kleinen Experimente Heute!

Wofür bin ich da? Fünf Fragen

An anderer Stelle habe ich über das Prinzip 1 aus Jack Canfield's "Success Principles" geschrieben.
Das war: "Ich übernehme 100% Verantwortung für mein Leben".
Keine Ausreden. Die Situation ist wie sie ist. Ich mach' was draus.

Heute geht es um Prinzip 2 von Canfield: "Sei klar, wofür du da bist."

Canfield schreibt: Ohne einen Sinn, einem 'Wofür' im Leben, werden wir leicht abgelenkt auf unserer Lebensreise. Es ist leicht abzudriften und wenig zu erreichen.

Mit einem starken Sinn scheint alles im Leben an den richtigen Platz zu fallen.
Im Einklang mit deinem Sinn zu sein bedeutet, dass du tust, was du liebst, dass du gut bist in dem, was du machst und dass du erreichst, was wichtig ist für dich.
Wenn du im Einklang mit deinem persönlichen Sinn bist, dann werden Personen, Ressourcen und Chancen, die du brauchst, auf natürliche Weise zu dir gezogen.
Das Geheimnis der selektiven Wahrnehmung!

Die Welt gewinnt auch, weil im Einklang mit deinem Lebenssinn deine Aktionen automatisch anderen dienen.

Cranfield schlägt vor, sich vier Fragen zu stellen:

1. Schreibe zwei spezielle Qualitäten von dir auf

2. Schreibe zwei Wege auf, diese Qualitäten in Interaktionen mit anderen auszudrücken

3. Nimm an, dass die Welt gerade jetzt perfekt ist. Wie sieht sie aus? Wie interagieren die Menschen miteinander? Wie fühlt sich das an?
Schreibe das als Statement in der Gegenwartsform.

Erinnere dich: Die perfekte Welt soll richtig Freude machen.
4. Schreibe die Schritte 1 bis 3 in einem einzigen runden Statement auf.

Mach ich doch!
Jetzt natürlich!

Paranoia verkehrt herum

Jack Canfield referenziert in seinem Buch “Success Principles” seinen frühen Mentor W. Clement Stone und dessen Buch “The Success System That Never Fails”.

Canfield erzählt: “Mein früher Mentor, W. Clement Stone wurde als inverser Paranoiker beschrieben. Statt zu glauben, dass die Welt sich verschworen hat, ihm Schaden zuzufügen, entschloss er sich, zu glauben, dass die Welt sich verschworen hat, ihm Gutes zu tun. Statt jede Schwierigkeit als negativ zu sehen, sah er sie als Chance, etwas was ihn reicher machen soll, ihn stärker macht und weiter bringt.”

Er setzt fort: “Was für ein unglaublicher Glaube! Stell dir vor, um wieviel leichter es wäre, erfolgreich zu sein, wenn du laufend erwartest, dass die Welt dich gerade unterstützt und dir Chancen bringt. Erfolgreiche Menschen machen genau das.”

Es geht da nicht darum, die Welt schön zu färben.
Mein Problem ist, dass ich anderen oder überhaupt der Welt, den Umständen die ‘Schuld’ gebe an meinem Zustand. Damit gebe ich die Initiative aus der Hand, werde zum Opfer und minimiere meine Handlungsfähigkeit. Zum Opfer machen uns nie andere (Siehe Viktor Frankl). Meine Interpretation und meine Reaktion ist meine Entscheidung allein.

Eine kleine Übung dazu:
Was ist gerade die größte Herausforderung, Enttäuschung, negativer Einfluss in deinem Leben?

Setz dich auf/steh auf. Fühle dich ein wenig größer werden. Brust raus. Kinn runter. Wechsle vom Gefühl der Bedrohung zum Gefühl der Herausforderung.

Sage zu dir: “Das geh’ ich an” … “Ich liebe PUH (Pain, Uncertainty and Hard work” (Zitat: Phil Stutz / Brian Johnson)

Und lächle dazu, während du dem Universum dankst, dass du diese Chance hast zu praktizieren und zu wachsen.

Ich kann diese Praxis mehrfach pro Tag brauchen. Immer wieder ertappe ich mich dabei, Enttäuschung zu fühlen - dem Wunsch, es leichter zu haben - Ärger, dass mir jemand Schwierigkeiten macht.
Also, dann ran an die Sache!

Jede und jeder kann ein psychologischer Erfolg sein

Abraham Maslow starb am 8. Juni 1970 an einem Herzinfarkt. Er war am Joggen. Er war nur 62 Jahre alt. Er hat viel Arbeit unvollendet gelassen. In einem außergewöhnlichen kleinen Buch mit dem Titel "Future Visions" erhalten wir einen intimen Einblick in sein Denken durch eine Sammlung seiner unveröffentlichten Papiere und privaten Reflexionen.
Dieses Buch ist eines von Brian Johnson's (und meiner) Favoriten.
Hier eine kleine Seitenbemerkung: Viele meiner Memos an mich sind Verstärkungen, für mich, von guten Ansätzen, die Brian Johnson und andere Menschen erkannt, erprobt und formuliert haben. Ich lese, höre, erprobe und schreibe und hoffentlich ist in der österreichischen Umsetzung etwas dabei, das mir und auch anderen etwas bringt.
Maslow sagt uns in diesem Buch: „Jeder, ganz gleich wer, unter welchen Umständen auch immer, kann ein psychologischer Erfolg sein - zumindest in dem Sinne, das Beste zu tun, was sie oder er kann, und das vollständig zu tun - um sich selbst zu sein und die Realität ihrer selbst zu akzeptieren."
Dieser Ansatz gibt mir immer wieder Mut. Ich muss nicht jemand anderer sein.
Es ist egal, wer ich bin oder was ich getan habe oder was ich gerade mache.
Ich kann ein psychologischer Erfolg sein.
JETZT. IN DIESEM. MOMENT.
Wie?
Ich akzeptiere mich selbst. Meine Realität.
Auf dieser Basis tu ich das Beste, was ich kann.
GO! :-)

Widerstand

Steven Pressfield, , gab seinem Buch einen aussagekräftigen Namen "Put Your Ass Where Your Heart Wants to Be". Hier möchte ich auf eine Weisheit aus seinem Buch eingehen: "Resistance" Widerstand.

Er fragt: "Was ist Widerstand? Es ist unsere eigene Tendenz Selbstzweifel, Aufschieberitis, Ungeduld, Ablenkung, Faulheit, Arroganz, Bequemlichkeit, Perfektionismus nachzugeben.
Es ist meine Unfähigkeit zu fokussieren, mein Unwillen mich durch Widrigkeiten, durch Unglück durchzukämpfen.

Ich fürchte das Fertigmachen und damit mein Ergebnis dem Marktplatz der Meinungen auszusetzen. Meine Angst zu versagen. Meine Furcht vor Erfolg oder Absturz in die Armut. Unsere Unfähigkeit 'Belohnung' aufzuschieben, statt selbstdiszipliniert, selbstbewusst und selbstverstärkend zu handeln.
Steven nennt den Persönlichkeitsteil in uns 'Resistance' mit einem großen "R". Phil Stutz nennt es 'Part X'. Brian Johnson nennt es unseren 'Demon' nach griechischem Vorbild, im Gegensatz zum (Eu)Daimon der guten Seele.
Ja, und wie stärke ich meine gute Seele? Wie trete ich dem 'Part X' entgegen? Der Titel von Steven's Buch verrät es: "Stelle deinen Geist, deinen Körper dorthin, wo deine Seele (Daimon) WEISS, dass sie sein will!"

Wenn wir unsere eigene Weisheit, Selbstdisziplin, unseren Mut, unsere Dankbarkeit, Neugier, Liebe und unsere ganze Energie zusammennehmen, um immer nachhaltiger die Kluft zwischen dem, was wir sind und dem was wir sein können, zu schließen, dann gewinnen wir das Spiel des Lebens und damit alle anderen Spiele, die wir spielen wollen.

Wenn wir das nicht machen?
Tja, dann es ist gleichgültig, was wir tun. Wir mögen das eine oder andere kleine Spiel gewinnen und verlieren das große Spiel.
... und, selbst, wenn wir dranbleiben, ... Widerstand, Part X, wie auch immer wir es nennen, wird uns immer begleiten. Jeder kleine Kampf mit diesem inneren Teil macht uns stärker und bringt uns unserem Potential näher.

Und wann fang ich damit an? Gute Frage! JETZT! Heute ist der Tag!

Die fünf Schritte

Ray Dalio verwendet gerne den Spruch 'It's all Data".
Seine Prinzipien für ein erfolgreiches Leben und Wirtschaften sind ein wenig differenzierter und er hat sie seinem Buch "Principles: Life and Work' niedergeschrieben. Er selbst gilt als einer der erfolgreichsten und einflussreichsten Unternehmer weltweit.
In seinem Buch beschreibt er den „Fünf-Schritte-Prozess, um zu bekommen, was man im Leben möchte."

Zuerst zur Basis: Dalio sagt, dass der Sinn des Lebens darin besteht, sich zu entwickeln, und er zeichnet eine aufwärts gerichtete Spirale als Abbild eines guten Lebens.

Kurz gesagt: Wir beginnen mit einem großen Ziel. Dann SCHEITERN wir. Dann lernen wir. Dann verbessern wir uns. Dann setzen wir noch kühnere Ziele. Und wir wiederholen den Prozess. Immer weiter und weiter und weiter.
Hast du bemerkt, was der zweite Schritt ist? ... DANN SCHEITERN WIR!!
Ist ja interessant.

Die fünf Schritte umfassen Ziele, Probleme, Diagnose, Design und Umsetzung.
Etwas mehr im Detail:
Schritt 1. Wir brauchen Ziele. Was wünscht du dir? Sei klar. Visualisiere.
Wofür will ich das?

Schritt 2. Identifiziere die Probleme, die dich daran hindern werden, dein Ziel zu erreichen. Die meisten (erfolglosen) Menschen ('fixed mindset) tun so, als könnten sie ihre Ziele ohne Schwierigkeiten erreichen, als hätten sie schon alles was nötig ist . Die Besten unter uns, so Dalio, WISSEN, dass sie auf Hindernisse stoßen werden, dass sie noch nicht haben was nötig ist und nutzen die Probleme und deren Lösung als Treibstoff für ihre Entwicklung. Wieder "It's All Data". Enttäuschung ist nicht angebracht. Neugier und das Wissen, dass diese Daten und meine Lernprozesse der Treibstoff sind, der mich in der weiteren Entwicklung befeuert.

Schritt 3. Diagnose des Problems. Was liegt meinem Problem, dem Hindernis zugrunde? Klarheit ist wichtig! Das sind Daten!

Schritt 4. Entwirf eine Lösung für das Problem. Was musst du tun, um das Rätsel zu lösen? Dalio schreibt es so: Baue eine „Maschine“, die dein Problem löst.

Schritt 5. Mach dich an die Arbeit und tu, was getan werden muss.
Und wiederhole diesen Prozess der Entwicklung zu einer immer wieder besseren Version von dir selbst.

Immer wenn ich etwas erreichen will, überlege ich mir, was ich an meinen persönlichen Gewohnheiten neu einstellen muss, um ein Ziel zu erreichen. Große Ziele werden in einer Kette von guten Tagen erreicht.

Die besten Tage sind gute 'Schlechte Tage', wenn ich das Beste aus schlechten Karten mache.

TÄGLICH ist die Devise!

Hast du eine funktionale Leseschwäche?

In seinem Buch "Call Sign Chaos" schreibt General Jim Mattis über Leadership. Neben der wichtigen Rolle einer Führungsperson, Probleme zu lösen, erwähnt er eine wesentliche Voraussetzung für kompetente Leadership. Lesen, Lesen, Lesen. Er schreibt, dass es Verschwendung ist, alles selbst zu erfinden und die Weisheit, welche Menschen in den letzten zehntausend Jahren gelebt, gesagt und aufgeschrieben haben, zu ignorieren.

Er schreibt: "Es wäre idiotisch und unethisch, diese angesammelte Erfahrung nicht zu nützen. Wenn du nicht hunderte Bücher gelesen hast, hast du eine funktionale Leseschwäche, und du wirst in deiner Funktion inkompetent, weil deine persönliche Erfahrung zu wenig breit ist, um dich nachhaltig zu stützen. Wenn du als Kommandant sagst, dass du zu beschäftigt bist, um zu lesen, zu lernen, dann zahlst du das mit Särgen gefüllt mit den Leichen deiner Soldaten. Konsequenzen von Inkompetenz sind fatal. Die Geschichte zeigt uns, dass es wenig Neues unter der Sonne gibt."

Mattis legt daher Wert darauf, dass alle Ränge ein Set von Büchern gelesen und verstanden haben, um ihren Job besser zu verstehen und auf die Herausforderungen vorbereitet zu sein, die unvermeidlich kommen werden.
Er schreibt: "Lesen wirft ein Licht auf den dunklen Pfad vor uns. Indem ich in die Vergangenheit reise, verbessere ich meinen Griff auf die Gegenwart. Ich habe tausende Bücher gelesen und jene besonders ausgewählt, die Schwächen von mir behandeln."

Wie verhalte ich mich als 'Kommandant' meines Lebens? Bin ich vorbereitet auf das, was kommen wird? Habe ich die Kraft für zwei, wenn es darauf ankommt?
Nun ja ... Ich habe Entwicklungsmöglichkeiten ;-)
Daher: jeden Tag ein klein wenig Weisheit zu mir nehmen :-)
Etwas lesen, hören und dann tun, um einen Schritt weiterzukommen. Jeden Tag!
1% des Tages sind 864 Sekunden, eine knappe viertel Stunde. In Weisheit investiert, garantiert das eine hohe Dividende :-)

Kleine Dominos sind der Anfang.
Über die Jahre werden große Dominos fallen.

Das Leben ist eine Kette von Experimenten

Ralph Waldo Emerson sagte einmal: "All life is an experiment, the more experiments the better." Jedes Schlafengehen ist ein Experiment für mich. Die Versuchsanordnung: Wann gehe ich schlafen? Wann esse ich den letzten Bissen? Welchen Input lasse ich in den letzten Stunden vor dem Schlafen gehen zu? Wann schalte ich den Computer ab? Welche Temperatur hat mein Schlafzimmer?
In seinem Coachtraining macht Brian Johnson immer wieder darauf aufmerksam, dass es entscheidend für den Lernerfolg und Leistungssteigerung ist, dass ich die Verbindung zwischen Versuchsanordnung und dem Ergebnis (zum Beispiel "Ich habe schlecht geschlafen") herstelle. Dann kann ich meine Einstimmung auf das Schlafengehen anpassen und schau was raus kommt.
Anlass für dieses Memo ist, dass mein Oura Ring mir heute für Schlafqualität nur 74 von 100 Punkten ausgewiesen hat. Aus 8h3min im Bett habe ich nur 5:55 Schlaf gemacht. Der Ring ist mein Datensammler und auch Ermutiger, etwas anders zu machen.
Ich spüre abseits der Daten, dass mein Geist dizzy ist. Ich bin weniger präsent und klar.
Aber zuerst: Warum kümmert mich meine Schlafqualität überhaupt?
Richtig! Ich habe Ziele. Ich will etwas umsetzen und mich dabei wohlfühlen. Ohne Energie sind meine besten Pläne zum Scheitern verurteilt. Und Schlaf ist eine zentrale Stellschraube für meinen Energiefluss.
Reflektion: Also, was war gestern abend los? Ich habe um sechs Uhr abends noch eine kleine Kühlschrank-Razzia gemacht und habe noch an einem Programm für einen Kunden gearbeitet. Kundentermin heute Vormittag. Kopf und Bauch waren um acht Uhr voll, als es Zeit für's Schlafengehen wurde. Der Wecker geht um fünf in der Früh, weil ich mir Zeit für mein Morgenprogramm nehmen will. Ich falle ins Bett und schlafe schnell ein. .., und wache um drei voller Gedanken auf. Bis fünf halte ich mit Atemübungen, umdrehen und immer wieder ein wenig Schlafen im Bett durch.
Und heute Abend? Auswärtstermin mit Meditation und ESSEN bis 22Uhr!
Massnahme: Gut meditieren, beim Essen zurückhalten, Wecker für morgen früh abschalten, gute Abendentspannung machen. Schlafmaske und Ohrstöpsel für ungestörten Schlaf.
Was wird mir mein Ring morgen erzählen.
Ich freue mich auf Morgen Abend. Keine Einschränkungen für guten Schlaf :-)
Drei ganz verschiedene Abende. Drei Experimente.
Life is an experiment! :-)

Winzige Schritte > Große Veränderungen

James Clear hat ein sehr hilfreiches Buch geschrieben ”Atomic Habits”. Er fragt zum Beispiel: “Wenn du jeden Tag nur 1% besser wirst, um wieviel besser bist du dann am Ende des Jahres?” Oh, die verdammten exponentiellen Kurven :-) Die Antwort ist: 37 mal besser.
Da gibt es einen interessanten Einspruch: “Das geht ja gar nicht. Ich kann nicht und will auch nicht 1 % mehr Liegestütze jeden Tag machen!” Das geht schnell in die tausend und macht keinen Sinn. Da ist ein interessanter und wichtiger Ansatz damit verbunden: “Wähle deine Ziele mit Bedacht”.
Wenn ich jeden Tag besser werden will, der besten Version von mir nahe zu kommen, habe ich nicht das Liegestütz-Problem. Die Meister der Selbstentfaltung berichten auch, dass mit jedem Berg, den man auf diesem Weg erklimmt ein höherer dahinter erscheint. Mehr Potential, mehr Hoffnung, mehr Energie, mehr Glück.
Diese Dimension ist schwerer in Zahlen zu fassen, hat aber dafür Raum für unbegrenztes Wachstum.
Warum spricht Clear über die 1%?
Wir nehmen uns oft große Dinge vor, aber vergessen den winzigen ersten Schritt und den nächsten Zwergenschritt und den nächsten, ... den täglichen kleinen Schritt zu definieren. Es kommt auf die winzige tägliche Anstrengung an. Diese führen über ein und mehrere Jahre auf ein völlig neues Niveau mit völlig neuen Aussichten. Dort, wo ich vor einem Jahr noch das Ziel gesehen habe, liegt vor mir ein weites Feld neuer Möglichkeiten. Und wieder die winzigen Schritte, ... und wieder der nächste Berg und die nächste Perspektive. Das macht mir Hoffnung und löst Freude aus. Wiederholt erlebt, gibt mir dieses Erleben Zuversicht, dass meine täglichen kleinen Schritte wertvoll sind. Und daher stehe ich jeden Morgen früh auf und mach mein gerade aktuelles Set an kleinen Aktivitäten.
Das gilt übrigens auch für Organisationen, für Teams, und geht dort ebenso oft im Tagesgeschäft unter. Verschenkte Chancen ohne Ende.
Tägliche kleine Schritte!

Bau eine Erfolgskette

Wie baue ich eine ruhige Zuversicht in mich selbst auf? Manchmal zweifle ich daran, meine Ziele zu erreichen. Es ist so mühsam! Es dauert so lange! Schon bei einfachen Projekten wie Konditionsaufbau kriechen solche Zweifel hoch.
Ein kleine weinerliche Stimme, die mir sagt “Das schaffst du nicht!” oder “Eigentlich brauchst du das gar nicht!” Und dann ist ein Tag ohne Workout (oder Lauf) vergangen, und noch einer, … und plötzlich ist eine Woche vergangen ohne die Aktion, die ich für so wertvoll halte.
Das ist übrigens noch viel tückischer bei Verhaltensweisen, die meinen psychologischen Zustand, die Fitness meines Geists betreffen. Ist mein depressiver Zustand nützlich für meine Ziele? Warum setze ich erfolgreiche Werkzeuge (siehe “Tools!” von Phil Stutz) nicht ein, um wieder auf Zielkurs zu kommen?

Seth Godin schreibt in seinem von mir schon mehrfach zitierten Buch “The Practice”: “Baue Ketten von kleinen Erledigungen, kleinen Erfolgen. Mach die Arbeit jeden einzelnen Tag. Schreib es täglich auf. Liefere täglich. Geh täglich auf deine persönliche Bühne. Finde deine Erfolgskette und bleib dran.”

Erfolgreiche Athleten wissen das. Erfolgreiche Menschen tun das.

Wenn ich meine ganz persönliche Meisterschaft entwickeln will, wie Kochen, mit meiner Enkelin spielen, Klimmzüge machen, viele Kilometer entspannt laufen, wertvolle Gespräche mit Kunden führen, … dann mach ich mich besser dran, schreibe mein ‘Protokoll’ auf und gehe jeden Tag meine kleinen Erfolgsschritte.
Das große Ziel fällt dann wie von selbst, wie ein Dominostein, der viel zu groß ist, aber zuverlässig fällt, wenn die Steine sorgfältig hintereinander aufgestellt werden und ich den ersten kleinen Kick mache, und den nächsten, … .

Zurück zu mir. Welche Ziele stecken hinter meinem Protokoll?
Überprüfe die Ziele. Definiere die täglichen Schritte … und geh gleich jetzt den ersten Schritt.

Ich gehe jetzt kochen.
Macht mir Freude, macht der Familie Freude und heute mache ich Bärlauchnockerl mit dem Bärlauch aus unserem Garten.

Was schlimmer als sündigen?

Ich bin immer wieder mit meinen kleinen Fehlern und Hoppalas konfrontiert. Jetzt habe ich natürlich die erleuchtete Einstellung: "Fail early, fail fast, fail forward!" Tja, oder auch nicht. Einen Fehler machen ist eine Sünde! Mein innerer Aufpasser sagt sofort dazu "Das ist Fixed Mindset! So kommst du nicht weiter! Du MUSST ein Growth Mindset haben!"

In meiner katholischen Kindheit bin ich zur Beichte gegangen und damit war es erledigt.
Das erinnert mich an Joseph Campbell. Er zitiert den indischen Weisen Ramakrishna: "Wenn du nur an deine Sünden denkst, bist du ein Sünder."
Campbell setzt fort: "Geh zur Beichte und erzähle dem Priester, was du alles Gutes gemacht hast. Identifiziere dich mit dem positiven, nicht dem negativen."

Brian Johnson bringt zum Thema eine weitere Person ins Spiel, Nathaniel Branden (Bücher: The Art of Living Consciously, The Six Pillars of Self-Esteem).
Branden sagt uns: „Integrität ist die Integration von Idealen, Überzeugungen, Standards, Überzeugungen – und Verhalten. Wenn unser Verhalten mit unseren erklärten Werten übereinstimmt, wenn Ideale und Praxis übereinstimmen, sind wir integer. Beachte, dass wir, bevor die Frage der Integrität überhaupt angesprochen werden kann, Verhaltensgrundsätze benötigen – moralische Überzeugungen darüber, was angemessen ist und was nicht – Urteile über richtiges und falsches Handeln.

Wenn wir noch nicht an Standards festhalten, sind wir auf einer zu niedrigen Entwicklungsstufe, als dass man uns Heuchelei vorwerfen könnte. In einem solchen Fall sind unsere Probleme zu schwerwiegend, um sie lediglich als mangelnde Integrität zu beschreiben."

Um auf die auslösende Frage zurückzukommen. Keine hohen Standards zu haben ist das größere Problem. Ob ich in den Augen anderer irgendetwas falsch oder richtig mache, ist von geringerer Bedeutung. Meine Standards, meine gewünschte Identitäten sind relevant. Diese gilt es zu pflegen.
Und dann die Frage: "Lebe ich in Integrität mit meinen Werten?"
Und dann jeden Tag ein wenig daran scheitern und daraus lernen.
Immer wieder. Jeden Tag. Heute!

Konstruktiv leben – Gefuehle folgen dem Verhalten

David Reynolds (Buch "Constructive Living") sagt uns, dass Gefühle dem Verhalten folgen, nicht umgekehrt. Dieser geniale Mechanismus unseres Gehirns erlaubt es unseren Geist, unser Hirn auf ein Ziel hin zu trainieren, auch wenn das Gefühl gerade einmal nicht danach ist.

Ebenso berichtet er, dass negative Gefühle verblassen, wenn wir einfach aufhören daran zu denken. Mir vorzustellen, was alles nicht richtig ist vertieft die negative Emotion. Es ist wie eine Narbe immer wieder neu aufzukratzen. Er meint: Lass es einfach alleine. Lass es sich selbst heilen. Das mag manche Therapeuten unglücklich machen, mir gibt es aber Hoffnung. Das macht mich selbstwirksam und ich habe den Mechanismus schon mehrfach erfolgreich einsetzen können.

Phil Stutz schlägt sein Werkzeug 'Grateful Flow' vor. Atme mehrmals langsam tief ein und aus, lächle und stell dir 5 kleine Dinge vor, für die du gerade dankbar bist. In der Brust entsteht ein warmes Gefühl der Dankbarkeit und wie ein nach oben strömendes Licht durchbricht es in der Vorstellung die Wolke der negativen Gefühle und Befürchtungen.

Freilich verzichte ich damit darauf, anderen die Schuld an meiner Misere zu geben, oder in der Komfortzone zu bleiben, wo dieser Frust einfach zum Leben gehört und von mir nicht geändert werden kann und muss.

Ein Teil in mir sagt dann:
"Wie kann ich berechtigte Kritik jemals äußern mit dieser Vorgangsweise?"
Gute Frage!
Antwort: Das geht besser, weil ich nicht vorgespannt durch meine Bedürftigkeit und Opfersituation in das klärende Gespräch gehe.
Als nützlich habe ich bei emotional schwierigen Gesprächen erlebt, die Situation vorher aufzuschreiben zB als MicroWOOP (Situation, Wish, Outcome, Obstacles, Plan) .
So gerüstet steigt die Erfolgsrate dramatisch!

Und auf der anderen Seite: Was kann ich konkret jeden Tag tun, um mich in einen frohen energetisierten Zustand zu versetzen?
Eine einfache Sache ist, und Studien belegen den Effekt, am Abend einige Dinge für die ich dankbar bin in mein Tagebuch zu schreiben. Nur diese kleine Aktion täglich ausgeführt, bringt höhere Produktivität, mehr Zufriedenheit und freudige Momente.

Neurohacks

Eines der 7 Elemente der Methode 'SIENCE', die Sean Young in seinem Buch 'Stick with It' beschreibt, ist "Neurohacks". Was bedeutet SIENCE für Young?
Lösung: Stepladders + Community + Important + Easy + Neurohacks + Captivating + Engrained
Das Buch ist voller praktischer Hinweise.

Hier will ich im Akronym "N" für "Neurohacks hervorheben.
Die meisten Leute denken, dass sie zuerst ihren Geist, ihr Hirn, ihre Gefühle in Ordnung bringen müssen, bevor sich etwas in ihrem Verhalten ändert. "Ich muss in der richtigen Stimmung sein!"

Die Neurologie/Psychologie sieht das ganz anders. Sean Young schreibt: "Sozial-Psychologen wissen jetzt, dass es in Wahrheit gerade umgekehrt ist. Menschen müssen ihre Handlungen ändern und ihr Geist wird folgen. Was du hier tust ist, das Hirn zu überzeugen, dass Veränderung möglich ist."

Aus meiner Sicht steckt dahinter das Prinzip, dass ich einen Beobachter habe, meine Identität, die getrennt ist von unwillkürlichem Wollen und automatischen Reaktionen. Dieser Beobachter kann meinen Geist, mein Hirn und meine Handlungen und damit meine Zukunft formen.
Eine interessante neurologische Funktion unserer NI (Natural Intelligence).
Ich tue als ob ... und verändere mich.

Ich frage mich: Wer will ich sein? Was würde ich dann tun? Dann tu ich das und ich verändere mich in diese Identität hinein.
Das ist übrigens eine der Übungen, welche die Stoiker vor tausenden Jahren und Brian Johnson in der Jetztzeit vorschlagen: Frage dich immer wieder: Was würde die beste Version von mir tun? ... und dann mach es!

Aber wie oft frage ich mich das? Wie oft handle ich aus dieser Erkenntnis? Hm ... Seltener, als ich es wahrhaben will.
Sean Young schlägt dazu einen (Neuro)Hack vor: Setze Passwörter, die du oft verwenden musst auf eine Erinnerung an eine wichtige Verhaltensänderung. Er bringt das Beispiel "Quit@smoking4ever".

Eine andere wertvolle Methode die ich schon oft eingesetzt habe ist Trigger/Response. Ein an sich negativer Trigger (zB "Meine Frau kritisiert mich" löst nicht Rückzug, eingeschnappt sein oder anschreien aus, sondern ALI: Atmen - Lächeln - Innehalten.

Während ich das schreibe, erinnere ich mich, dass wir in unserem wöchentlichen Partner-Jourfix vor zwei Wochen für diesen Fall sogar ein Signal vereinbart haben, das ihr anzeigt, dass ich mich verletzt fühle. Das Signal ist: Ich sage einfach übergangslos "TURM" und das löst ALI bei beiden aus.

Übrigens ist es nicht erforderlich, dass meine Frau zurück lächelt oder wegen der Erkenntnis lacht. Das hilft. Meine einseitige Reaktion auf den Trigger ist aber genug für mich für den Moment, um aus der Opferrolle zu kommen und wieder selbstwirksam zu werden.

Oh, wie gut, dass ich mich erinnere. :-)

Mein Tagebuch – Der seelische Scheibenwischer

Ryan Holiday's Bücher liebe ich, weil sie stoische Weisheit für meine tägliche Praxis verfügbar machen. Eines seiner Bücher ist "Stillness is the Key". Dort zitiert Ryan Professor William James. Laut Professor James: „Es gibt keinen elenderen Menschen als jemanden, bei dem nichts Gewohnheit ist außer Unentschlossenheit, und für den das Anzünden jeder Zigarre, das Trinken jeder Tasse, die Zeit des täglichen Aufstehens und Zubettgehens und der Beginn jeder einzelnen Arbeit Gegenstand ausdrücklicher Willensanstrengung ist."

Die Konsequenz für mich: Verwende deine Willenskraft weise. Verschwende sie nicht auf Verhaltensweisen, die besser automatisch gestartet werden und ablaufen. Das befreit meinen Geist und die Energie meiner Willenskraft für Dinge, die wichtig sind für meine Lebensprojekte.

Ein wesentlicher Teil dieses Automatisierens täglicher stärkender Routinehandlungen ist die Planung und Verfolgung meiner täglichen Aktivitäten. Mein Tagebuch.
Ryan Holiday berichtet uns: „Anne [Frank] nutzte ihr Tagebuch, um darüber nachzudenken: ‚Wie edel und gut jeder sein könnte', schrieb sie, ‚wenn er am Ende des Tages sein eigenes Verhalten überprüfen und Recht und Unrecht abwägen würde.' Sie würden zu Beginn jedes neuen Tages automatisch versuchen, es besser zu machen, und nach einer Weile würden sie sicherlich viel erreichen."

Und weiter schreibt Ryan "Darum geht es bei dieser Art von Tagebuch. Es ist ein seelischer Scheibenwischer, wie es die Schriftstellerin Julia Cameron einmal ausdrückte. Ein paar Minuten Nachdenken, die sowohl Stille erfordern als auch schaffen. Es ist eine Pause von der Welt. Ein Rahmen für den kommenden Tag. Ein Bewältigungsmechanismus für die Probleme der vergangenen Stunden. Eine Wiederbelebung deiner kreativen Kräfte zum Entspannen und Klären.
Einmal, zweimal, dreimal am Tag. Was auch immer. Finde heraus, was für dich funktioniert.
Es könnte das Wichtigste sein, das du an diesem Tag tust."

Ryan Holiday meint zur Form und zum Inhalt, dass es nicht wichtig ist, wie man was notiert. Einfach anfangen mit dieser Gewohnheit und der Rest wird folgen in deinem ganz individuellen Muster.

Ein Teil meiner Tagebuchroutine ist, jeden Tag am Morgen von neuem meine drei Identitäten für Energie & Familie & Arbeit zu notieren, die Werte, die mir heute wichtig sind und was ich konkret tun werde in jedem dieser Bereiche.

Das sind 5 Minuten wertvoll eingesetzt. Diese Notiz aus neun Feldern (daher oft auch "Das Große 3x3" genannt) hat sich bei mit über die letzten Jahre entwickelt. Ich schau mir beim Wachsen zu.

Die weisen Römer sagten "Carpe Diem".
Ich übersetze das als "Mach das Beste aus dem heutigen Tag!".
Das Tagebuch ist mein Werkzeug dafür.

Das Leben ist voller Schmerz und Widrigkeiten und die Zukunft ist ungewiss

Ich schätze Phil Stutz sehr. Seine 'TOOLS' trainiere ich täglich.

Seit Jahrzehnten lebt er mit Parkinson's und zeigt eine Energie, die 'Gesunde' gerne hätten. So leitet er sein neues Buch "Lessons for Living" ein: „Vielleicht bist du hier, weil du 'The Tools' gelesen hast oder weil du mich in der Netflix-Dokumentation namens 'Stutz' gesehen hast. Ich bin als 'Psychiater der Stars' bekannt geworden, eine Bezeichnung, die mich genauso stört wie wahrscheinlich auch dich.
Das Beste, was ich tun kann, um dieses Missverständnis zu widerlegen, ist dir zu erzählen, was ich in den letzten vierzig Jahren als Psychiater gelernt habe. Auf diesem Weg habe ich zusammen mit meinem Partner Barry Michels eine neue Art von Psychotherapie entwickelt.
Sie unterscheidet sich vom alten Modell in einem entscheidenden Punkt: sie funktioniert.

Eine Therapie ohne Glauben an höhere Kräfte wird dich wahrscheinlich schlechter fühlen lassen als zuvor. An sich selbst zu arbeiten muss nicht egoistisch sein. Wenn du es tust, hast du mehr Energie, nicht weniger. Diese Energie wird die Welt verändern.
Dieses Buch zeigt dir, wie und warum."

Und die erste Message:
„Unsere Kultur leugnet die Natur der Realität. Sie macht das Versprechen, dass man in einer idealen Welt leben kann, in der alles leicht kommt, einer Welt, in der unangenehme Erfahrungen vermieden werden können, in der es nie an sofortiger Befriedigung mangelt. Schlimmer noch, sie suggeriert, dass etwas mit dir nicht stimmt, wenn du nicht in dieser Welt lebst. Diese ideale Welt ist ein Reich der Illusion. Egal wie verlockend diese Welt erscheint, sie existiert nicht.

Sei ehrlich. Deine eigenen Lebenserfahrungen waren weit entfernt von ideal. Das, was du erlebt hast, ist das, was Realität ist, nicht das, was du gerne erleben würdest.

Kurz gesagt, die Natur der Realität ist folgende:
Das Leben beinhaltet Schmerz und Widrigkeiten.
Die Zukunft ist ungewiss.

Jede Art von Erfolg erfordert Disziplin.
Du bist nicht besonders.
Egal, was du tust, du kannst diese Aspekte des Lebens nicht vermeiden.
Das wird sich niemals ändern.

Es gibt auch Liebe, Freude, Überraschung, Transzendenz und Kreativität und diese treten niemals getrennt von Schmerz, Widrigkeit und Ungewissheit auf."

Das Leben geht eine Spirale – Ein Überblick

Seit ich mich als Person selbst reflektiere, begonnen mit dem frühen Tod meines Vaters (ich war 7), über katholische Gemeinschaft, Yoga, Coachee als junger Gründer/CEO, NLP, Familienaufstellungen, Training, Training, Training, ... und zuletzt (2022) das Heroic-Coach Programm kehre ich immer wieder aus einer neuen Perspektive zu denselben Themen zurück.
Ich nenne das die Spirale meiner Persönlichkeitsentwicklung.
Das heutige Memo ist ausgelöst durch das heutige +1 von Brian Johnson.
Er hat in den letzten 25 Jahren aus alter Weisheit, neuesten Wissenschaftlichen Erkenntnissen und Praxis, Praxis, Praxis, ... ein System gebaut, das zurecht als das beste Persönlichkeitsentwicklung Programm weltweit gilt.

Er teilt den Weg in sieben Kategorien. Ich notiere sie hier, weil sie für mich eine sehr hilfreiche Struktur schaffen und einen Rahmen für dieses Buch.

OBJECTIVE I: KNOW THE ULTIMATE GAME
Wofür lebe ich? Was lässt mich jeden Tag mit Freude aufstehen?

OBJECTIVE II: FORGE ANTIFRAGILE CONFIDENCE
Was lässt mich wieder aufstehen, wenn alles schief geht?
Wie komme ich zum Erleben des intensiven Vertrauens in mich selbst? Wie verdiene ich es mir, Tag für Tag?

OBJECTIVE III: OPTIMIZE YOUR BIG 3
Brian schlägt vor, sich 3 Identitäten und ihre Werte zu überlegen.
ENERGY - Für meine Energie - Wie sorge ich dafür jeden Tag mit Energie zu starten und diese zu vermehren. Ohne meine eigene Energie versanden die besten Absichten.
LOVE - Für Familie, Liebe und Freunde - Wie kann ich beitragen? Wie kann ich ermutigen?
WORK - Für die Welt in meiner Arbeit - Was trage ich bei in meiner Geldverdien-Arbeit? ... und mit meiner Arbeit, die nicht bezahlt wird?

OBJECTIVE IV: MAKE TODAY A MASTERPIECE
Ein gutes Leben besteht aus guten Tagen. Wie mache ich jeden Tag zu einem Juwel?

OBJECTIVE V: MASTER YOURSELF
Wie meistere ich mich selbst? Wie bleibe ich dran? Wie stoße ich immer weiter vor in die Welt der unbegrenzten Möglichkeiten meines Potentials?

OBJECTIVE VI: DOMINATE THE FUNDAMENTALS
Brian betont immer wieder, dass die sieben 'Fundamentals' - Bewegen, Essen, Schlafen, Atmen, Fokussieren, Feiern, Mich Entfalten - die Basis meiner Gesundheit und aller anderen positiven Entwicklungen sind. Diese brauchen tägliche Aufmerksamkeit, Klarheit, Praxis.

OBJECTIVE VII: ACTIVATE YOUR SUPERPOWER
Hier spricht Brian von der 'Seelenkraft'. Gandhi und Martin Luther King nennen diese Kraft 'Soul Force'. Diese innere Kraft haben alle, die großartiges Gutes in die Welt gebracht haben gemeinsam. Wie entwickle ich mehr und mehr von dieser inneren Quelle?

Brian's Buch "ARETÉ" beschreibt seinen Vorschlag diese Spirale zu drehen. Dieses Buch ist meine Perspektive auf die gleichen Schritte.

II - ZUVERSICHT!
Von der Kunst, weiter zu machen.

Stell dir vor, du stehst vor einer unüberwindbaren Herausforderung und fühlst dich überwältigt. Dieses Kapitel widmet sich genau dieser Situation und zeigt dir, wie du durch die Kraft der Hoffnung und Resilienz stets einen nächsten sinnvollen Schritt gehen kannst.

Hoffnung ist mehr als nur ein frommer Wunsch – sie ist eine Kombination aus klaren Zielen, dem Glauben an die eigene Handlungsfähigkeit und der Fähigkeit, multiple Wege zum Erfolg zu erkennen. Inspiriert von der wissenschaftlichen Arbeit von Rick Snyder und den Erkenntnissen von Philosophen wie Aristoteles und modernen Experten wie Phil Stutz, lernst du, wie du eine robuste und widerstandsfähige Form der Hoffnung kultivierst.

Wir erkunden, wie du mit gezielten Routinen und mentalen Strategien auf Kurs bleibst, selbst wenn Hindernisse auftreten. Durch die Anwendung von Werkzeugen wie Dankbarkeit, Selbstreflexion und der Kraft des "Forwärts-Moments" kannst du negative Glaubenssätze überwinden und auf dein volles Potenzial zugehen.

Das Kapitel behandelt außerdem die Bedeutung eines Growth Mindsets und zeigt auf, warum Perfektion nicht das Ziel, sondern kontinuierliches Wachstum der Schlüssel zum langfristigen Erfolg ist. Anhand inspirierender Beispiele von Persönlichkeiten wie John Wooden und Scott Adams erfährst du, wie Beharrlichkeit und tägliche Anstrengung selbst die größten Ziele erreichbar machen.

Abschließend erhältst du praktische Techniken, um Rückschläge in Chancen zu verwandeln und deine innere Stärke zu stärken. Egal, welche Herausforderungen dir begegnen – mit den richtigen Werkzeugen und einer positiven Einstellung kannst du immer weiter machen und jeden Tag einen Schritt näher an deine Ziele gelangen.

Dieses Kapitel ist dein Leitfaden, um die Kunst des Weitermachens zu meistern und aus jedem Hindernis eine Gelegenheit zum Wachstum zu machen. Lass dich inspirieren und entdecke, wie du durch Zuversicht und kleine Schritte eine resiliente und erfolgreiche Zukunft gestalten kannst.

300 Steine

Das Meer ist tiefblau hier in Süd Kreta.
Auf der Terrasse meines Zimmers schaue ich aufs Meer, fühle in mich hinein, schreibe ein paar Worte auf meinem Computer.

Ich gehe in diesen Tagen, die ich nütze um das Buch fertig zu gestalten, jeden Tag zum Sonnenaufgang auf den Löwen von Lentas, um dort meine Morgenpraxis zu machen.
Seit Jahren kehre ich nach ein oder zwei Wochen hier reich beschenkt zurück nach Hause.

Ein Spiel macht mir hier am Berg Freude. Der Weg ist nicht immer klar und man kann leicht in Gestrüpp und schroffen Felsen landen.
Jeden Tag lege ich daher einige Steine und ebne den Weg. Das macht es für mich und andere leichter, sicher zum Gipfel zu gelangen.

Analog habe ich die 300 Tage des Coach-Programms von Heroic im Jahr 2022 empfunden. Schritt für Schritt, Baustein für Baustein zum Ziel.

Jeden Tag einige Steine legen ist nicht viel.
Ich gehe hier schon viele Tage.
Rückblickend ist es viel!
Meine Freunde und ich gehen gerne den Weg.

Macht irgendwie Freude!

Was ist Praxis-Zuversicht? SELBSTVERTRAUEN!

Brian Tracy hat in seinem Buch "No Excuses" das "Someday Island" beschrieben, wo all die guten Vorsätze wohnen. Zu dem Thema "Keine Ausreden" gibt es auch ein sehr empfehlenswertes Buch von Wayne Dyer. Titel "Excuses Begone". Was ist wahre Zuversicht? Brauche ich Ausreden?

Wayne Dyer beschreibt im Buch „Excuses Begone!" 18 häufige Ausreden, die unser Leben klein machen und wie wir uns von ihnen lösen.

Seth Godin geht in "The Practice" auf die innere Haltung und das tägliche Verhalten ein, das schrittweise Ausreden auflöst.
Er schreibt: "Grund-Vertrauen ist nicht Selbstbewusstsein. Grund-Vertrauen entsteht durch das Selbstverpflichtung zur eigenen individuellen Praxis, die Entscheidung (sich) zu führen und Veränderung durchzuziehen, gleichgültig wie holprig der Weg ist, weil ich weiß, dass die Praxis durchzuführen besser ist, als sich weiter zu verstecken." ...
und weiter ... "Es gibt Menschen und Organisationen in unserem Leben, denen wir vertrauen. Wie ist das geschehen? Wir entwickeln Vertrauen mit der Zeit. Unsere Interaktionen führen zu Erwartungen, diese Erwartungen werden wiederholt erfüllt und verwandeln sich in Vertrauen. Diese Menschen und Organisationen verdienen Vertrauen, indem sie aus schwierigen Situationen stärker hervorgehen. Sie sind nicht perfekt. Tatsächlich ist es ihr Umgang mit ihrer Imperfektion, der Vertrauen stiftet."
Wir können dasselbe mit uns machen. Wir beginnen eine Praxis. Mit dem täglichen Einlassen darauf, zunächst Minuten, beginnen wir der Praxis zu trauen. Die Praxis wird nicht jeden Tag Glücksgefühle auslösen und manchmal echt schwerfallen. Aber es ist eben das, was uns zum Ziel führt. Sie ist die beste verfügbare Option. Vertrauen bringt Geduld. Geduld, die uns hilft, länger dran zu bleiben, als andere für möglich halten. Die (tägliche) Praxis wird zur Quelle der Zuversicht, des Vertrauens in uns selbst. In kleinen Schritten, in vielen Tagen verdient. Dieser Weg ist offen für uns alle.
Tiefes Vertrauen in uns selbst.
Brian Johnson nennt diese Praxis, aufbauend auf der Methodik von Profiathleten, 'Das Protokoll'. Dieser ganz persönliche Vertrag mit mir selbst. Ich reflektiere, wer ich als beste Version meiner selbst sein will. Welche Werte ich in dieser Persönlichkeit ausdrücken will. Was ich heute tun werde, um einen kleinen Schritt zu gehen und für Minuten und über die Jahre länger und länger diese beste Version meiner selbst zu sein. Immer wieder imperfekt und immer wieder vorwärts.
Also: Gutes Abendprogramm, guter Schlaf und guter Start am Morgen. Was ist meine Inszenierung dafür? Das ist mein Protokoll. Und jetzt halte ich mich dran! Immer wieder, jeden Tag und jeden Tag besser. Das stärkt das Vertrauen ... in mich.

Hoffnung = Ziel + Selbstwirksamkeit + Wege zum Ziel

Auf die Gefahr hin, dass ich mich wiederhole:
Dankbarkeit ist eine starke Sache.
Da gibt es noch etwas, das uns auf die Zukunft ausrichtet. Hoffnung.

Was ist das Gegenteil von Hoffnung? Hoffnungslosigkeit.
Es ist schwer - eher unmöglich - in Freude zu leben, wenn ich mich hoffnungslos fühle – deshalb ist es so wichtig, die WISSENSCHAFT von der Hoffnung zu verstehen und zu lernen, wie ich eine fundierte, resiliente Art von Hoffnung kultivieren kann.

Rick Snyder hat die wissenschaftliche Erforschung der Hoffnung pioniert. In seinem Buch "The Psychology of Hope" führt uns Professor Snyder durch die DREI Schlüsselaspekte der Kultivierung einer fundierten, widerstandsfähigen Art von Hoffnung.

Erstens benötigen wir ein Ziel.
Zweitens brauchen wir ein Gefühl der Handlungsfähigkeit (Ich nenne das gerne Selbstwirksamkeit).
Drittens benötigen wir Wege zum Ziel.

Alles beginnt (immer!) mit einem klaren Ziel.
Wir brauchen eine Vision einer besseren Zukunft.

Aristoteles sagt uns, dass wir teleologische Wesen sind. Telos bedeutet "Ziel". Er sagt uns, dass wir Ziele oder Ziele haben müssen, auf die wir unsere Lebenskraft richten.

Professorin Sonja Lyubomirsky bestätigt diese alte Weisheit.
In ihrem Buch "The How of Happiness" sagt sie uns, dass glückliche Menschen Projekte haben – sei es, einen Garten zu kultivieren, Ihre Kinder zu erziehen oder eine Rakete zum Mars zu senden.

Hm ... Was ist MEIN derzeit inspirierendstes Ziel?
Welches Ziel macht mich morgens wach und bereit für einen großartigen Tag?

Ein Ziel zu haben, reicht nicht aus. Ich brauche den Glauben, dass ich diese erträumte Vision tatsächlich in die Realität umsetzen kann.

Das erfordert das, was Wissenschaftler "Handlungsfähigkeit" nennen. Handlungsfähigkeit ist im Wesentlichen der Glaube an unsere Fähigkeit, Dinge zu bewirken. Ein Gefühl der Selbstwirksamkeit oder des Selbstvertrauens.

Dann müssen wir einen "Weg" (oder einen Plan!) erstellen, um dieses Ziel zu erreichen. Und sehr wichtig ist, zu wissen, dass, kein Plan den ersten Kontakt mit der Realität überlebt.

Mit anderen Worten, ich rechne damit, auf Hindernisse zu stoßen und bereit sein, MEHRERE WEGE zu erkunden.

Plan A funktioniert nicht? OK. Verwandle die Lektionen in Plan B. Das funktioniert nicht? OK. Wiederholen.

Das ist "Wege"-Denken und fundierte, resiliente Hoffnung.
Jeden Tag wieder. Besonders, wenn etwas schiefläuft.

Aristoteles – Wir sind teleologische Wesen

Brian Tracy ist so ein richtiger Old-School Motivations Guru.

Wie schon berichtet habe ich mir die Audio-Kurzfassung seines Buches 'Goals' vor 20 Jahren in Schleife beim Laufen angehört. Dass es lang her ist, heißt nicht, dass es falsch ist, was ich da gehört habe. Übrigens, so wie ich gerne darauf zurückkomme, dass die wirklich wichtigen lebensverändernden Weisheiten bereits vor 2500 Jahren gedacht, geschrieben und gelebt wurden.

Daher schreibt Brian Tracy: "Aristoteles sagte, dass Menschen Ziel-Organismen sind. Das bedeutet, Menschen sind von Sinn angetrieben.
Daher fühlst du dich glücklich und selbstwirksam in deinem Leben, nur, wenn du jeden Tag auf ein klares Ziel hin arbeitest. Damit wird die Fähigkeit, eine lebenslange Zielsetzerin zu sein, eine der wichtigsten Fähigkeiten, die du jemals entwickeln kannst.
Wir sind zielorientierte Wesen. Wir werden von Sinn getrieben. Wir leben den Sinn oder wir leiden."

Tom Morris schreibt ergänzend: "Ziellosigkeit schaltet eine Person ab in Lethargie und Leerheit, um manchmal aufzuwachen und um sich zu schlagen, nur um irgendwelche Ziele zu realisieren"

Oder Sonja Lyubomirsky bestätigt von der wissenschaftlichen Seite
"Zeig mir eine glückliche Person und du findest ein Projekt."

Also? Wofür bin ich da in diesem Leben? Oder heute?
Welche Ziele habe ich heute?
Diese Woche? Dieses Jahr? F
ür fünf Jahre?
Und speist jedes dieser Ziele die anderen?
Und jetzt TUN! Einen kleinen Schritt gehen, der Sinn macht.
Und jeden Tag wieder!

Bestehe ich den Marshmallow-Test?

Walter Mischel ist einer führenden Experten bezüglich Willenskraft. Das ist der Wissenschaftler, der vor Jahrzehnten den Marshmallow-Test für Kinder erfunden hat. Damals stellte er fest, dass Kinder, die sofortige Belohnung durch eine Süßigkeit zurückstellen können, um das Doppelte einige Minuten später zu bekommen, in ihrem weiteren Leben signifikant erfolgreicher sind.

Ich bin mir nicht sicher, ob ich als kleines Kind den Test bestanden hätte, aber es ist nie zu spät für eine glückliche, erfolgversprechende Kindheit .
Mischel hat später Erwachsene in ein Magnetresonanz-Gerät gelegt und die Hirnströme vermessen, wenn die Versuchspersonen an sich selbst denken. Man sah dann ein klar definiertes, aktives Zentrum im Hirn, das 'Selbst-Zentrum'. Dann bat er, an eine fremde Person zu denken. Dieser Gedanke aktivierte ein 'Fremd-Muster' im Hirn.

Und dann der entscheidende Schritt: "Bitte denke an dich selbst in zehn Jahren!" Jetzt teilte sich die Gruppe der Versuchspersonen. Bei den einen wurde das 'Selbst-Zentrum' aktiviert, bei anderen Teilnehmenden das 'Fremd-Muster'.

Das klingt ja noch harmlos. Die Versuchspersonen wurden dann zusätzlich durch einen Willenskraft-Test geführt. Und, Überraschung! , jene, die mit ihrem Blick auf sich selbt in zehn Jahren ihr 'Selbst-Zentrum' aktivierten, das heißt sich stark mit sich selbst in zehn Jahren identifizierten, waren signifikant willensstärker als die Teilnehmenden, die sich in zehn Jahren als 'Fremde' empfanden.

Also! Klare Konsequenz: Was kann ich heute, JETZT, tun, mich mit mir selbst in zehn Jahren zu verbinden und mir selbst ein wenig stärkend zuzulächeln aus meiner Zukunft.
... und Willensstärke ist ein Muskel.
Jeder Mensch hat diesen Muskel.
Mit Training, täglich! wird der Muskel stärker.

Denke in der Zeit der Gärtnerin

Wir sprechen immer wieder über das Gesetz von Ursache und Wirkung.
Die Basis unserer Naturwissenschaften und unseres materiellen Wohlstands.
Warum unser emotionale Wohlstand ein wenig hinter dem Materiellen herhinkt liegt oft daran, dass wir dieses Gesetz in unserem Umgang mit uns selbst und in unseren Beziehungen vergessen.

Epiktetes, der als Sklave in der jetzigen Türkei geboren wurde, erinnert uns, dass auch, wenn wir begriffen haben, dass Feigen auf Feigenbäumen wachsen, eines oft übersehen, dass vom Setzling zum fruchttragenden Baum Zeit vergehen muss, Zeit des Wachsens.
Wenn wir einen Samen sähen und dann mit der Stoppuhr in den Garten gehen und den Samen ausgraben, ob sich schon etwas tut, werden wir das Wachstum verhindern.

Die Stoppuhr-Zeit und die Zeit der Gärtnerin sind unterschiedlich.
Wachsen braucht Gärtnerachtsamkeit, tägliche Pflege, Geduld.
Unser Granatapfelstrauch hat nach 10 Jahren heuer die ersten Früchte getragen und schon bereichern sie unser Müsli. Aber noch im letzten Jahr haben wir überlegt, ihn umzuschneiden, weil's nichts bringt'.

Ganz kleine Übungen, Trainingseinheiten, Gewohnheitsänderungen, jeden Tag, führen zu großen Ergebnissen.
ABER es braucht Zeit, dass Muskeln wachsen, Gelenke stärker werden, innere Stärke und emotionale Stabilität sich in Erfolgen äußern.

Wie wäre es mit etwas mehr Gärtnern und weniger herumstochern?

Eine kleine gute Gewohnheit achtsam pflegen?

Wann? Jetzt!

Auf Kurs bleiben

Phil Stutz nennt in seinen Büchern ein Set von Kräften, die er dem Universum zuschreibt.
Ich nenne sie auf Englisch, weil mir die deutschen Übersetzungen nicht passen. "Grateful Flow", "Outflow", "Force of Forward Motion", Force of Self Expression".
Gunther Schmidt - er gilt als einer der führenden Experten im Bereich der systemischen Therapie und Hypnotherapie in Deutschland - kommt immer wieder auf die Kraft von heilsamen Wirklichkeitskonstruktionen zurück. Wähle sie mit Bedacht ;-) !
Nach Stutz' Erfahrung mit tausenden Klienten ist die Annahme, dass das Universum von Dankbarkeit, Überfluss an Liebe, einer vorwärts drängenden Kraft und der Kraft sich selbst auszudrücken durchdrungen ist, die Wurzel erfolgreicher persönlicher Entfaltung.
Die Wirklichkeitskonstruktionen (die Glaubenssätze), dass zu wenig für uns alle da ist, dass ich bedroht bin, dass es keinen Ausweg gibt, dass ich unfähig bin, ... führen nach Stutz in die Neurose oder sind ein Ausdruck davon.

Für welche will ich mich entscheiden?
In seinem Buch 'The Tools' stellt Phil Stutz konkret fünf Werkzeuge vor, genau an diese 4 Kräfte (Dankbarkeit, Liebe, Vorwärts-Momentum, Selbst-Entfaltung) anzudocken und insbesondere unsere automatischen Reaktionen auf die Realität der Welt, konsequent zu trainieren.

So kann ich besser auf Kurs bleiben.
Etwas murmelt in mir: "Es ist kalt und windig draußen. Du wirst dich verkühlen! Daher solltest du heute nicht Laufen und im Bett bleiben. ... "

Ah ! Alles klar. Also Laufschuhe anziehen und raus mit mir.

Let's WOOP it!

Ich bin immer noch in den Nachwehen meines Ausflugs in die Zukunft unserer Welt.
Ich halte den Spruch für wahr, dass alle großen Dinge der Welt von einer kleinen Gruppe von Menschen in Schwung gebracht werden. Allerdings sehe ich auch, wie sich viele Millionen Menschen auf eine gewisse Art synchronisieren, und jede Person einzeln Schritte auf ein gemeinsames Ziel hin geht.
In der Summe: Fortschritt!
Wie mache ich MEINE kleinen Schritte so effektive wie möglich?
Da kommt mir Gabriele Oettingen in den Sinn. Sie hat den Begriff WOOP geprägt und das Werkzeug WOOP beschrieben.

In meinem Umfeld ist das ein Verb geworden: 'woopen' ;-)

Wenn ich ein Problem oder ein Ziel habe, dann schreibe ich auf eine Seite Papier (oder einen Bildschirm ;-)), was ich mir wünsche.
Das ist WISH.
Dann beschreibe ich etwas genauer, woran ich merken werde, dass ich die Situation in den Zielzustand gedreht habe.
Das sind OUTCOMES.

Und dann weiß ich, dass sich mir einiges in den Weg stellen wird, dass mir etwas fehlen wird, dass ich stolpern werde und schreibe diese möglichen Situation auf.
Das sind OBSTACLES.

Mit diesem Wissen orientiert, schreibe ich Schritte zum Ziel auf. Das wichtigste: Der erste kleine Schritt und, wenn das Projekt etwas umfangreicher ist eine tägliche Gewohnheit, die mich in täglichen kleinen Schritten zum Ziel führt.
Das ist der PLAN.

Also ganz einfach WOOP!
oder WISH > OUTCOMES > OBSTACLES > PLAN

Das kann ich täglich auf kleine und große Träume anwenden, damit sie Realität werden.
Also warum nicht gleich jetzt? Ich wollte doch dieses Buch schreiben?
Hm ... WISH? OUTCOMES? OBSTACLES? PLAN?
Und GO!

Wirklich schwer oder unmöglich?

In seinem Buch ‘Spartan Up!’ erzählt Joe de Sena die Geschichte des Schweden Göran Kropp. Sein Plan war ganz einfach: “Spring aufs Rad in Stockholm. Fahr zum Mt Everest. Spring runter vom Rad und geh ohne Sauerstoff und Sherpa auf den Berg, komm runter und fahr zurück nach Hause”. Göran hat das tatsächlich gemacht.

So einfach ist das. Was Joe damit sagen will: Es fängt mit dem ersten Tag an, an dem du vielleicht 30km Rad fährst. Kein Problem. Nach einigen Wochen in der Türkei sind es schon 100km. Kein Problem. Radfahren im Hochland zwischendurch hilft. Kein Problem. Im Basislager kommt er dann schon ziemlich fit an.

Ich habe nicht diese Pläne. Ich gehe gegen die 70. ABER ich will mit 85 einen Halbmarathon laufen (schneller als in diesem Jahr). Ich will das notwendige tun, um lange fit zu sein, körperlich und auf dieser Basis bzw kombiniert auch mental.

Die Stoiker fügen zu so einem Vorhaben immer eine ‘Reservation’ hinzu. Kleingedruckt. So etwa “Wenn es das Schicksal, Universum, Götter, Gott, ... so will.” Das ist wichtig. Wir haben nicht die Zielerreichung unter Kontrolle. Nur das Protokoll, dass die Zielerreichung möglich macht. Die Bogenschützin tut alles, um sich hervorragend vorzubereiten und dann den Pfeil richtig aufs Ziel loszulassen. Der Rest ist ‘Deo Volente’.

Nachdem ich in diesem Jahr Muskeln rund um Liegestütz gestärkt habe, werde ich mich jetzt auf Klimmzüge fokussieren. Meine Ausgangslage: Null Klimmzüge zum 66. Geburtstag. Ich kann mich einfach nicht hochziehen.
Erste Schritte: einfach mehrmals am Tag von einem Ast im Garten oder von meiner Reckstange im Schlafzimmer hängen.

Die Zuversicht nehme ich aus meiner Vergangenheit. Ich weiß, dass kleine Schritte zuverlässig zum Ziel führen. Weit über das hinaus was ich oder andere für möglich halten. Ich mache einfach mein Protokoll. Das bedeutet jetzt gerade, 5 mal pro Tag mehr als 30 Sekunden abhängen an der Stange. Und jede Woche steigern. Im nahen Park den ‘Monkeybar’ zuerst runter, später rauf und hin und her hangeln.
Ich werde berichten.
Was ich da gerade mache, wird ‘Precommitment’ genannt. Ich erzähle meinen Plan und schaffe damit eine Situation, in der ich mir schwer tue, den Plan nicht durchzuführen. Ich nenne das Projekt “Projekt Monkeybar”.
Ich geh’ jetzt ein wenig abhängen ;-)

Welchen Wolf willst du füttern?

Eckhart Tolle teilt mit uns im Buch 'The Power of Now' "Wenn du feststellst, dass ein Nahrungsmittel dich krank macht, würdest du weiter diese Nahrung essen und zu dir sagen, dass es OK ist, krank zu sein?"
Ja, leider!
Hm, muss das so sein? Was erwarte ich davon?

Eine andere Perspektive: Thich Nhat Hanh erzählt in seinem Buch 'No Mud, No Lotus' "Buddha sagte, dass nichts überlebt, was nicht genährt wird. Das gilt für unsere physische Welt und den Körper und auch für unseren mentalen, unseren Gefühls-Zustand. Liebe will genährt werden, aber auch Leiden überlebt, weil wir es nähren. Wir nähren das Leiden mit Erinnerungen an Leiden, mit Sorgen, Scham und Reue. Wir füttern unser Leiden, während wir gehen, arbeiten, essen oder sprechen und machen uns zum Opfer der Geister der Vergangenheit oder den Sorgen über die Zukunft. Wir leben nicht unser Leben."

David Schwartz bringt seine Perspektive in seinem Buch "The Magic of Thinking Big" "Lege nur positive Gedanken auf dein 'Gedächtnis-Bankkonto'".
Es ist klar, dass jeder Mensch unangenehme, verletzende, peinliche und entmutigende Situationen erlebt.
Nicht erfolgreiche Leute wälzen diese Situationen in ihrem Geist und stärken sie daher. Am Abend denken sie vor dem Einschlafen an eine Sorge, ein Missgeschick, ein Versagen.
Zuversichtliche, erfolgreiche Menschen sagen dazu 'Kein weiterer Gedanke darüber!', sie legen nur positive Gedanken, Geschichten, Situationen auf ihr 'Gedächtnis-Bankkonto'.

Oder noch besser und zusätzlich: 'Danke, liebes Universum! Das Missgeschick war sehr hilfreich. Ich habe etwas gelernt.'

Alles was kommt, wird konstruktiv verwertet.
Also … dann will ich doch den bösen Wolf aushungern und den treuen und stärkenden Freund in mir füttern! Das braucht Übung!

Wann? Jetzt! … und immer wieder.

Posttraumatisches Wachstum

Es wird viel über postraumatischen Stress gesprochen. Es gibt auch ein solches Syndrom, wenn sich der Schaden über Jahre verfestigt hat. Stephen Joseph hat als Therapeut etwas seltsames beobachtet. Bei einigen wenigen Personen beobachtete er posttraumatisches Wachstum.
Das faszinierte ihn.

Er beobachtet auch: "Viele Überlebende von Trauma können ihre Erlebnisse nicht vergessen. Sie werden verfolgt von ihnen. Das Trauma ist ein Schicksal ohne Sinn."
Das Leiden wird von der Psychologie des posttraumatischen Wachstums sehr ernst genommen. Stephen Joseph hat drei existentielle Themen an der Wurzel von posttraumatischem Wachstum identifiziert.

1. Die Person erkennt und anerkennt, dass das Leben unsicher ist und dass sich Dinge verändern. Das drückt sich dann aus als Toleranz von Unsicherheit und der Fähigkeit diese Unsicherheit als fundamentale
Eigenschaft der menschlichen Existenz anzuerkennen.
2. Psychologische Achtsamkeit, die Verständnis reflektiert, dass die eigenen Gedanken, Emotionen, Gewohnheiten und Verhaltensweisen miteinander verknüpft sind.
3. Ich kann selbstwirksam sein. Ich fühle mich verantwortlich für die Entscheidungen in meinem Leben und ich weiß, dass meine Entscheidungen Konsequenzen haben.

Joseph meint daher, dass die Diagnose von PTSD (Post Traumatic Stress Disorder) kein lebenslanges Urteil ist.

Martin Seligmann nennt die Konsequenz aus PTSD 'Erlernte Hilflosigkeit' und erkannte, dass einige Menschen diese Hilflosigkeit (als Standardzustand) nicht kennen. Wie auch immer das Schicksal sie trifft. Da ist zunächst, weil wir Menschen sind, der Zustand von Schock, Schmerz, Leid, Zorn und Trauer.
Und dann das Aufrichten, die Zuversicht es noch einmal zu schaffen, und noch einmal, und noch einmal.

Das wünsche ich mir von mir. Aus kleinen und großen Katastrophen will ich gestärkt herausgehen. Damit wird jedes Hindernis zur Chance. Und ich habe die Hypothese, dass ich im Umgang mit täglichen kleinen Missgeschicken, Hoppalas, Ungerechtigkeiten, Fehlern, ... eine innere Stärke aufbaue, die mir hilft, auch unter schwierigen Umständen ein gutes, ein sinnvolles, Leben zu leben.

Hoffnung zum Frühstück – Realität zum Abendessen

Ein Hammer ist ein Kraft–Multiplikator. Fühlt sich gut an.
Mit meinen Töchtern und meiner Frau habe ich vor vielen Jahren für den Bau einer 'Steinstadt' 500kg Steine mit Baumstämmen als Hebeln bewegt und unter Zuhilfenahme von Rampen eingerichtet. Meine Töchter waren beeindruckt, was wir kleinen Menschen bewegen können. Hebel sind toll!

Colin Powell, General und Außenminister schreibt in seinem Buch "It Worked for Me: Life and Leadership", dass "perpetual optimism", immerwährender Optimismus, so ein Kraft-Multiplikator wäre.

Weiter schreibt er: "Immer, wenn ich eine schwierige Entscheidung zu treffen hatte, hatte ich folgenden Zugang: Zunächst schätzte ich die Situation ein. Was ist die Situation? Was ist die Mission? Was sind verschiedene Handlungsvarianten? Wie wirkungsvoll sind sie im Vergleich? Welche hat die höchste Erfolgswahrscheinlichkeit? Dann folge ich meinem jetzt geformten Instinkt, entscheide und setze die Entscheidung mit aller Kraft um. Dann atme ich tief durch und hoffe, dass es gut geht. Dabei erinnere ich mich daran, dass Hoffnung ein schlechtes Abendessen, aber ein gutes Frühstück ist."

Gabriele Oettingen hat ihre Erkenntnisse aus Studien im Buch "Rethinking Positive Thinking" zusammengefasst. Sie schlägt den Prozess "WOOP" :-) vor.
Wish > Outcome > Obstacle > Plan

Sie erklärt, dass Hoffnung ein mächtiger Motor ist, wenn sie von einem starken Wunsch untermauert ist, das Ziel klar vor Augen steht, die Hindernisse berücksichtigt sind und ein Plan all diese Daten in die Umsetzung bringt. Also kein frommer Wunsch. Große Ziele, klarer Blick und harte Arbeit.

Meine Hoffnung ist, dass wiederholtes Überwinden von Hindernissen, wiederholtes WOOPen zu ruhiger Zuversicht führt.
Was auch kommt, ich entscheide , WOOPe und geh es an. Jeden Tag!

Das ist wie viele kleine Steine in einer Rampe.
Mit Geduld und Hartnäckigkeit wird 'Unmögliches' möglich.

Perfektion oder Wachsen - Du hast die Wahl!

Ich arbeite an meiner Vorstellung, dass ich niemals einen Fehler machen sollte. Früher bin ich bei einem Hoppala innerlich (und auch äußerlich) explodiert. Heute spüre ich Andeutungen, insbesondere, wenn jemand zuschaut. Wo ist da mein 'Growth Mindset'? Meine Wachstumsmentalität?
Das sollte doch klar sein: Ich kann nichts wertvolles tun, ohne einige Rückschläge zu erleben!
Kein Film wurde jemals in einer perfekten Abfolge von Szenen gedreht - es gibt immer „Fehl-Aufnahmen“ (Miss-Takes).

Ich koche gerne und auch gut, wie mir Freunde rückmelden. Aber, wenn meine Frau in die Küche kommt, wird es eng. Oft hat sie auch eine eigene Sicht zu Vorgangsweise und, was das Schlimmste ist, äußert diese auch. Für mich ist es in Brian Johnson's Sprache ein 'Hero-Bar' (Ein heldischer Energieriegel), wenn ich dann nicht ausflippe und offen und freundlich werde/bleibe/bin.
Die aller aller besten Baseball-Spieler schaffen etwa jeden dritten Schlag als Treffer (über 3 von 10). Mit 1 zu 7 bist du Hall of Fame Material. Wenn die Leute sich dauernd ärgern würden, dann könnten sie die Leistung nicht bringen.

Der Zwang zur Perfektion unterbindet Wachstum, vermindert das Lerntempo und verhindert langfristig Erfolg. Wenn jemand, oder schlimmer - ich, 'perfekt' sagt, setze ich schon ein Fragezeichen dahinter.

Bei mir beobachte ich 'Flow', wenn ich beim Schreiben und Debuggen von Programmen entspannt die Idee in die Tastatur fließen lasse und wenn der Compiler mault, sage ich danke und kümmere mich darum.

Die Situation mit meiner Frau ist etwas schwieriger, wenn sie meinen Koch-Prozess, oder Wäscheaufhäng-Prozess bewertet (compiliert). Das ist next Level! Umso nahrhafter wird mein 'Herobar'. Energie pur, wenn ich da mit einem Lächeln und/oder einer liebevollen Umarmung aussteige.

Die erste und zentrale Herausforderung ist meine eigene Einstellung zur Perfektion. Furchtlos meine Abweichungen sehen, entspannt korrigierende Maßnahmen einleiten, Beobachterinnen freundlich zulächeln ...
Das ist HeavyLifting! Aber ich trainiere ja gerne!
Jeden Tag! Immer wieder! Immer weiter!

Nieder geschlagen? Mach was draus!

Heute Morgen hat mir mein Bruder geschrieben, dass er einen Herzinfarkt hatte. Montag hat er Bypass Operation, dann Heilung, dann Rehab. Ich bin froh, dass er gute Aussichten auf vollständige Wiederherstellung hat.
In unserer Familie - wir sind sechs Geschwister - ist der frühe Tod unseres Vaters - an Herzinfarkt - als wir sechs zwischen 0 und 10 Jahre alt waren - ein prägendes Element. Eine Erinnerung für mich, dass ein Leben oft anders als vorgestellt und gewünscht verläuft. Was mache ich, wenn ich auf so einen Blocker stoße, wie ihn mein Bruder gerade jetzt durchlebt? Das ist weniger eine Frage von 'OB' sondern 'WANN'.

Da fällt mir ein Bericht von Brian Johnson ein. Ich bin kein Freund von Mixed Martial Arts - Kämpfen. Ich tu mir schwer beim Zusehen. Brian berichtet: "Einer der inspirierendsten Momente des Abends war, als einer der Kämpfer, den Ed Soares managt, in seinem allerersten UFC-Kampf RICHTIG EINGEDECKT wurde. Es war, ganz ehrlich gesagt, sehr schwer anzusehen. Und doch... Irgendwie... Weigerte sich dieser Krieger aufzugeben. Und... Irgendwie... Überlebte er diesen Angriff... Dann... Irgendwie... Drehte er das Blatt und gewann mit einem entscheidenden Knockout. Ich habe Tränen in den Augen, während ich das tippe, denn es war eine so tiefgreifende Erfahrung der Bereitschaft, im Angesicht der Angst weiter zu handeln, die für immer unauslöschlich in meinem Bewusstsein eingeprägt sein wird. Sein Kampf war DER Kampf des Abends. (Wortwörtlich.) "

Brian ist klar, dass viele - wie ich - eine Scheu vor Kampfsport haben. Daher referenziert er Yogananda. Meine ersten Meditationserfahrungen machte ich in einer von Yogananda geprägten Gemeinschaft vor 50 Jahren. Yogananda war Steve Jobs' spiritueller Lieblingslehrer. Im Buch "Living Fearlessly" sagt Yogananda mir zum Thema 'Knocked down, but not out': "A und B kämpften. Nach langer Zeit sagte A zu sich selbst: 'Ich kann nicht mehr weitermachen.' B dachte: 'Nur noch ein Schlag,' und er gab ihn, und A ging zu Boden."
... und weiter: "... gib einen letzten Schlag. Nutze die unbesiegbare Kraft des Willens, um alle Schwierigkeiten im Leben zu überwinden."

Wenn ich echt am Boden liege. Durchhalten. Atmen. Einen Schritt weiter!
Churchill fasst seine Lebensweisheit in fünf Worte zusammen:
"Never, never, never, give up!"

Ich weiß nicht, was kommt. Die Situation meines Bruders zeigt mir, wie schnell sich ein Leben drehen kann. Die Stoiker würden sagen: "Mach was draus."

Ziele oder Ursachen - Adler oder Freud?

Womit komme ich besser weiter? ZIELE verfolgen oder URSACHEN identifizieren. Da ist, wie oft, keine schwarz-weiß Entscheidung zu treffen, ABER Menschen sind 'teleologische' (zielorientierte) Wesen sagten die Griechen und stellten gleich Apollo, den Bogenschützen, als Schutzgott zur Verfügung.

Die beiden Österreicher Alfred Adler (Geboren 1870) und Sigmund Freud (Geboren 1856) waren recht unterschiedliche Menschen.
Beide Mediziner, beide halfen vielen Menschen sich persönlich weiterzuentwickeln. Ihre Wege waren aber sehr unterschiedlich.

Freud geht den ätiologischen (ursachenorientierten) Weg. Die Griechen verstanden unter Ätiologie, die Suche nach Ursachen, um zu heilen. Das führt in der Psychoanalyse und der Praxis vieler Therapeuten, zur archäologischen Forschung in der Vergangenheit des Patienten. Ein langwieriger und oft frustrierender Weg.

Adler denkt teleologisch (zielorientiert) und stellt daher die Ziele der Person in den Vordergrund und inwiefern die Haltungen und Handlungen der Person zielführend sind. Damit ist Ausrichtung auf die Zukunft und die Annahme, dass die betreute Person durch anderes Handeln selbstwirksam ihre Ziele erreichen kann.
Meine Wahrnehmung: Menschen ohne Ziele sind unglücklich. Menschen, die Ursachen suchen, sind auch unglücklich.

Man bemerkt eine gewisse Präferenz meinerseits für die zielorientierte Variante in Bezug auf Therapieformen. Ich habe persönlich in meiner Umgebung Menschen erlebt, die nach jahrelanger Therapie (Psychoanalyse und ähnliche ursachenorientierte Methoden) immer noch im Sumpf ihrer Vergangenheit steckten, immer noch Ursachen finden, warum es ihnen schlecht geht und sich regelmäßig retraumatisieren.

Und andere, die sich mit Hilfe von Therapeuten weit in ihr Potential hinein entwickelt haben. Die zweite Kategorie von Therapeuten haben sich weniger als Ärztin einer kranken Person gesehen, sondern als Coach einer zielorientierten Person in Schwierigkeiten.

In der täglichen Arbeit in Firmen, Teams und mit mir selbst sehe ich einen doppelten Weg. Zunächst sind wohldefinierte und attraktive Ziele nötig (SMART und WOOP ;-)) .

Dann aber geht jeden Tag etwas schief auf dem Weg.
Die erwünschte Reaktion: Oh, interessant! :-)
Da gibt es etwas zu lernen! :-) Neugier ist geweckt.

Was ist die URSACHE? Was kann ich verbessern? :-)
Missgeschicke, Fehler, unangenehme Situationen werden zu Treppenstufen der kontinuierlichen Veränderung auf das Ziel hin.

Jeden Tag wird der Plan auf das Ziel hin besser, weil wir neugierig Ursachen suchen und finden.

Ich brauche also beides. Ziele UND Ursachen.
Ziele aber haben Vorrang und fokussieren die nötige Ursachenforschung.

Mark Twain meinte rückblickend etwas in die Richtung, dass er sich etwa 99% seiner lebenslangen Ursachenforschung und Sorgen hätte sparen können.

Ziele und Aktivierungsenergie - und plötzlich funktioniert es!

Warum muss ich mich oft so lange mühen, bis ein sichtbares Ergebnis rausschaut? Man kann doch auch einfach Glück haben.
Darauf wartend habe ich es mit Lottospielen versucht, aber hat nicht funktioniert.

Dagegen hat funktioniert: Jeden Tag ein wenig mehr gehen/laufen und drei Jahre später einen Marathon laufen und bei der Gelegenheit 20kg abnehmen. 300 Tage lang jeden Tag drei 800g Bälle in die Hände nehmen und jonglieren probieren. Irgendwann wussten meine Hände, mein Körper, was zu tun ist. Beruflich bin ich oft durch lange Strecken ohne Erfolg bei großer Anstrengung gegangen und dann funktioniert etwas und wird leicht.

Brian Johnson (heroic.us) betont dieses Prinzip und bringt den Vergleich mit Wasser und Feuer. Wasser kocht (auf Meereshöhe) bei 100° Celsius. Nicht bei 99° . Papier entzündet sich je nach Dicke, Materialeigenschaften etc zwischen 180 und 360°.
Ray Bradbury nennt sein Buch "Fahrenheit 451", weil sich etwa bei dieser Temperatur (232,78° Celsius) Bücher entzünden.

Wir müssen oft lange Energie aufbringen, um ein Ziel zu erreichen. Das fällt viel leichter, wenn ich auf ein Ziel zu auch eine tägliche Gewohnheit aufbaue, die den Weg dorthin ebnet. Für mich hat sich sehr bewährt, mir ein Blatt Papier an den Schrank zu kleben und jeden Tag, die Erledigung dieses kleinen Tasks zu notieren. Brian betont, dass Spitzenperformer besonders darauf achten den Prozess einzuhalten (Das PROTOKOLL), mehr noch als die Visualisierung eines Zielzustands.

Daher sollte die tägliche Retrospektive auf den Prozess fokussieren nicht auf die Distanz zum Ziel (das frustriert).

Dafür ist es gut ein Ziel zu WOOPen. Schon visualisieren, weil das wichtig ist (Wish), und festmachen wie es sich anfühlen wird (Outcome), und berücksichtigen, was mich alles hindern wird (Obstacles), aber dann einen PLAN machen.

Am besten enthält dieser Plan eine tägliche Routine, eine Gewohnheitsänderung. Dann kommt der Startschuss. Ich lege los. Jeden Tag. Jetzt zählt nur noch das PROTOKOLL.
Das verfolge ich, das mache ich, das verbessere ich, ... und plötzlich funktioniert es.

Ziele sind für Verlierer und Perfektion ist der Feind

Scott Adams hat aus seiner eigenen Lebensgeschichte eine Weisheit destilliert "Goals are for losers". Er ist berühmt für seine erfolgreichen Dilbert-Cartoons. Nicht so sehr für seine mühsamen Anläufe, aus den Managementsilos auszubrechen und als Cartoonist erfolgreich zu werden. Er meint, dass fromme Wünsche nicht zum Ziel führen. Tägliche und über lange strecken (scheinbar) wirkungslose Anstrengung schon. Er sagt, dass viele Manager (und Menschen) das Identifizieren des richtigen Ziels und das Destillieren der entsprechenden täglichen Anstrengung ihrerselbst oder ihres Teams nicht machen und daher nicht weiter kommen.
Ich verstehe ihn so, dass Ziele oft SMART definiert werden, aber die täglichen, oft lange Zeit vergeblichen, Mühen nicht geplant werden. Welche täglichen Routinen brauche ich, um die Energie für die Arbeit am Ziel zu haben? Scott hat jeden Tag über Jahre einen Cartoon gezeichnet. Vergeblich. 'Fachleute' versicherten ihm, dass er kein Talent zum Zeichnen habe. Aber er liebte diese Arbeit, hielt sie für sinnvoll, ... und irgendwann ... Dilbert - Der Welterfolg.
Oft wird die Machbarkeit mit 'Leider NEIN' klassifiziert. Und das war es dann. Das kann richtig sein, sollte aber nie ein Ziel betreffen, dass einem wirklich, wirklich wichtig ist. So ein Ziel kann 0,1% Chance auf Erfolg haben, aber ich liebe die tägliche Anstrengung darauf zu. Dann ist es diese tägliche Anstrengung alleine wert. Und es gibt viele Berichte darüber, dass irgendwann, irgendwo das Wunder geschieht und das Unwahrscheinliche wird Realität.

Oft wird Kindern vorgehalten, dass sie für etwas kein 'Talent' hätten und es lassen sollten, weil das jetzige Ergebnis so mangelhaft wäre.
Es ist nicht PERFEKT.
Das Vergleichen mit Perfektion ist eine tägliche Entmutigung.

Daher sagt Dilbert "Goals are for Losers".
Weil die Perfektion des Ziels vor Augen, der kontinuierliche Blick auf die schmerzhafte Differenz zum Ziel, die Energie für die gegenwärtig nötige unvollkommene Tat schmilzt wie Schnee in der Sonne.

Die richtige Frage: Führe ich den geplanten Prozess durch?
Ja? Na dann! Weitermachen!

Eine Erinnerung an meine Jugend: Ich treffe das Kreuzeck beim Hockey nicht beim ersten Versuch. Aber nach 10000 Versuchen und täglichem Training? Sehr viel wahrscheinlicher.

Als Eltern ist Ermutigung zum Prozess, Hilfe beim Lernen, aber nicht die Bewertung des momentanen Outcome's relevant.

Vergiss das Lob! Vergiss den Tadel! Ermutige und unterstütze!
Und das gilt auch für den Umgang mit mir selbst!

Monster? Geh darauf zu!

Ralph Waldo Emerson, einer der wichtigsten amerikanischen weisen Menschen schreibt in seinem Buch “Self-Reliance” “Gott wird sein Werk wohl nicht durch Feiglinge manifestieren.”

Das Universum, unsere Familie, unser ganzes Umfeld wird wohl nicht weiter entwickelt durch Ducken und Vermeiden.

Paramahansa Yogananda, ein indischer Yogi, der 1920 in die USA kam, um indische Weisheit mit der westlichen zusammenzuführen, erzählt eine Anekdote von seinem Guru Sri Yuktesvar. Dieser erzählt: “Meine Mutter wollte mich vor einem Raum fernhalten, indem sie mir sagte, dass in diesem dunklen Raum ein Monster wohne. Ich stand sofort auf, ging zu dem Raum und stellte ihr gegenüber enttäuscht fest, dass ich kein Monster gefunden hätte. Meine hat Mutter mir nie wieder eine Monstergeschichte erzählt.”

Die Moral der Geschichte: Geh auf die Angst zu und die Angst flieht!

Oder wie es Emerson ausdrückt: “Mach das, wovor du Angst hast und der Tod der Angst ist sicher!”.

Michael Ende schreibt von einem Scheinriesen, der immer kleiner wird, je näher man ihm kommt. Viele trauen sich nicht.

Oder wie Elizabeth Blackburn in ihrem Buch ‘The Telomere Effect’ schreibt:
“Wir haben es in der Hand, aus Bedrohungs-Reaktionen heraus zu leben oder aus Herausforderungs-Aktionen. Das erste macht uns älter, das zweite mach uns jünger”

Jeden Tag habe ich mehrfach die Wahl, wie ich an eine Sache herangehe.
Wäre doch etwas, wenn ich systematisch den stärkenden Weg gehe.
Also, dann her mit den Schein-Monstern meiner Realität! Jetzt!

Die ultimative Praxis

Seth Godin's erwaehnt im Buch "The Icarus Deception" die Warnung
"Flieg nicht zu nah an der Sonne!"
Gemeint ist: "Nimm dir nicht zu viel vor!".
Studien haben ergeben, dass die meisten Menschen zu tief zielen und daher ihr Potential nicht realisieren.

In seinem Buch "The Practice" fasst er über 200 Ideen zu kreativer Arbeit zusammen. Daher der Untertitel "Shipping Creative Work".
Wie macht man das am besten? Ja, genau! Praxis! Machen und Lernen. Anfangen, Stolpern, Lernen.

Mit dem Ziel, jeden Tag zu einem Meisterstück zu machen. Ein Kunstwerk, mit den Unvollkommenheiten, die ein Kunstwerk so einzigartig machen. Das Leben trainiert uns. Wahrnehmen, Tun, Lernen.

Seth Godin schreibt: "Die Magie des kreativen Prozesses ist, dass es keine Magie ist." Hinsetzen, hinstellen, hinlegen und machen. Wie Steven King zu den Momenten der Inspiration berichtet. "Ich gehe an die Arbeit, wenn die Inspiration mich trifft. Das ist jeden Morgen um 9 Uhr." Übersetzt: Einfach hinsetzen und tun. Inspiration wird wirksam, wenn sie mich beim Arbeiten antrifft.

Und was nennt Brian Johnson die 'Ultimative Praxis"?
Werde dir klar, wer du bist, wer du sein willst und was du zu tun liebst. Dann was du tust , wenn du am besten drauf bist. Mach aus dem dein 'Protokoll'. Mach das Programm jeden Tag. Reserviere dir Zeit. Ganz wenig zunächst. Und mach es! Ja, jeden Tag! Besonders, wenn dir nicht danach zumute ist.

Das ist keine Magie. Das Ergebnis, nach Jahren, kann magisch erscheinen.
Im Vertrauen darauf: Eine weitere Sequenz von Liegestützen und dann Abhängen an der Reckstange in der Tür!
Jetzt natürlich!
Genug gesessen!

“Aussitzen” oder “Gemma’s an” ?

Ich habe Erfahrung mit ‘Aussitzen’ von Situationen. Das ist manchmal durchaus brauchbar, aber Wissenschaftler berichten, dass es Haltungen gibt, die schnelleren und mehr Erfolg versprechen. Hm?

Bedeutet das dann mehr Stress? Schaun wir uns die Vorschläge an.

Phil Stutz widmet eines seiner Werkzeuge (Siehe Buch “Tools”) dem Problem, dass wir uns um wichtige Schritte herumdrücken. Ich weiß, dass es wichtig ist, aber es ist da ein Widerstand, eine Befürchtung, oft unbestimmt.

Er stellt fest, dass das was man hier fühlt die Grenze meiner Komfortzone ist. Auch wenn meine gegenwärtige Situation nicht angenehm ist, so ist sie wenigstens gewohnt. Viele ‘Komfortzonen’ von Menschen sind ziemlich beschissen, aber gewohnt. Ich bleib lieber da.

Wäre alles OK, wenn nicht jenseits der Grenze Erfolg und unbegrenztes Potential, vielleicht sogar Glück liegen.

Stutz schlägt vor drei mentale Schritte zu gehen, wenn man eine solche Gummiwand von Widerstand wahrnimmt und das dahinter aber erreichen will. Er nennt den Prozess ‘Reversal of Desire’, weil ich zu mir sage ‘Ich geh das an!’ oder ‘Komm her’ zur Situation, die ich scheue. Ich stelle mir also die Situation vor, Sage ‘Komm her!’ und gehe mental los auf die Mauer. Dann sage ich zu mir: “Ich liebe diese Anstrengung!” oder “Ich will diesen Schmerz!” und während ich die Mauer durchbreche freue ich mich “Die Anstrengung/der Schmerz macht mich frei!”

Stutz schlägt vor, sich jeden Morgen eine Situation vorzustellen und in einer knappen Minute den Prozess durchzugehen. Oft ist es wichtig die Übung zB für ein wichtiges, stressiges Gespräch, vielfach zu machen bevor man es tatsächlich angeht. Üben, üben, üben.

Dieses tägliche Training macht man aber nicht für eine echt schwere Situation und lässt es dann. Immer wieder werden uns Situationen begegnen, vor denen wir zurückscheuen, aber wir wollen sie eigentlich hinter uns bringen. Diese Technik lehrt, mich auf schwierige Situationen zu freuen, statt mich zurückzuziehen. Das führt zu einem systematischen Ansteigen von Erfolgserlebnissen, welche die Haltung weiter stärken. So dass ich mich am Morgen geradezu auf die Suche mache nach Situationen, die ich lieber verschieben möchte, aber doch erledigt haben will. Vorstellungsübung einsetzen. Task notieren. Eventuell nochmals darauf einstellen und dann zum gegebenen Zeitpunkt machen. Mir hilft es, das in meinem Tage/Planungsbuch zu notieren.

Am Abend reflektiere ich dann:

A) Habe ich es gemacht?

B) Bin ich durchgekommen? Ja? >> Feiern! ;-) Nein? >> Lernen!

Daher immer C) Was lerne ich und was mach ich als nächstes? Viel Erfolg dabei!

Mind the GAP! Schließe die Lücke!

Abraham Maslow legt nahe, dass ein fruchtbares Leben darin besteht, den Abstand zwischen dem, was wir sein können, und dem, was wir im Moment gerade sind, zu schließen.
Wenn ich den Unterschied wahrnehme, reagiere ich oft und zuerst mit Reue, Scham, Angst und Depression = Unglücklich sein.

Was wäre jetzt der Trick, mit diesem Abstand zwischen Potential und momentaner Realität umzugehen?
Die Griechen nennen diesen Trick Aretè - Exzellenz, Tugend.
Ähem, das klingt noch nicht nach einem Trick, einer Abkürzung und dem leichten Weg. Die Stoiker meinen damit auch nicht einen leichten Weg, sondern einen gangbaren und (oft) freudvollen, manchmal anstrengenden und immer lohnenden Weg.

Es gilt die Gewohnheit aufzubauen, in jedem Moment zu versuchen, die beste Version von sich selbst auszudrücken. Ich frage mein Herz (die gute Seele), was die beste Version von mir in gerade diesem Moment tun würde.
Dann tun.
Und dann ist da sofort eine neue Situation.
Es entsteht eine Kette von Lernsituationen.
Das Ergebnis ist gut? Gut.
Das Ergebnis ist unbefriedigend? Etwas gelernt! Auch gut!
Bei dem Spiel kann ich nicht verlieren.
Das macht oft richtig Spaß. Auf eine Weise fühle ich mich wacher, lebendiger.
Hm? … warum nicht sofort tun?
Situation wahrnehmen. Beste Version von mir fragen. Tun.
Und von vorn. Und weiter so.
Jetzt! Jeden Tag!

Meine Wahl – Alchemie oder Kastrophie

Epiktetos erzählt uns im ersten Jahrhundert unserer Zeitrechnung, dass der Stab des Hermes alles, was er berührt, in Gold verwandeln kann. Ein nettes Geschenk von Apollo.

Epiktetos sieht hier ein Gleichnis. Er sieht die Fähigkeit, jedes Erleben in ein positives zu verwandeln. Das ist jetzt ein ganz anderes Thema, weil damit könnte ich jeden Tag etwas anfangen. Immer wieder, jeden Tag, erlebe ich Situationen, die mich Energie kosten. Wie wäre es, wenn ich meinen Zauberstab einsetzen könnte und jedes Missgeschick, jede Enttäuschung, jeden Fehler in ein stärkendes Erlebnis verwandeln könnte?

Michael vom Heroic.us Team schlägt eine Übung vor: Immer, wenn du innerlich hoch gehst oder enttäuscht kleiner wirst, wenn also etwas schiefgeht, mache zunächst drei tiefe Atemzüge. Komm zu dir. Notiere zunächst mental, später auf Papier, was die Situation dich lehren will. Setze eine winzig kleine positive Aktion oder unterbinde eine schädliche Aktion.
Das geschieht ja oft in Kommunikation mit anderen Personen. Das bedeutet, ich reagiere dann etwas anders als gewohnt. Das kann auch eine frohe und/oder lehrreiche Überraschung für die andere Person sein. Fühle, wie es dir danach geht. Merke dir diesen Turnaround als stärkende Erinnerung.

Statt einer Kette von ärgerlichen Erlebnissen, Niederlagen oder Fehlern schaue ich dann am Abend auf eine Kette von kleinen Siegen zurück. Diese Retrospektive am Abend vertieft nochmals die positiven Effekte. Viele solche Tage summieren sich zu einer großen Veränderung auf mein Lebensziel hin. Womit dieses Memo an mich wieder seinen Sinn erfüllt, nämlich mich daran zu erinnern, hier ein Stück weiter an mir zu arbeiten.

Jede blöde Situation, jede kleine (oder größere) Katastrophe ist Futter für mein Wachstum. Ein wenig Achtsamkeit und die gelernte Reaktion zu atmen, statt sofort zu reagieren und die Retrospektive am Abend, um die kleinen Juwelen des Tages zu einem Schatz zu sammeln. Damit werde ich zum Alchemisten, der aus täglichem Katastrophen-Schlamm Juwelen macht.
Hey, das ist doch was!
Wann mach ich das?
Eh klar! Jetzt! Heute!

Was mich der Marsrover Perseverance lehrt

Der amerikanische Admiral McRaven beschreibt in seinem Buch “The Hero Code” die zehn Tugenden des (angehenden) Helden.
Ich nehme die Nummer sechs heraus: ‘Perseverance’.

Ich übersetze das einmal mit Durchhaltevermögen, mit Ausdauer.
Der Admiral glaubt: “Die Geschichte zeigt, dass Erfolg ist nicht nur eine Funktion von Hirn oder Kraft sondern von Ausdauer. Ein Genie ohne Durchhaltevermögen ist nur eine weitere frustrierte Person. Die Welt ist voller Menschen die wenig aus sich gemacht haben, weil sie ihre Träume aufgegeben haben.”

George Washington hat mehr Schlachten verloren als er gewonnen hat.
J.K.Rowling war in einer verzweifelten Situation bevor sie ihr erstes Harry Potter Buch veröffentlichen konnte.
McRaven zitiert wieder einmal Martin Luther King “If you can’t fly, run. If you can’t run, walk. If you can’t walk, crawl. But by all means, keep moving.”

Als Weltraum-Enthusiast erinnert mich das auch an den Marsrover ‘Perseverance’, der seit Jahren am Mars herumfährt und geologische Geheimnisse erkundet. Er macht seinem Namen Ehre, indem er seine geplante Lebenszeit schon weit überschritten hat.

Also: Einen kleinen Schritt! HEUTE!

In Bewegung bleiben! … und Dranbleiben!

Zuerst meine Ängste meistern

Darrin Donnelly hat 6 kleine Bücher geschrieben, die anhand der Entwicklung von sechs Menschen Lebensweisheit-Perspektiven anbieten. Die Titel sind "Think like a Warrior", "Old School Grit", "Relentless Optimism", "Victory Favors the Fearless", "Life to the Fullest", "The Turnaround".

Heute geht es in "Victory Favors the Fearless" um einen Schwergewichts Boxer, der die sieben Ängste meistert, die ihn zurückhalten.
Zuerst und heute, aber nur zu dem Thema: Warum lernen wir, mit unseren Ängsten konstruktiv umzugehen?

Darrin schreibt: "Deine Ängste halten dich zurück, dein Leben zu leben, für das du geboren bist. Wenn du jemals Erfolg, Glück und Zufriedenheit erleben willst, dann musst du deine Ängste besiegen. Angst ist eine starke und unangenehme Emotion, die erwartet, dass etwas Schlimmes passieren wird. Angst ist die Ursache jedes negativen Gedankens und nagt an unserer Selbstsicherheit und lässt uns vor Sorgen nicht schlafen."

Er setzt fort: "Angst ist die Stimme, die dich an dir zweifeln lässt. Die Stimme, die dir sagt, dass du aufgeben sollst, dass du es erst gar nicht versuchen sollst und dass du eben nicht hast, was es braucht, erfolgreich zu sein. Im Zustand der Angst bist du verspannt, ängstlich und unentschlossen. Angst lässt dich ununterbrochen überlegen, was alles schief gehen könnte in der Zukunft."

Und weiter: "Wann immer du dir Sorgen machst, dich stresst, etwas wichtiges aufschiebst oder dein Potential in Frage stellst, hat Angst deine Steuerung übernommen. Die gute Nachricht ist, dass Angst besiegt werden kann, dass du deinen inneren Kampf gegen deine Angst gewinnen kannst." Soweit Darrin's Monolog.

Phil Stutz ("The Tools") zitiert Rudolf Steiner "Menschen müssen mit zwei großen Hürden umgehen, wenn sie ein erfülltes Leben haben wollen - Mit Angst und Faulheit".

Wenn wir nicht lernen, es angenehm zu finden, wenn es unangenehm wird, dann bleibt unser Potential außerhalb der Komfortzone und unser Leben bleibt mühevoll.

Daher verschreibt uns Dr. Sturz die Medizin: "Wenn du etwas fürchtest, es nicht angehen willst, dann sag zu dir 'Das geh ich an!" und "Ich mag die Anstrengung", und wenn ich es anpacke, die Erkenntnis "Anstrengung macht mich frei!"
Im Original: "Bring it on! I love pain! Pain sets me free!"

Hypothese: Mit dieser Vorstellungsübung, täglich und immer wieder durchgeführt, führe ich mich zuverlässig auf einen erfolgreichen Weg.

Daher mache ich das jeden Morgen und arbeite mit dem 'Angst-Signal'.

Sieben Farben der Angst – Sieben Signale innezuhalten

Anhand des Buches "Victory Favors the Fearless" von Darrin Donnelly habe ich mich daran erinnert, dass der Umgang mit Angst und Faulheit (Fear & Lazyness) eine zentrale Lebensaufgabe ist. Übrigens, wenn du Material ohne Ende rund um echt intensive Persönlichkeitsentwicklung suchst, schau bei Brian Johnson's Philosopher's Notes, +1s und https://www.heroic.us/ .

Jetzt will ich ein wenig mehr ins Detail gehen
Donnelly beschreibt in sieben Kapitel sieben Ängste seines Helden.
1) Die Angst, was andere über mich denken mögen.
2) Die Angst vor Veränderung.
3) Die Angst, eine falsche Entscheidung zu treffen.
4) Die Angst, etwas Besseres zu verpassen.
5) Die Angst, nicht gut genug zu sein.
6) Die Angst, dass mein Scheitern permanent ist.
7) Die Angst, dass ein Missgeschick 'ansteht'.

Da kann ich mir sicher noch andere Kategorien vorstellen, aber ich bleibe einmal bei seinen Schubladen.

Hypothese: Jeder Gedanke, der mich schwächt, hat die Wurzel in einer Angst. Wie kann ich damit umgehen?

Eh klar: durch Achtsamkeit, durch Training, durch Praxis.
Zusätzlich hat sich bei mir bewährt, mit einem Coach und einer kompetenten Gruppe von Menschen konkret an den emotionalen Wurzeln in der Kindheit zu arbeiten. Das ist wertvoll, aber KEINE Voraussetzung für Achtsamkeit, Training und regelmäßige Praxis!

Diese wirken in kleinen Domino-Schritten. Kleine Schritte, große Veränderungen langfristig.

Und jetzt nochmals zu den sieben Ängsten. Hier kommen sieben Affirmationen, die Donnelly empfiehlt. Es lohnt sich, diese für sich selbst zu adaptieren und in die tägliche Morgen-Praxis einzubinden.

1. Ich höre auf mein Herz und lebe meinen Lebenssinn. Ich habe die Kraft für meinen persönlichen Erfolg.

2. Ich suche meinen Erfolg durch Veränderung und Wachsen.

3. So etwas wie Sicherheit gibt es nicht. Ich bewege mich vorwärts, indem ich Hindernisse attackiere, mich anpasse und lerne, während ich gehe.

4. Ich setze mich voll ein. Ich gehe mit Hartnäckigkeit und Durchhaltevermögen meinen Weg. Erfolg braucht keine Abkürzungen; Erfolg braucht meinen vollen Einsatz.

5. Ich habe die Kraft, zu definieren, was mir zusteht. Umso größer mein Traum, umso härter meine Arbeit, umso höher kann ich klettern.

6. Weil ich Fehler mache, weil etwas schief geht, bin ich stärker und weiser als zuvor. Ich stehe wieder auf und kämpfe weiter.

7. Ich bin beschenkt, ich bin stark, ich bin beschützt. Großes erwartet mich.
Hm, das mach ich einmal für die nächste Zeit am Morgen und schaue, wie es wirkt.

Attack and Adapt – Der OODA Loop

Wir bleiben bei Darrin Donelly und seinem Buch “Victory Favors the Fearless”. Diesmal geht es um die Angst, die falsche Entscheidung zu treffen.

Donelly schreibt: “Wichtiger als die Entscheidung selbst ist deine Einstellung und dein Einsatz, nachdem die Entscheidung getroffen wurde. Die Person mit der aggressivsten Einstellung und dem hartnäckigsten Einsatz gewinnt normalerweise.” und weiter: “Hier ist eine einfache Tatsache: Die meisten Probleme sind schnell gelöst, indem man sie einfach und direkt angeht und sich dann anpasst, an das, was passiert.
Lehn dich nicht zurück und warte ab, wenn ein Problem dich anstarrt. Geh es an! Suche aggressiv nach einer Lösung. Und dann pass dich an das an, was auch immer geschieht.
Angehen und anpassen, Angehen und anpassen, angehen und anpassen, ... ” ;-)

In meiner vorsichtigen Übersetzung bemerke ich den echten Österreicher ;-) . Daher stimmt die Aussage doppelt für mich. Ich liebe es, Dinge auszusitzen. Jahrelang.

Bill Dettmer (Buch: The Logical Thinking Process”) ist einer meiner Lehrer, was die TOC Denkprozesse betrifft. Er selbst war Militärpilot und hat uns für die tägliche Praxis und jede Art von Veränderungsprojekt den OODA-Loop beigebracht.

Als Pilot musst du in Sekundenbruchteilen entscheiden. Kein Aussitzen möglich.
Observe - Orient - Decide - Act.
Entwickelt von Air Force Colonel John Boyd.
Observe - Orient - Decide - Act .

Und sofort wieder von vorne. Piloten, die den Zyklus schneller durchlaufen können, sind erfolgreicher. Observe - Orient - Decide - Act .

Hypothese: Das gilt auch für mich. Wahrnehmen was ist. Orientieren im Lösungsraum. Entscheiden (Vertraue deiner Intuition!). Und Action! Und wieder Observe - Orient - Decide - Act.

Oder für Boxer: Attack & Adapt, Attack & Adapt, Attack & Adapt, ...
Ich bemerke, wie ich gleich aufrechter sitze, wenn ich das schreibe.
Einstellungssache ;-)
Also, dann ans Werk! Jeden Tag! Heute!

Zuversicht oder Angst – Die Macht meiner Selbstgespräche

Und wieder zu Darrin Donnelly's "Victory Favors the Fearless".

Er schreibt: "Erinnere dich an die Definition von Angst: Angst ist die starke und unangenehme Emotion, die erwartet, dass etwas Schlimmes passieren wird. Zuversicht (Im amerikanischen wird 'faith' verwendet) ist das Gegenteil. Die starke, angenehme Emotion, die erwartet, dass etwas Gutes geschehen wird.

Diese Emotionen kämpfen in uns gegeneinander. Die Emotion, die du nährst siegt. Wie fütterst du Emotionen? Mit Selbstgesprächen!"

Er setzt fort: "Die meisten Kämpfe werden gewonnen, bevor sie beginnen."
Angst.
Donnelly empfiehlt das Buch "What to Say When You Talk to Yourself" von Shad Helmstetter.
Helmstetter sagt uns: "Mit Selbstgesprächen programmieren wir uns. Was wir uns selbst sagen, können wir steuern. Unser Selbstgespräch kann das interne Bild aufbauen, das wir für unsere Zukunft wollen."
und weiter: "Wenn es zwei von dir gäbe, einer spricht zu sich positiv und produktiv und der andere vermittelt Angst und negative Erwartungen?
Welchen würdest du wählen, jedes Mal?

Ich habe da eine klare Präferenz aber erwische mich selbst immer wieder, dass ich negative Erwartungen in mir hochspiele,
Daher
'Observe - Orient - Decide - Act' (OODA) in einem Gefühl der Zuversicht
Und
'Wish - Objective - Obstacles - Plan' (WOOP) in einem Gefühl der Zuversicht.

Also?
Wen füttern?
Meine Zuversicht! :-)
JETZT!

Kritiker

Die erste Angst, die Darrin Donnelly beschreibt ist “Die Angst vor dem, was andere Leute denken”.
Donnelly schreibt: “Kritiker werden nie aufhören zu kritisieren, weil sie es nicht aushalten, dass jemand ihren Traum verfolgt und es gelingt ihnen.
Es zwingt sie, sich selbst zu hinterfragen.
Es bringt sie zu der Frage, was hätte sein können, wenn sie etwas Risiko auf sich genommen hätten.
Und sie hassen diese Gedanken.”
Umgang mit Kritikern, empfohlen von Menschen wie Donnelly, Nietzsche, Pressfield und Ralph Waldo Emerson: “Ignorier’ die Kritiker und vertraue dir selbst” oder auf österreichisch “Ned amol ignoriern”.
Soweit so einfach.
Mein Problem ist, dass ich einen Teil in mir habe, der bei weitem härter (und ungerechter) kritisiert als Außenstehende. Manchmal wird der Teil durch meine Frau gespiegelt. Dann werde ich richtig wütend. Ich bin verletzt.
Meine Wut über die Ungerechtigkeit wird extrem.
“Ned amol ignoriern” wird dann zum unerreichbaren erleuchteten Ideal.
Aber es gibt Mittel, abgesehen vom Bearbeiten systemischer Ursachen ;-) .
Zum Beispiel: Aufrichten, Atmen, Lächeln.
Oft reicht das, um aus dem Zustand zu kommen.
Wenn nicht, ist es gut, den Raum zu verlassen, um zu mir zu kommen.

Ich schreibe solche Situationen gern auf ein Blatt Papier.
Ich nenne das MicroWOOP.
Zuerst die Situation beschreiben.
dann Wish: Wie will ich mich idealerweise verhalten, Was will ich erreichen?
Objective: Welche Auswirkung hat diese Veränderung?
Obstacles: Was hindert mich, die Situation zu verändern?
Plan: Was werde ich tun, um meinen Wunsch umzusetzen? Welches Verhalten, welche Haltung werde ich trainieren? Wie? Wann?

Wenn es sich bei dem Problem um eine Fehlhaltung, eine Fehlreaktion von mir handelt, bewährt es sich, sehr eine spezifische Trainingseinheit jeden Tag am Morgen einzubauen. Oft gibt es ausgezeichnete Standardlösungen.
Die TOOLs von Phil Stutz sind ein schönes Beispiel.
Also, wenn ich ausklinke: innehalten, Raum schaffen, aufschreiben und etwas tun, damit das Problem kleiner und kleiner wird.
Und innere und äußere Kritiker? Wahrnehmen, was ist und meinen Weg gehen.

Wenn –> Dann - Ursache und Wirkung

Einstein soll einmal gesagt haben (und viele andere weise Menschen ebenso): "Warum erwarten wir ein besseres Ergebnis, wenn wir immer wieder dasselbe tun?"

Wenn ich um 11 Uhr (Eleventies) zum Kühlschrank gehe und einmal so richtig zu lange, dann werde ich am nächsten Tag 100 Gramm abgenommen haben. Falsch! Hm? Wie kann das sein?

Wenn ich zusammengesunken und Frustration ausstrahlend am Tisch sitze, wird meine Frau voller Frohsinn und unterstützend auf mich zugehen. Falsch! Schon wieder?

Jesus hat vor 2000 Jahren etwa das gesagt: "Warum erwartet ihr Weintrauben von Dornbüschen? Warum Feigen von Disteln?". Der Kontext war zwar ein anderer. Er sprach über falsche Propheten, aber es zeigt, dass wir es mit der Logik oft nicht so genau nehmen.

Die Inder nennen es das 'Gesetz von Ursache und Wirkung' = Karma.
Unsere Naturwissenschaft ist darauf aufgebaut.
... und jeden Tag schalte ich auf YouTube um, wenn ich konzentriert gearbeitet habe und erwarte, dass ich dann entspannt und energetisiert bin.
Ich weiß, dass das nicht funktioniert. Aber ...

Solche Automatismen zu ersetzen ist ein extrem wertvoller täglicher Lernprozess.

Was ist es denn heute?
Ein Glas Wasser statt Kühlschrank?
Ein paar Schritte im Garten statt YouTube?

Wenn ich Wasser trinke, fühle ich mich gestätkt.
Wenn ich ein paar Schritte in den Garten gehe, wird mein Geist wieder klar.
Wenn Ich Atme,Innehalte und Lächle (ALI), dann schaut eine schwierige Situation gleich besser aus.

Wenn ... dann
Welchen kleinen Automatismus, welche schädliche Gewohnheit tausche ich heute aus?

Am besten JETZT!

Gewohnheiten – Minus raus – Plus rein

Mein Tag verläuft in Zyklen. Beim Aufwachen bin ich meist müde und brauche einiges an Willenskraft, um mich auf einen guten Weg zu bringen. Dann kommen energiereiche Stunden am Morgen und am frühen Nachmittag bemerke ich, wie Energie und Fokus abnehmen.
Vieles davon ist ein natürlicher körperlicher Rhythmus, aber einiges an Ermüdung,

Energielosigkeit und Willensschwäche ist selbst gemacht.
Daher zurück zur Frage: Ist Willenskraft begrenzt?

Zum einen, Ja, aber zum anderen kann ich einiges tun, um willensstark und fokussiert zu sein oder eben nicht.

Womit ich wieder bei meinen Gewohnheiten bin.
Was stärkt, was schwächt?

Beim Essen zum Beispiel: Was ich nicht eingekauft habe, kann ich nicht essen. Wenn ich also mein Gewicht halten will, oder abnehmen, kaufe ich die Impuls-Snacks nicht ein. Das braucht viel weniger Willensstärke als den vor mir liegenden Snack nicht zu essen.

Fühle ich mich gestärkt oder geschwächt?
Komme ich meinen Zielen näher oder entferne ich mich?

Daher liegt eine Gewohnheit nahe:
Ich nehme mir Zeit, ein Blatt Papier und frage mich:

Welche Gewohnheit streiche oder ersetze ich ab heute?
Welche Gewohnheit starte ich heute?
Eine raus , eine rein

Dann habe ich mehr Willenskraft übrig für die wichtigen Dinge heute.
Und mehr Energie für den nächsten Tag.

Bitte treten! Was ist antifragile Zuversicht

Nassim Taleb hat mit seinem Buch "Antifragilität - Anleitung für eine Welt, die wir nicht verstehen" vor einigen Jahren Aufsehen erregt. Ich habe das Konzept in meinem Coach-Training bei Brian Johnson vor zwei Jahren für mich selbst wiederentdeckt.
Taleb bezeichnet ein Unternehmen (oder ein System, das kann auch ein Mensch sein :-)) als antifragil, wenn es systematisch aus einer massiven Störung gestärkt hervorgeht. Er hat im Buch 'Der schwarze Schwan' genau solche Ereignisse referenziert.
Ich kann fragil sein, dann steht auf meiner Verpackung drauf "Achtung! Fragil! Zerbrechlich! Vorsicht!",
oder robust "Bitte nicht aus Höhe von über 2m runterwerfen"
oder antifragil "Bitte werfen, treten, stampfen, überfahren, ... damit ich stärker werde!
Nun würde ich auf mir nicht direkt plakatieren: "Bitte treten!" Eine Scheu vor riskanten Situationen ist vernünftig. Diese Scheu oder Befürchtung ist oft ein Signal, dass ich genau in diese Richtung gehen sollte, um mein Ziel zu erreichen. Wenn die Richtung Sinn macht, dann macht es auch Sinn darauf mit Einsatz, ja sogar Vorfreude zuzugehen. Vorsicht? Ja! Zögerlichkeit und Vermeidung? Nein!
Phil Stutz beschreibt in seinem Buch "Tools" sein Werkzeug 'Reversal of Desire' wie ich das Zögern, Vermeiden, ja - die Angst umdrehen kann in: 'Ja, das schmerzt! Ja, das ist anstrengend! Aber ich will das schaffen! Der Schmerz die Anstrengung tut gut! Ich geh da durch!' Und indem ich über die Grenze gehe, stelle ich mir vor, wie auf der Kraft des Vorwärtsmoments in das Land meines Potentials reite. Solche (auch vorgestellte / geübte) Erlebnisse machen resilienter.

Dann gibt es noch andere Situationen. Nicht gewählt und ungewollt. Vorgestern war eine dreijährige Freundin meiner Enkeltochter bei uns. Wir spielten und verließen den Raum. Plötzlich brüllt das kleine Mädchen. Ich habe die Türschnalle in der Hand und schließe gerade die Türe über ihrer kleinen Hand. Ich bin zutiefst erschrocken. Sofort befreie ich ihre Finger. Jetzt ist Klarheit und vor allem Hilfe und Beruhigung gefragt, nicht Selbstmitleid oder Ärger. Ich nehme sie hoch und prüfe ob gravierendes geschehen ist. Eindeutig gequetscht. ... Meine Frau kommt dazu und nimmt das Kind, ich spiele mit meiner Enkeltochter, die natürlich auch erschreckt ist und die Situation verarbeitet. Unsere Nachbarin ist Ärztin und prüft die kleine Hand. Prognose ist gut.
Was hat das mit Antifragilität zu tun? Nun für mich, der früher immer und jetzt seltener extrem aufgeregt auf Störungen reagiert hat, ist es wichtig auf Katastrophen konstruktiv zu reagieren und Teil der Lösung zu werden statt Teil des Problems. Ich will zuversichtlich, ruhig und klar in schwierigen Situationen mithelfen sie zu lösen und daraus lernen. 'Antifragile Zuversicht' nennt das Brian Johnson in seinem Heroic Training. Das habe ich vorgestern geübt.
Lernen aus jeder (Beinahe-)Katastrophe.

Der Boxer

In der Antike benutzten die weisen Philosophen Griechenlands und Roms gerne Metaphern aus dem Boxen oder Ringen, sie nannten den Sport 'Pankration'. In 'Pankration' war ziemlich alles erlaubt, außer beißen und das Auge des Gegners herausreißen. Also so etwas wie 'Mixed Martial Arts'. Epiktet formuliert es so: „Aber was ist Philosophie? Bedeutet sie nicht einfach, uns auf das, was kommen mag, vorzubereiten? Ich bereite mich vor, alles zu ertragen auf mein Ziel hin, geschehe, was will? Andernfalls wäre ich ein Boxer, der den Ring verlässt, weil er einige Schläge einstecken musste. Tatsächlich kannst du den Ring ohne Folgen verlassen, aber welcher Vorteil ergäbe sich daraus, die Suche nach Weisheit aufzugeben? Dafür habe ich trainiert, dafür lebe ich meine Disziplin!"

Brian Johnson dazu: "Welcher Boxer betritt einen Ring, wird getroffen und verlässt dann den Ring? Ebenso, welcher Philosoph betritt die Arena des Lebens, wird ein wenig herumgestoßen und verlässt sie dann? Der ganze Punkt (!) unseres Trainings ist es, zu lernen, wie man am effektivsten mit den Herausforderungen des Lebens umgeht. Und so sehr wir uns manchmal wünschen mögen, dass das Leben mehr ein schön orchestrierter Tanz ist, ist es oft eher ein RINGEN als Ballett."

Gerade, wenn ich mich körperlich nicht OK fühle, die Nase rinnt und der Kopf brummt oder das Finanzamt eine Botschaft sendet, oder auch etwas wirklich schweres geschieht und ich damit umgehen muss, … dann bleib ich im Ring. Gerade in den tiefsten Momenten wird der Erfolg entschieden. Liegen bleiben oder aufstehen?

Erfolg, so wurde mir berichtet, ist nicht nie hingefallen zu sein, sondern einmal öfter aufgestanden zu sein.

Friedrich Nietzsche – Amor Fati. Viktor Frankl – Freiheit.

Um voll wirksam zu sein, ist es von großer Bedeutung auf festem Grund zu stehen. Der feste Boden ist die Realität, wie sie ist. Es reicht nicht sie nur zu akzeptieren. Friedrich Nietzsche nennt die zielführende Haltung "Amor Fati".
Das Schicksal lieben.

Für ein erfülltes und glückliches Leben ist notwendig, die Realität, auch wenn sie schmerzvoll ist, dankbar anzunehmen.

Byron Katie bemerkt:
"When we argue with reality, we lose, but only in 100% of the time."

Ein Moment der Enttäuschung, des Selbstmitleids, der Wut sind kein Problem. Gefühle kommen. Sehr wertvoll ist, die Gefühle wahr zu nehmen und wieder gehen zu lassen. Dann schau in die Situation, stelle fest, was die Botschaft, die Anforderung ist und mach etwas daraus. Jede Situation hat einen Kern, der gelernt, gelöst, entwickelt werden kann.

Selbst in den schlimmsten Situationen kann dieser Kern entdeckt werden.
Viktor Frankl nimmt aus dem KZ etwa das mit:
Alle äußere Freiheit kann uns genommen werden. Wir können misshandelt werden. Aber eines kann uns nicht genommen werden: Wie wir mit dem Moment zwischen Auslöser (die grausame Realität in diesem Fall) und unserer Reaktion umgehen. Diesen Raum zwischen Trigger und Reaktion nennt er Freiheit.

Auch wenn ich mir nur die Freiheit nehme, meine innere Haltung zur Situation zu wählen oder einen inneren Wert weiterzuentwickeln.
Auf diese Weise kann ich nicht zum Opfer werden.

Meine Situationen sind im Vergleich harmlos.
Aber warum soll ich ein Problem noch vertiefen und manchmal chronisch machen, indem ich die Realität ablehne und meine Freiheit zu gestalten nicht nütze.

Jeder Crash, jeder 'Fehler', ist eine neue, dankbar aufgenommene, Chance. Und Schritt, für Schritt, für Schritt, ... komme ich meinem Potential näher.

Wie komme ich den Flow?

Mihaly Csikszentmihalyi ist einer der führenden Wissenschaftler rund um ein 'Gutes Leben' (Well-Being). Ich finde den Namen toll.
Er hat mit Martin Seligmann die Positive Psychology Bewegung gegründet und den Begriff 'FLOW' geprägt.

Seine Studien zu diesem oft ersehnten und zu selten gelebten Zustand haben wichtige Mechanismen identifiziert

Stell dir ein Blatt Papier vor, zwei Achsen, eine misst die Herausforderung der Situation, die andere deine relevante Fähigkeit.
Wenn die Herausforderung hoch ist und die Fähigkeit niedrig resultiert Angst und Befürchtungen entstehen.
Wenn die Herausforderung niedrig und die Fähigkeit hoch ist, erleben die Studienteilnehmenden Langeweile.

So! Wenn die Fähigkeit zur Herausforderung passt (und die Herausforderung Sinn macht), dann erleben die Menschen FLOW.
… und … das können wir steuern!

Erstens darauf achten. Situationen reflektieren.
Wie passt meine Fähigkeit zur Situation die ich wähle (oder die mich wählt) ?

Achtsamkeit ist immer der erste Schritt!

Dann fokussiere ich mich auf die Entwicklung der Skills, die ich brauche und wähle, soweit es in meiner Macht liegt, die Herausforderungen gerade richtig.

Und wenn mir das Leben einen wirklich schwierigen unerwarteten Pass gibt (Fußball), dann nehme ich das als Auftrag.

Maslow: Was man sein kann, *muss* man werden

Abraham Maslow gilt als einer der einflussreichsten Psychologen des vorigen Jahrhunderts. Die Maslow-Pyramide ist Teil der meisten relevanten Arbeiten zur Motivation von Menschen.

Ein Ausdruck seiner Fokussierung auf 'Self Actualisation' ist sein Spruch:
"Was man sein kann, *muss* man werden".
So entsteht Glück.

Er fragt auch: "Willst du dich selbst aktualisieren, ausdrücken in der Welt, wirksam sein, oder willst du unterhalten werden?"

In jedem Moment, sagt Maslow, hat man die Wahl, einen Schritt in Richtung Wachstum zu gehen, oder einen Schritt zurück in (vermeintliche) Sicherheit.
Vorwärts ins Wachstum oder zurück in Sicherheit.

Wie wir uns fühlen am Ende eines Tages, oder rückblickend über ein Jahr, oder reflektierend über unser Leben wird von diesen vielen kleinen täglichen Entscheidungen bestimmt.

Glück in Maslow's Sinn ist nicht schmerzfreies Wohlbefinden oder mühelose Ekstase, sondern der Effekt der (manchmal schmerzhaften) Anstrengung unserem Potential näher zu kommen und etwas beizutragen in dieser Welt, in diesem Moment.

Darum habe ich kein Fernsehgerät mehr.
Mir ist meine Zeit zu wertvoll.

Teleskop und Mikroskop-Ziele

Brian Cain coacht viele erfolgreiche Leute. In seinen Büchern 'One percent Better' und 'The 10 Pillars of Mental Perfomance Mastery' finde ich einen wertvollen Hinweis zu "Zielen".

Er meint: "Ziele setzen ist großartig, aber es müssen die richtigen sein, sonst werden sie zu Fallen.

Eli Schragenheim, ein Vordenker und Vormacher im Rahmen der TheoryOfConstraints erzählte mir vor einigen Tagen: "Es ist wichtig, Ziele zu haben, die unendlich wachsen können, jeder Mensch, jede Firma braucht das. Dann gibt es aber Ziele, oft finanziell oder gesundheitlich, die müssen einfach in einem gewissen Ausmaß gegeben und gesichert sein. Sie sind die Basis und die notwendige Voraussetzungen für die 'eigentlichen' Ziele"
Zum Beispiel können finanzielle Ziele Familienglück untergeordnet werden, sonst hat man bald keine Familie mehr, um sich gemeinsam Ziele zu setzen.

Man braucht neben den großen Teleskop-Zielen unbedingt Mikroskop-Ziele. Teleskop-Ziele sehe ich fern in der Zukunft und dann führe ich diese großen Ziele in meinen täglichen Prozess zurück, bis zum jetzigen Moment, in diesem mikroskopischen Moment, JETZT!
Ein winzig kleiner Schritt jetzt auf das Ziel zu. Eine kleine Tätigkeit, HEUTE, auf das Ziel zu.

So wird das Ziele-Erreichen zu einem Abfallprodukt des Prozesses einer Gewohnheit, die mich an jedem Tag dem Ziel näherbringt, auch wenn das Ziel unendlich weit weg erscheint oder ist.

Der Weg zum Ziel ist ein Zick-Zack-Kurs

Ralph Waldo Emerson sagt uns "Die Fahrt des besten Schiffs ist ein ZickZack Kurs mit hundert Ecken. Schau dir die Fahrt von ausreichender Distanz an, und die Linie glättet sich in ihrer durchschnittlichen Tendenz."

Tja, und das gilt auch für unser Leben.
Ein Tag geht mal so, und mal so. Wenn ich weit genug zurücktrete, erkenne ich einen Trend. Kleine Überschüsse in die Richtung meines Wachstums addieren sich. An einem Tag gesehen mag das wenig sein. Über ein Jahr aber, über zehn Jahre, kann ich mich kaum wiedererkennen. Im Guten, leider auch im Schlechten.

Es ist leicht zu sagen, die Linie muss immer gerade auf mein Ziel hin sein. Diese Sicht entsteht aus Perfektionismus und dem 'Fixed Mindset'. Fehler nicht erlaubt! Was dabei vergessen wird, ist die Konsequenz: Wachstum, Lernen! ... nicht erlaubt. Diese Falle kann tückisch sein.

Fruchtbarer ist die ZickZack Linie. Jeden Tag ein kleines Hoppala und eine kleine Lernchance. Und noch eine, und noch eine, ... :-)

Brian Johnson (heroic.us) spricht von den Hero-Bars, Nahrung der Helden.
Am Abend reflektiere ich meinen Tag und schreibe kleine Herausforderungen und meinen Umgang damit auf. Wenn ich es gut gemacht habe, dann feiere ich ein wenig und hebe mir die Situation als Proviant, als Müsliriegel, für die nächste ähnliche Situation auf.

Tag für Tag werde ich zuversichtlicher, ein gutes Leben, auch unter schwierigen Bedingungen, zu leben.

Emerson sagt dazu: "Trust thyself: every heart vibrates to that iron string."

Dieses Vertrauen, dieses eiserne Vertrauen, verdient man sich jeden Tag in den kleinen ZickZacks des Lebens.

Wann gemma's an? Jetzt natürlich! Heute ist der Tag!

OH! Es gibt einen Weg!

Wenn ich mit einer scheinbar unüberwindbaren Herausforderung konfrontiert wird, neige ich gerne dazu, zu sagen: „Das geht nicht!“ Was würden die Angehörige von Spezialeinheiten angesichts desselben scheinbar unüberwindbaren Hindernisses sagen? Sie sagen: „Oh! Es gibt einen Weg!“

Das erinnert mich in meiner unmilitärischen Welt an Einstein und andere große Physiker, die sich mit Kosmologie und der großen vereinheitlichten Theorie, jener, die das Universum und den ganzen Rest erklärt, beschäftigt haben.

Einstein betont, dass das Universum in der Wurzel einfach sein muss. Es MUSS noch etwas Gemeinsames hinter Gravitation, elektromagnetischen Kräften, Kräften im und um das Atom und den ganzen Rest geben. Dieser ‘Glaube’, diese Wirklichkeitskonstruktion, gab ihm und anderen die Kraft Jahrzehnte lang, ein Leben lang nach der gemeinsamen Wurzel zu suchen.
100 Jahre nach der allgemeinen Relativitätstheorie ist die Suche noch nicht zu Ende und weiter investieren Wissenschaftler ihr Leben in dieses Projekt, das eines Don Quijote würdig wäre.
Zehn oder zwanzig Nobelpreise sind unterwegs durchaus zu verdienen.

Diese Menschen sehen ein unüberwindliches Hindernis, atmen tief durch und sagen zu sich “Oh! Es gibt einen Weg!” und machen weiter jenseits von Hoffnung und Furcht.
Sie WISSEN, dass es einen Weg gibt.

Stehst du vor einer großen Herausforderung?
Wie reagierst du?
Mit “Es geht nicht!” ?
Das nächste Mal, wenn ich versucht bin, die Hände in die Luft zu werfen und aufzugeben, während eine innere weinerlicher Stimme sagt: „Das geht nicht!“ …
Halte ich inne.
Atme tief durch.
Und lege den Schalter um.

Ich erinnere mich an die tausenden und Millionen Menschen, Physiker, Mütter, alleingelassene Kinder, Bauern, Soldaten, KZ-Insassen, … die in katastrophalen, hoffnungslosen Situationen nicht aufgaben, die das Kommando über sich selbst übernahmen und zu sich sagten
“Auch, wenn ich ihn jetzt nicht sehe … „OH! ES GIBT EINEN WEG!“ :-)

Erlernte Hilflosigkeit oder Optimismus?

Kann man Hilflosigkeit lernen? Martin Seligmann sagt dazu JA.
Er machte vor Jahrzehnten einen Versuch mit Hunden. Zwei Gruppen wurden gebildet. Die einen erhielten Elektroschocks und konnten etwas tun, diese zu vermeiden. Die zweite Gruppe erhielt Schocks in zufälligen Abständen ohne Vermeidungsmöglichkeit.
Das war der erste Teil.

Im zweiten Versuch erhielten alle Hunde die gleichen Schocks mit ganz leichter Ausweichmöglichkeit. Die Hunde aus der ersten Gruppe hatten kein Problem. Sie vermieden die Situation.

Ganz anders die zweite Gruppe. Sie lernten nicht mit dem Problem umzugehen. Sie haben gelernt, dass sie nichts tun können, um ihre Situation zu lösen. Seligmann nennt diese Haltung "Learned Helplessness".

Das trifft auch auf viele traumatisierte Menschen zu. Aber bei Menschen beobachtete Seligmann ein Phänomen. Einen kleinen Prozentsatz von Menschen kann man mit Schocks bombardieren und sie lassen sich nicht unterkriegen. Sie lernen mit jedem Schock etwas dazu. Sie sind unfähig Hilflosigkeit zu lernen.
Was ist der Unterschied?

Und das beschreibt Seligmann in einem weiteren hervorragenden Buch "Learned Optimism". Er beschreibt das Verhalten der Menschen, die Hilflosigkeit vermeiden können mit den 3 P's.

Permanence - Pervasiveness - Personalisation.

Permanence: Die Optimistin sagt: "Her damit! Ich gehe damit um und es geht vorbei". Pessimistisch wäre: "Ach, schon wieder! Das hört nicht auf!"
Wenn etwas Gutes passiert, wechseln Optimisten und Pessimisten den Standpunkt. Ein Pessimist geht davon aus, dass das Gute bald wieder endet, ein Optimist nimmt an, dass es gut weitergeht.

Pervasiveness (Ausweitung): Während ein Optimist ein negatives Ereignis isoliert und bearbeitet, sieht der Pessimist, dass das ganze Leben einfach Scheiße ist. Ein gutes Ereignis ist für den Pessimisten eine kleine Pause im Leid des Lebens, während der Optimist wieder einen Beweis für die Fülle des Lebens sieht.

Personalisation: Ein Pessimist nimmt das Ereignis persönlich, ein Optimist nimmt umgebende Rahmenbedingungen wahr, die Lösungen nahelegen.

Das wird bei guten Ereignissen wieder umgedreht. Ein Pessimist sieht die Ausnahme, die von außen kommt. Die Optimistin stellt fest, dass sie das wieder einmal gut gemacht hat.

Wir können also beides lernen, handlungsfähig (optimistisch) zu sein oder hilflos (pessimistisch).
Meine Wahl. Jeden Tag!

Total Normal

Auf Herausforderungen reagiere ich gerne mit dem Gefühl überwältigt zu sein und neige dazu, mich darüber zu beschweren?
Nach allem, was ich gelernt habe, ist das völlig NORMAL. Geht den meisten so. Also ... perfekt? Aber ich bin NICHT normal. Ich habe eine ganz eigene Identität, ich bin anders. Was heißt das jetzt?
Ist das ein hilfloser Aufschrei, bevor ich mich der Normalität hingebe?

Nun ja, ich arbeite daran. Jeden Tag.
An manchen Tagen fällt es schwerer.
Phil Stutz beschreibt in seinem Buch "TOOLS" (sehr, sehr zu empfehlen) zwei Werkzeuge, die mir im Bezug auf Sorgen und Zurückscheuen sehr helfen. Ich übe sie täglich und Phil Stutz (Er lebt seit Jahrzehnten mit Parkinson's. Eine echt schwere Herausforderung. Jeden Tag.) meint, dass es eine Illusion ist, zu glauben, dass man den 'normalen' Teil in sich selbst jemals komplett und für immer besiegt.

Das erste Werkzeug ist Dankbarkeit. Stell dir 5 Dinge vor. Ganz kleine, für die zu dankbar bist. Jetzt! Dann lass diese Dankbarkeit durch den Körper nach oben strömen und sie zerstreuen die Wolken der Sorge. Phil betont, dass wir uns von einem Strom von Dankbarkeit getragen fühlen können, der eine Eigenschaft der Welt selbst ist. Er nennt diese Kraft des Universums "Grateful Flow".

Das zweite Werkzeug geht mit dem Zurückscheuen vor einem wichtigen herausfordernden Schritt. Ein schwieriges Telefonat, Fehler suchen im eigenen Softwarecode, einen anstrengenden Lauf, ein öffentlicher Auftritt, eine Prüfung, ... Ich nenne das akute Aufschieberitis oder Vermeideritis.
Phil schlägt vor, sich die Mauer der Verweigerung, des Schmerzes vorzustellen. Dann drehe ich die Befürchtungen, die Angst vor dem Hindernis, um in freudige Erregung darauf zuzugehen.
Ich freue mich auf den kleinen (oder größeren) Schmerz der Überwindung. Ich sehe das Potential hinter der Mauer. Ich breche durch.
Ich reite auf meiner Energie durch die Mauer. Phil betont auch hier, dass wir durch eine Energie unterstützt werden. Er nennt diese Energie 'The Force of Forward Motion". Diese Energie ist eine Eigenschaft des Universums, auf die wir uns verlassen dürfen, wenn wir den Schalter betätigen. Die Übung nennt er "Reversal of Desire".
Aus dem Wunsch etwas zu vermeiden, mache ich den Wunsch, darauf zuzugehen.

Diese Werkzeuge mache ich jeden Tag am Morgen als Trockentraining. Ich habe immer Anlässe ;-). In einer realen Situation hilft die eingeübte Reaktion, sie besser und besser zu bewältigen.

Also: KEINE und KEINER von uns ist NORMAL.

Um aber diese ganz eigene Kraft aufblühen zu lassen, braucht es Training.
Jeden Tag.
Der 'normale' Teil ist mein Trainingsgerät.
Der Teil meint, dass ich zu müde bin, es ohnehin nicht schaffe, dass es sich nicht auszahlt, dass es zu anstrengend ist, dass andere es für blöd halten würden, ...
Jeden Tag fordert mich dieser Teil heraus.

Und jeden Tag mache ich etwas draus.

So werden meine Herausforderungen zu Treibstoff, um mein Selbstvertrauen zu schmieden.

Das ist doch was!

Anstrengung hoch Drei

Ich hatte schon das Thema 'Angst und Faulheit zu überwinden' und die Lücke zwischen dem, wozu ich fähig bin, und dem, was ich tatsächlich jetzt bin, zu schließen.

In dem Moment, in dem ich mich entscheide, mein Bestes zu geben, bin ich auf Zielkurs.
Ich muss nicht fünfundzwanzig Jahre warten, bis ich alle „heroischen“ Dinge auf meinem Visionboard abgehakt habe. Das Visionboard hängt bei mir tatsächlich an der Wand und manche Ziele habe echt lange Wege.

Aber noch einmal: IN DEM MOMENT, in dem ich beginne, die Lücke zu schließen und mein Bestes geben, um mit Areté (wie die Griechen sagen würden) zu leben (genau in diesem Moment!), BIN ich auf Zielkurs. Allein der Gedanke tut gut und gibt Kraft. Und die Kraft brauche ich unterwegs, nicht so sehr beim Zieleinlauf.

Angela Duckworth nennt eine Formel in ihrem klassischen Buch “Grit”.
Sie sagt uns, dass diese Formel hilft, große Ziele zu erreichen.
Sie lautet so:
Talent x Anstrengung = Fähigkeit
Fähigkeit x Anstrengung = Erfolg

Angela sagt uns, dass „Talent“ (das sie als die Geschwindigkeit definiert, mit der man eine Fähigkeit erlernen kann) definitiv wichtig ist.
Aber... ANSTRENGUNG zählt ZWEIMAL.
Man kann all das Talent der Welt haben und dennoch nie irgendeine Fähigkeit entwickeln und wirklich etwas erreichen.

Als meine jüngere Tochter so ungefähr 14 Jahre alt war - ihre Schulnoten waren unterdurchschnittlich - entwickelte sie eine Abneigung gegen das Wort “Talent”. Lehrende hatten das Wort ihr gegenüber verwendet - ich hoffe nicht wir, die Eltern - in der Form “Du kannst das nicht. Du hast nicht das ‘Talent’.”

Sie hielt diese Annahme für grundlegend falsch.
Sie sagte uns “Ich habe einen Traum und ich tu etwas.
Mache jeden Tag etwas dafür und nach langer Anstrengung habe ich ‘plötzlich’ ‘Talent’.”
Sie war, wie so oft, meinem Erkenntnisprozess um einige Jahrzehnte voraus.

Die Anstrengung zählt. Talent entsteht. Sie liebte japanische Filme und lernte fließend japanisch, bis sie dann tatsächlich ein Jahr in Japan sein konnte.
Sie liebt es zu zeichnen. Sie liebte es zu schreiben. … So nebenher machte Sie die Matura mit Auszeichnung. You get the rhythm.

Meine beiden Töchter haben mir schon viel beigebracht :-)
Ich würde die Formel sogar noch erweitern:
Liebe x Anstrengung = Talent
Talent x Anstrengung = Fähigkeit
Fähigkeit x Anstrengung = Erfolg
Also: ANSTRENGUNG zählt DREIMAL.
Talent ist machbar.

ARAMBHASHURA - Auftritt als Held - Abgang als ?

Es gibt da ein Phänomen: Das Post Seminar Syndrom ;-) (PSS - ich weiß nicht ob der Name schon Copyright geschützt ist).
Aufgepumpt mit Energie und guten Ideen komme ich nach Hause und knalle gegen die Wand des Alltags. Die Inder kennen das Phänomen seit ein paar tausend Jahren und nennen es ARAMBHASHURA = 'Am Anfang ein Held sein'.
Großer Auftritt. Tolle Vorsätze und X Tage später leise durch die Hintertür verschwinden, wenn es ein bisschen schwierig wird und der ganze Prozess nicht mehr so viel Spaß macht wie am ersten Tag.

Nichts gegen Begeisterung, Energie und gute Vorsätze!
In den letzten Jahren habe ich festgestellt: Gute Vorsätze, die sich nicht in einer konkreten Veränderung der TÄGLICHEN Gewohnheiten ausdrücken, kann ich kübeln.

Das ist ein guter Zeitpunkt, sich daran zu erinnern, dass die alten Römer auch ein Wort dafür hatten. Sie sagten uns, wir sollen nicht nur am Anfang oder nur auf halbem Weg des steinigen Berges unserer Reise Helden sein.
In der Mitte (medius) eines steinigen Berges (ocris) stecken zu bleiben?
Das ist Mittelmäßigkeit (latein: mediocritas).

Der Schlüssel zum Gipfel?
Fleißige, geduldige, beharrliche Exzellenz.
Die Griechen würden dazu Areté sagen.

W:ISH - Zum Start des neuen Jahres habe ich mir Ziele gesetzt. Die Ziele sind Wünsche. Das ist gut so.
O:UTCOME - Nächster Schritt für jedes relevante Ziel: Woran genau bemerke ich, dass ich angekommen bin. Wie fühlt sich das an? Wie sieht es aus? Was höre ich?
O:BSTACLES - Was wird mich hindern? Was wird mir 'dazwischen' kommen?
P:LAN - Langfristiger Plan und mindestens eine Gewohnheitsänderung, die ich täglich verfolge. Die kann ganz klein sein.
Gabriele Oettinger verdanken wir dieses kleine WOOP-Werkzeug.
Dann WOOPen wir doch unsere Vorsätze und keine Situation wird uns dazu bringen, leise die Bühne zu verlassen.

Auch wenn es schwer wird, der tägliche kleine Schritt wird gemacht.

Wir wissen mehr als wir meist wahrnehmen - Satzergaenzungen

Nathaniel Branden hat als Teenager einen Fan-Brief an Ayn Rand geschrieben, den sie ignoriert hat. Ich finde die Bücher von Ayn Rand spannend, die aus ihrer Zeit gesehen (Ab ca 1936) viele immer noch laufende Diskussionen über Kapitalismus, Sozialismus etc packend darstellen. Mich berührt der Roman 'Atlas shrugged' .

Aber zurück zu Nathaniel Branden. Letztlich haben er und Ayn Rand zusammengefunden und zusammengearbeitet.
Etwa 20 Bücher sind sein Lebenswerk und es dreht sich vielfach um 'Selbstwertgefühl' oder 'Self -Esteem'. Daher das Buch 'The Six Pillars of Self-Esteem', ein Standardwerk zum Thema.

In diesem Buch beschreibt er eine ganz simple und wirkungsvolle Methode: "Die Arbeit mit Satzergänzungen ist ein trügerisch einfaches und einzigartig mächtiges Werkzeug zur Steigerung des Selbstverständnisses, des Selbstwertgefühls und der persönlichen Wirksamkeit. Sie beruht auf der Annahme, dass wir alle mehr Wissen haben als uns normalerweise bewusst ist - mehr Weisheit als wir nutzen, mehr Potenziale als in unserem Verhalten typischerweise zum Ausdruck kommen. Die Satzergänzung ist ein Werkzeug zur Erschließung und Aktivierung dieser 'verborgenen Ressourcen'."

Nimm einen Satzstamm (wie z.B.: "Bewusst leben bedeutet für mich…") und erstelle 6-10 Vervollständigungen dieses Satzes. Die einzige Regel ist, dass jedes Ende einen grammatikalischen Satz erzeugen muss. Schreibe schnell, halte nicht an, um "nachzudenken" und wie Nathaniel sagt: "Jedes Ende ist in Ordnung, einfach weitermachen."
Daher eine Übung für Heute: Ergänze folgenden Satz!
Wenn ich 5% mehr Achtsamkeit und Fokus in meine heutigen Aktivitäten bringe …

Unmöglich? Das gibt es zum Frühstück!

Steven Kotler schrieb ein Buch mit dem Titel "The Rise of Superman", in dem er am Beispiel von Extremsportler zeigt, wie wir in unserem ganz gewöhnlichen Leben unsere Leistung kontinuierlich steigern können und damit 'Unmögliches' in unserem eigenen Kontext erreichen werden. Was Snowboarder, Skateboarder und andere Extremsportler heute tun können, war vor nicht allzu langer Zeit buchstäblich UNMÖGLICH.

Steven Kotler führt durch den Prozess, wie ich das Unmögliche in etwas Mögliches verwandeln kann, indem ich mich konsequent gerade außerhalb meiner Komfortzone bewege.

Er sagt, es geht darum, den Sweet Spot direkt außerhalb unserer Komfortzone zu finden. Genau am Rand des Flow-Kanals, beschrieben von Mihaly Csikszentmihalyi im Buch "Flow" (1990), wo unsere Fähigkeiten am optimalen Lern-Punkt auf unsere Herausforderungen treffen.

Kotler warnt davor, zu versuchen, morgen das Unmögliche zu tun. Das ist ein Rezept für Frust und Desaster. Nur ein wenig über die gegenwärtige Fähigkeit hinaus. Er spricht von 4%, um genau zu sein. Interessante Zahl.

Das erinnert mich an chinesische Shaolin Mönche, die als Jugendliche Beginnen viele Male pro Tag über einen Bambusschössling zu springen. Das ist ganz einfach. Der Bambus wächst. Es bleibt einfach, weil der Spross jeden Tag nur ein wenig wächst.
Insbesondere sagt Kottler: "Wenn wir die Art von Leistungssteigerung erreichen wollen, die wir in Action- und Abenteuersportarten sehen, dann sind es 4% plus 4% plus 4%, Tag für Tag, Woche für Woche, Monat für Monat, Jahr für Jahr. Dies ist echte Magie. Folge diesem Pfad lange genug, und nicht nur wird das Unmögliche möglich, es wird zum Nächsten Schritt - wie Frühstück essen, wie ein weiterer Tag im Büro."

Ja, es gibt physikalische Grenzen. Diese Grenzen liegen aber so weit jenseits meiner Komfortzonengrenze, dass ich mir darüber keine Sorgen machen muss und schon gar nicht soll.

Ich hab es selbst erlebt. Übergewicht, Knieschmerzen, ... Dann habe ich vor ziemlich genau 20 Jahren entschieden, dass ich zum Fünziger einen Marathon laufen werde.

Fünfhundert Schritte gehen, war anstrengend zu dem Zeitpunkt. Jeden Tag ein paar Schritte mehr gehen. Ich habe mir eine Linie gezeichnet. Der Linie am Papier bin ich durch meine tägliche Bewegung gefolgt. Am Abend ein neuer Punkt auf der Linie. Aus Gehen ist Laufen geworden, das Gewicht ging runter, die Knieschmerzen verschwanden, ... Und vier Monate vor meinem Fünfziger bin ich den Wien-Marathon gelaufen.

Ich kann nicht viele solche Ziele gleichzeitig verfolgen. Sie verdrängen anderes. Was ist wichtig? Was ist für mein Leben zentral?

Was kann und werde ich jeden Tag üben?

Für meine körperliche Leistung definiere ich mir einen Fitness-Rahmen. ich will gesund alt werden. Ich bin noch nicht ganz dort, aber nicht weit weg. Dann Fitness halten bis achtzig und darüber hinaus. Gesundheit ist ein Geschenk.
Peter Diamandis (Wertvolles Buch: „Abundance") meint dazu: „Live long, to live forever"

Freilich kann morgen etwas meinen Rahmen ändern. Einer meiner Brüder hatte in diesem Jahr Herzinfarkt, ein anderer eine Krebsoperation.
Dann gilt: Annehmen, was ist und etwas daraus machen. Das ist die Basis.

Mentale Stärke, Umgang mit Ärger, innere Stärke, hilfreicher sein für andere rückt stärker in meinen Fokus.

Was kann ich dafür jeden Tag üben und steigern?
Gute Frage!

Auch, wenn es Jahre dauert ... Dran bleiben!

John Wooden ist die EINZIGE Person, die jemals in die NCAA (National Collegiate Athletic Association) Hall of Fame sowohl als Spieler ALS AUCH als Trainer aufgenommen wurde.
Als "Wizard of Westwood" bekannt, gewann er zehn NCAA-Nationalmeisterschaften (Basketball) innerhalb von 12 Jahren als Trainer der UCLA Bruins, einschließlich sieben Titeln in Folge, eine bis heute unübertroffene Leistung.

Aber Wooden trainierte SEHR LANGE, bevor er seine erste NCAA-Meisterschaft gewann.
Genauer gesagt, trainierte er siebzehn (!) Jahre auf College-Ebene, bevor er seine erste Meisterschaft gewann.
Bevor er auf College-Ebene trainierte, verbrachte Wooden ELF Jahre damit, Highschool-Basketball zu trainieren.
Erst danach trainierte er weitere SIEBZEHN Jahre College-Basketball, bevor er 1964 seine erste NCAA-Meisterschaft gewann.
Er war vierundfünfzig Jahre alt.
Bis zu diesem Zeitpunkt hatte er fast DREI JAHRZEHNTE lang trainiert.
Zentral in meinem eigenen Kontext ist: Wooden konzentrierte sich nicht auf Sieg oder Niederlage.
NATÜRLICH wollte er gewinnen, aber er wusste, dass der einzige Weg, die beste Chance auf die großen Endziele zu haben, WÄHREND er am ultimativen Spiel des Lebens arbeitet, ALLE seine Energie und die seiner Spieler auf das zu konzentrieren, was zu 100% in ihrer Kontrolle war: ihre Anstrengung und ihre Einstellung.
Nicht irgendwann.
Sondern den ganzen Tag, jeden Tag.
Er war berüchtigt dafür, dass er mit seinen Spielern das 'Socken anziehen' trainierte. Wer sich die Socken nicht richtig anziehen kann, gewinnt keine Meisterschaft!
Keine Kleinigkeit ist unter der Würde einer Meisterin.
Hm ... was heißt das für mich?
Privat und beruflich gibt es Ziele, die sehr lange brauchen, bis ich ihre Früchte genießen kann. Die Ziele in mir lebendig halten ist zentral und dann kleine tägliche Schritte definieren, die sie näherbringen.
Wooden ist 99 geworden. Da hätte ich ja noch ein paar Jahre um (innerlich) zu wachsen.
Also? Heute ist der Tag! Gemma's an!

III - WERTVOLL!
Von der Kunst, sich selbst zu wählen.

Stell dir vor, du könntest deine Identität bewusst gestalten und verschiedene Versionen deines Selbst einsetzen, um in unterschiedlichen Lebensbereichen dein volles Potenzial zu entfalten. In diesem Kapitel erfährst du, wie die bewusste Wahl deiner Identitäten dein Leben transformieren kann und warum dies der Schlüssel zu einem wertvollen und erfüllten Dasein ist.
Wir tauchen ein in die faszinierende Welt von Todd Herman und seinem Buch **„The Alter Ego Effect“**, das zeigt, wie geheime Identitäten dir helfen können, Hindernisse zu überwinden und außergewöhnliche Leistungen zu erzielen. Durch inspirierende Beispiele wie Superman und Clark Kent lernst du, wie du deine wahren Stärken freilegen und gezielt einsetzen kannst.
Ein weiterer Schwerpunkt liegt auf der Integration der **„Großen Drei“** – Energie, Liebe und Arbeit – in deinen Alltag. Basierend auf den Lehren von Stephen Covey, Tony Robbins und Sigmund Freud, erfährst du, wie du diese drei Bereiche harmonisch miteinander verbindest, um sowohl beruflich als auch privat erfolgreich zu sein.

Du wirst entdecken, wie tägliche Routinen und gezielte Gewohnheitsänderungen dir helfen, in jeder dieser Kategorien zu wachsen und deine beste Version zu leben.

Das Kapitel beleuchtet zudem die Bedeutung von Vorbildern und wie du durch das Lernen von historischen Persönlichkeiten wie John Wooden, Gandhi und Churchill deine eigene Resilienz und Führungsstärke entwickeln kannst. Du erfährst, wie du Rückschläge in Chancen verwandelst und kontinuierlich an deiner persönlichen Entwicklung arbeitest.

Ein weiterer wichtiger Aspekt ist die Kraft der Dankbarkeit und Selbstreflexion. Durch praktische Übungen und mentale Strategien lernst du, negative Glaubenssätze zu überwinden und eine positive, selbstbestimmte Haltung einzunehmen. Du wirst verstehen, wie du mit den richtigen Werkzeugen und einer klaren Vision jedes Hindernis als Sprungbrett zum Erfolg nutzen kannst.

Abschließend zeigt dir dieses Kapitel, wie du durch die bewusste Wahl und Gestaltung deiner Identitäten ein wertvolles Leben führst. Es bietet dir praxisnahe Methoden und inspirierende Einsichten, um dich selbst zu wählen, deine Stärken zu maximieren und ein erfülltes, zielgerichtetes Leben zu gestalten. Begib dich auf die Reise, dich selbst zu wählen und entdecke dich selbst als den größten Schatz.

Identitäten - Wofür?

Todd Herman ist einer der weltweit führenden Hochleistungscoaches. Sein Buch "The Alter Ego Effect". Der Untertitel: „Die Macht von geheimen Identitäten, Dein Leben zu verwandeln."

Studien bezüglich Sehkraft zeigen, dass Personen, die sich als (und so tun, als wären sie) Luftwaffenpiloten verkleidet haben, BUCHSTÄBLICH BESSER SEHEN? Ellen Langer hat dies bewiesen. In ihrem Buch „Counterclockwise" spricht sie über diese Studie und andere Studien, die sie in ihrem „Psychology of Possibility"-Labor an der Harvard Universität durchgeführt hat.

In seinem Buch hilft Todd Herman, die Wissenschaft hinter der Macht von „geheimen Identitäten" anzuwenden, um unser Leben zu verwandeln.

Es ist bemerkenswert und einer der Gründe, warum ich aus dem Coachingprogramm (Heroic.us) von Brian Johnson die Arbeit mit meinen Identitäten (Mehrzahl!) intensiv & täglich übernommen habe.

Schauen wir uns Superman und Clark Kent an.
Wir wissen alle, dass sie derselbe Mensch sind.

Aber... Welcher ist die „echte" Person und welcher ist das Alter Ego?
Obwohl 90% der Menschen, die Todd diese Frage stellt, sagen, dass Superman das Alter Ego ist, liegen sie falsch.
Die ECHTE Person ist Superman.
Der tollpatschige Clark Kent ist das Alter Ego.

Mit diesem Gedanken im Hinterkopf frage ich... Wer ist das ECHTE DU?
Die Griechen sagen dazu Eudaimon, die gute Seele.
Sie ist meine 'wirkliche' Identität.
Nicht der tollpatschige Franz, der durch sein Leben stolpert.
Hah! Das ist doch etwas!

Eric Butterworth ergänzt diese Diskussion in seinem Buch „Discover the Power Within You".
Er schreibt: „Du magst sagen: ‚Aber ich bin doch nur ein Mensch.'
Das ist die Untertreibung Deines Lebens. Du bist nicht nur menschlich – Du hast unbegrenztes Potenzial. Göttlich hätten die Griechen gesagt.
Die Erfüllung all Deiner Ziele im Leben hängt davon ab, mehr von diesem unbegrenzten Potenzial zu wecken und freizusetzen. Und es ist wirklich nicht schwierig, dieses innere Licht scheinen zu lassen. Alles, was wir tun müssen, ist, die Tendenz zu korrigieren, unser Licht auszuschalten, wenn wir auf Dunkelheit stoßen."

Daher folgende Übung:
Stell dir die beste Version von dir selbst vor. Fühle Deine Kraft. Sieh Deine Ausstrahlung. Und jetzt sei diese beste Version von dir selbst!

Das alte Du? Das ist auf Dauerurlaub.
Es ist Zeit, dass das echte ICH übernimmt.

Ich stelle mir drei ICHs täglich am Morgen vor.
Für ENERGIE, für BEZIEHUNG/LIEBE, für ARBEIT.
Jedes hat einen Namen. Streng geheim!
HEUTE.

Die großen DREI

Seit vielen Monaten (inzwischen Jahre) beschreibe ich jeden Morgen drei Bereiche in meinem Tagebuch. ENERGIE, LIEBE, ARBEIT. Warum gerade diese drei? Brian Johnson bezieht sich auf Stephen Covey (7 Habits of successful People) , Robbins und Freud.

Von Stephen Covey nahm er als junger Mann mit, dass er sich tatsächlich in seine eigene immer bessere Version verändern könne. Zusätzlich, dass er sich klar über seine Ziele und Rollen werden möge. Hm, von beiden gibt es eine ganze Menge. Tony Robbins vermittelte Brian mit seinen 'Personal Power' CDs, dass wir "Kategorien der Verbesserung" identifizieren können und fleißig daran arbeiten in diesen Kategorien besser zu werden.
Uups, da fallen mir auch viele ein.

Einige Jahre später schnappte Brian einen Satz von Sigmund Freud auf: "In einem guten Leben geht es um zwei Dinge, um Arbeit und Liebe."
Das war genau so einfach, wie Brian es sich wünschte. Jeden Tag daran arbeiten ein wenig besser zu werden in der Arbeit für die Welt und in der Liebe in Partnerschaft, Familie und sozialer Umgebung.

Nur, da war noch etwas, das ihm abging. Ohne ENERGIE kann man noch so gut Absichten haben und es geht nichts weiter.

Daher ENERGIE, LIEBE und ARBEIT.

Ich habe meiner besten Version in jeder dieser Kategorien einen Namen gegeben, der mich motiviert.
Und jeden Morgen schreibe ich mir ein paar Haltungen und Werte zu jeder 'Identität', auf die ich heute achten will. Wie realisieren andere, denen ich heute begegne, diese Werte? Wo gelingt mir etwas, oder ich lerne aus einem Ausrutscher?

Dann überlege ich mir kurz, was ich in jeder Identität heute konkret tun werde. Damit fülle ich konkret 9 Felder aus, drei (Identität, Werte, konkretes Tun) für jede Kategorie (Energie, Liebe, Arbeit).

Ich beobachte, dass für mich immer konkreter wird, wer ich sein will und ich in welche Richtung ich mich entwickeln werde.

Echt gute Übung!

Der Kompass - Meine acht 'Tugenden'

Im Coach-Training von Brian Johnson habe ich gelernt, wie wichtig es ist, mir jeden Tag die beste Version von mir deutlich vor Augen zu führen.
Wie will ich sein? Wie drückt sich das in Werten und im täglichen TUN aus?

Brian Johnson schlägt vor, sich diese Grundsätze jeden Morgen vorzusagen. Das ändert über die Zeit das Selbstbild und das tägliche Verhalten.

Ich habe mir selbst eine englische Version zurecht gelegt auf Basis seines Vorschlags. Jede Person empfindet das anders, daher Vorsicht!
Aber einfach als Anreiz hier, die Worte, die ich mir jeden Morgen erzähle:

I May I be wise and know the game, that I'm playing and how to play it well

II May I have selfmastery and play that game well today

III May I be courageous, willing to act in the presence of fear

IV May I be loving, kind, generous, present and encouraging

V May I be hopeful and know that my future will be amazing,
because I'm going to do whatever it takes to make it so

VI May I be grateful Universe, my love.
Thank you for blessing me with the gift of everything

VII May I be curious, seeing what's working and what needs work

VIII May I be full of energy as I practice my fundamentals
and give the world all I've got

Ich erzähle mir diese Sätze JEDEN Tag.

Die Entscheidung des Herkules

Epíktētos (50-135) war ein stoischer Philosoph, der großen Einfluss auf den römischen Kaiser Mark Aurel hatte.

Mark Aurel wird von vielen als ein Rollenmodell gesehen, wie ein Mensch, ein Milliardär, als mächtigster Mann der damaligen Welt, ein Leben der Reflektion, der Weisheit, der starken Aktion führen kann. Er hatte Fehler, er entschied falsch, er erlebte großes Unglück, aber er reflektierte jeden Tag, wie er die Wellen des Lebens nutzen kann um aus schlechten Tagen bessere Tage zu machen und aus einem Reich, gebeutelt von einer Pandemie, gebeutelt von Kriegen, gebeutelt von Korruption ein besseres Zusammenleben zu machen.

Seine Reflektionen sind uns erhalten geblieben. Das Buch 'Meditationen' gibt Einblick.

Zurück zu Epíktētos . Er war Sklave. Sein Herr misshandelte ihn. An einem Tag nahm sein Herr sein Bein und begann zu drehen. "Ich werde dir weniger nützen, wenn ich nicht gehen kann" war die Reaktion von Epíktētos. Sein Herr drehte weiter. Epíktētos ging am Stock den Rest seines langen Lebens.
Er wurde freigelassen und vermittelte seinen Schülern, dass ein gutes Leben nicht schön und angenehm sein muss, sondern Sinn hat in der täglichen Anstrengung, im täglichen Reiten der Wellen, die das Universum vor uns aufbaut.

Er erzählt von der Entscheidung des jungen Herkules: Herkules ging seinen Weg und trifft auf eine schöne Frau. Sie lockt mit Genuß, mit Lust, einem Leben ohne Sorgen im Überfluss. Etwas abseits steht eine Frau, aufrecht und einfach.
Sie verspricht tägliche Anstrengung, Not, unlösbare Aufgaben und nach einem Leben, in dem eine unvorhersehbare Herausforderung nach der anderen bewältigt wurde, den Respekt der Götter (und der Menschen).

Wer wäre Herkules geworden im Bett mit der ersten Frau oder auf seiner Heldenreise, für die er sich entschied?

Wir haben jeden Tag die Wahl. Einen Schritt zurückzugehen ins Bett oder einen Schritt nach vorne auf einer Reise, die uns immer wieder an unsere Grenzen bringen wird. Welcher Mensch will ich sein?

Auf welches Leben will ich zurückblicken?
Was ist wichtig? JETZT!

Vorbilder

Mark Devine war Navy Seal Commander und ich habe einige Bücher von ihm. Zum Beispiel 'Unbeatable Mind'. Nachdem er ein derartig harter Knochen ist - Sein Trainingsprogramm ist weit jenseits meiner Reichweite und soll es auch bleiben - war ich gespannt, wie er Aretè übersetzt. Aretè war zentral für die griechischen Philosophen als Grundhaltung im Leben. Brian Johnson fragte ihn das in einem höhrenswerten Gespräch (siehe herois.us).
Seine Antwort: "Love in Action". LIEBE in Aktion.

Ich sammle Geschichten, Worte, Lehren, Bücher, ... von vorbildlichen Menschen aus verschiedenen Bereichen, um von diesen Menschen zu lernen. Das sind meine Helden. Meine Modelle. Keiner dieser Menschen ist perfekt, jede und jeder hat Macken oder sogar grobe Fehler.

Ich lerne viel von Gandhi und Churchill. Die beiden waren ein Leben lang Gegner, Gandhi zerstörte Churchills Strategie in Indien und darüber hinaus. Ihre Wege konnten nicht unterschiedlicher sein.
Churchill kam oft nicht aus dem Bett auch wegen einer tiefen Depression, aber auch - und das lerne ich von ihm - weil er wusste, sich eine Umgebung zu schaffen, in der er produktiv war, ohne Rücksicht darauf, was andere für akzeptabel hielten. Er steuerte den Krieg gegen Deutschland und die englische Politik oft vom Bett aus. Churchill war dick, Gandhi war mager - verbunden mit den unterschiedlichen Lebensstilen.

Gandhi war in seiner Frühzeit rücksichtslos gegenüber seiner Frau. Ein indischer Pascha. Beide aber hatten eine Eigenheit, die Churchill so ausdrückte.
"The learning of my life in five words: Never, never, never give up!'

Meine persönlichen Modelle - und ich wechsle bei Bedarf - sind momentan Mark Aurel und Epiktetes. Der eine ein Milliardär und römischer Kaiser und wie viele seiner Zeitgenossen bestätigen - bei aller Macht - ein 'Guter Mensch'.
Der andere ein Sklave, vom Herrn verstümmelt, freigelassen und über seine Schüler der Coach von Mark Aurel und der römischen Elite im zweiten Jahrhundert unserer Zeitrechnung. Über die beiden gibt es Schriften ohne Ende.

Ich nehme keine lebenden Vorbilder in mein inneres Sanktum. Das ist mir zu riskant. Ein paar Jahrzehnte oder auch Jahrtausende vergangen, machen sicherer, was den Beitrag der Personen zum Wohl der Menschheit betrifft. Von Mark Aurel habe ich auch die Idee, 'Memos an mich' zu schreiben.
Seine 'Meditationen' wurden erst nach seinem Tod veröffentlicht und stellen dar, wie er im täglichen Leben mit seinen Herausforderungen umgegangen ist.

Mark Devine nennt auf die Frage, wer seine beiden primären 'Helden' sind den Spartaner Leonidas und Jesus.

Ich führe eine Liste von Menschen, von denen ich lernen will. Da sind auch lebende Menschen dabei. Ich schreib mir dazu, was ich besonders von dieser Person lernen kann oder schon gelernt habe.
Dankbarkeit!

Gute Idee! Die Liste schau ich mir heute wieder an.
Habe ich neue Erlebnisse und aufzufrischende Ansätze?
Weitere Personen?
Etwas zu lernen?
Ich bin immer wieder dankbar dafür, dass diese Menschen ihr wertvolles Leben leben oder gelebt haben.

Das gibt mir wieder einen Energie- und Erfahrungsschub auf dem Weg.

Wähle deine Rollen mit Bedacht!

Donald Miller hat ein großartiges Buch geschrieben, “Hero on a Mission”. Er integriert Viktor Frankl's “Der Mensch auf der Suche nach dem Sinn” und das Denken rund um Joseph Campbell's Heldenreise.
Donald Miller sagt uns, dass in Geschichten und im Leben einer jeden Person vier primäre Charaktertypen mitspielen.

1. Das Opfer empfindet, dass es keinen Ausweg gibt
2. Der Bösewicht macht andere klein
3. Der Held geht durch viele Herausforderungen und transformiert sich
4. Der Mentor hilft dem Helden

Filme und Geschichten, die Menschen ansprechen wollen, verfügen über diese zentralen Rollen. Joseph Campbell hat tatsächlich George Lucas bei der Story von 'Starwars' beraten.

Donald Miller sagt uns, dass wir uns mit Rollen in Geschichten identifizieren, weil wir selbst diese Rollen in uns tragen.

Wir spielen diese Rollen tagsüber kontinuierlich. Wenn ich ungerecht behandelt werde, bedauere ich mich kurz in der Rolle des Opfers, Räche mich durch einen verletzenden Gegenangriff (der Böse), sehe ein, dass die Lösung wohl nicht in diese Richtung geht (der weise Mentor) und korrigiere mutig meine Reaktion, führe die Auseinandersetzung zu einem guten Ende und habe dabei etwas gelernt (der Held).
Welche Rollen spiele ich tagsüber. Sind es fruchtbare Rollen?
Verliere ich mich im Selbstmitleid?
Versuche ich, andere klein zu machen?
Höre ich auf meinen inneren Gandalf?
Gehe ich mutig einen Schritt aus meiner Komfortzone?

Mit ein wenig Achtsamkeit kann ich jeden Tag zu einer noch besseren Story machen.

Wozu in Filmen suchen, was ich jeden Tag erlebe?

The Dreaded Drama Triangle

Nach längerer Zeit kehre ich zum Bild der 'Heldenreise' zurück. Joseph Campbell hat mit seinem Buch 'The Hero's Journey' diesen Begriff in die Welt gebracht.

Jede Heldensage hat vier Hauptcharaktere:
Das Opfer - Der Böse - Die Heldin - Der Mentor

Welche Rolle spielte ich gestern hauptsächlich? Hm ... ?
Anders herum gefragt:
Wie kann ich eine Heldengeschichte am besten ruinieren?

Donald Miller beschreibt in seinem Buch 'Hero on a Mission' die Situation: "Wenn du Schriftsteller wärst und zu mir kommst mit einer problematischen Geschichte und mir sagst 'Don, die Geschichte funktioniert einfach nicht. Sie ist uninteressant und ich weiß nicht, wie ich sie reparieren soll.', dann ist mein erster Schritt ein Blick auf den führenden Proponenten.
Über wen ist die Geschichte?
Warum macht dieser Proponent die Geschichte nicht sinnvoll?"
Und Don setzt fort: "Ein perfekter Trick, die Geschichte zu ruinieren, ist den Helden wie ein Opfer handeln zu lassen. Das gilt für Geschichten und für das Leben. Eine Geschichte muss weiterführen.
Eine Heldin muss etwas anderes wollen, vielleicht ist es sogar angsteinflößend. Das sind Geschichten, die bewegen.
Ein Opfer, andererseits, bewegt sich nicht vorwärts. Ein Opfer gibt auf, weil es gelernt, hat zu glauben, dass es keine Chance hat."

So wenig ich Geschichten sehen oder hören will, die nirgendwo oder in den Abgrund führen, so wenig mag ich Tage, an denen ich mich hilflos und ausgeliefert fühle.
David Emerald nennt die Situation 'The Dreaded Drama Triangle'. Das Opfer ist gefangen in diesem Kreislauf, in dem es von Verfolgern gequält wird und von Rettern gerettet wird."
Meine Geschichte soll Freude machen!
Daher bin ich lieber ein Schöpfer von Situationen. David Emerald nennt das 'The Empowerment Dynamic', in der Stressoren Herausforderer sind und wo mich weise Coaches oder Mentoren unterstützen, statt mich aus der Not zu retten.
Und wie mache ich den Übergang vom Opfer zum Helden?
Ich frage mich 'Was will ich?' ... und dann tu ich was nötig ist.
Ein erster kleiner Schritt! Punkt. Wann? JETZT! Heute! Immer!

Ein Spaziergang mit Konfuzius

Vor langer Zeit (vor etwa 2.500 Jahren!) sagte Konfuzius „Selbst wenn ich in einer Gruppe von nicht mehr als drei Personen gehe, kann ich immer sicher sein, von denen, mit denen ich zusammen bin, zu lernen.“ und weiter „In der Gegenwart eines guten Menschen denke ich darüber nach, wie ich ihm gleichkommen kann. In der Gegenwart eines schlechten Menschen richte ich meinen Blick nach innen!“ Das erinnert mich an ein ‘Zielloses Wandern’ in der Mariahilferstraße im Rahmen eines Meditationsseminars.

Da ist ein Vater, der mit seinem Sohn spielt, und ich lächle, wenn ich mir vorstelle, wieviel Freude ich habe mit meiner Enkeltochter zu spielen und wie ich Präsenz lernen kann von diesem Vater.

Dann sehe ich eine wütende Frau und erinnere mich daran, meinen eigenen Ärger zu überprüfen und tief durchzuatmen, wenn ich mich von Dingen getriggert fühle, die einfach nicht so wichtig sind.

Dann kommt ein athletischer Mann aus dem Fitnesscenter und feiert sein Engagement für Exzellenz, während ich mich selbst an mein tägliches Training erinnere.

Dann sehe ich den tragisch übergewichtigen Mann und fühle mit ihm, während ich mich neu ausrichte, eine Welt zu schaffen, in der Menschen aufblühen statt eingehen.

Und ich gehe hin und her, und wechsle zwischen der Bewunderung von Eigenschaften, die ich bei anderen sehe und die ich mehr in mir selbst kultivieren will, und der Wahrnehmung von schlimmen Situationen, von sehr belastenden Eigenschaften, die ich in mir selbst bearbeiten will.

So geh ich hin und her.
Hin und her.
Hin und her.

Konfuzius hat schon recht. Wem auch immer ich begegne, ich kann etwas lernen.
Eine Stärke stärken oder eine Schwierigkeit bearbeiten.
Neugierig auf alles, was auf mich zukommt.

Die 19 Eigenschaften der „Selbstverwirklicher“

Was kennzeichnet Menschen, die etwas aus sich machen. Abraham Maslow nennt sie “Self-Actualizing Individuals”. Solche Menschen leben statistisch länger, sind erfolgreicher und glücklicher. Das wär doch was!

Daher hier ganz knapp. In Maslow’s Buch “Motivation and Personality” Details dazu.

1. Sehr guter Bezug zur Realität. Sind eher angezogen vom Unbekannten.
2. Akzeptiert sich selbst, die eigene Natur.
3. Einfach und natürlich. Spontan ohne Showbedarf.
4. Hat eine Mission im Leben. Fokussiert auf Problemlösung.
5. Liebt die Einsamkeit.
6. Sind autonom. Inneres Wachstum ist wichtiger als Anerkennung.
7. Sehen die Welt (auch gewohntes) immer wieder neu, frisch und naiv.
8. Erleben öfter als andere FLOW, Peak-Experience.
9. Intensive Verbindung zu Mitmenschen.Wollen der Menschheit dienen.
10. Ist bescheiden und respektvoll gegenüber Mitmenschen.
11. Kleiner intensiver Freundeskreis. Liebevolle Beziehungen.
12. Folgen konsistent der eigenen Ethik. Tun das Gute, nicht das Schlechte.
13. Auf das Ziel ausgerichtet, nicht auf bestimmten Weg. Optionen!
14. Lachen nicht, wenn Humor auf Kosten anderer geht.
15. Durchwegs kreativ.
16. Sind nicht durch umgebende Kultur beeinflusst. Eigenes Wertesystem.
17. Haben jede Menge menschliche Fehler. Sind nicht perfekt.
18. Eine feste Basis für ein Wertesystem in philosophischer Akzeptanz der eigenen psychischen und physischen Natur, der menschlichen Natur.
19. Dualität zwischen Ego und Nicht-Ego schwindet. Jede Tat dient mir selbst und der Welt.

Hm? Da gibt es Entwicklungsmöglichkeiten.
Was kann ich JETZT tun, um einen kleinen Schritt weiter zu kommen
“To close the GAP”?

Was hat Hoffnung mit (Selbst)Führung zu tun?

Es gibt viele Kontexte, in denen wir führen. Die Familie, soziale Beziehungen, ein Unternehmen, ein Team, mein inneres Team (! :-)), ... Tatsache ist, dass in einem erfüllten Leben jede Menge an Führungsaufgaben anfallen.
Ein unbegrenztes Potential an Führungschancen.
Glück im Leben ist, diese Führung anzubieten und zu führen, aber auch Menschen zu treffen deren Führung ich mich gerne für einen Teil des Wegs anvertraue.
Studien haben gezeigt, dass effektive Führung von einer zentralen Fähigkeit abhängt: Auslösen und verstärken von Hoffnung in mir und anderen.
Hoffnung ist etwas Einfaches, nämlich der Glaube, dass meine Zukunft besser sein wird als meine Gegenwart. Ich selbst, meine Familie, mein Team, meine Firma haben das Potential uns weiterzuentwickeln, Chancen zu nützen, ein besseres und besseres Leben zu führen.
Das widerspricht mancher gerade stark vertretener Einstellung zur Zukunft. Meine auf Daten gestützte Einschätzung ist, dass Hoffnungslosigkeit auf einer fehlerhaften oder unvollständigen Datenbasis beruht und selbst unter den schlimmsten Umständen und mit den schlimmsten Aussichten eine kontraproduktive Einstellung ist.
Hoffnungslosigkeit ist in diesem Sinn wenn man glaubt, dass die Zukunft schlechter als die Gegenwart sein wird.
Jetzt zurück zum Thema Führung.
Das Buch "Making Hope Happen" (Create the Future You Want for Yourself and Others) von Shane J. Lopez beschreibt, was die Wissenschaft zu 'Hoffnung' zu berichten hat.
Eine Erkenntnis ist, dass eine Führungsperson, die keine Hoffnung vermittelt etwa eine von hundert Personen zu engagierter Mitarbeit bewegen kann und diese Person ist definitiv selbst motiviert. Wenn ich aber Hoffnung vermitteln kann, dann kann ich mit 69 engagierten MitarbeiterInnen rechnen aus einem Set von 100. Die Studien wurden in 'normalen' Firmen durchgeführt.
Hoffnung ist zunächst ein Gefühl, hat aber eine Basis im Verhalten der (auch sich selbst) führenden Person. Berechtigte Hoffnung entsteht zum Beispiel, wenn man sich das Zielbild klar macht, feststellt woran man erkennt, dass das Ziel (die bessere Situation in der Zukunft) erreicht ist, die Hindernisse und Probleme der Gegenwart registriert (Daten!) und auf dieser Basis einen Plan erstellt, der mit einem kleinen konkreten Schritt beginnt, den ich jetzt setzen kann. Diese Vorgangsweise haben wir unter WOOP schon kennen gelernt.
Meine Hypothese: Es gibt kein Problem, kein Hindernis, keine Situation wo ich absolut nichts zur Lösung beitragen kann. Viktor Frankl hat diese Haltung im KZ demonstriert.
Dann werde ich doch jeden Tag an meiner berechtigten Hoffnung arbeiten! :-)

Was ist der Unterschied?
Entscheiden – Wünschen - Hoffen

Scott Adams, bekannt geworden durch seinen Cartoon "Dilbert", hat ein kleines 'Handbuch' herausgegeben "How to Fail on Almost Everything and Still Win Big". Eine seiner wichtigen Feststellungen ist, sich den Unterschied zwischen 'Sich etwas wünschen' und 'sich für etwas entscheiden' ganz klar zu machen.

Wenn ich mit Menschen spreche höre ich meist etwas wie 'Ich wünsche mir ...' oder 'Ich hoffe ...', wenn es um Zukünftiges geht.
Scott Adams sagt, dass erfolgreichen Menschen sich 'entscheiden', etwas zu bekommen oder zu werden.
Was ist da der 'entscheidende' Unterschied?

Wenn wir entscheiden, machen wir uns klar was wir wollen und was es uns an Anstrengung, Geld, ... kosten wird. Und dann machen wir uns an die Arbeit den Preis zu zahlen.

Mit Hoffnung ist es ein wenig komplizierter.
Wenn ich mich für etwas entscheide, habe ich bei aller Anstrengung nur eine Wahrscheinlichkeit < 100%, dass ich das Ziel erreiche. 100% ist unmöglich.
Bei einer sehr geringen Wahrscheinlichkeit muss der Nutzen extrem groß sein, um meinen Einsatz zu rechtfertigen. Diese Abschätzung der Wahrscheinlichkeit des Erfolgs, des Wertes und meines Einflusses auf den Erfolg ist ein zentraler Teil der Planung.

Mir fällt dazu der Zwerg Gimli aus dem Herrn der Ringe ein: "No chance of success, certainty of death, what are we waiting for?" Im Buch hatten die Gefährten trotzdem Erfolg, weil sie Hoffnung aufrecht hielten, durch die hoffnungslosesten Situation hindurch. Es ging ja auch um die Rettung der Welt.

Der Zustand der Hoffnung ist daher wichtig, um sehr schwere Situationen zu bewältigen. Ein Teil davon ist auch das Vertrauen in meine Fähigkeit mit überraschenden Wendungen um zu gehen.
Brian Johnson nennt das gerne 'Antifragile Confidence'. Die Zuversicht an jedem Hindernis, an jeder Katastrophe zu wachsen.

Zu hoffen, dass das Wetter gut sein wird oder ähnliches ist kein Planungsinstrument. Besser die Wahrscheinlichkeit abschätzen und das richtige Gewand einpacken.

Schlimmes haben Kriegsgefangene berichtet. Jene die auf äußere Rettung hofften und sagten "Zu Weihnachten kommen wir raus!", dann zu Ostern, dann ... und immer wieder enttäuscht wurden, haben nicht überlebt.
Fromme Wünsche, um die Moral hoch zu halten, sind in schlimmen Situationen kontraproduktiv. An dieser Art der Hoffnung kann man zerbrechen.

Für meine kleine Welt, die momentan nicht mit extremen äußeren Situationen konfrontiert ist, passt folgende Übung:

1. Was will ich?
2. Was ist der Preis, den ich zu zahlen oder zu leisten habe?
3. Was ist der nächste Schritt, mit dem Zahlen des Preises zu beginnen?

Charakterfehler oder Designfehler?

Oft stolpere ich über die Bemerkung bei mir und anderen "Ich bin halt so ...", wenn es um eine nicht so erfolgreiche Aktion, Haltung oder ein Defizit in einer Fähigkeit geht.

"Ich bin" bezieht sich auf mich als ganze Person. Es geht um meine Identität.
Zu diesem Thema konsultiere ich ein paar kluge Leute, die Bücher über 'Habits' , Gewohnheiten geschrieben haben.
James Clear mit "Atomic Habits", Charles Duhigg mit 'Power of Habits' und BJ Fogg, der das Behavior Design Lab an der Stanford University leitet und Daten zum Thema liefert ... und natürlich auch ein Buch geschrieben hat "Tiny Habits".

Diese Schwemme an Information zu Gewohnheiten ist verständlich, weil sich herausgestellt hat, dass wir im Wesentlichen sind, was unsere Gewohnheiten vorgeben.

Jetzt könnte ich sagen: "Ich bin eben so." Die klugen Leute meinen aber, dass dieser Ansatz nicht nur falsch, sondern sehr schädlich ist.
Ich kann mir sagen, dass ich eben so einen Charakter habe oder dass da wohl noch ein kleiner Fehler im Design meiner Gewohnheiten, meiner Habits vorliegt.
Designfehler kann ich reparieren!

Das Spiel des Lebens vom kleinen Kind bis zum hohen Alter handelt vom Designen, Testen und Redesignen meiner Verhaltensweisen.
Ich ändere mich, die Welt ändert sich und meine Ziele ändern sich.
Ich passe mich an.

Die wesentliche Aussage ist, dass ich OK bin, aber dass mich ein kleiner (oder größerer) Design-Fehler zwickt.

Brian Johnson schlägt als tägliche Reflektion vor:
"Was ist die Nummer 1 Gewohnheit, die mich bremst, mich schädigt?"

- Streichen! Verändern!

und "Was ist die Nummer 1 Gewohnheit, die mich stärkt?"

- Verstärken! Ausweiten!

Und "Was wäre eine Gewohnheit, die mich gesünder, wacher, stärker, erfolgreicher machen würde?"

- Definieren! Üben!

Noch ein Tip zum Design von guten Gewohnheiten:

1. Die Auswirkung ist ohne Zweifel positiv.
2. Die Übung sie aufzubauen ist einfach und kann skaliert werden
3. Ich habe einen ganz klaren Trigger definiert, der das Training dieser Gewohnheit auslöst und im täglichen Leben einen Trigger, der das gute Verhalten auslöst.

Zum Beispiel: Meine Frau kritisiert gerne mein Verhalten oder Meinungen, die ich äußere. Das ist ein Trigger. Die Reaktion, die ich mir Wünsche: Ich höre zu, habe inneren Raum und der Trigger ist ein Auslöser für ein Gespräch, das uns näherbringt.

Meine gewohnte Reaktion war/ist:
'Beleidigt sein, unverstanden fühlen, ärgerlich sein und/oder zurückziehen'

Das Training: Jeden Morgen eine Situation vorstellen und Tools von Phil Stutz anwenden (Siehe sein Buch "The Tools").
In der akuten Situation: Ha, Chance! :-)
Atmen! Lächeln! Innehalten! (ALI)
Das öffnet inneren Raum und erlaubt 'Zuhören'.
Fallweise auch ein Tool nach Phil Stutz im Kopf ablaufen lasse.
Das dauert nur zwei Atemzüge, wenn gut trainiert.
Der Effekt sollte ein ehrliches Lächeln sein und ein offenes Gespräch.

Das ist doch eine gute Alternative zu stundenlangem böse sein ;-) .
Ich wünsche frohes und erfolgreiches Designen! :-)

Vom Wert der Unausgeglichenheit – Der innere Wilde

David Goggins ist einer der extremsten Extrem-Ausdauersportler. in den beiden Büchern 'Can't Hurt Me' und 'Never Finshed' teilt er seine Erfahrungen.
Zuerst ein Experiment zur Macht des Glaubens. Klingt religiös? Gute Hypothese, ist es in diesem Fall aber nicht.

Wissenschaftler haben Ratten schwimmen lassen. Eine Gruppe wurde trainiert, dass sie nicht glaubten, lange schwimmen zu können. Sie hatten keine Hoffnung. Sie gaben nach 15 Minuten auf. Ratten, die gerettet wurden und lernten zu hoffen, zu glauben, dass es möglich wäre, zu überleben, schwammen beim nächsten Versuch nicht 15 Minuten , sondern 60 Stunden.

Ich habe ein wenig Probleme über diesen Versuch zu schreiben, weil mir die Ratten leid tun, ABER, wir Menschen tun uns selbst und freiwillig ganz ähnliche Sachen an.

Ich habe vor 15 Jahren drei Jahre lang trainiert und bin dann zwei Mal den Marathon (langsam) gelaufen.
Wofür? Im Nachhinein denke ich: Ich habe Willenskraft trainiert.
Wofür? Ich denke: Um etwas beizutragen in dieser Welt.

Das führt uns zurück zu Goggins. "Wenn du dein Potential maximieren willst und großartig in irgendeinem Bereich werden willst, musst du deine 'wilde' (savage) Seite lieben lernen, zumindest für eine gewisse Zeit.
Du steckst viel mehr Energie als 'vernünftig' ist in diese eine Sache. Es gibt keine freien Tage. Du bleibst dran.

Dieser Fokus auf das eine Ziel wird missverstanden. Beziehungen können auseinander gehen. Der unbalanzierte Lebensstil wird als egozentrisch, als asozial gesehen." ... "Aber" setzt Goggins fort: "Ich hätte in meinem Leben nicht so vielen Menschen helfen können, wenn ich nicht, diesen unmöglichen Traum gehabt hätte und der größte Egoist auf Erden geworden wäre!"

Goggins meint, dass wir nicht Gleichgewicht wünschen, sondern Zufriedenheit. Und manchmal muss man für ein Leben mit tiefem Sinn und großer Zufriedenheit ganz aus dem Gleichgewicht kommen.

Zum Abschluss noch ein Satz von Mihaly Csikszentmihalyi aus seinem Buch 'Creativity':
"When we meet a person who focuses all of his attention on physics or music and ignores us and forgets our names, we call that person 'arrogant' even though he may be extremely humble and friendly if he could only spare attention from his pursuit. If that person is so taken with his domain that he fails to take our wishes into account we call him 'insensitive' or 'selfish' even though such attitudes are far from his mind. Similarly, if he pursues his work regardless of other people's plans we call him 'ruthless.' "

Ich war erschrocken, als meine Frau mich einmal den größten Egoisten, den sie kennt, nannte.
Eventuell war das ein Kompliment? Nicht wirklich.
Aber ein verständliches Missverständnis, wenn ich mich kompromisslos auf meine persönliche Weiterentwicklung fokussiere. ... um dann mit mehr Energie, Kraft, Präsenz und Hoffnung für meine Frau, meine Familie und die Welt da zu sein.

Wie uns im Flugzeug gesagt wird "Legen sie die Atemmaske zuerst sich selbst an, dann Ihrem Kind"

Also: Ein Hoch auf Fokus und Ungleichgewicht!
Und manchmal eine dicke Haut,
wenn das Verhalten vorübergehend missverstanden wird.

Der Fluch der Perfektion

Stan Beecham titelt in seinem Buch "Elite Minds" ein Kapitel mit "Der Fluch der Perfektion". Er ist Sportpsychologe und arbeitet mit Elite-Athleten.
Stan sagt uns:
"Wir müssen akzeptieren, dass wir schlechte Tage haben werden. Wenn ich Spitzensportler frage: "Wenn du der Beste in deiner Sportart wärst, würdest du auch schlechte Tage haben? Überraschenderweise sagen viele, dass sie an einen Punkt kommen würden, an dem sie keine schlechten Tage mehr hätten (Keine Fehlschläge).
Die allerbesten dieser Athleten berichten allerdings, dass sie innerhalb von 30 Tagen so zwischen 3 bis 6 chlechte Tage haben. Sie verstehen, dass das Teil des Prozesses ist. Die Fähigkeit zu akzeptieren, dass es Fluktuationen in der Performance geben muss, erlaubt diesen Sportlern, sich in ihrem Training zu engagieren und ihre Ziele hochzuhalten."
Und er setzt fort:
"Wie du an einem guten Tag funktionierst, definiert nicht deinen Charakter. Wie du an einem schlechten Tag funktionierst, ist der wahre Test. Um dein Potential zu realisieren , musst du wissen, wie du auf schlechte Performance reagierst. Das ist kritische Information, ohne die du nicht weiterkommst." Und weiter: "Wenn 'Perfektion' nicht das Ziel ist, was dann? Es ist einfach: 'Dein Bestes' zu geben. Das ist alles. Entscheide dich jeden Tag neu, das Beste aus dem zu machen, was du an diesem Tag zur Verfügung hast. In deinem Tagebuch kannst du für jeden Tag, an dem du dein Bestes gegeben hast, gleichgültig vom Outcome, ein 'W' für 'Win' und wenn du einen Durchhänger hattest, ein 'L'. Du willst nie 2 L's hintereinander haben und unter 6 L's pro Monat bleiben."

... und abschließend: "Es ist völlig OK einen schlechten Tag zu haben, aber du musst dafür sorgen, dass du dich schnell erholst und wieder in Schwung kommst. Das Ziel ist nicht Perfektion! Es ist, dein Bestes zu geben, auch und gerade unter schwierigen Bedingungen, und sich schnell von einem Fehlschlag zu erholen."
Also, wenn ich mich dabei ertappe, zu denken, dass ich irgendwann einmal auf magische Weise keine schlechten Tage haben werde, dann geb ich mir einen Ruck. Erinnere mich, dass es keine perfekten Menschen gibt und gab und dass ich mit Sicherheit nicht der erste perfekte Mensch sein werde. ABER, ich kann mich asymptotisch meinem Potential nähern. Wie einem leuchtenden Stern, der mir die Richtung zeigt, nicht wie einem Ziel, wo ich mich endgültig zur Ruhe setze.
Daher die Fangfrage: Wann ist der beste Moment damit anzufangen?
JETZT! Jeden Tag!
Und ich lasse den Fluch der Perfektion los und freue mich an meinem Wachstum.

Was ist wichtig? Vergangenheit, Zukunft oder Jetzt?

Und wieder ein kleines Nuggett aus Brian Cain's Weisheit aus seinem "Buch 1% Better": "Remember, depression is obsession with the past, anxiety is obsession about the future, and optimal performance is obsession about the present."

Hm, klingt das nicht zu einfach?
Doch, wenn ich in mich hinein höre, kommt ein Echo. Tatsächlich führt Beschäftigung mit der Vergangenheit oft zu Vergleichen, zu Rechtfertigungen, zu Selbstmitleid. Welches Gefühl wird gestärkt? Ja, genau, Depression!

Und wenn ich die Zukunft reflektiere, dann häufen sich Ziele, Arbeit und Sorgen zu Bergen. Es entsteht ein Gefühl der Schwere. "Das ist nicht zu schaffen".
Daraus ein Gefühl von Beklemmung und Angst.

Wenn ich atme, jetzt da bin und mich frage: Was ist wichtig JETZT?
… und dann einen kleinen Schritt gehe und noch einen und noch einen,
komme ich in den Fluss des Tun's.
FLOW!
Wie wäre es mit ein wenig Action JETZT?

Mein Hirn, mein Geist braucht sorgsame Programmierung

Ben Bergeron beschreibt in seinem Buch 'Chasing Excelence' ein Phänomen. Er nennt es 'The Frequency Illusion'. Damit meint er eine Funktion unseres Gehirns, die Dinge wahrzunehmen, die wir ihm durch Achtsamkeit als wichtig markiert haben. Diese erscheinen dann viel zahlreicher und eindrucksvoller, als sie in Wirklichkeit/statistisch sind.
Gute Absicht: Fokus auf Wichtig&Dringend.

Wenn ich die Nachrichten lese/höre/sehe und eine Diskussion mit meiner Frau führe über Unruhen und Kriege, erkennt mein Hirn anschließend viele Signale in Medien, YouTube, auf Plakaten, dass die Welt voll Krieg, Ungerechtigkeit und Unheil ist und ... dass ich wenig Einfluss darauf habe. Mein Gehirnorgan 'Amygdala' filtert zusätzlich Gefahren zehnmal so stark heraus wie schöne Ereignisse.

Das ist eine doppelte Gefahr für meine Handlungsfähigkeit. Erstens der Fokus auf Unglück in der Welt und zweitens eine exponentielle Verstärkung durch meine Amygdala. Oder harmloser: Wenn meine Tochter einen Tesla fährt, sehe ich öfter und öfter Teslas auf den Straßen. Mein Gehirn bedient mich mit den Bildern und Erfahrungen, die ich als wichtig markiert habe.

Das mache ich mir zu nutze (siehe auch Brian Johnson's heroic.us Training). Jeden Tag in der Früh notiere ich in mein Tagebuch einen 3x3 Raster. Drei Identitäten, die ich für meine körperliche Energie, meine Arbeit und meine Familie&Freunde sein will. In der zweiten Zeile, welche Werte und Haltungen sich in diesen Identitäten ausdrücken und in der dritten Zeile, wie sich diese Werte in konkreten Handlungen und Gewohnheiten heute ausdrücken sollen.

Der erwartete Effekt: Mein Hirn findet tagsüber Gelegenheiten, diese Muster auszudrücken. Ich lerne von anderen, die diese Werte oder deren Gegenteil ausdrücken. Die Differenz (Gap) zwischen meinem Zielbild und meiner heutigen Realität bringt mein Hirn/meinen Geist/meine Seele auf Wachstumskurs (Growth Mindset).
Ich bin, was ich mir selbst an Identität, Werten und Ereignissen füttere.
Daher wähle ich mein 'Futter' mit Bedacht.
Heute und jeden Morgen.

Was würde die beste Version von mir jetzt tun?

Zum Thema Schwimmen hat Abraham Maslow gesagt “Wenn mich jemand aus einem Flugzeug mitten in den Ozean wirft und ich erfahre, dass das nächste Land 1000 Meilen entfernt ist, schwimme ich trotzdem weiter.”

Stan Beecham schreibt in seinem Buch ‘Elite Minds’ “Angst hält uns zurück unser Potential zu erreichen. Angst zu überwinden sollte das primäre Ziel in deinem Leben sein”
Die beiden Menschen geben Stoff zum Nachdenken.

In der Sprache von Aristoteles, ca 2500 Jahre früher ist das Ziel “Die beste Version meiner selbst (Eudaimon) zu werden”
Und meine beste Version steht leider außerhalb der Komfortzone. Die Grenze der Komfortzone ist durch Angst markiert. Verdammt! ;-)
Aristoteles gibt auch einen einfachen Ratschlag, wie dieses höchste Ziel erreicht werden kann: “Lebe jeden Moment mit Tugend!”

Keine Neujahrsvorsätze. Was steht jetzt an? Was würde die beste Version von mir jetzt tun? Zuhören! Machen! ... Bei Bedarf auf die Nase fallen und lernen.
Aristoteles geht davon aus, dass mein Eudaimon, meine gute Seele, bereits voll ausgebildet in mir ist. Etwas versteckt, aber da und gerne bereit zu beraten.

Und was ist laut Aristoteles die erste und wichtigste Tugend?
MUT!

Mut beschreiben die Griechen als “Handeln in der Präsenz von Angst”.
So wird Angst, kombiniert mit etwas gesundem Menschenverstand, zum Wegweiser zu unserem Potential.

Jeden Tag gibt es kleinere und größere Gelegenheiten, wenn ich etwas tun ‘sollte’, was absolut Sinn macht, aber zögere, weil es Überwindung kostet. Der Gedanke “Ich geh das an!” und die Ergänzung “Ich mag so kleine Anstrengungen!’ und das Wissen, damit wieder ein Stück freier zu werden, ist eine kleine Übung, die ich versuche, so oft wie möglich durchzuführen.
Manchmal nur mental zur Vorbereitung auf eine ‘Mutprobe’.
Dann aber im realen Tun.
Jedes Zögern wird zur Chance! Täglich!

Die Wissenschaft vom Möglichen

Ich komme wieder auf 'Kleine Schritte, große Wirkung' zurück. Die Domino Physik haben wir in einem früheren Memo besprochen. Ein kleiner Stein wirft größeren Stein, ... und ... nach einiger Zeit fällt ein richtig großer.

Kleine tägliche Schritte in die richtige Richtung haben Wirkung. Welche?
Ellen Langer sagt uns in ihrem Buch 'Counter Clockwise':
"Das kann man nicht wissen".

Hm ... Frau Langer beschreibt die zentralen Annahmen ihrer 'Psychologie des Möglichen" (The Psychology of Possibility) etwa so:

"In weiten Bereichen der Psychologie wird das beschrieben, was ist oder war. Aber wissen was ist, ist nicht das gleiche, wie wissen was sein kann. Meine Forschung hat gezeigt, dass kleine Veränderungen große Wirkung auf Gesundheit und Erfolg haben können. Wir sollten uns für das 'Unmögliche' öffnen. Die Psychlogie des Möglichen erfordert zuerst die Annahme, dass wir nicht wissen, was wir tun oder werden können. Statt vom Status Quo sollten wir starten von der Position
'Was, wer oder wie will ich sein?'
Von dort aus fragen wir uns, welcher Weg zu dem Ziel führen könnte und welcher winzig kleine Schritt heute in diese Richtung gegangen werden kann."

Ein solcher Schritt ist für mich, dass ich jeden Tag am Morgen mir Werte notiere, die ich leben will. Immer wieder, jeden Tag.

Ich frage mich dann auch: In welcher kleinen Handlung, in welcher Veränderung kann ich einen dieser Werte Heute besonders ausdrücken?

Meine Hypothese: Ich weiß zwar nicht, wo ich hinkomme, aber die Richtung fühlt sich gut an und schon heute wirkt sich die kleine Intervention gut aus.

Also? Jetzt ist der Moment!

Große Ziele – Kleine Schritte

Heute früh habe ich 75 Liegestütz gemacht. In einem durch. Dann 65 im zweiten Durchgang. Vor einem Jahr machte ich mit Mühe 10 in einem Durchgang. Vor 2 Jahren waren drei mühevoll. Was geht hier vor?

Wenn ich mir vor 2 Jahren einfach das Ziel gesetzt hätte mehr als 50 Liegestütz zu machen und es auch gleich probiert hätte, wäre ich einfach am Bauch liegen geblieben. No Chance!

Ich habe einen kleinen Trick angewendet. Das Ziel war formuliert und zur Seite gelegt. Dann entschied ich mich, jeden Tag mindestens einen (1) Liegestütz zu machen.
Das aber hartnäckig.
Zunächst ist einer schwer. Man kann sich mit 'Tisch-Liegestütz' helfen. Aber jeden Tag mindestens einen Liegestütz. Ich darf einen halben machen, aber NIE keinen. Ich habe jeden Tag die Anzahl notiert und einfach den Trend beobachtet. Eine Gewohnheit aufbauen ist das Geheimnis. Zeit schaffen, wo niemand stört oder beobachtet. Zum Beispiel früh am Morgen. Und zwei Jahre später bin ich 66 Jahre alt statt 64 und das Ziel ist übertroffen. Ich brauche nicht mehr.

Vor einigen Jahren hatte ich ein ähnliches Erlebnis mit dem Jonglieren. Ich nahm mir vor, es jeden Tag zu probieren und einfach nur zu zählen, wie viele Versuche ich an einem Tag machte. Meine Idee war: Wenn ich das 400 mal probiere, dann kann ich mit drei Bällen jonglieren. Und das war auch so nach mehr als einem halben Jahr. Der Weg war: jeden Tag ein paar Versuche. Dran bleiben.

Ich will gesund sein und gesund bleiben, soweit es mein Körper erlaubt. Eine runde körperliche Fitness braucht natürlich mehr, als nur Liegestütz zu machen.
Aber daran kann ich ja arbeiten, Schritt für Schritt.

Und … was sind die mentalen, die sozialen Liegestütze, die es jeden Tag braucht für die Ziele privat und im Beruf?
Was schreit nach einer kleinen Aktion?
Jetzt! Und Jeden Tag.

Das Rätsel der chronischen Aufschieberits

“Wenn du das gerade liest, dann hat das Wort “Aufschieberitis” etwas ausgelöst. Möglicherweise schiebst du gerade etwas auf, während du das hier liest. Du vermeidest eine andere Aufgabe. Dann können wir der Situation ja etwas Sinn verleihen! Das ist die Absicht, wenn ich das schreibe. In einer Stunde bist du darauf eingestellt, anders zu handeln. Vorbereitet, erfolgreicher auf deine Ziele zuzugehen. Bereit? Dann Los!” So schreibt Timothy Pychyl in seinem Buch “Solving the Procrastination Puzzle”.

Und weiter: “Aufschieberitis beschreibt einen freiwilligen Akt, etwas geplantes aufzuschieben. Die Aufgabe macht Sinn, nichts hindert den Start außer der Unwillen zu handeln. Warum zögern wir? Und warum dieses Verhalten unser schlimmster Feind ist.”

Die Frage ist also: “Warum handeln wir nicht, wenn es in unserem besten Interesse ist, zu handeln?”
Darum geht es in dem Buch.
Und die Lösung: Motivation ist nicht nötig, das nötige zu tun!

Herr Pychyl drückt das so aus: “Das Problem ist ziemlich offensichtlich, wie auch die Lösung: Lass das Missverständnis los, dass die Motivation zum Task passen muss, der gerade ansteht! Im Gegenteil haben viele Studien ergeben, dass der motivierte Zustand der Handlung folgt, nicht umgekehrt.”

Also? Ich muss mich nicht bereit fühlen, etwas anzufangen! Ich habe oft genug erlebt, wie ich mich schlechter fühle, nachdem ich mich abgelenkt habe. Oft lenke ich mich ab mit der Illusion, mich dabei zu “erholen”. Das Gegenteil ist der Fall!

David Allen schreibt in seinem Buch “Getting Things Done”:
“Man fühlt sich selten aus einer Situation heraus, man arbeitet sich heraus!”

Und wird immer alles glatt gehen? Nein! Natürlich nicht! Ich werde auf die Nase fallen und dabei etwas lernen. Und immer wieder aufstehen.
Ob ich mich dabei immer gut fühle? Natürlich nicht!
Ob ich mich später gut damit fühle, etwas Wertvolles getan zu haben?
Sehr wahrscheinlich! Das ist der Marshmallow-Test für Fortgeschrittene! ;-)
Und wann lerne ich, die nötigen Arbeiten anzugehen, wenn sie anstehen?
Achtung Fangfrage!
Eh klar! JETZT! HEUTE! ... und jeden Tag!

Will ich ein Bibliothekar oder ein Krieger sein?

Bibliothekar oder Krieger? Das ist eine schwierige Frage, weil ich recht friedliebend bin und Bücher + Bibliotheken liebe. Aber, ... In meiner Welt haben Bibliothekare eher mit recht haben und Krieger mit recht tun zu tun. Da neigt sich meine Antwort schon mehr zum Krieger.
Donald Robertson, einer der weltweit führenden Denker und Praktiker der stoischen Philosophie hat dazu eine Reihe echt guter Bücher geschrieben, darunter eines mit dem Titel "Die Philosophie der Kognitiven Verhaltenstherapie", in dem er die philosophischen Wurzeln der modernen kognitiven Verhaltenstherapie im antiken Stoizismus nachzeichnet.
Donald sagt uns, dass es den alten Philosophen nicht nur darum ging zu verstehen, wie man optimal lebt, sondern sie waren auch darauf bedacht, tatsächlich optimal zu leben.
Diese alten Philosophen würden viele moderne Philosophen, die sich oft ausschließlich auf theoretische Ideen in den Gemütlichkeiten ihrer Elfenbeintürme konzentrieren, nicht wiedererkennen.
Die stoischen Philosophen wussten, wie schwierig es ist, in Übereinstimmung mit unseren höchsten Idealen zu leben. Sie sagten uns, dass wir KRIEGER des Geistes sein müssen, nicht nur einfache Bibliothekare des Geistes.
Mich interessieren besonders Ideen, die in den Moment-zu-Moment-Erfahrungen gelebt werden, die unser Schicksal bestimmen.
Die Metapher des Kriegers, der den Kampf zwischen seinem höheren und niedrigeren Selbst gewinnt, ist in den alten Traditionen allgegenwärtig.
Buddha sagt uns: „Wer sich selbst besiegt, ist größer als ein anderer, der tausendmal tausend Männer auf dem Schlachtfeld besiegt.“
Und Rumi bietet an: „Der Löwe, der die Reihen des Feindes durchbricht, ist ein geringer Held im Vergleich zu dem Löwen, der sich selbst überwindet.“
Selbst des Friedenshelden Gandhi Bibel, die Bhagavad Gita, wurde auf einem Schlachtfeld angesiedelt.
Also, wenn man Krieger so versteht, bin ich ganz einverstanden.
Das klingt schon besser, als meine (möglicherweise) richtigen Ansichten in der Bibliothek aufzuheben.
Also: Ich will ein Krieger sein! Heute! Jeden Tag!
Krieger haben Ziele.
Krieger schmieden Pläne.
Krieger erobern neue Welten.
Krieger trainieren.
Krieger werden jeden Tag besser.
Diese Krieger feiern das Leben.

Großartig - Schrecklich - Mittelmäßig

Wie bereits an anderer Stelle besprochen reagieren weise Menschen auf Entweder/Oder Situationen mit Verlangsamen, treten zurück und fragen sich, wie viel von BEIDEM sie erhalten können. Ray Dalio vermittelt in seinem Buch "Prinzipien" extrem hilfreiche Weisheiten. Dalio ist einer der reichsten und einflussreichsten Menschen auf dem Planeten. Er ist, nach seinem eigenen Standard, „glaubwürdig". Er hat zu dem Buch auch ein Kinderbuch geschrieben (>> das muss ich mir noch besorgen!)
Nun zur heutigen Weisheit...
In "Prinzipien" erzählt uns Dalio: „Ich war schon immer ein unabhängiger Denker, geneigt, Risiken im Streben nach Belohnungen einzugehen – nicht nur auf den Märkten, sondern in fast allem." Und weiter: „Ich fürchtete Langeweile und Mittelmäßigkeit viel mehr als ich Scheitern fürchtete. Für mich ist großartig besser als schrecklich, und schrecklich ist besser als mittelmäßig, denn schrecklich gibt dem Leben zumindest Geschmack."
Das ist interessant! Dalio fürchtete Langeweile und Mittelmäßigkeit „VIEL MEHR" als er das Scheitern fürchtete.
Hm, wie geht es mir damit. Ein wenig kann ich Dalio nachempfinden, aber ich verstecke mich gerne in 'Mittelmäßigkeit'. Und Scheitern ist mir echt peinlich.
Für ihn: „großartig ist besser als schrecklich, und schrecklich ist besser als mittelmäßig, denn schrecklich gibt dem Leben zumindest Geschmack."
Großartig > Schrecklich > Mittelmäßig

Theodor Roosevelt meint dazu: „Nicht der Kritiker zählt; nicht der Mann, der aufzeigt, wie der starke Mann stolpert oder wo der Täter der Taten sie besser hätte machen können. Das Verdienst gehört dem Mann, der tatsächlich in der Arena ist, dessen Gesicht von Staub und Schweiß und Blut gezeichnet ist; der tapfer kämpft; der irrt, der immer wieder scheitert, weil es ohne Fehler und Mängel keine Anstrengung gibt; aber der tatsächlich strebt, die Taten zu vollbringen; der große Begeisterung kennt, große Hingabe; der sich für eine würdige Sache einsetzt; der im besten Fall am Ende den Triumph großer Leistungen kennt und der im schlimmsten Fall, wenn er scheitert, zumindest im kühnen Wagnis scheitert, so dass sein Platz niemals bei jenen kalten und zögerlichen Seelen sein wird, die weder Sieg noch Niederlage kennen."

Also Ray Dalio meint: Besser mit einer großen Absicht richtig gegen die Wand fahren und lernen, als sich mittelmäßig durchzuschwindeln.
Ist ja interessant ...
„Niederlagen" als TREIBSTOFF für mein Wachstum nützen ...
Hm ... Statt raunzen, noch einmal angehen.

Selbstverständlich oder 'beschenkt'

Robert Emmons hat ein Buch über die Kraft der Dankbarkeit geschrieben: "Gratitude Works!". Professor Emmons sagt uns: "Denke über die Aspekte deines Lebens nach, die du für selbstverständlich nimmst, und schreibe sie auf. Jetzt ändere die Perspektive und betrachte dich als damit 'beschenkt'"

Macht das einen Unterschied?
Undankbare Menschen neigen dazu, Dinge (und Menschen!) als selbstverständlich zu betrachten.
Zum Beispiel neigen wir dazu, all die erstaunlichen modernen Vorteile, die unser Leben möglich machen, als selbstverständlich zu betrachten. Dinge wie Freunde, ein warmes Haus, ein Auto, ein Smartphone, das Internet, gutes Essen und all die anderen magischen Wunder des Lebens.

Robert sagt uns, dass es klug wäre, von der Selbstverständlichkeit, Menschen und Dinge zu betrachten, zu einer Haltung zu wechseln, in der wir sie als 'gewährt' ansehen. Als Geschenk.
Ich staune. Staunen ist gesund!

Wir können die erstaunlichen Menschen und die Fülle in unserem Leben als selbstverständlich betrachten oder uns als beschenkt betrachten.
Fakt ist, dass Menschen, die jeden Tag dankbar die Geschenke zählen, zuversichtlicher, gesünder und erfolgreicher sind.
Besonders mit den allernächsten Personen kann das eine Trendwende darstellen.
Wie viele Stunden habe ich verschwendet mich darüber zu ärgern dass meine Frau nicht das tut und nicht so ist, wie ich es mir wünsche?
Unzufrieden zu sein, mir zu sagen '... aber ich habe mir das doch verdient! ... oder nicht verdient! ... ist echt ein Rezept für unglücklich sein.

Oft habe ich das Wunder des 'Umschaltens' auf Dankbarkeit erlebt
Es ist sinnlose Energieverschwendung, unzufrieden mit der Welt zu sein!
Dankbar für das, was ist. Was auch immer. Und dann mach ich etwas draus.
Go! :-) Another day :-)

Das Leben ist eine Produktionslinie – Die Großen DREI

Swami Satchitananda bringt ein ungewohntes Bild für persönliche Entwicklung: “Die Welt ist voller Höhen und Tiefen, Positivem und Negativem. Es ist wie eine große Fabrik. Menschen kommen als Rohmaterial herein und befinden sich im Prozess der Vollendung. Schau eine moderne Autofabrik (bevorzugt elektrische ;-)) an. Am Ende sehen wir die tollen fertigen Autos, bereit zum Versand, aber was sehen Sie am Beginn? Rohe Materialien. Erze, Chips, Plastik, Metallplatten, Muttern und Bolzen, die durch vielfältige Verarbeitungen gehen. Viel Raffinieren, Schneiden, Hacken, Reiben, Schrubben, Meißeln, Feilen, Schleifen, Schweißen, Pressen. Langsam nimmt es Form an. Menschen sind auch so. Das nennt man Evolution oder Wachstum. In diesem Prozess gewinnen wir Erfahrung, wir lernen. Selbst Problem-Menschen sind da, um zu zeigen, was nicht getan werden sollte. Solche Menschen können ein Beispiel sein. Sie zu erleben, löst aus: ‘Oh, das will ich nicht tun!’ “

Seit tausenden Jahren wissen wir, dass inneres Wachstum die Natur unserer Seele ist.
Wer will ich sein? Welche Eigenschaften und Werte machen diese beste Version von mir, das gerade jetzt von mir vorgestellte Endprodukt meines Lebens, aus?
Was bewegt mich weiter in meiner Entwicklung?
Wie komme ich weiter?

Da will ich doch jedes Werkzeug, das ich kenne, einsetzen, um ein wenig erfüllter und froher zu werden und aus dem heraus meinen kleinen Nutzen in die Welt zu bringen.
Und wenn es dann nicht so läuft, wie ich es mir vorgestellt habe, ist das eben ein kleiner Schmiedeprozess auf der Produktionslinie.
Auch gut!

Und wenn sich ein Mensch echt eklig verhält … Oh, interessant, so macht man sich (und andere) unglücklich.

Für die tägliche Praxis habe ich mir angewohnt am Morgen die ‘Großen Drei’ in mein Tagebuch zu schreiben.
Wer will ich sein im Bereich ENERGIE, FAMILIE/LIEBE, ARBEIT.
Ich habe diesen Identitäten auch Namen gegeben.
Ich notiere Werte dieser Identitäten, die mir heute wichtig sind und ich schreibe für jeden meiner Einsatzbereiche auf, was ich heute konkret tun werde, um mich auf die beste Version von mir hin zu entwickeln.
3x3. Die ‘Großen Drei’. Hej, das reimt sich!

Superhelden – Buddhas, Bodhisattvas und ich

Im Griechischen bedeutet das Wort Held:in - Heros - nicht den Killer der bösen Menschen, es meint ‘Beschützer:in’. Und die geheime Waffe? Mitgefühl und Liebe! Hm? Und damit kann man das Böse besiegen?
Nun ja … Ist so! Funktioniert viel wahrscheinlicher und wirkt nachhaltig. Bestätigt aus der Geschichte und tausenden wissenschaftlichen Studien.
Deepak Chopra produziert immer wieder sehr gute Online-Seminare (21 Tage …). Gemeinsam mit seinem Sohn Gotham schrieb er ein kleines Buch
“The seven Spiritual Laws of Superheroes”.
Er schreibt: “Für Superhelden ist Liebe nicht etwas Sentimentales
Sie ist die ultimative Wahrheit im Herzen der Schöpfung.”
und weiter “ ‘Buddha’ oder ‘der Erleuchtete’, wie er in dieser Phase seines Lebens von seinen Schülern genannt wurde, schlug vor, dass es einen Schritt gibt, der noch weiter geht als die Erleuchtung oder die persönliche Befreiung vom Leiden. Dies ist, anderen die gewonnene Weisheit und Erfahrung mitzuteilen und sie dadurch auf ihrem Weg zu unterstützen. Mitgefühl in Aktion. Liebe als ultimative Superkraft, die in vollständiger Selbsterkenntnis und Selbstbewusstsein verankert ist.
Buddha nannte diejenigen, die sich zu diesem Stadium des Teilens ihrer Erfahrung entwickelt hatten, Bodhisattvas. Es sollte nicht überraschen, dass das Wort Bodhisattva als ‘heldenhaft gesinnter’ oder im allgemeinen Sprachgebrauch als ‘Superheld’ übersetzt wird.”
Soweit Deepak Chopra. Gefällt mir!
Ich denke, dass es nützlich ist, nicht auf die ‘Erleuchtung’ oder die ‘Perfektion’ zu warten, um mit dem Teilen zu beginnen. So ist es von Buddha/Chopra auch nicht gemeint. Mir fällt zur Erleuchtung eine kleine Geschichte ein: Ein erleuchteter Meister wird von seinem Schüler gefragt: “Wie schaffst du es ohne Unterbrechung im Zustand der Erleuchtung zu verweilen?” Der Meister antwortet: “Oh, ich falle immer wieder und sehr oft aus diesem Zustand! Ich habe aber gelernt, das schnell zu erkennen und springe so schnell wieder in den Sattel, dass du es nicht bemerkst.”
Warten auf Perfektion, oder der Glaube, sie erreichen zu können, ist eine der kritischen Fallen auf dem Weg. Ein Rezept für Dauerfrust.
Den fernen Stern sehen und Freude an der kontinuierlichen Anstrengung in diese Richtung zu haben, ist fruchtbarer.
Meine persönliche Erfahrung ist, dass das Teilen meiner Versuche die eigene Entwicklung weiter zu treiben, mir selbst und anderen auf dem Weg hilft.
Aus alter Weisheit, wissenschaftlichen Erkenntnissen und persönlicher Erfahrung kann ein ganz persönlicher Mix für jeden Menschen entstehen, der sich auf die Suche nach dem eigenen Potential begibt.
Auch Superhelden haben irgendwann und irgendwo klein angefangen. :-)

Uups! Das braucht Arbeit!

Was sage ich zu mir, wenn etwas nicht so läuft, wie ich es geplant habe?
Leider ist es möglich mit etwas Unachtsamkeit und harter (Selbst)Kritik, aus einem kleinen Hoppala eine große Szene (Drama!) oder ein wirkliches Unglück zu machen.

Der Goldmedaillen-Gewinner Lanny Bassham bringt es in seinem Buch "With Winning in Mind - The Mental Management System" auf den Punkt. Hintergrund: Er gewann als Schütze die olympische Goldmedaille.
Ein Schuss perfekt ins Ziel. Er macht ein kleines inneres Fest daraus! 'Das bin ich!' Ein Mikro Sieg. So baut er jeden Tag an seinem Selbstbild des Weltklasse Performers.
Wenn man so ungefähr und ausreichend das Ziel erreicht, bekommt das ein sachliches OK.
Wenn es komplett daneben ging. Nach dem kurzen Schock. Sofort umschalten auf "Interessant, da gibt es etwas zu tun!"
Die Emotion Neugier ersetzt hier den Frust.

Mit dem Scheinwerfer der Neugier auf die Situation gerichtet, erkenne ich welche Schritte zum Hoppala geführt haben. Überlege, was ich idealerweise getan hätte, Korrigiere mental und spiele mir den korrigierten Film innerlich vor.

Irgendetwas in letzter Zeit getan, was dir leid getan hat?
Scheinwerfer darauf! Alternatives Verhalten entwickeln, um die Situation ein wenig besser zu bewältigen und dann spiel dir die Situation mit dem veränderten Verhalten und besseren Outcome vor.

Jedes Hoppala wird dadurch zur Chance. Im Moment zähle ich gerade, wann ich (manchmal nur innerlich) suboptimal auf meine Frau reagiere. Jedes Erkennen und die folgende korrigierende Aktion ist ein kleiner Sieg der Achtsamkeit.
Kleine Siege. Jeden Tag!

Ein Spruch vom Ehemann meiner Tochter: "Happy Wife, Happy Life" :-)

Willst du besser oder verbittert sein?

Die 1% Frage: Wenn ich 1 Prozent meines Tages investiere in etwas, was mich einen Schritt weiterbringt, was passiert dann? Zunächst die Quizfrage: Wie viel Zeit ist ein Prozent des Tages?

Ganz einfach: 864 Sekunden, oder 14 Minuten und 24 Sekunden.
Brian Cain, Autor des Buches 'One Percent Better' beschreibt das Problem folgendermaßen: "If you don't have a plan, how are you getting better?
The problem is when you stop getting better, you start getting bitter, and nobody likes being around people who are bitter all the time."

Wie geht es mir? Bitter oder besser?
... nun ja, kommt darauf an.

Meine Erfahrung ist, dass es da keine goldene Mitte des Nichts-Tuns gibt.
Ich habe mich entschieden, meine Bitterkeit oder mein besser werden nicht dem Zufall äußerer Umstände zu überlassen.

Dafür reflektiere ich jeden Abend über den Tag: Was ist getan oder ungetan? Was war heilend oder verletzend? Was ist der kleine Schritt, den ich am nächsten Tag gehen will, 'besser' zu werden?
Nicht perfekter, besser! Der Prozess, das Wachsen zählt!

Faktum: Jeden Tag falle ich auf die Nase. Ah! Eine Lektion :-)
Es kommt nicht darauf an, sich am Pferd fest zu klammern, um nicht runter zu fallen, sondern das Fallen zu lernen und wie schnell man wieder aufspringt.

Wie nutze ich 14 Minuten und 24 Sekunden HEUTE, um einen Schritt weiterzugehen?

Also konkret: Was ist wichtig JETZT? Entscheidung.
Timer auf 14'24" und GO.

Aufstehen – Immer wieder aufstehen

Als führende Autorität bezüglich Kreativität gilt Michael Gelb. Sein Buch "How to think like Leonardo da Vinci" hat Aufsehen erregt und ist eines meiner Favoriten.

Im Buch "The Art of Connection" berichtet er über die Bedeutung im täglichen Leben Haltung und innere Ruhe zu bewahren.

Eine Geschichte über Morihei Ueshiba verdeutlicht den Punkt.
Eines Tages, erzählt Michael Gelb, sagt einer der erfahrensten Schüler von Morihei Ueshiba: "Deine Techniken sind perfekt! Du machst niemals Fehler! Du verlierst nie deinen Mittelpunkt!"

O-Sensei, wie er von seinen Schülern genannt wird, antwortet: "Ich verliere mein Zentrum oft. Ich finde es allerdings so schnell, dass du es nicht sehen kannst."

Immer wieder wird von Meistern der Kampfkunst und der Kunst ein Unternehmen zu führen betont, dass es nicht um das krampfhaft erhalten eines Gleichgewichts geht, sondern um eine Dynamik, die es erlaubt blitzschnell zum gewünschten Zustand (State) zurück zu kehren, wenn man aus dem Gleichgewicht kommt. Seiltänzer demonstrieren das. Sie sind nie starr.

Erfahrene Verhandler demonstrieren diese Dynamik in ihrer Kunst.

Um diese Fertigkeit weiterzuentwickeln, helfen mir zwei Prozesse:

Jeden Tag mindestens 11 Minuten den Atem beobachten und immer wieder zurückkehren zum Atem (Meditation)
und tagsüber immer wieder diese Dynamik zu bemerken.
Was man beobachtet, wird automatisch auch verbessert.

Gestolpert? Hurra! Wieder aufgestanden!

Nicht perfekt? Völlig OK! Kneifen? No Go!

Mir ist schon vieles peinlich gewesen im Leben.
Ich wäre gerne besser dagestanden.
Solche Situationen haben mich viel Energie gekostet und das Gefühl der Peinlichkeit unterminierte den Mut einen erfolgreicheren Weg zu gehen - zu lernen.

Carol Dweck, hat den Begriff "Growth Mindset" als psychologische Kategorie bekannt gemacht. Sie ist Professor an der Stanford University und sie stellt fest, dass wir entweder mit einem "Growth Mindset" oder einem "Fixed Mindset" leben können.

Das fixierte Denkmuster nimmt an, dass wir gewisse Dinge können andere nicht, eine Persönlichkeit haben und einen früh festgelegten Charakter Wir vermeiden auf Grund dieses Wissen, schlecht da zu stehen. Wir vermeiden peinliche Situationen. Wir lernen im uns geschenkten Rahmen erfolgreich zu sein. Das verhindert, dass wir Situationen annehmen, die uns Großartiges erreichen lassen könnten.

Das Wachstums-Denkmuster baut auf all dem auf, was wir haben und sind. Das ist allerdings der Beginn der Reise. Jedes Scheitern und jeder Erfolg gibt uns Aufschluss, wie wir weiter wachsen können.
Es gibt keine Perfektion. Diese ist unmöglich.
Es gibt aber eine Richtung auf unsere Ziele in.
Einen leitenden Stern.
Auf diesem Weg lernen wir kontinuierlich.

Michael Jordan berichtet: "Ich habe 9000 Schüsse vergeben, 300 Spiele verloren und 26mal habe ich den entscheidenden Wurf vergeben, der uns den Sieg gebracht hätte."
All das waren Schritte zu seinem Erfolg.

Zeitverwendung nach Peter Drucker

In seinem Buch “The Effective Executive” erzählt uns Peter Drucker, dass Zeit unser wertvollstes Vermögen ist.

Geld kann zurückgewonnen werden, Gesundheit kann oft wieder hergestellt werden, aber Zeit, die vergangen ist, ist verloren, für immer.

Aristoteles warnt uns schon “Wir sollten unsere Zeit in Herzschlägen messen.” Drucker, der als der Vater des modernen Management gesehen wird, gibt uns einen dreistufigen Prozess um unsere Zeitverwendung zu optimieren.

Schritt 1: Starte mit dem Beobachten deiner Zeitverwendung! Nicht mit dem Planen deiner Zeit. Um zu verändern muss ich wissen, was ich jetzt gerade mit meiner Zeit mache, wo sie hinfließt. Wo wird sie verschwendet?

Schritt 2: Eliminiere rücksichtslos die Zeitverschwender? Mache eine Liste. Gehe einen nach dem anderen an. Das braucht oft auch Information deiner Umgebung. Nicht fragen! Tun und informieren.

Schritt 3: Konsolidiere deine Zeit. Mach große Zeitblöcke für “Deep Work”. Blockiere Input von außen über längere Zeitstrecken. Drucker meinte damit Halbe Tage bis zwei Wochen. Schön für ihn.

Ich bin sehr zufrieden mit dem Effekt von 1-3 Stunden als Blockgröße.
ABER ich habe begonnen mir 2 Wochen Blöcke in Kreta zu organisieren, um mich ganz auf ein Projekt zu konzentrieren.

Immer wieder etwas lernen.

Vom Wert der LEERE – Was uns der Rorschachtest erzählt

Die meisten von uns kennen vermutlich den 'Rorschachtest'. Psychologen zeigen für den Test ein Blatt mit einem Tintenfleck und fragen, was du siehst. Der Fleck selbst enthält weder Inhalt noch Botschaft. Er ist einfach. Trotzdem haben wir meist eine ganze Geschichte zu erzählen, zu dem, was wir auf dem Blatt Papier sehen. Das sagt viel über uns und wenig über den Fleck aus.
Das ist die Absicht des Tests.

Buddhisten sagen gerne, dass alles leer ist. In der Herzsutra etwa so: "Es gibt keine Form, es gibt keine Leere, Leerheit ist nichts anderes als Form, Form ist nichts anderes als Leerheit" … Hm?
Eine Perspektive hier ist, dass alles, was wir wahrnehmen, neutral ist.
Es ist einfach. Es sind Daten.

Wenn ich eine negative Einstellung habe, dann fühle ich den Tintenfleck als bedrohlich, wenn ich gut drauf bin, nehme ich die Situation als stärkend war.

Meine innere Situation färbt die neutrale Situation ein.
Das hat Folgen, für Entscheidungen und Konsequenzen. Während ich die Situation, den Fleck, nicht ändern kann, habe ich sehr wohl Einfluss auf meinen inneren Zustand.

Das Ermutigende aus dieser Perspektive der Leerheit ist, dass jede Situation ein verstecktes Potential hat, das wir WÄHLEN können. Wir können jene Perspektive WÄHLEN, die uns stärkt, uns unseren Zielen näherbringt.

Ich nehme mir jeden Morgen einige Minuten Zeit, dieser Leerheit nachzuspüren, ohne etwas daraus zu machen. Das ist Training.

Tagsüber trainiere ich die Situationen zunächst als Daten wahrzunehmen und das Potential zu erspüren und dann etwas daraus zu machen.
Wie ein Alchemist, der aus jedem Material (auch Blei), Gold machen kann.

TÄGLICH ist hier ein Schlüsselwort. Wir sind oft und weitgehend über unser Stammhirn gesteuert, das Gefahren wahrnimmt und automatisch reagiert.
Eine super Sache in der Höhle, die man irrtümlich mit einem Säbelzahntiger teilt, nicht so hilfreich in unserer gegenwärtigen Welt.
Daher täglich eine kleine Trainingseinheit zur Neutralität der Welt.

Gedanken formen mich.
Welche Geschichten erzähle ich mir selbst?

Ellen Langer hat mit ihrer Arbeit in Harvard und Büchern wie "Counterclockwise" und "Mindfulness" wesentliche Aspekte der "Psychology of Possibility" geprägt. Der Begriff Placebo-Wort zeigt eine zentrale Perspektive. Wenn es mir schlecht geht, kann ich mir ein Antidepressivum verschreiben lassen oder selbstwirksam eingebaute Steuermechanismen meines Gehirns verwenden.
Geschichten, Worte und Gedanken, die wir uns erzählen, führen zu konkreten physischen Hormonausschüttungen und haben daher Auswirkung auf unsere Gesundheit und unseren Erfolg.
Oft wird gesagt: "Das ist ja nur ein Placebo". Das 'nur' ist falsch. Selbst bei klar wirksamen chemischen Interventionen wie dem Antidepressivum Prozac ist in Studien nachgewiesen worden, dass 80% der Wirkung nicht vom chemischen Inhalt sondern vom Ritual der Einnahme und dem begleitenden Gespräch abhängen.
Frau Langer erzählt zur Situation von Krebspatienten:
"Was Krebs betrifft, bedeutet "Remission" jedoch, dass wir darauf warten, dass "er" zurückkehrt. Wenn "er" zurückkehrt, wird das Wiederauftreten als Teil desselben Krebses angesehen. Psychologisch kann dies dazu führen, uns besiegt zu fühlen. Für jede neue Erkältung, die wir besiegen, denken wir implizit: "Ich habe das schon einmal geschafft, also kann ich es wieder schaffen." Wenn der Krebs jedoch zurückkommt, denken wir: "Er gewinnt. Ich bin einfach nicht so stark wie er." Sicherlich wird der Krebs in gewisser Weise Ähnlichkeiten mit dem letzten Krebs aufweisen, aber in anderer Hinsicht ist er genauso sicher anders. Unsere Sprache führt uns dazu, die Ähnlichkeiten bei wiederkehrenden Episoden von Krebs zu sehen, während wir bei einer Erkältung die Unterschiede sehen. Natürlich sind die Einsätze bei Krebs so viel höher, dass es noch mehr Gründe gibt, unsere Sprachwahl zu berücksichtigen."
Ellen Langer sagt uns: "Stell dir vor, asiatische Frauen in Mathematik zu testen. Das Stereotyp für Asiaten besagt, dass sie gut in Mathematik sind. Das Stereotyp für Frauen besagt, dass sie nicht gut in Mathematik sind. Stell dir vor: Wenn du asiatische Frauen auf den Test vorbereites und sie anleitest, über ihr Geschlecht als Frauen nachzudenken, werden ihre Mathematiktestergebnisse sinken. Wenn du sie darauf vorbereitest, indem sie über ihre ethnische Zugehörigkeit als Asiaten nachdenken, werden ihre Ergebnisse in die Höhe schnellen."
Das alles wirft die Frage auf: Mit welchen Worten bereitest du dich den neuen Tag oder eine herausfordernde Aufgabe vor?
Meine Hypothese ist, dass mein Leben systematisch in eine bessere Richtung verläuft, wenn ich jeden Tag die Wahl meiner Worte und Gedanken beobachte und die Geschichten, die ich mir erzähle, sorgfältig wähle.

Was ist unter meiner Kontrolle?

Heute fühle ich mich ein wenig krank. Das lässt mich an ein Workshop letzte Woche im Saarland denken. Als wir uns im Besprechungsraum sammeln, fällt mir ein Buch am Tisch auf. "Epiktet". 'Wie kommt das denn her?" frage ich. Der "Chef" hat es zur Inspiration auf den Tisch gelegt, werde ich informiert.

Die stoischen Philosophen haben mich in den letzten Jahren recht intensiv beschäftigt. Epiktetes lebte um das Jahr 100 unserer Zeitrechnung. Er war zunächste ein Sklave, der von seinem Herren misshandelt wurde, später aber freigelassen und Lehrer der römischen Elite wurde. Kaiser Mark Aurel stützte sich sehr auf die Schüler von Epiktetes, die ein Konzentrat seiner Lehren im Buch 'Echiridion' niedergeschrieben haben. Der Name des Schriftstücks bedeutet etwas wie 'Handbuch', aber auch die Waffe, die man zur Hand hat.
Interessanterweise beginnt Epiktetes im Enchiridion 'mit folgendem Absatz: "Einige Dinge liegen in unserer Kontrolle und andere nicht. Dinge in unserer Kontrolle sind Meinung, Streben, Wunsch, Abneigung und, mit einem Wort, alles, was unsere eigenen Gefühle, Gedanken und Handlungen sind. Dinge, die nicht in unserer Kontrolle liegen, sind Körper, Besitz, Ruf, Befehlsgewalt und, mit einem Wort, alles was nicht unsere eigenen Gefühle, Denken und Handlungen sind."
Warum ist das so wichtig? Mark Aurel schreibt an sich selbst: "Mich verletzt zu fühlen, ist meine Entscheidung." Meine Frau und ich arbeiten ja gerade an unseren Sprechgewohnheiten (Danke Frau von Scheurl-Defersdorf! :-)). Wir beobachten immer wieder Situationen, wo wir uns durch einen Satz verletzt fühlen. Ich erinnere mich, dass ich dieses 'Verletzt fühlen' als eine Art Recht betrachte und dann 'berechtigt' böse sein oder auf einer Wiedergutmachung bestehen darf. Nur ... was sind die Auswirkungen dieser Gewohnheit? Normalerweise Verletzungen auf der anderen Seite und ein negativer Gefühlsstrudel.

Mark Aurel meint, dass ich dieses 'Recht auf verletzt Fühlen' ersatzlos streichen kann. Indem ich die Handlung der anderen Person wahrnehme, auch in ihrer eventuellen Ungeschicklichkeit, kann ich optimal auf ein gemeinsames Ziel hin reagieren.
Die Situation zu einer gemeinsamen Lernsituation machen.
An meinem Denken, an den Geschichten, die ich mir selbst und anderen erzähle, an meinen Handlungen und Gewohnheiten kann ich arbeiten.
Diese haben Wirkung. Oft unbeabsichtigte Nebenwirkungen.

Wenn ich mich krank fühle, kann ich entscheiden, ob ich oder mein Körper krank ist. Mein Körper! Ach so! Dann wäre es vielleicht heilsamer, die innere Sonne scheinen zu lassen, statt mich enttäuscht oder verletzt zu 'fühlen'.

Luke „Ich habe keine Angst!“ Yoda „Hm“

Starwars - Luke sagt zu Rey: “Confronting fear is the destiny of a Jedi. Your destiny.”

Da ist tiefe Wahrheit enthalten. Das wurde nicht erst von George Lucas erkannt. Viele griechische Philosophen sahen Mut, den erfolgreichen Umgang mit Angst, als die zentrale Tugend, welche die anderen Tugenden zur Blüte bringt.

“Handeln in der Präsenz von Angst” ermöglicht erst jene Taten zu setzten, die durch Weisheit, Mitgefühl und andere Tugenden nahegelegt werden.

Als Luke bei Yoda in Lehre geht sagt er “Ich habe keine Angst!”. Yoda darauf, etwas weniger frei übersetzt: “Du wirst Angst haben.” Helden handeln, wo andere durch Angst gelähmt sind. Nicht weil sie angstfrei sind, sondern weil sie wissen: Durch die Angst gehen macht frei. Durch die Angst gehen macht Sinn.
Unser unbegrenztes Potential liegt jenseits einer Grenze, die durch Angst markiert ist. Die Grenze unserer Komfortzone. Jeden Tag kleine Grenzüberschreitungen in das Land der unbegrenzten Möglichkeiten zu machen, ist anstrengend, möglich und sehr lohnend.

Ich wiederhole mich gerne. Daher der Hinweis auf das Werkzeug von Phil Stutz “Reversal of Desire” aus dem Buch ‘The Tools’. Wenn ich etwas nicht machen will, wenn ich eine Scheu davor habe etwas anzugehen, wenn ich tatsächlich Angst spüre, dann wünsche ich mir die Situation weg. Ich werde sogar blind dafür. Ich spüre nicht einmal mehr die Grenze meiner Komfortzone. Ich spüre keine Angst. Hier bin ich zu Hause. Ich wünsche mir, hier zu bleiben, auch wenn es weh tut. Es ist vertrauter Schmerz.
Phil Stutz schlägt vor: Drehe diesen Wunsch, zu Hause zu bleiben, in der Komfortzone, um. Ich will raus. Komm her, mein Problem! Ich liebe die Anstrengung! Ich liebe es, durch die Angst zu gehen. Das Überschreiten der Grenze macht mich frei! Das hat nichts mit Maso zu tun. Es geht um einen Preis, der zu zahlen ist, wenn ich über mich hinauswachsen will, wenn ich mein Potential realisieren will.

Daher die Übung: jeden Tag mehrfach bei kleinen Widerständen, das richtige zu tun, den Dreischritt gehen. Ich wünsche mir die Situation herbei. Ich liebe den kleinen Schmerz der Grenze. Ich spüre die Freiheit, die Freude, nach der Aktion. Bei mir hat sich sehr bewährt, wenn ich am Morgen herausfordernde Situation durchspiele, die ich während des Tages erwarte und die ich sonst eventuell aufschieben würde. Ich stelle mich dann schon auf die reale Situation ein. Schritt für Schritt wird aus einem Angsthasen, jemand der Ziele erreicht.

Die Wissenschaft vom Mut

Was ist Mut? Mut wird immer wieder verlangt. Vor allem von anderen Menschen. Aristoteles stellt in seiner “Nikomachischen Ethik” dass Mut die primäre Tugend wäre. Im Wort Courage ist die Bedeutung Herz enthalten. So wie das Herz Blut durch unseren Körper pumpt, pumpt Mut Bewegung in unser Leben.
Mut vitalisiert alle Tugenden, alle Werte.

Robert Biswas-Diener startet in seinem Buch
“The Courage Quotient: How Sience can Make You Braver” mit Aristoteles.
Dann stützt er sich auf Studien zum Phänomen Mut.
Warum sind manche Menschen mutig?
Warum manche nicht?
Was sind die Mechanismen?
Was können wir lernen?

Er stellt fest: Es gibt zwei Variablen, die Mut ausmachen:
1. Die Bereitschaft zu handeln.
2. Die Fähigkeit Angst zu steuern

Die Bereitschaft zu handeln, dividiert durch die Angst.

Mutige Menschen verstehen, laut seinen Studien, sehr gut, dass sie zwei getrennte Prozesse meistern müssen. Ihre Angst unter Kontrolle halten und den Willen zu handeln stärken. Diese Menschen wissen im entscheidenden Moment auch, ob sie jetzt mit ihrer Angst umgehen müssen oder sich zum Handeln zu bringen.

Robert gibt uns ein einfaches Werkzeug:
Wie groß ist meine Angst von 1 bis 10. Hm, zB 3. Und mein Wille zu agieren (getrennt vom Gefühl der Angst)? Hm 9 . 9 durch 3 ist 3. OK, könnte gehen.

Oder Angst 10 und Handlungsbereitschaft 10. 10/10 = 1 als Prognose des Outcomes. Verdammt, ich sollte an der Angst arbeiten, sonst kommt da nichts raus.

Oder Angst 1, Handlungsbereitschaft 10, 10/1 = 10. Vorwärts :-)

Angst ist ein wertvolles Signal. Die Präsenz von Angst bedeutet aber nicht, dass nicht gehandelt werden soll. zB Feuer! Berechtigte Angst. Handlungsimpuls: Hol die Kinder aus dem Haus! Hab’ ich eine Chance? Ja! GO!

Die Griechen beschrieben daher Mut auch als die “Fähigkeit zu handeln in der Präsenz von Angst”.
Ohne Angst zu sein ist ein Mangel und führt zu hirnlosen Aktionen. Das ist nicht Mut.

Phil Stutz geht so weit, Angst als Kompass zu verwenden. Angst zeigt auf die Grenze der Komfortzone.
Folge diesem Kompass, wünsche dir den Kontakt mit dem Schmerz der Grenze und gehe darüber hinaus in das Land des unbegrenzten Potentials.

Ich stelle mir daher jeden Tag in der Früh ein paar Situationen des kommenden Tages vor, die mich zurückscheuen lassen.

Und gehe die drei Schritte in wenigen Sekunden durch.

1. Wahrnehmen der Scheu, der Angst, des Zögerns.
2. Herbeiwünschen und den Schmerz, die Schwelle wahrnehmen
3. Durchgehen in das Land jenseits der Grenze

Für mich eine wichtige Übung.
Jeden Tag in der Früh.

Der beste Grund NEIN zu sagen

Wir haben schon einiges an Weisheit aus Seth Godin's Buch "The Practice" diskutiert, vielleicht sogar etwas umgesetzt. Wir haben darüber gesprochen, dass die Magie des Prozesses unser Potential voll zu entwickeln ist, dass da keine Magie ist. Außer man betrachtet klare Ziele, harte Arbeit und eine konsequent und täglich umgesetzte Praxis als Magie.
Man könnte das so sehen, weil viele erfolgreiche Menschen rückblickend sagen: "Es wirkt wie Magie, dass aus meinem winzigen Anfang, in so kleinen Schritten eine neue Welt für mich entstanden ist".
Das ist Praxis.

Es gibt da eine Kunst auf diesem Weg, die mir persönlich sehr schwerfällt:
Die Kunst NEIN zu sagen.

Seth Godin beschreibt das so: "Um konsistent und großzügig NEIN sagen zu können, brauchen wir ein starkes JA. Unsere Selbstverpflichtung zur Praxis ist die Quelle dieses JA. Die Welt erwartet, dass ihre Anforderungen erfüllt werden. Neue Projekte, übertragene Aufgaben, der Wunsch nach einer kleinen Gefälligkeit erwarten ein JA. Es ist ja nur eine kleine Sache, denke ich. Das mach' ich noch. Und schon sind wir in der Situation, nur noch Bälle zurückzuspielen und kommen nicht mehr zum Aufschlag. Oft ist daher die großzügigste Handlung im gegebenen Moment NEIN zu sagen."
Stephen Covey schreibt in seinem Buch "The Seven Habits of Highly Effective People" "Du musst entscheiden, was deine höchste Priorität ist und den Mut haben - freundlich, lächelnd und ohne Entschuldigung NEIN zu sagen zu den anderen Dingen. Du hast ein größeres JA in dir brennen.
Der Feind des 'Besten' ist oft das Gute."
Cal Newport schreibt in seinem Buch "Deep Work" : Für eine Person, die DeepWork fokussiert, ist es nötig, eine kleine Anzahl ambitionierter Ziele mit diesen wenigen wertvollen Deep Work Stunden zu verfolgen. Mehr und mehr Deep Work Stunden anzupeilen kann auslaugen. Besser ist es, ein brennendes Verlangen zu entwickeln, und dieses brennende Verlangen, mein Ziel zu erreichen, verdrängt den Rest."
Und was könnte das für mich sein?

Hah, da wäre etwas: "Ich will die beste, frohste, stärkste Version meiner Selbst sein!" Und dafür starte ich jeden Morgen mit 12 mal 2 Sonnengrüßen und einer Menge Liegestützen und nehme jedes emotionale Hoppala mit meiner Frau als Gelegenheit, meine emotionalen Muskel zu trainieren. ... und sage NEIN zu "Ich schlafe heute weiter", "Jetzt bin ICH dran!", "Den Bissen ess' ich noch!", ...
Ist zwar manchmal anstrengend, aber macht irgendwie froh.

Meine innere AI – Der Algorithmus „Der TURM“

Seneca sagt uns, dass das Beste, was wir für uns tun können, ist, das mit Freude zu machen, was uns gut tut.
Hm ... oft ist das, was für mich gut ist, verbunden mit Achtsamkeit und Disziplin. Ist gleich: Anstrengung. Ist gleich: Vermeidung. Blöde Sache.
Brian Johnson schlägt dazu vor unsere eingebaute AI zu verwenden. Er meint damit nicht die Artificial intelligence, von der Ray Dalio sagt, dass sie unsere Kapazität um den Faktor 100.000 erhöhen wird. Übrigens ist das tatsächlich eine Sache mit der ich mich zunehmend beschäftige. Chat GPT/Grok/Bing/Bard, ... werden zunehmend hilfreicher. Ich habe bereits einige ausgezeichnete Codebeispiele für spezifische Fälle erhalten. Insbesondere Erstellung und Überarbeitung von Texten funktioniert schon ausgezeichnet.

Jene AI, die Brian Johnson meint, ist aber 'Ancient Intelligence'. Die sitzt in unserem Stammhirn. Das sind die Automatismen, die uns seit vielen Jahrtausenden am Leben erhalten und uns helfen glücklich zu sein. Diese Automatismen laufen, wie der Name schon sagt, automatisch. Das sind unsere Gewohnheiten. Manche sind hilfreich, manche sind sehr schädlich. Im Umgang mit unserer Ancient Intelligence haben wir ein sehr simples User Interface: Wiederholung.

Eine Gewohnheit, die ich für mein Morgen-Programm installiert habe nenne ich, aus Brian Johnsons Coach Programm entnommen, BIG 3
Ich wähle meine Identität. Wer will ich sein? Was ist die beste Version von mir?
Dann wähle ich zentrale Werte. Dann entscheide ich wie ich die Werte heute in Handlungen ausdrücken werde.

Das ist schon ein Meta-Automatismus, weil ich in diesem Vorgang entscheide, was ich heute als Gewohnheit (oder in Techspeak: Algorithmus) verankern will.
Ein Algorithmus besteht immer aus zwei Teilen: Auslöser/Trigger und Automatische Reaktion/Response.
Gestern haben meine Frau und ich einen neuen Algorithmus besprochen: Wenn sie etwas Abwertendes zu mir sagt, sage ich laut 'TURM' und atme tief aus und ein.
Ich ersetze bei mir das Verhalten mich beleidigt zurückzuziehen oder ihr ins Gesicht zu fahren mit einer harten/lauten Reaktion.
Für sie ist es ein Feedback, dass da etwas falsch gelaufen ist. Das übe ich seit gestern. Ich bin gespannt, welche Veränderung ich damit initiiere.

Meine Frau ist gerade vom Selbsternte-Feld zurückgekommen, ich schau mal runter, ob sich eine Übungssituation ergibt.

Wu Wei – Wie entfalte ich die beste Version von mir?

Edward Slingerland ist Sinologe und hat die chinesischen Meister studiert. In seinem Buch “Trying not to Try” setzen sich er und die chinesischen Weisen mit dem Konzept des Wu-Wei auseinander.

Mein persönliches Ziel ist: Die beste Version von mir selbst mühelos auszudrücken und dabei strahlend und präsent zu sein.
Das Erreichen dieses Zustands so ziemlich der ganze Sinn der Arbeit, mit der ich mich hier auseinandersetze. Und natürlich war das auch der Ansatz der antiken chinesischen Philosophen.

Slingerland erzählt uns, dass die antiken chinesischen Philosophen besessen davon waren, wie sie ihr wu-wei erreichen können. Aber sie unterschieden sich darin, wie sie es angehen wollten.

Er stellt die vier führenden antiken chinesischen Philosophen vor: Konfuzius, LaoTse, Mencius und Chuang Tse.

Wir haben Konfuzius an einem Ende des Spektrums, der uns sagt, dass wir wirklich hart arbeiten müssen, um an den Punkt zu gelangen, an dem wir uns nicht mehr bemühen müssen. (Slingerland nennt dies “Versuche hart, nicht zu versuchen: Schnitzen und Polieren des Selbst.”)

Dann haben wir auf der anderen Seite des Spektrums LaoTse, der dachte, dass Konfuzius sich geirrt hat und uns sagt, dass wir alles loslassen müssen (buchstäblich - aus der Stadt ziehen, aussteigen usw.), wenn wir wu-wei finden wollen.
Slingerland nennt dies “Hör auf zu versuchen: Umarmung des unbearbeiteten Blocks.”

Dann gibt es Mencius, der im Grunde genommen Konfuzius’ Perspektive erweitert und empfiehlt, es zu versuchen, aber nicht zu hart - er sagt uns im Grunde genommen, dass wir die kleinen Sprosse unserer Tugenden und Stärken pflegen müssen, aber nicht an den Wurzeln zerren sollten.
“Versuche es, aber nicht zu sehr: Kultivierung tugendhafter Sprosse.”

Und schließlich gibt es Chuang Tse, der Lao Tse's Ansatz mildert und uns sagt, dass wir nicht aus der Gesellschaft aussteigen und zu unseren primitiven Wurzeln zurückkehren müssen - wir müssen uns nur auf die himmlische spirituelle Kraft einstimmen und diese durch uns fließen lassen.
"Vergiss alles: Geh mit dem Fluss."

Also zwei Fragen:
Welchen Ansatz ist für MICH der richtige Ansatz?
Welchen Ansatz tendiere ich zu verfolgen?

Slingerland sagt uns, dass alle Ansätze einen wichtigen Kern enthalten.

Brian Johnson spricht vom 'Fluss der Flexibiltät'. Er schlägt vor, das Ufer extremen Starrheit zu meiden und ebenso das Ufer der ziellosen Spontaneität.

Wo bin ich starr?
Wo bin ich wischiwaschi?

Was würde die beste Version von mir jetzt tun?
Das wäre ein Thema für die abendliche Retrospektive.

3 x 3 = Magie

Wir alle habe Bereiche im Leben, die wir optimieren wollen. Stephen Covey sagt uns, dass wir über “Roles and Goals” nachdenken sollen. Tony Robbins nennt das “Categories of Improvement”. Die Herausforderung ist, dass ich leicht durch eine Unzahl von Rollen und Kategorien verwirrt werden kann.
Ich folge da dem Vorschlag von Brian Johnson, in drei Kategorien zu denken: ENERGIE – LIEBE/FAMILIE - ARBEIT.

ENERGIE: Alles beginnt mit Energie. Wenn ich in der Früh nicht aus dem Bett komme und mich durch den Tag schleppe, helfen mir alle hohen Ziele nichts. Daher ist meine Priorität, jeden Morgen meine Energie in Schwung zu bringen.

LIEBE/FAMILIE: Warum will ich voller Energie sein? Zuallererst will ich ein super Partner, Vater, Großvater sein. Ich bin der einzige in dieser Rolle für meine nächsten. Gerade wenn ich einen Unterschied in der Welt machen will, ist es leicht zu vergessen, dass alles zu Hause beginnt.
Diesen Bereich weite ich dann auf Freunde, Nachbarn, zufällige Begegnungen aus. Ich will ermutigend und stärkend in meinen Kontakten sein.

ARBEIT: Der französische Philosoph Georges Hébert beschreibt das als “Fit sein um nützlich zu sein”. Arbeit ist für mich alles, wodurch ich Nutzen für die Welt stiften will und über die ersten beiden Kategorien hinausgeht. Meine Ge dverdien-Arbeit ist ein Teil davon. Das Schreiben dieses Memo an mich ist ein Teil davon. Eine unbezahlte Arbeit für einen guten Zweck ist ein Teil davon. Das Träumen von und das machen für eine nachhaltige Welt mit glücklichen Wesen ist ein Teil davon. Ich stifte Nutzen.

Ich habe schon mehrfach mein Protokoll referenziert. Das ist ein Rahmen von Aktivitäten, die ich jeden Tag durchführe.

Zentral in diesem Protokoll sind “Die großen DREI”.

1. Für jede dieser drei Kategorien wähle ich einen Namen, der für mich diese Identität kennzeichnet.

2. Welche Werte habe ich in dieser Identität? Warum will ich so sein? Weil es mir wichtig ist so zu sein! Ich notiere meine Werte, meine Tugenden, die diese Identität ausmachen. ZB für FAMILIE: Ich bin liebevoll, kreativ, ruhig, unterstützend, hilfreich, froh, aufmerksam, ...

3. Und als drittes notiere ich, was ich HEUTE konkret tun werde, um diese Qualitäten zu stärken und in die Welt zu bringen.
Zum Beispiel für ENERGIE: Ich mache in der Früh 2x12 Sonnengrüße und weitere stärkende Trainingseinheiten, dann führe ich mein Mentaltraining durch und natürlich schreibe ich meine “Großen Drei” in mein Tagebuch.

Meine Hypothese: Wenn ich über Jahre, jeden Tag, in dieser Art an mir arbeite, entwickle ich mich zielstrebig weiter und erreiche mehr und mehr meiner Ziele.

Warum bekomme ich nicht, was ich will? Antwort von Rudyard Kipling

Ich hatte ein interessantes Erlebnis. Eine meiner Töchter zitierte das Gedicht "IF" von Rudyard Kipling bei ihrem Besuch am Samstag und spielte für uns eine Lesung des Gedichts von Sir Michael Caine
(https://www.youtube.com/watch?v=LJgu83m4miw).
Ich war bewegt.

Zwei Tage später nimmt Brian Johnson, dessen +1s für mich eine Quelle von Motivation und Weisheit sind, genau dieses Gedicht als Ausgangspunkt seiner Worte zum Thema "Warum bekomme ich nicht, was ich will?".

An anderer Stelle hat Kipling eine Antwort auf diese Frage: "Wenn du das nicht bekommst, was du willst, dann kann das entweder ein Zeichen sein, dass du es nicht wirklich wolltest oder dass du über den Preis verhandelt hast."

Das ist Stoff zum Nachdenken.
Das wirft mich auf mich selbst zurück.
Das Leben kann eine Kette von Ausreden sein.
Was will ich wirklich?
Bin ich bereit, den Preis zu zahlen?

Kipling schreibt in seinem Gedicht in bewegender Sprache über die Welt, den Preis und den Willen, immer wieder aufzustehen für den neuen Start.

Also ... Was ist das Nummer 1 Ziel in meinem Leben, ausgedrückt in Zielen für meine Energie, meine Beziehungen und meine Arbeit?

Jeden Morgen stellt das Leben diese Frage an mich.
Meine Antwort zählt.
Wofür setze ich mich heute ein?
Heute ist der einzige Tag, an dem ich einen Schritt weiter gehen kann.
Heute ist der Tag! :-)

„IF“

Das Gedicht “IF” von Rudyard Kipling lässt mich nicht los.

Hier der Link zur Rezitation durch Sir Michael Caine
https://www.youtube.com/watch?v=LJgu83m4miw

Es ist wirklich wert, gehört und gelesen zu werden und noch einmal und noch einmal.

Was davon würde ich unterschreiben?
Was würde ich vermeiden?
Will ich so sein?
Was ist der Preis?
Was verliere ich, wenn ich so bin?
Was ist zu tun, jeden Tag, um so zu werden?

Als leitender Stern, unerreichbar, doch jeden Tag ein Schritt mehr auf dem Weg.
Ich kopiere hier den Text in Englisch, weil das Original auf mich am stärksten wirkt.

Hier die Worte von Rudyard Kipling:
"IF"

If you can keep your head when all about you
Are losing theirs and blaming it on you,
If you can trust yourself when all men doubt you,
But make allowance for their doubting too;
If you can wait and not be tired by waiting,
Or being lied about, don't deal in lies,
Or being hated, don't give way to hating,
And yet don't look too good, nor talk too wise:

If you can dream—and not make dreams your master;
If you can think—and not make thoughts your aim;
If you can meet with Triumph and Disaster
And treat those two impostors just the same;
If you can bear to hear the truth you've spoken
Twisted by knaves to make a trap for fools,
Or watch the things you gave your life to, broken,
And stoop and build 'em up with worn-out tools:

If you can make one heap of all your winnings
And risk it on one turn of pitch-and-toss,
And lose, and start again at your beginnings
And never breathe a word about your loss;
If you can force your heart and nerve and sinew
To serve your turn long after they are gone,
And so hold on when there is nothing in you
Except the Will which says to them: 'Hold on!'

If you can talk with crowds and keep your virtue,
Or walk with Kings—nor lose the common touch,
If neither foes nor loving friends can hurt you,
If all men count with you, but none too much;
If you can fill the unforgiving minute
With sixty seconds' worth of distance run,
Yours is the Earth and everything that's in it,
And—which is more—you'll be a Man, my son!

Du bist das Wunder, auf das du wartest!

In meiner Meditationsecke habe ich eine Keramikkugel liegen auf der steht geschrieben “Expect a Miracle”.
Jahrelang habe ich die Kugel betrachtet und mich motiviert, dass etwas geschehen möge, was meine jeweiligen Probleme löst.
Ich habe mich durchgewurschtelt, vieles hat funktioniert, aber ein so richtiges Wunder? Hm?

Dann habe ich das 300 Tage Coach Training bei Heroic gemacht und die haben den Slogan ‘You are the Hero, You are waiting for!’
Was soll das wieder heißen?

Nun ja, etwa so: “Sie selber zu!”
Wer kennt meine Probleme am Besten? Ich.
Wer kennt mein Potential am Besten? Ich.
Wer kann das meiste tun, um meine Situation zu verbessern? Ich.

Es ist zum Weinen! Was tun, wenn Lotto spielen nicht die Lösung ist?
Ich habe es ausprobiert. Die Lottokugeln reagieren in keiner Weise auf meine Bedürfnisse. Etwa minus 90% Return on Investment (ROI).
Seit einiger Zeit betrachte ich die Kugel auf meinem Tisch aus einer anderen Perspektive.
Sie sagt mir “Du bist das Wunder, auf das du wartest!”
Das motiviert mich, aus jedem Tag das Beste zu machen, das mir möglich ist.
Nie perfekt, aber ich mach etwas.

Ich frage mich
“Wer bin ich, wenn das Wunder geschieht?”
“Welche Werte habe ich, wenn das Wunder geschehen ist?”
“Was habe ich getan, um das Wunder geschehen zu lassen?”

In jeder Situation kann ich die Beste Version in mir fragen:
“Was würdest du jetzt tun?”

Irgendwie fühle ich mich wohl in der Rolle,
dass ich das Wunder bin,
auf das ich warte.

IV - DER TAG!
Von der Kunst, Tage zu Meisterstücken zu machen.

Stell dir vor, jeder Tag deines Lebens könnte ein Kunstwerk sein – bewusst gestaltet und voller Bedeutung. In diesem Abschnitt erarbeiten wir, wie kleine, konsequente Veränderungen in deinen täglichen Gewohnheiten zu exponentiellem Erfolg und persönlichem Wachstum führen können.

Wir beginnen mit der inspirierenden Geschichte von Jim Kwik, einem führenden Experten für Gehirnoptimierung, der trotz einer schweren Gehirnverletzung als Kind enorme Hindernisse überwunden hat. Seine Reise verdeutlicht den Dominoeffekt kleiner Schritte, die im Laufe der Zeit große Veränderungen bewirken.

Ein zentraler Fokus liegt auf der Bedeutung von Morgen- und Abendroutinen. Durch einfache Praktiken wie das Ausschalten elektronischer Geräte vor dem Schlafengehen und kraftvolle Morgenrituale kannst du deinen Tag energiegeladen und zielgerichtet starten. Hal Elrods „Miracle Morning" und Gary Kellers Zeitblockung bieten dabei bewährte Strategien, um fokussiert zu bleiben und Ablenkungen zu minimieren.

Darüber hinaus erfährst du, wie Checklisten – inspiriert von Chirurgen und Piloten – deine tägliche Effizienz und Zielerreichung unterstützen können. Diese einfachen Werkzeuge helfen dir, deine Routinen auch an herausfordernden Tagen beizubehalten.
Neben Produktivität ist es wichtig, eine Balance zwischen Selbstverbesserung und familiärer Wärme zu finden. Dieses Kapitel beleuchtet, wie du trotz intensiver persönlicher Entwicklung Zeit für deine Liebsten findest und die gemeinsamen Momente genießt.

Abschließend beschäftigen wir uns mit mentaler Stärke und Selbst-Coaching. Techniken wie das „Flip the Switch" und das Setzen klarer Ziele helfen dir, durch Rückschläge resilienter zu werden und kontinuierlich Fortschritte zu machen.

Dieses Kapitel bietet dir praktische Strategien, um jeden Tag zu einem Meisterwerk zu machen.

Stärke deine Reise zu einem erfüllten und erfolgreichen Leben,
indem du die Kunst trainierst, aus jedem Tag ein Meisterstück zu gestalten.

Kleine Änderungen meiner Gewohnheiten bringen chatty Erfolg

Ich erwähne wiederholt die Wirkung von kleinen Schritten, die über die Zeit große Wirkung haben.
Der Dominoeffekt.

Jim Kwik hat ein großartiges Buch namens „Limitless“ geschrieben.
Er ist einer der weltweit führenden Experten für Gedächtnisverbesserung, Gehirnoptimierung und beschleunigtes Lernen.

Nachdem er im Kindergarten eine Gehirnverletzung erlitten hatte, wurde er von einem Lehrer als das Kind "mit dem kaputten Gehirn" beschrieben. Er kämpfte die meiste Zeit seines Lebens mit dem Lernen. Dann macht er etwas aus seinem ‘Leiden’ und studierte (und wandte an!) die Wissenschaft vom Lernen.

Jetzt, ein paar Jahrzehnte später ist er der "Gehirntrainer für ein Who’s Who von Hollywoods Elite, professionellen Athleten, politischen und wirtschaftlichen Größen."
Jim sagt uns: "Schrittweise voranzukommen ist der Schlüssel zu echtem Fortschritt. Jeder Schritt, den du im Prozess des Grenzenlos-Werdens machen kannst, ist ein Schritt in die richtige Richtung. Aber was wäre, wenn du dein Genie exponentiell voranbringen könntest? Schließlich, wenn wir 30 normale Schritte vorwärts machen, enden wir irgendwo die Straße hinunter. Aber wenn wir 30 exponentielle Schritte machen würden, könnten wir die Erde mehr als zwei Dutzend Mal umkreisen."
Was meint er mit exponentiell?

Mir fällt wieder das Domino ein mit den immer größer werdenden Steinen.
Das führt zu einer weiteren praktischen Frage...
Wie mache ich dreißig metaphorisch exponentielle Schritte?

Ich muss herausfinden, was meiner Meinung nach die wirksamsten Optimierungen in meinem Verhalten sein könnten, die ich vornehmen kann, und dann diese Verhaltensänderungen KONSISTENT ausführen, während die Gewinne daraus über einen längeren Zeitraum aggregieren und kumulieren.

Das sind im Allgemeinen nicht die großen, ausgefallenen Dinge, die wenigen Glücklichen vorbehalten sind.
Ich denke, es sind die verrückten alltäglichen, einfachen Aktionen, die wir ALLE unternehmen können.

Sachen wie das Ausschalten unserer elektronischen Helfer 90 Minuten vor dem Schlafengehen.
Und, was wäre, wenn ich Zucker und hochverarbeitete Lebensmittel aus meiner Ernährung reduziere/eliminiere?

Ein einfaches Morgenritual mit mentalen und körperlichen Übungen hat mir sehr viel gebracht.
Viel erwarte ich davon, dass ich einen Deep Work Zeitblock definiere.
Jeden Morgen. Was ist das Wichtigste? Heute?
Das ungestört durchziehen.

Krishnamurti hat dazu gesagt: "Um weit zu kommen, musst du nahe beginnen, und der nächste Schritt ist der wichtigste."

Das Abend- und das Morgen-Programm

“Mach jeden Tag zu einem Meisterstück”.
Der zentrale Punkt hier ist, das Abend- und das Morgenprogramm in den Griff zu bekommen. Das ist 80% vom nachhaltigen Erfolg.
Wenn du wie die meisten Menschen bist, hast du mehr Kontrolle über den Beginn und das Ende deines Tages als über die Mitte deiner Tage.

In seinem großartigen Buch "The Compound Effect" bezeichnet Darren Hardy (der ehemalige Herausgeber des Success-Magazins) diese Abschnitte des Tages als "AM und PM Buchstützen".
Wie erreiche ich, dass ich energiegeladener, produktiver und verbundener sein kann als je zuvor.
Paradoxerweise beginnt mein Tag eigentlich schon am Vorabend. Deshalb beginne ich beim Gestalten meiner Meisterwerk-Tage mit der abendlichen Buchstütze.
Indem ich immer besser darin werde, das Abendprotokoll konsequenter auszuführen, wache ich immer energiegeladener auf.
Am Morgen will ich sicherstellen, dass ich den Tag stark beginne, indem ich einige frühe ‘Große Drei’ (Energie-Beziehung-Arbeit) - Gewinne erziele.
Dazu nehme ich mir immer wieder einen Moment Zeit und stelle mir MEINEN idealen Tag vor.
Wie sieht er aus?
Wie kann ich mein Abendprotokoll stärken um noch energiegeladener aufzuwachen?
Was kann ich gleich in der früh konkret tun, um für Energie, Familie und Arbeit schon kleine Siege zu feiern. Zum Beispiel habe ich mir angewöhnt gleich nach dem Aufstehen, meist bevor meine Frau aufwacht, in die Küche zu gehen und dort Ordnung zu schaffen. Das kommt gut bei meiner Frau an :-) . Oder ich habe ein 25 Minuten Morgen-Programm gestaltet, um körperlich fitter zu werden.
Den Arbeitstag starte ich mit Überblick zu allen Tasks (Arbeit, Familie, ...)
und überlege Zeitblöcke, in denen ich mich ungestört darum kümmern kann.
Jeden Tag kann ich ein klein wenig besser werden. Über Monate und Jahre schaut das rückblickend, wie ein großer Sprung aus.

Also: Abendroutine definieren!
Der gute Tag beginnt am guten Abend :-)
Was mache ich am Abend? Was mache ich besser NICHT?
Und Morgenroutine definieren. Aufschreiben! An den Kasten kleben. Sichtbar machen.
Ganz klein anfangen und jeden Tag machen. Abend + Morgen.
Einmal nicht gut hinkriegen ist kein Problem.
Aber komplett auslassen ist ein No-GO.

Carpe Diem!

Carpe Diem! Nutze den Tag! Packe den Tag! Hm ... Manchmal oder genauer, heute, ist mir nicht danach. Ich schau einmal in die lateinische Wurzel bei Horaz in seinen Oden. Vielleicht finde ich da etwas motivierendes. Ah, da ist etwas! Die Römer verstanden unter 'Carpe' nicht 'zupacken' sondern pflücken. Wie man eine reife wohlschmeckende Frucht pflückt.

ich kann heute eine Frucht vom Baum des Lebens pflücken – sie ist reif und bereit, genossen zu werden!
Wir müssen diese Frucht nicht "ergreifen", als ob es etwas wäre,
das wir "plötzlich und gewaltsam in Besitz nehmen" müssen.
Wir wollen sie "pflücken". Und dann genießen.
Das ist die Essenz dessen, was Horaz meinte.

Das Leben ist kostbar kurz.
Heute – und genauer gesagt, DIESER MOMENT! – ist etwas, das genossen und in vollen Zügen gelebt werden soll.

Tage schmecken unterschiedlich. Manchmal sind jene, die eine saure, anstrengende Note haben, besonders anregend, besonders wertvoll.

Was werde ich HEUTE, an diesem Tag lieben?
Neugierig geworden?

Ich merke schon, dass sich in mir ein kleiner Funke von Freude regt.
Schritt für Schritt werde ich diesen Tag erkunden und jeden Bissen kosten.
Gerade bin ich den ersten Schritt gegangen.

Und der Geschmack?
Süß, die Sonne scheint, mit einer bitteren herausfordernden Note.
Das fühlt sich interessant an.

Pareto + Kein Parkinson = Produktivitätswunder

Unser Hirn ist extrem leicht ablenkbar und versucht sofort, in diesem Moment, alles zu erledigen, was gerade präsent ist. Das funktioniert aber nicht. Es kommt zum mentalen und energetischen Stau. Frustration ist die Folge.

In den fünfziger Jahren des vorigen Jahrhunderts hat ein Journalist des Economist namens Parkinson eine Regel entdeckt als er die britische Admiralität studierte. Obwohl immer weniger Schiffe, Seeleute und Soldaten zu steuern waren, wurden immer mehr Mitarbeiter in der Admiralität eingestellt. Wie kommt es, dass die an sich schrumpfende Arbeit auf immer mehr Leute verteilt wurde?
Seine Beobachtung: Menschen strecken ihre Arbeit entsprechend der verfügbaren Zeit (Budget). Wenn sie noch dazu die Autorität haben, Mitarbeitende einzustellen erweitern sie den Zeitverbrauch über Neueinstellungen.
Die Führung dieser Mitarbeitenden ist viel Arbeit und daher braucht die Führungskraft ein Sekretariat, ...

Tim Ferris fasst die Lösung gut zusammen: "Mittels Pareto fokussieren auf das wichtigste jetzt, vergiss alles andere und ziehe es, unter Berücksichtigung der Parkinson-Gefahr, in der kürzest möglichen Zeit durch.
Dann geh den nächsten Schritt."

Ich lerne gerade meine 'Deepwork' Zeiten in 20 Minuten Einheiten zu teilen. In dieser kurzen Zeit versuche ich so viel wie möglich zu erreichen, dann stehe ich kurz auf, mache Bewegung, trinke etwas und kehre zurück zur nächsten Einheit.
Das für 3x1,5 Stunden pro Tag
Die Erledigungsrate ist faszinierend.

Erfolgsliste statt ToDo-Liste

Eine ToDo Liste ist ja meist unsere treue Begleiterin. Wenn wir aber die "Großen Drei" prüfen, erkennen wir drei Identitäten, die zugehörigen Werte und was wir heute tun werden um Identitäten und Werte in die Welt zu bringen. Das ist eine andere Perspektive.
Die drei Identitäten sind so etwas wie eine ToBe-Liste.
Brian Johnson schlägt vor, täglich eine 'Erfolgs-Liste' zu machen. Diese finden wir in den "Großen Drei", wenn wir versuchen die Werte in das Tun des heutigen Tages umzusetzen.
Was wird für jede meiner Schwerpunkte Energie, Familie, Arbeit mein wichtigster Erfolg sein. Was werde ich heute dafür tun?

Gary Keller schreibt in seinem Buch "The ONE Thing"
„To-Do-Listen sind in der Regel lang; Erfolgslisten sind kurz. Das eine ist (im schlimmsten Fall) ein unorganisiertes Verzeichnis und das andere gibt eine organisierte Direktive. Wenn eine Liste nicht auf Erfolg basiert, führt sie Sie nicht dorthin. Wenn deine To-Do-Liste alles enthält, führt sie Sie wahrscheinlich überall hin, aber nicht dorthin, wo du wirklich hin willst."

Was ist mein wichtigstes Projekt in jeder der drei Perspektiven (Energie, Familie, Arbeit) ?
Wie schaut mein 'Meisterstück-Tag' aus?
Welchen kleinen Schritt gehe ich heute auf mein Ziel zu?

Hypothese: Täglich kleine Erfolge in die richtige Richtung führen zu überraschend großem Glück in der Zukunft.
Also: TÄGLICH ist die Devise! :-)

Die kleinen sinnvollen Dinge – Jeden Tag!

Neben der Erkenntnis, dass der Sinn des Lebens, des Universums und überhaupt bereits mit “42” beantwortet ist, gibt es auch die Suche nach dem großen “Sinn des eigenen Lebens”.
Wofür bin ich da?
Tom Rath meint in seinem Buch “Life’s Great Question”, dass der oft vermittelte große Sinn des Lebens eventuell ein wenig daneben liegt.
Er sagt uns: „Die Idee, dass wir einen klar definierten Sinn des Lebens haben sollten, ist unzureichend. Das ist eine großartige, aber unpraktische Vorstellung davon, was wir von unserer Arbeit erwarten können. Und die meisten Diskussionen über den Sinn neigen dazu, den tatsächlichen Wert der Arbeit, welche die Menschen jeden Tag leisten, herunterzuspielen. Es deutet fast darauf hin, dass wir, wenn wir wirklich einen Sinn im Leben verspüren wollen, entweder einen neuen Job finden oder über die Arbeit hinaus nach sinnvolleren Möglichkeiten suchen müssen, unsere Zeit zu verbringen.“

Er fährt fort: „In jedem Job gibt es Möglichkeiten, das Wohlbefinden anderer Menschen positiv zu beeinflussen. Die meisten von uns tun weit mehr für andere, als uns bewusst ist. Wir haben auch viele Möglichkeiten, die Beiträge, die wir leisten, zu optimieren und sie an dem auszurichten, was uns am meisten erfüllt.“

Das legt nahe, nach Mikromomenten während des Tages zu suchen, in denen wir etwas beitragen. Für meine Energie, für meine Familie für meine Umgebung ganz allgemein. Kleine sinnstiftende Momente.
Das sind Mikro-Erfolge in positiven Beiträgen.
In diesem Mindset kann jeden Tag sinnvoll leben.
Das ist doch etwas!

Also, was sind heute die kleinen Beiträge für mich, für meine Familie, für die Welt um mich?
In der Früh notieren, was es sein könnte, während des Tages das tun und andere Möglichkeiten entdecken und am Abend reflektieren und Danke sagen zu dem was den Tag sinnvoll gemacht hat.

Ein römischer Meisterstück-Tag

Spannend finde ich, wie Römer, ja sogar schon die Ägypter mit den Tageszeiten umgingen. Um jeden Tag zu einem Meisterstück zu machen werden wichtige Gewohnheiten an gewisse Tageszeiten gebunden.
Mit unserer jetzt geltenden Zeitmessung ist sechs Uhr früh manchmal sonnig, manchmal dämmrig, manchmal finster. Diese Zeitrechnung wurde mit dem Aufkommen mechanischer Uhren üblich.
Für die Römer (Sonnenuhren!) aber begann der Tag mit Sonnenaufgang und endete mit dem Sonnenuntergang. (Mehr dazu auch in Wikipedia: https://de.wikipedia.org/wiki/Temporale_Stunden)
Das bedeutet, dass Amtsstunden, Senatssitzungen, aber auch alle anderen Tätigkeiten des Tages in Stunden zwischen 45 und 75 Minuten gemessen wurden. Nach der zehnten Stunde wurden im Senat keine wichtigen Dinge besprochen. Also immer zwölf Tages-Stunden. Ich habe nicht recherchiert, wie und ob die Nachtstunden gemessen wurden. Es könnte ein Artefakt unserer immer effektiveren Zeitnutzung sein, dass wir auch die Ruhezeit zerlegen.
Die Sexta ist uns noch geblieben als Siesta.
Gerade habe ich sehr gut geschlafen > Siesta :-)
In den anglikanischen Ländern ist als Erbe der Römerzeit 'Ante Meridían' und 'Post Meridian' verbreitet (AM, PM).

Die temporalen Stunden sind ein faszinierendes Modell, das man mit digitalen Uhren wieder einführen könnte. Oder doch nicht, wenn ich an Helsinki denke? ;-)
Warum die Rederei um die Tageseinteilung der Römer?

Für mich ist die Nutzung jedes Tages, so gut ich es eben kann, zentral für mein glückliches Leben. Das bedeutet für die Früh und den Abend eine Struktur zu gestalten, die mich aufbaut und gesund erhält. Ich mache das nach unserer mechanischen Zeitrechnung. Wenn ich im Sommer um fünf Uhr aufstehe kommt die Sonne heraus und ich mache meine Sonnengrüße gerade zur richtigen Zeit. Im Dezember ist es noch dunkel und die Sonne beleuchtet gerade die Berge des Ural mit ihren ersten Strahlen. Auch gut. Ich stell mir das vor. Ich mache es trotzdem, weil ich an meinen 12 Normstunden pro Halbtag hänge.
Manchmal aber habe ich Sehnsucht nach einer Zeit, in der ich mit der Sonne aufstehe und zur Ruhe gehe. Irgendwie geruhsam.

Jetzt aber ernsthaft. Ohne ein klares Ritual für den Morgen und den Abend (Das Protokoll) komme ich aus meiner Sicht nicht viel weiter auf meinem Entwicklungsweg. Daher feile ich daran herum wie an einem kleinen Kunstwerk. Mein Meisterstück-Tag.

Deep Work

Cal Newport hat seinen PH.D. vom MIT und ist Professor für 'Computer Science' an der Georgetown Universität. Mit seinem Buch "Deep Work" hat er einen Trend-Begriff geprägt.

Er stellt fest: Wir können entweder seichte Arbeit (Shallow Work) oder tiefe Arbeit (Deep Work) tun und es macht einen großen Unterschied für unsere Effektivität welche Arbeitsweise wir wählen.

Cal hat eine Formel entwickelt, die es wert ist, immer wieder reflektiert zu werden:

High Quality Work = Time Spent x Intensity of Focus

Wie?
- Definiere dein Thema
- Reserviere einen Zeitblock. Für mich ist der Vormittag ideal.
- Schalte alles ab. Keine Störung wird zugelassen.
- Totaler Fokus. Nichts ist wichtiger als dieses Thema. Diese Aufgabe.

Selbst für Manager, die sehr oft von Ereignissen, von außen, unten, oben und der Seite in einen reaktive Arbeitsstil gezwungen werden gilt:
- Die wichtigste Aufgabe ist, am System zu arbeiten, nicht im System
- Das ist ein hoch kreativer Prozess, der 'Deep Work' benötigt
- Also: Zeit blocken, Störungen unterbinden
- Und FOKUS: Was ist JETZT wichtig?

Es ist OK einen großen Teil der Zeit reaktiv Situationen zu 'retten' oder wichtige Routinen zu erfüllen, ABER ein kleiner und signifikanter Teil der Arbeitszeit muss gestaltend sein und braucht den 'Deep Work' Modus.

Ein Führungsteam, das ich begleiten durfte, hat für sich festgelegt:

- Im ersten Abschnitt (20-60'), jeden Tag, gestalte ich meinen Bereich ('Deep Work', alleine, kein Input)
- Im zweiten Abschnitt koordiniere und stärke ich mein Team
- Dann gehe ich in einen vielversprechenden Tag.

In der Krise fällst du auf die Ebene deines Trainings

Brian Cain ist ein 'Mental Toughness' Coach und trainierte jede Menge Top Athleten und Performers (Olympische Medaillen und so) :-) .
Sein Buch "The 10 Pillars of Mental Performance Mastery" steckt voller wertvoller Werkzeuge.

Ein Hinweis ist zum Beispiel, dass die Idee 'Ich wachse mit der Herausforderung' irreführend ist. Es geht nicht darum auf die Katastrophe zu warten und dann zu wachsen, sondern täglich dran zu arbeiten die Baseline zu heben. Jenes Set an Fähigkeiten und Gewohnheiten, die mir auch in schlimmen Situationen zur Verfügung stehen.

Darum lautet eines der Kapitel etwa so: "Du wächst nicht mit der Herausforderung, sondern du sinkst auf die Ebene deines Trainings und deiner Gewohnheiten".
Die naheliegende Konsequenz für Normalverbraucher: täglich ein klein wenig trainieren, eine kleine schlechte Gewohnheit ersetzen, eine kleine gute Gewohnheit lernen.
Und dann den neuen Standard zur 'Baseline' machen

So können wir aus wirklich schlechten Tagen 'gute schlechte' Tage machen.
Damit werden die schlechtesten unserer Tage und die besten unserer guten Tage besser und irgendwann stellen wir fest dass unsere guten schlechten Tage besser sind als die besten Tage vergangener Jahre.

Das wär doch was! :-) Wann starten damit? Jetzt.

Geschwindigkeit und Dichte

Und weiter in Phil Stutz' Buch "Lessons for Living". Er definiert „REGELN für das TUN". Regel #1: „SCHNELLIGKEIT"— das scheint mir extrem wichtig. Es ist auch das erste Prinzip, das Phil mich in diesem Kapitel lehrt. Im Buch sagt er mir: „Sobald du dich entscheidest, etwas zu tun, ist es wichtig, so wenig Zeit wie möglich verstreichen zu lassen, bis du handelst. Eine schnell ausgeführte, gescheiterte Handlung wird dein Selbstvertrauen mehr stärken als eine, die nach großem Zögern durchgeführt wird, selbst wenn sie erfolgreich ist."

Ich kann das total nachvollziehen. Ein schneller Versuch, auch wenn er 'scheitert', bringt Klarheit. Warum zögere ich dann vieles so lange hinaus? Warum ist eine schlechte Frage. Es gibt tausend Gründe. Manche tatsächlich 'gut'. Ich verliere Zeit mit dem Warum!

„SCHNELLIGKEIT = Planen → Handeln." „MACH ES JETZT!" „Vertrauen erodiert, je länger ich warte, zu handeln!" „Es ist möglich, jetzt gleich einen Einfluss zu nehmen."

Phil's zweite Perspektive im Kontext des 'Tuns' ist „DICHTE."

Im Buch sagt er: „Dynamische Menschen führen an einem Vormittag mehr Aktionen durch als die meisten Menschen in einem Monat. Das Ziel ist, in einem gegebenen Zeitraum viel mehr Aktionen zu unternehmen, als du normalerweise tust. Beginne langsam, versuche, sogar nur zwei Aktionen an einem Tag zu durchzuführen und steigere dich von dort aus."

Wie verwende ich meine Zeit?

'Verdichtung' macht mir ein wenig Angst.

Wieder ein kleines Missverständnis. Verdichtung heißt in Phil Stutz' Denken nicht 'Hetzen'. Zum Verdichten der Handlung gehört der Fokus auf Erholung, auf das Kraft sammeln zwischendurch. Einerseits bringt das schnelle Durchführen, die Taktung, Motivation, andererseits ist das Aufstehen, vor die Tür gehen und Durchatmen ein notwendiger Task wie jeder andere. Diese 'Pausen' zählen mit!

Es entsteht das Gefühl: "Mut = Überfluss des Lebens."

Das letzte Prinzip in Phils „Philosophie der Aktion" ist die abendliche Überprüfung.

Er sagt mir: „Reserviere zehn Minuten vor dem Schlafengehen, um schriftlich die Aktionen des Tages zu überprüfen und diejenigen, zu denen du dich für morgen verpflichten möchtest. Alles, was schriftlich festgehalten wird, wird ernster genommen, und du bist weniger geneigt, dich selbst darüber anzulügen, wie viel oder wenig du getan hast.

Pythagoras hat schon vor 2000 Jahren diese abendliche Überprüfung eingesetzt und empfohlen.

Ich liebe diese Praxis.

Also, was ist der nächste Task?

Angehen!

FLOW

Zu selten aber eben doch manchmal schaffe ich vier Stunden wirklich konzentrierte Arbeit am Computer. Da geht es um kreative Arbeit oder um tak tak tak Erledigen von Kleintasks. Beim Kochen erlebe ich das auch, wenn ich alleine in der Küche bin. Danach habe ich ein super Gefühl und es ist durchwegs auch ein gutes Ergebnis entstanden.
Steven Kottler nennt in seinem Buch “The Rise of Superman” Menschen, die solche Arbeits&Trainings-Einheiten immer wieder erleben wollen, ‘Flow Junkies’.
Diese, oft sehr erfolgreichen, Menschen haben herausgefunden wie sie unmittelbare Belohnung zu erhalten während sie das tun, was sie ihren herausfordernden Zielen näherbringt. Nicht erst am Schluss, jeden Tag!

Der ‘Instant Gratification Monkey’ ist ja ein Begriff und in unserem neuronalem System tief verankert. Schon bei Kleinkindern zeigt der Marsh Mallow Test, dass Kinder, die Belohnung für eine größere später zurückhalten können, später im Leben erfolgreicher sein werden. Kottlers Vorschlag geht aber weiter. Der Monkey wird zielgerichtet eingesetzt. Kein Kampf mehr nötig! ... Hm? Ein wenig Disziplin schon ;-)

Brian Johnson prägt den Begriff “Hedonistische Eudaimonie” (Hedonic Eudaimonia”. Er meint damit, dass wir unmittelbare Freude und Energie fühlen, wenn wir das tun, was die beste Version von uns (Eudaimon im griechischen) tun würde.
Dieser Zustand passiert nicht einfach so. Ich muss dafür einen Rahmen setzen, der die Wahrscheinlichkeit dieses fokussierten Zustands und Tuns erhöht.

Das führt zum zentralen Element: “Das Protokoll”

Zunächst braucht es einen guten Start.
Was ist mein Protokoll unmittelbar nach dem Aufwachen.
Wie bekomme ich Körper und Geist in Schwung?

Eine klare Reihenfolge der nächsten Arbeitseinheiten.
Bei mir ist es zunächst Familie, dann kreative Arbeit.
Arbeit teile ich in 90-Minuten-Blöcke, die ich dann nochmals in 4 Teile zerlege durch ganz kurze, Aufstehen- und Bewegen-Phasen, in denen ich aber geistig bei der Sache bleibe.

Alle 90 Minuten 20 Minuten ganz anderes Tun, wie körperliche Arbeit, meditieren, …
Unvermeidlich stolpere ich tagsüber. Dann Atmen, Lächeln, Innehalten (ALI) und weiter.
Wenn ich drei solche Einheiten schaffe, dann ist es zuverlässig ein super Tag.
Warum mache ich das so selten? Hm?
Ziemlich einfach: Weil ich mein Protokoll nicht einhalte, bzw nicht geeignet weiterentwickle.

Zu meiner Seelentröstung: Es ist viel besser geworden, seit ich es immer wieder von neuem angehe.

Also? Effekt schon oft erlebt? Was hindert mich, das heute zu tun? Nichts?!!
Na dann, gemmas an!

Früher Vogel frisst den Wurm

"Früher Vogel frisst den Wurm" Genau!
Das ist der Grund, warum ich spät aufstehe. Wer will schon gefressen werden! ;-)

Aber … Erstens: Wer bin ich? Zweitens: Das mit dem Frühaufstehen.

Ich persönlich bin lieber der Vogel als der Wurm :-)
Meine Töchter haben mir das frühe Aufstehen antrainiert. Unsere Babies nahmen keine Rücksicht auf die Notwendigkeit, dass Menschen 7-9 Stunden schlafen sollten, um fit zu sein. Die Gewohnheit ist dann geblieben, weil auch das Führen einer Firma leichter fällt, wenn man vor Ort ist. Früh vor Ort ist.

Jetzt arbeite ich meist online und flexibel. Trotzdem haben wir im Führungsteam unser 'StandUp' um 8:15 werktags. Das wäre noch nicht extra früh.
Jetzt kommt aber das Extra. Damit ich einen guten Tag starte und durchhalte brauche ich einen guten Abend vorher und einen guten Morgen zum Start.

Ich bin kein Morgenmensch. Daher ist es nötig, dass ich den Wecker stelle. Weil ich den Wecker auf 5 Uhr stelle, muss ich an den meisten Abenden um 21Uhr schlafen. Wenn ich den vorhergehenden Tag rechtzeitig und dankbar abschließe, habe ich die Chance am nächsten Tag um fünf fit zu sein.

Und warum fünf?

Die Gewohnheit ist langsam über die Jahre gewachsen. Zum Aufwachen saniere ich unsere Küche und richte den Frühstückstisch. Das gibt ein zuverlässiges Plus bei meiner Frau.

Dann mein körperliches Training. In 35 Minuten mache ich Sonnengrüße, Liegestütze, Hängen, Klimmzugversuche, …
Wichtig ist für mich, dass ich viel Zeit habe.
Kaum jemand ist wach. Niemand stört mich.

Dann meditiere ich, mache mentales Training und habe Zeit für kreative Wünsche, Vorhaben, Pläne, Problemlösungen, sogar Singen …
Ich schreibe vieles auf. Wichtig ist mir, einige Ereignisse oder kleine Siege zu notieren, für die ich dankbar bin.
Ich habe viel Zeit!

Dann ist es halb acht. ich habe zweieinhalb Stunden, in Stille, für mich gehabt. Jetzt gibt es Frühstück mit meiner Frau :-)
So ein Morgen ist Luxus!

Diesen Luxus ist alles andere als selbstverständlich.
Meine Tochter hat 2 kleine Kinder (2 und 5 Jahre alt).
Sie kämpft auf ihre Art für ein kleines Stück Freiheit jeden Tag.
Da geht viel weniger, aber etwas geht, zB mit Hilfe des Partners, manchmal Großeltern.

Ich bin in einer Lebensphase, wo das leichter geht.
Ich bin dankbar dafür!
Der Tag darf kommen!

Heute ist der Tag! Ich freu mich drauf!

Brian Cain, 'Mental Toughness Coach' vieler Olympia-Medaillen-Gewinner schreibt "Remember, depression is obsession with the past, anxiety is obsession about the future, and optimal performance is obsession about the present".

Ich durfte ihn letzten Dezember in Los Angeles erleben. Der Mann hat was los. Aber abgesehen von Charisma, er spricht hier etwas aus, was die gegenwärtige Therapieszene gut brauchen könnte. Viele Therapeuten haben die Beschäftigung mit der Vergangenheit zum Geschäftsmodell gemacht und viele Menschen glauben durch 'Sich Sorgenmachen' über die Zukunft ihr Leben in den Griff zu bekommen. Funktioniert so nicht.

George Bernard Shaw fasst das so zusammen: " Das Geheimnis, dich schlecht zu fühlen, ist dir die Zeit zu gönnen, darüber nachzudenken, ob du dich gerade glücklich fühlst oder nicht. Lass das Denken darüber! Spuck in die Hände und beweg dich! Das Blut beginnt zu zirkulieren. Das Hirn bekommt einen Kick und bald spürst du ein Aufwallen von Leben in deinem Körper und treibst Sorge aus deinem Geist. Komm in Schwung. Bleib in Bewegung. Das ist die billigste Medizin in dieser Welt - und eine der besten."

Dale Carnegie schreibt in seinem Buch "How to Stop Worrying and Start Living" neben vielen anderen wertvollen Hinweisen : "Shut the iron doors on the past and the future. Live in Day-tight compartments."

Und Robert Louis Stevenson ergänzt etwa so (Männer fühlen sich auch angesprochen) "Jede kann ihre Arbeit machen, wie schwer auch immer - für einen Tag. Jede kann leben, achtsam, geduldig, liebevoll, im Reinen mit sich, bis die Sonne untergeht.
Das ist alles, was Leben ausmacht."

OK. Was ist heute für ein Tag?
Ah! HEUTE!
Und der Moment ist JETZT!
Dann geh'n wir's an!

Einen Schritt – Nur einen ersten kleinen Schritt!

In seinem Buch 'The Hero Code' Admiral William H. McRaven beschreibt zehn Werte, zehn Tugenden, die aus seiner Sicht den Weg zu einem erfüllten Leben bahnen.
Jeden Tag in der Früh mache ich eine kleine Übung, in der ich mir vorstelle, wer ich sein will. In welche Identität ich mich hinein entwickeln will. Nicht als Ziel, das ich erreichen muss, sondern ein Stern, nach dem ich mich strecke.

Admiral McRaven hat dazu etwas zu sagen. Er nennt zehn Kern-Tugenden: *Courage. Humility. Sacrifice. Integrity. Compassion. Perseverance. Duty. Hope. Humor. Forgiveness.*

Heute will ich den Fokus auf Mut (Courage) legen. Mut ist, einen Schritt vorwärtszugehen, in der Präsenz von Angst.
Diese Definition gefällt mir und geht auf die griechischen Philosophen der Stoa zurück.

Heute Früh stand ich vor der Entscheidung bei Dunkelheit, Nebel und Kälte rauszulaufen und 10x11 Burpees zu machen.

Ein Burpee ist folgender Ablauf: Aufrecht stehen, Kniebeuge nach unten, Hände nach vorne auf den Boden, mit den Füßen zurück springen in Bank, Liegestütz, nach vorne springen, Kniebeuge nach oben und hochspringen mit Händen zur Seite und nach oben.
Vor acht Monaten machte mir ein Burpee Schwierigkeiten. Wenn ich mir beim Aufwachen vorstelle: "Ich mache jetzt 110 Burpees", drehe ich mich wieder um und schlafe weiter.

Den allerersten Schritt habe ich gestern gemacht. Ich habe die Laufkleidung komplett bereitgelegt.
Der erste Schritt heute ist aufrichten, dann waschen, ..., Laufkleidung anziehen (das heißt noch nicht, dass ich irgendetwas machen werde), dann unten einheizen, Küche sanieren, dann Laufschuhe anziehen und einen Schritt vor die Tür.
Dann noch einen Schritt und die Stufen runter, ins Laufen kommen (das heißt noch nicht, dass ich irgendetwas machen werde!), nach einem Kilometer komme ich in den Klosterpark und mache ganz langsam die ersten elf Burpees.
Fühlt sich gut an. Ein Schritt weiter und noch ein paar Schritte laufen. Zeit lassen. Noch ein Schritt. Noch ein Set. Dann waren es zehn Sets und ich laufe zurück und fühle mich gut dabei.
Viele große Vorhaben brauchen einen kleinen ersten Schritt,
dann noch einen und noch einen, ...

Napitation – Der produktive Nachmittag

Ich starte den Tag mit meinem täglichen Prozess. Das ist gut eingeführt.
Ich helfe mir mit meinem automatischen Gong-Wecker beim früh Aufstehen und gestalte mich und meinen Tag. Dafür nehme ich mir Zeit.
Davon hängt der Tag ab.
Hast du bemerkt, dass ich "gestalte mich" geschrieben habe?
Das ist der zentrale Teil: "Wer will ich heute sein?
Wie wird sich die beste Seite von mir heute ausdrücken?"

Dann bin ich bis Mittag meist gut in Schwung.
Unvermeidlich kommt für mich die Mittagsmüdigkeit.
Ich will aber noch eine produktive Arbeitseinheit schaffen.
Energie, Fokus, Kreativität! Mir ist aber gar nicht danach.

Daher haben schon die Römer die Sexta in ihren Amtskalender geschrieben. In zivilisierten Ländern gibt es die Siesta noch heute.
Aber! Einfach einschlafen und müde aufwachen will ich nicht!

Daher "Napitation". Ich notiere, was ich noch tun will. Dann stelle ich den Gong-Wecker auf 45 Minuten, lege mich ins Bett und atme ganz sanft durch die Nase ein und aus. Etwas länger ausatmen als einatmen. Meine Achtsamkeit ist etwas stärker beim Ausatmen.
Wenn Gedanken kommen, sind sie willkommen und ich kehre zum Atem zurück.
Meist schlafe ich dabei ein und erwache mit meinem Gong-Wecker.

Ich sitze sofort aufrecht. Atme drei Mal tief ein und aus.
Ich bin da!
Dann geht die nächste Phase mit Schwung los.

Die beste Dauer ist sehr individuell.
Bei mir haben sich 45 Minuten bewährt, weil ich da meist auch eine kurze Tiefschlafphase schaffe.

Der Viereinhalb-Stunden Tag

Anders Ericsson hat in seiner Forschung festgestellt, dass der Weg zur Spitzen-Perfomance mit vielen Stunden (> 10000 schreibt er) intensiver Praxis gepflastert ist. Und das ist ja erst der Anfang.
Dann bleiben diese Menschen dran, halten aufrecht, erweitern, verfeinern.

Das macht man nicht in einem Tag.

Zunächst einmal muss ich wissen, wofür und in welcher Kunst ich Meisterschaft erlangen will. Kochen, Schreiben, Laufen, Verhandeln, Unternehmen führen, Boldern, Kinder aufblühen lassen in ihrer Entwicklung, Patisserie, ...

Es gibt unendlich viele Felder, wo Menschen ihre Meisterschaft entwickeln (können).
Doch wenige entwickeln eine 'Praxis', eine tägliche reflektierte Routine, in der sie sich zur Meisterschaft entwickeln.

Anders schreibt, dass die besten Violinisten 4,5 Stunden Praxis pro Tag machen. Sie machen mehr Mittagsschläfchen und schlafen insgesamt mehr als mittelmäßige Künstler.

Der Autor Tony Schwartz ('The Way We are Working is not Working') hat lange Tage hart an seinem Buch gearbeitet. Bis er bemerkte, dass seine Perfomance schlecht war. Er entschied, das nächste Buch in 90 Minuten Einheiten zu schreiben, genau 90 Minuten und 15-20 Minutenintensive Erholung dazwischen.
Drei Einheiten pro Tag.
Das Buch wurde in einem Bruchteil der Zeit fertig als seine früheren.

Das wär doch was?
Wieviel kreative Zeit schaffe ich pro Tag?
Und wieviel schaut wirklich raus?
Ich arbeite daran.

Die fünf Deklarationen der Weisheit

In meinen Memos habe ich zuletzt wiederholt Derren Donnelli's Romane erwähnt, in denen er eine gute Story mit wissenschaftlich hinterlegten Fakten kombiniert. Heute stelle ich seine fünf 'Weisheits-Deklarationen' in meinen Fokus.

1. Ich fokussiere mich auf jene Dinge,
über welche ich vollständige Kontrolle habe:
Meine Einstellung und mein Einsatz.
2. Ich liebe, was ich tue und gehe jeden Tag mit Freude und Enthusiasmus an.
3. Ich träume groß und ignoriere die Nörgler,
4. Ich bin hartnäckig und werde meine Träume nie aufgeben.
5. Ich wähle Vertrauen in mich, statt einen Zustand der Angst

Das ist doch ein schönes Morgenmemo an mich.

Heute bin ich verkühlt und fühle mich gar nicht so toll.
Aber die fünf Deklarationen erinnern mich daran, dass ich die Wahl habe. Ich stelle mich auf einen guten Tag ein, obwohl der Körper sich suboptimal anfühlt.
... und das hier ist mein hundertstes Memo an mich! Hab' ich etwas gelernt daraus?

Die Einstellung zählt! Schon geht es besser! :-)
Und dann mache ich das, was ansteht, mit Freude.
Schritt für Schritt. Auch, wenn es manchmal mehr Mühe macht als normal.
Heute ist der Tag! ... und jetzt der Moment!

Eine guter ‚Schlechter Tag‘

Nicht jeder Tag startet als guter Tag oder bleibt ein solcher. Bin ich krank? Kommt eine Steuernachzahlung? Fliegt mich ein Kollege richtig ungut an? Baue ich einen Fehler nach dem anderen?

Was ist und was war lässt sich nicht ändern. Wie ich darauf reagiere sehr wohl.

Ich sehe da zwei Komponenten:
* Gewohnheiten, täglichen Routinen, die mich zuverlässig aus dem Sumpf holen
* Die Einstellung auf schwierige Situationen zuzu ehen. Der Situation zu sagen: Komm her! Ich mach was aus dir!

Profis trainieren jeden Tag. Sie haben ein Protokoll, mit dem sie jeden Tag ihre ganz persönliche Meisterschaft pflegen und ausbauen. Zum Beispiel früh aufstehen, körperliches Training, mentales Training oder sich selbst als beste Version ihrer/seiner selbst zu sehen. Ideal ist den Schlaf durch ein Abendritual und ein Morgenritual zu klammern.
Zum Start reicht eine Minute.
Dieses Minimum aber zuverlässig machen.
Es entwickelt sich.

Ich gehe gerne unangenehmen Situationen aus dem Weg.
Das ist manchmal klug, wenn dahinter ohnehin der falsche Weg liegt. Wenn hinter der Situation aber mein Ziel liegt, dann ist es klüger mit der Situation sofort und mit Energie umzugehen.

Schlechte Tage kommen.
Das ist natürlich und notwendig, wenn ich auf einem anspruchsvollen Weg bin.
Mit meinem persönlichen, guten täglichen Protokoll kann ich dafür Energie aufbauen.

Mit der Einstellung: Hey super, dass du da bist, kann ich einen Stein nach dem anderen aus dem Weg räumen.
Das macht dann richtig Spaß!

Und schlechte, richtig schlechte Tage werden
zu “guten schlechten Tagen”.

Schritte zum Erfolg - Gewohnheiten! Von unerträglich zu unaufhaltsam

Im Alter von zwanzig Jahren wurde Hal Elrod von einem betrunkenen Fahrer angefahren. Mit einer Geschwindigkeit von 112 km/h. Für tot gehalten. Nach sechs Minuten dieser (beinahe) Todeserfahrung verbrachte er mehrere Tage im Koma und erwachte, um festzustellen, dass eine Gehirnverletzung ihn möglicherweise nie wieder gehen lassen würde.

Er trotzte dieser Einschätzung der Ärzte und bewies, dass wir alle in der Lage sind, 'unüberwindliche' Hindernisse zu überwinden.

Jahre später fand er sich in einem emotionalen Tief wieder und entdeckte, dass er sich mit einem morgendliches Routineprogramm an den eigenen Haaren aus dem Sumpf ziehen konnte.

Aus dieser Erfahrung heraus schrieb er ein Buch namens "The Miracle Morning", in dem er „Das nicht so offensichtliche Geheimnis, das garantiert Ihr Leben vor 8 Uhr morgens zu verwandeln“, teilt.

Das Buch wurde in siebenunddreißig Sprachen übersetzt und hat das Leben von Millionen von Menschen verändert.
Wie man erwarten würde, sagt Hal uns, dass unsere morgendliche Routine zentral für Erfolg ist. Ein gutes Leben werden einen guten Tag nach dem anderen geschaffen. Und wirklich gute Tage werden einen wirklich guten MORGEN nach dem anderen geschaffen.

Wie machen wir den morgigen Morgen zu einem Wunder?
Hal rät uns sechs Schlüsselpraktiken zu integrieren:
Stille, Affirmationen, Visualisierung, Bewegung, Lesen und Schreiben.
Fügt man all dies zusammen, erhält man einen Wundermorgen.
So entstand das das Akronym S.A.V.E.R.S.
Silence - Affirmation - Visualisation - Exercise - Reading - Scribing

Die Gewohnheit einer Morgen-Routine aufzubauen ist essentiell.
Gewohnheiten sparen Willenskraft, weil wir das wertvolle automatisieren so dass wir das Richtige aus gutem Grund einfach machen. Kein Widerstand. Nur der Nutzen.
Aber gute Gewohnheiten aufzubauen ist alles andere als leicht.

Hal beschreibt die drei Phasen der Gewohnheitsbildung - jede etwa zehn Tage lang.
Zuerst ist die neue Gewohnheit UNERTRÄGLICH.
Es ist ein Schmerz. Wir mögen es überhaupt nicht tun. Aber wir halten durch.

Die zweite Phase ist UNBEQUEM.
Es ist nicht ganz so schlimm wie die erste Phase, aber auch noch nicht ganz toll... noch nicht!

Die dritte Phase ist, wenn wir UNAUFHALTSAM werden.
Wir spüren die Vorteile der Gewohnheit, brauchen nicht mehr so viel Willenskraft, um sie zu tun, und wir sind jetzt UNAUFHALTSAM.

Drei Schritte in der Gewohnheitsbildung:
Unerträglich.
Unbequem.
Unaufhaltsam.

Welche gute Gewohnheit will ich in den nächsten 30 Tage installieren und festigen? Gute Frage!

Das Protokoll.
Erhöhe Überlebenswahrscheinlichkeit um 47%

Warum verwenden Piloten und Chirurgen Checklisten?

Professor Teresa Amabile ist die Leiterin eines Forschungsbereichs an der Harvard Business School. Sie sagt: „Die Ergebnisse sind erstaunlich. In einem dreimonatigen Experiment in acht verschiedenen Krankenhäusern weltweit sank die Rate der schweren Komplikationen bei chirurgischen Patienten um 36 Prozent nach Einführung der Checkliste, und die Todesfälle sanken um 47 Prozent.

Selbst Atul Gawande, ein hochqualifizierter Chirurg mit jahrelanger Operationserfahrung, stellte fest, dass seine eigene Leistung bemerkenswert verbessert wurde, nachdem er begonnen hatte, die Checkliste zu verwenden. Sein Standpunkt ist, dass Chirurgie, wie jede komplexe Aufgabe, eine regelmäßige Überprüfung aller Grundlagen erfordert - um das Team zu befreien, sich auf die Arbeit und alle unerwarteten Umstände, die auftreten können, zu konzentrieren."
Die chirurgische Checkliste war verrückt einfach. So einfach, dass viele Chirurgen (die jahrzehntelang trainiert haben, um das zu tun, was sie tun) den Prozess für lächerlich und nutzlos fanden.
Sie enthielt sehr grundlegende Dinge wie die Vorstellung jedes Mitglieds des chirurgischen Teams und die Bestätigung, auf welcher Seite des Körpers die Operation durchgeführt werden würde.
Aber die Ergebnisse dieser super einfachen Checkliste waren erstaunlich.
Die Todesfälle sanken um 47 Prozent.

Einer meiner Brüder war wissenschaftlicher Leiter von "Gesundheit Österreich" einer Organisation, welche das Gesundheitsministerium bezüglich guter Praktiken und Vorgangsweisen im österreichischen Gesundheitssystem berät.
Er hat berichtet, dass die österreichischen Krankenhäuser sehr unterschiedliche Qualität haben. Ein zentraler Unterschied? Ein gutes Verhältnis des Personals zu Prozessen und Checklisten.

Wenn ich glaube, dass ich meine Ziele, Weiterentwicklung und täglichen Aktivitäten meinen genialen Impulsen überlassen kann, bin ich am Holzweg.

Konsequente Weiterentwicklung und die Operationen am eigenen Geist und Körper sollten auf keinen Fall der wechselnden Tagesform, dem wechselnden Gefühlszustand oder der 'Freude darauf' überlassen werden.

Es geht hier tatsächlich auch ums 'Überleben'.
Viele Studien haben nachgewiesen, dass Menschen mit Zielen und konkreten Wegen dorthin, länger und gesünder leben.

Daher braucht es eine Checkliste für die Dinge, die ich täglich machen will.
Ich nenne diese Liste 'Das Protokoll'.
Und wenn ich gar keine Lust habe, das Vernünftige zu tun, kehre ich zum Protokoll zurück und mache aus einem schlechten Tag einen 'Guten schlechten Tag'.

Gute Idee!
Ich schau mir heute mein Protokoll an.
Könnte eine Review gebrauchen. :-)

Das umgedrehte U – Die ideale Lernkurve

Ein Teil jeder Heldenreise und damit jeder persönlichen Entwicklung ist das gefürchtete U. Die Heldin verlässt die gewohnte Umgebung, den Komfort des Zu Hause. Kaum macht sie die ersten Schritte ins Unbekannte wird es unangenehm, gefährlich und verwirrend. Der Weg ist verloren, es geht bergab im Gestrüpp. Rundum Bedrohungen, und auf der anderen Seite wieder anstrengend hinauf.

Es gibt kaum ein wichtiges Unterfangen, das nicht einem solchen Muster folgt. Immer bergauf ohne Anstrengung und Schwitzen der Sonne entgegen ist selten.

Heute will ich über das umgedrehte U nachdenken.
Wissenschaftler nennen es auch "Yerkes-Dodson Gesetz" nach den Menschen, die das Gesetz bei Rattenversuchen im Jahr 1908 entdeckten. Die Ratten haben die Aufgabe durch ein Labyrinth zu laufen und eine Belohnung zu finden, bekamen aber störende elektrische Schocks zwischendurch. Leichte Schläge erhöhten die Erfolgsrate, ab einer gewissen Intensität ging die Performance nach unten.

Die Psychologen Barry Schwartz und Adam Grant erforschten das entsprechende Verhalten (ohne Elektroschoks vermutlich) bei Menschen. Sie fanden heraus, dass alles, was uns wichtig ist, dem umgedrehten U folgt. Alle positiven Haltungen, Zustände, Erfahrungen haben einen Preis, der ab einer Grenze den Nutzen überwiegt.

Bereits Aristoteles beschreibt das umgedrehte U, wenn er über Tugend spricht. Sein Beispiel: Zu wenig Mut ist Feigheit und führt zu verschenkten Chancen, zu viel Mut führt zu Leichtsinn und damit zu kontraproduktiver Gefahr, Verletzung oder Tod.

Was hat das mit mir zu tun? Heute.
Brian Johnson schlägt folgende Übung vor:
Zeichne ein umgedrehtes U auf ein Blatt Papier.
Was willst du optimieren. Was willst du erreichen?

Jetzt beschreibe den Preis, die Anstrengung, die du einbringen willst.
Was ist der ideale Punkt.
Was ist zu wenig, was ist zu viel?
Was fühlt sich heute gerade richtig an?
Die X-Achse gibt die Anstrenung an, die Höhe des U's den Effekt auf das Ziel hin, den Fortschritt.
Der Punkt muss dynamisch sein.
Oben am U zu bleiben, braucht Achtsamkeit.
Welche Last/Anstrengung ist ideal für mich? Es ist kein umgedrehtes V.
Es gibt ein Plateau mit einer gewissen Breite, was Variationen/Experimente ohne großen Perfomanceverlust erlaubt.

Was ist die ideale Lernkurve? Was muss ich dafür täglich tun/lesen/üben?
Was ist der ideale Muskelaufbau? Was muss ich dafür täglich trainieren?
Wie erkenne ich, wenn ich zu viel oder zu wenig mache?

Was ist die ideale Charakter-Entwicklung?
Was mute ich mir an Veränderung zu?
Was strapaziert mich zu viel?
Mit der Folge, dass ich passende und zielführende Anstrengung vermeide und damit zu wenig und zu langsam lerne oder gar das bereits Erreichte verlerne?

Willenskraft! Unnötige Variabilität ist Verschwendung!

Es ist ein bekanntes Phänomen, was mit Neujahrsvorsätzen geschieht, wie "Ich werde mehr trainieren!"
Hm, gut formulierter frommer Wunsch.
Ziel unklar, Vorgangsweise unklar und es kommt noch eines dazu.
Diese unklare Vorgabe führt dazu, dass ich im Bemühen meinen Vorsatz umzusetzen, immer wieder daran denke und versuche den Vorsatz wenigstens zum Teil zu realisieren.
Das strapaziert die ohnehin begrenzte Ressource Willenskraft.
Ich muss mich jeden Tag neu entscheiden.

Brian Johnson und andere schlagen daher vor, zuerst das Ziel, den Effekt des Vorsatzes zu formulieren und aufzuschreiben. Dann die Hindernisse zu notieren, die mich daran hindern werden das Training durchzuführen und zuletzt eine konkreten Plan für Umsetzung zu formulieren.

Wenn es um Verhaltensänderungen geht, wie das Einführen einer Trainingsroutine, ist der Plan nur vollständig, wenn er beschreibt, was genau ich täglich tun werde um das Ziel zu erreichen.

Mach es attraktiv, automatisiert, einfach und leicht.
Dieses Geführl sollte man im Bauch haben, wenn ich den Plan überfliege.
Attraktiv ist das Ziel. Vorfreude kommt auf.

Automatisiert bedeutet, dass es einen eindeutigen unübersehbaren Trigger gibt, der das neue Verhalten auslöst. Ich kann den Wecker oder die Sportkleidung unübersehbar neben das Bett legen.

Einfach und leicht verkleinert die Anlaufblockade. Ich starte mit einem Liegestütz oder einfach Laufschuhe anziehen und vor die Haustür gehen.
Mehr darf ich machen, weniger nie.

Das führt zurück zur Willenskraft.
Wenn der Plan steht, wende ich Willenskraft EINmal an.
Ich entscheide mich, dieses 'Ritual' hundertprozentig jeden Tag durchzuführen.
Schwach, müde und wenig ist OK, aber NIE auslassen.
Selbst, wenn ich krank bin, mache ich eine eine symbolhafte Minimalhandlung.

Die 100% Entscheidung ist wichtig.
Geist und Körper stellen sich auf die Unvermeidbarkeit ein und die Routine wird um vieles konsistenter durchgeführt. 99% braucht viel mehr Energie (= Willenskraft) als stur bei 100% zu bleiben.

Zum Plan gehört eventuelle Hindernisse vorauszusehen und die Routine so zu definieren, dass die 100% realisierbar erscheint.
Für mich heißt das für solche automatisierten Verhaltensweisen, dass sie entweder in der Früh eingeplant werden oder so leichtgewichtig ist, dass sie in Anwesenheit anderer Personen durchgeführt werden können.
ZB Ein kleiner Automatismus tagsüber ist für mich: Trigger - Ich bin schockiert, beleidigt, ... Response - Atmen > Lächeln > Innehalten (ALI).

Brian Johnson nennt in seinem Coachingprogramm solche automatisierten Verhaltensweisen Algorithmen.
Umso mehr sinnvolle Algorithmen ich in meinen Tag einbaue ums so freier bin ich für kreative oder überraschende Herausforderungen, für die meine Willenskraft essentiell für den Erfolg ist.

Und ... klein anfangen!

Jede Minute zählt! Zeit nutzen wie eine Weltmeisterin

In einer seiner Sessions zitiert Brian Johnson einen Trainer von CrossFit Weltmeistern, Ben Bergeron. Er fragt, was die Essenz des Trainings sei. Ben Bergeron antwortet: “Stelle sicher, dass du Minuten maximierst!” Brian: “Minuten maximieren?” Ben: “Ja. Jede Minute zählt. Agiere wie ein Weltmeister in allem, was du tust.”

Das erinnert an die Geschichte von Dan Millman “The Way of the Peaceful Warrior”. Dan, die Hauptperson ist Geräteturner. Ein Profi.
Sein Mentor im Buch wird Sokrates genannt. Sokrates beobachtet Dan beim Training. Dan ist extrem gut. Er fliegt mit den Ringen und schließt mit einer perfekten Landung ab. Das ist weltmeisterlich.
Er reißt sich das Leiberl vom Körper und stopft es in den Rucksack.
Er strahlt Sokrates an. Sokrates: “Du warst am Ende richtig schlampig.”
Dan: “Was redest du da? Die Landung war perfekt!”
Dan: “Ich spreche nicht über die Landung. Ich spreche über das Leiberl in deinem Rucksack.”
Dan Millman schreibt in diesem Zusammenhang auch, dass es keine ‘normalen’ Momente gibt. Keinen Moment, in dem die innere Haltung gleichgültig ist.
Mir sagt das, dass jeder Moment zählt.
Ich gewinne oder ich lerne.
Beides ist ein Win.
Um das zu nutzen, muss ich keine WeltmeisterIn sein, sondern nur ein erfülltes, glückliches Leben führen wollen.

Wie kann ich jeden Moment meines Tages maximieren?

Neben dieser Achtsamkeit auf jede Minute, Achtsamkeit auf meine Einstellung in jedem Moment, visualisiere ich in den letzten Wochen meine Zeitnutzung für jeden Tag.

Ich teile jede Stunde in drei 20’ Einheiten und notiere in einem Spreadsheet mit einem Buchstaben, was ich gerade mache. ZB “V” ist Geldverdienarbeit, “D” ist Deepwork, “S” ist Schlafen, “X” ist emotionaler Crash, Explosion (meist mit meiner Frau), “Y” ist verschwendete Zeit in Youtube oder anderen Social media, “P” ist gute Arbeit an mir selbst, Protokoll, Sport, … und so weiter.

Meine Frau und ich haben uns das Muster, das sich daraus ergibt in unserem Wochenmeeting mit Interesse angesehen. Was lerne ich daraus? Wofür nütze ich meine Minuten?

Was mache ich mit den 100 wachen Stunden in meiner Woche.
Alleine die Achtsamkeit des Notierens und Visualisierens ändert die Verwendung meiner Minuten.
Gegen 10% meiner wachen Zeit habe ich in den ersten Wochen meiner Übung verschwendet.
Ah interessant. Das macht neugierig.
Wie ist Qualität meiner Zeit für Familie, Arbeit und persönliche Energie?
Ein paar Wochen mach ich das noch.
Das Spiel ist spannend und die Reflektion führt zu Veränderungen.

PS: Wenn jemand das Spreadsheet haben möchte, bitte melden.
Ich sende es gerne zu.

Ideale Performance! Jeden Tag!

Jim Loehr gilt als einer führenden Wissenschaftler, wenn es um Top-Performance geht. Er sagt uns: "Leistungskonstanz ist das Markenzeichen aller Top-Performer. Tag für Tag sind diese Männer und Frauen in der Lage, sich in die oberen Bereiche ihres Talents und ihrer Fähigkeit zu strecken."

Brian Johnson sagt dazu: "Es ist leicht von Zeit zu Zeit, wenn die Sterne gut stehen, und du dich gut fühlst so richtig gut zu sein. Aber etwas ganz anderes ist, dich jeden Tag im oberen Bereich deines Potentials zu bewegen."

Es ist da ganz gleichgültig, ob ich die Küche putze, mit meinem Enkelkind spiele, einen Vortrag halte, ein Stück Software designe, ...
Aber wie machen das die Top-Leute?

Loehr sagt uns, dass es um emotionale Stabilität geht und: "Ein Top-Performer fährt nie die Achterbahn der Emotionen."

Schon die Stoiker, "Peak-Performer' ihrer Zeit (einige waren Olympioniken) , betonen Gleichmut als zentrale Eigenschaft, die in den Wirren des Lebens zu entwickeln ist.

Loehr sagt weiter: "Diese Menschen können in schwierigen Situationen einen Schalter betätigen und ihren idealen Performance-Zustand einnehmen. Sie sagen zu sich: Ich liebe Probleme! Gib mir Probleme!"
Sie sagen einfach "Gut! OK!" zu jeder Situation und gehen es an.

Und das führt mich weiter zum Werkzeug 'Reversal of Desire' von Phil Stutz ("Tools").

Wenn ich vor einem Hindernis verweigere, drehe ich meine emotionale Reaktion der Angst in den Wunsch da durchzugehen und daran zu wachsen.
Bring mir die Scheiß-Situation!
Das geh ich an!
Ich weiß dahinter steht eine bessere Version von mir selbst.
Ein weiteres kleines Stück von meinem Potential gehoben.

Das wär doch was? Und jeden Tag üben!
Bei mir gibt es keinen Tag, an dem ich nicht zurückstecke, statt einen Schritt weiterzugehen.
So viele Trainingsmöglichkeiten! :-)

Zeitblöcke! - Geheimwaffe zum Erfolg

Gary Keller gründete die größte Immobilienagentur der Welt. Er hat auch ein Buch über seinen Erfolg geschrieben: "The ONE Thing". Sein überraschend einfaches 'Ding'? FOKUS. Er sagt uns, dass wir uns gnadenlos auf das konzentrieren müssen, was uns am wichtigsten ist. Er treibt das 80/20-Prinzip auf die Spitze und lässt uns unseren Fokus so lange verengen, bis wir bei dem EINEN Ding ankommen, welches unser Spiel antreibt. Dann lässt er dich gnadenlos darauf konzentrieren, was du HEUTE tun musst, um dieses EINE Ding zur Realität zu machen – den nächsten Domino in einer Kette von Dominosteinen umzustoßen, der unweigerlich zu dem Ergebnis führt, das du suchst. Natürlich erfordert dies klar zu verstehen, was dein EIN Ding ist (auf lange Sicht und für heute) Das erfordert klares Denken und einige Tiefenarbeit, um diese Klarheit zu erreichen.

Das führt uns zum #1 praktischen Tipp, den Gary teilt. Er nennt es das #1 "PowerTool" des Zeitmanagements. Zeitblockung. Grundidee: Schaffe einen Zeitblock, in dem du ALLE Ablenkungen ausschaltest. Konzentriere dich auf das, was du als das wichtigste entschieden hast. Dann mache es zur Gewohnheit, das zu tun. Jeden. Einzelnen. Tag. Zeitblockung.

Wenn ich mein Potenzial aktivieren will, ist das ein Muss. Leicht zu sehen ist, wie mächtig das für meine Arbeit sein kann. Weniger offensichtlich ist, wie mächtig das in meiner Familie sein kann. Der zentrale Wert in meiner Kategorie 'Liebe' ist 'Präsenz'. Ich will wirklich vollständig DA sein, wenn ich kommuniziere mit meiner Frau, meinen Töchtern, meinem Enkelkind, Freunden, Teamkollegen.

Ich reserviere mir geplant die Zeit und schalte alles andere ab (zB Handy) oder wenn die Chance für eine Kommunikation spontan kommt, entscheide ich mich nur für das da zu sein. Das bedeutet zum Beispiel meine Arbeit zu unterbrechen und komplett mental zur Seite zu stellen, wenn meine Enkeltochter in der Tür steht und fragt "Opa, willst du spielen?".

Für dieses Memo habe ich ein Block von 30 Minuten geschaffen. Keine Ablenkungen! Meine Enkeltochter ist auch nicht heraufgekommen. Daher keine prioritäre Unterbrechung :-) Jetzt bin ich fertig. Mache Schluss und gehe runter, um Zeit mit der Familie zu verbringen. Das Handy ist oben liegen geblieben.

Zeit – Fünfzehn Geheimnisse

Kevin Kruse schreibt für 'Forbes Leadership' und ist erfolgreicher Unternehmer. Er hat mehrere Multi-Millionen-Firmen aufgebaut und verkauft. Dabei hat er mehrfach den 'Best Place to Work' Award gewonnen. Und er schrieb auch mehrere Bestseller.

Unter anderem '15 Secrets Successful People Know About Time Management'

Brian Johnson (meine Quelle in diesem und vielen Fällen) ist mit Kevin Kruse befreundet. So, und was fang ich damit an?

Zeit kann man nicht managen.
Zeit vergeht ohne mein Zutun.
24h jeden Tag.

Daher mein Schluss: Zeit kann man nicht managen.
Mich schon! ;-)

Jetzt aber zu Kevin Kruse's 15 Geheimnissen:
1. Zeit ist meine wertvollste Ressource. Wie würde sich mein Leben ändern, wenn ich jede meiner 1440 Minuten pro Tag so richtig fühlen würde?
2. Identifiziere den Aller Wichtigsten Task (AWT) jeden Tag, bevor du irgendetwas anderes beginnst. Was ist heute mein AWT?
3. Arbeite vom Kalender, nicht von deiner Taskliste! Das ist spannend! Ich bin Tasklistenpriorisierungsspezialist! ;-)
4. Aufschieberits kann überwunden werden, wenn du dein zukünftiges Selbst überwinden kannst, dem nicht zu trauen ist, das Richtige zu tun. Ich weiß, was zu tun ist. Wie stelle ich sicher, dass ich es nicht aufschiebe?
5. Akzeptiere die Tatsache, dass immer viel mehr zu tun ist, als getan werden kann.
6. Trage immer ein Notizbuch mit dir! Stress nimmt ab, wenn du jede Idee gleich notierst.
7. Email ist ein super Weg für Leute, dir IHRE Prioritäten aufzudrängen. Konsequenz: Ich schau nur alle paar Stunden drauf und schalte mein Telefon auf lautlos :-)
8. Meetings ist das letzte, was ich mache, wenn alle anderen Kommunikationsmethoden versagt haben.
9. Sag NEIN zu allem, was nicht deine unmittelbaren Ziele unterstützt.
10. 80% der Ergebnisse erreiche ich mit 20% meiner Aktivitäten.
11. Fokussiere deine Zeit auf Dinge, die deine einzigartigen Fähigkeiten und Motivationen brauchen.
12. Packe sich wiederholende Themen auf spezifische Wochentage.
13. Wenn ein Task in weniger als 5 Minuten zu erledigen ist, mach ihn. Greif eine Sache nur einmal an!
14. Investiere die ersten 60 Minuten jeden Tages in ein Ritual, das dein Hirn, deinen Körper und deinen Geist stärkt.
15. Bei Produktivität geht es um ENERGIE und FOKUS, nicht Zeit. Wie stärkst du deine Energie Morgen?

Zeit - Meine 2x2 Stunden

Wir haben mit einem kurzen Blick auf Kevin Kruse's 15 Geheimnisse geworfen. Heutiges Statement: "Nachdem du denn AllerWichtigstenTask (AWT) identifiziert hast, dann starte damit so früh wie möglich in deinem Tag"

Er setzt fort: "Dan Ariely, ein Professor an der Duke University, hat in seinen Studien festgestellt, dass die meisten Menschen die höchste Produktivität und die besten kognitiven Fähigkeiten erreichen in den ersten 2 Stunden, nachdem sie voll erwacht sind. Einer der traurigsten Fehler im üblichen Zeitmanagement ist, dass Leute dazu neigen, ihre produktivsten Stunden mit Dingen zu verbringen, die kaum kognitive Fähigkeiten erfordern, wie E-Mail und social Media.

Warum verbringen wir die produktivsten Stunden mit den unwichtigsten (fremdgesteuerten) Aufgaben? Meist starten wir den Tag mit den schnellen, einfachen Dingen. Das fühlt sich sehr produktiv an. zB: Ich habe schon 50 Emails bearbeitet! Hättest du das E-Mail-Programm gar nicht geöffnet wärst du viel besser dran."
Soweit Kevin Kruse.

Mark McGuiness sagt uns: "Die wichtigste Veränderung deiner Arbeitsgewohnheiten ist, kreative Arbeit vor reaktiver Arbeit zu tun. Blocke die ersten Arbeitseinheiten für kreative Arbeit. Kein Input davor!" . Oder Steve Chandler: "Kreativ und reaktiv enthalten die selben Buchstaben. Aber was für einen Unterschied es macht, was man wählt!"

Ich persönlich setze das um, indem ich um 5 Uhr aufstehe und die ersten zwei Stunden nur damit verbringe mich energetisch in Schwung zu bringen. Ich bin kein natürlicher Frühaufsteher.
Training, Meditation, Küche putzen (auch Meditation!) und einige weitere Übungen zu meiner mentalen Fitness.

Mit der Abfrage in der Familie und Firma, was kritisch sein kann für den Tag, minimiere ich den Input auf das absolute Minimum.

Das mache ich durch einen kurzen Morgentratsch und Tee mit meiner Frau, sehr kurzes StandUp mit meinem Team in der Firma.
Und dann meine kreative Session, mein AWT.
Also 2 Stunden, um in Schwung zu kommen und dann 2 Stunden für den AWT.
Damit habe ich mindestens 2 Win's gebucht :-) .
Dann, um ca 11Uhr, Pause und der möglichst fokussierte restliche Arbeitstag.

Zeit - Jeden Tag mein #1 Win

Zuletzt haben wir ja über den AllerWichtigstenTask (AWT) gesprochen.
Kruse betont, wie wichtig es ist, den Tag so stark wie möglich zu starten.

1. Bring dich in den bestmöglichen energetischen Zustand nach dem Aufwachen. Das bedeutet nicht, dass es ein guter oder super Zustand ist, sondern den bestmöglichen. Wenn ich krank bin, ist mein bestmöglicher Zustand ein anderer, als wenn ich gerade ein Gefühl von Erfolg habe und in körperlicher Topform bin.
2. Starte mit dem, was zählt. 'What is Important Now" (WIN). FOKUS! Was ist mein AWT? Der kann wenig oder viel Zeit brauchen. Wenn der erledigt ist, habe ich meinen #1 WIN.

Um genau zu sein, ich persönlich habe 3 Plan-WINs zum Tagesstart.
Der erste ist, dass ich mein Morgen-Protokoll durchgeführt habe. Das ist meist bis 7:30 erledigt. #1 WIN ist, meine Energie, meine mentale und körperliche Gesundheit den täglichen Schritt weiter zu bringen. Das ist das Fundament. Ich denke an mich in 20 Jahren, als 88 Jähriger. Für jeden Tag, den ich für mein Fundament arbeite, bedanke ich mich aus der Zukunft beim heutigen Franz.
Ich weiß nicht, was die Zukunft bringt, aber ich kann meine Chancen auf eine (altersgemäß) gesunde und energiereiche Zukunft jeden Tag erhöhen.

Das zweite ist, das 'Richtige' mit vollem Fokus und zuerst zu tun. Mein AWT ;-)
Meinen wichtigsten Task habe ich schon hinter mir. Das bedeutet, ich habe beide #1 WINS hinter mir.
Um noch genauer zu sein, es gibt 3 #1 WINs. Im Coachingtraining von Brian Johnson (heroic.us) habe ich gelernt, auf drei Bereiche zu achten: ENERGY, WORK und LOVE.
Ich habe die WINs für Energie (Fundament), Arbeit (AWT) schon besprochen.

Mein dritter Nummer 1 Erfolg war heute, dass ich beim Morgentee ein sehr gutes Gespräch mit meiner Frau hatte.
Das fühlt sich gut an.

Und so komme ich zuletzt auf die Gleichung für Seelenkraft
(Soulforce, Begriff von Gandhi).
Soulforce = (Energie x Fokus x WasIstJetztWichtig) hoch Konsequenz.
Jeden Tag will ich an meiner Kraft arbeiten.
Konsequenz mach die Entwicklung exponentiell.
Passt! MachMa!

Zeit – Greif es nur einmal an!

Eine kleine Wiederholung der 15 Geheimnisse erfolgreicher Menschen laut Kevin Kruse.

1. Zeit ist meine wertvollste Ressource.
2. Identifiziere den Aller Wichtigsten Task (AWT) jeden Tag, bevor du irgendetwas anderes beginnst.
3. Arbeite vom Kalender, nicht von deiner Taskliste!
4. Aufschieberits kann überwunden werden, wenn du dein zukünftiges Selbst überwinden kannst, dem nicht zu trauen ist, das Richtige zu tun.
5. Akzeptiere die Tatsache, dass immer viel mehr zu tun ist, als getan werden kann
6. Trage immer ein Notizbuch mit dir!
7. Email ist ein super Weg für Leute, dir IHRE Prioritäten aufzudrängen.
8. Meetings ist das Letzte, was ich mache, wenn alle anderen Kommunikationsmethoden versagt haben.
9. Sag NEIN zu allem, was nicht deine unmittelbaren Ziele unterstützt.
10. 80% der Ergebnisse erreiche ich mit 20% meiner Aktivitäten.
11. Fokussiere deine Zeit auf Dinge die deine einzigartigen Fähigkeiten und Motivationen brauchen.
12. Packe sich wiederholende Themen auf spezifische Wochentage.
13. Wenn ein Task in weniger als 5 Minuten zu erledigen ist, mach ihn. Greif eine Sache nur einmal an!
14. Investiere die ersten 60 Minuten jeden Tages in ein Ritual, das dein Hirn, deinen Körper und deinen Geist stärkt.
15. Bei Produktivität geht es um ENERGIE und FOKUS, nicht Zeit.

Wo habe ich Stärken, wo kann ich etwas lernen?
Aber jetzt zu der #13
Kevin schreibt: "Sehr erfolgreiche Menschen werden sofort tätig, wenn sie mit etwas konfrontiert sind. Ich denke daher, dass die 'Pack es nur einmal an"-Mentalität entscheidend für Produktivität ist. Wenn etwas unter 5 Minuten braucht, dann mach es, zieh es durch."

Das erinnert mich an David Allen's Workflow in "Getting Things Done". Er spricht von 2 Minuten Tasks.

Etwa folgender Ablauf:
Da ist ein 'Ding', eine Situation.
Ist etwas zu tun?
Entscheide: NEIN> wegwerfen, Irgendwann vielleicht, Ablage.
JA> Was ist die nächste Aktion?
Multi-Schritt > Das ist ein Projekt

Kürzer als 2 Minuten: JA: Mach es,
NEIN> delegiere, gib es in Kalender oder Taskliste.

Eine Warnung: Das bedeutet nicht, sich den Morgen mit lauter unnötigen 2 Minuten Tasks zuzupflastern.

Daher wichtig: Nur wenn der Task zu meinen momentan geltenden Zielen beiträgt und nicht für später geclustert werden kann.

Zeit – Das 80/20 Prinzip

Das Geheimnis #10 von Kevin Kruse ist das 80/20 Prinzip.

Das Prinzip wird in dem Buch von Richard Koch “The 80/20 Principle” sehr gut beschrieben. Schon 1897 hat Vilfredo Pareto das Prinzip als Beobachtung in der Wirtschaft des Englands des 19. Jahrhunderts beschrieben.
20% der Bevölkerung kontrollierte 80% von Vermögen und Einkommen.
Aber er hat auch Erbsen beobachtet: 20% der Pflanzen brachten 80% der Ernte.

In moderner Zeit, Herr Koch: 20% der Autofahrer verursachen 80% der Unfälle,
20% eines Teppichs bekommen 80% der Abnützung,
20% der Kunden bringen 80% des Gewinns ein,
20% der Biertrinker trinken 80% des Biers.

Die Konsequenz daraus laut Koch: “20% von dem, was wir tun, bringt 80% der Resultate. Identifiziere diese Aktivitäten und mach mehr davon.”

Eli Goldratt (Theory of Constraints) sagt uns, dass in vernetzten Systemen (zB Firmen) das Verhältnis oft größer als 99:1 ist. Er schlägt extreme Fokussierung vor.

Steve Jobs sagt: Der Weg zum Erfolg ist 1000 mal NEIN zu sagen.

Kevin Kruse fasst das zusammen mit “Pflege eine Einstellung, wenige Dinge und Aktivitäten zu identifizieren, die dir überaus gute Resultate bringen.

Dafür schaust du auf:
- Mögliche Abkürzungen
- Mache die wichtigsten Dinge mit Exzellenz und den Rest gut genug
- Entwickle Fähigkeiten in wenigen ausgewählten Bereichen. Versuche nicht überall perfekt zu sein.
- Erkenne, dass du mit weniger Arbeit und weniger Stress deinen Erfolg, deine Freude, dein Glück erhöhen kannst, indem du dich auf 20% der Ziele und Aktivitäten konzentrierst, die dir am wichtigsten sind.”

Also Aufgabe für heute: Wie kann ich das 80/20 Prinzip in meinem Leben, HEUTE, anwenden?

Zeit – ENERGIE ist alles

Zuletzt in diesem Zyklus um Kevin Kruse's "15 Secrets Successful People Know About Time Management" zur Nummer 15.

Kruse fragt: "Willst du das wirkliche Geheimnis wissen, wie man 12h Arbeit in acht Stunden (oder weniger) erledigt?"
Ja, was nun?

Kruse: "Du kannst nicht mehr Zeit bekommen, nur MEHR ENERGIE"

Brian Johnson bringt das Beispiel mit dem Holzfäller, der mit stumpfer Handsäge einen Baum fällen will. Auf die Zumutung, die Säge zu schärfen, antwortet er, dass er keine Zeit dafür habe. Brian schlägt vor, gleich eine Kettensäge zu konstruieren, die ENERGIE für uns produziert.

Tony Schwartz und Jim Loehr schreiben in ihrem Buch "The Power of Full Engagement": "ENERGIE, nicht Zeit, ist die fundamentale Währung für hohe Performance. ENERGIE ist einfach die Kapazität zu arbeiten.
Alle Highperfomer verlassen sich auf positive Rituale, um ihre ENERGIE zu steigern und ihr Verhalten zu regulieren. Umso höher die Belastung, umso strikter müssen die Rituale eingehalten werden."

Es geht also an allererster Stelle um Gewohnheiten, welche meine ENERGIE erhöhen.

Damit bin ich wieder bei meinem Morgen- und Abend-Ritual.
Diesen Tagesrahmen zu pflegen und einzuhalten scheint das Geheimnis zu sein.

Gerade habe ich mein 'Protokoll' wieder überarbeitet und an meinen Kasten geklebt.
ENERGIE ist ALLES!

Also MACHEN, was stärkt.
Heute. Jeden Tag!

Unterbrechungen - Was ist mir wichtig? Wofür arbeite ich?

Als ich heute Nachmittag gerade tief versunken in mein Deep Work bin, steht plötzlich eine kleine Gestalt in der Tür. “Hallo Opa! Hast du Braunbär gesehen?”
... Atmen - Umschalten.
Da steht ein Grund, warum ich arbeite.
Ingrid sieht unseren Staubsauger und schaltet ihn ein. Nach 5 Sekunden piepst er und blinkt rot. “Was hat Burli heute? Burli geht es nicht gut!” Unser Staubsauger heißt Burli. Wir leeren sein Bauchi aus in den Mistkübel. Aber es hilft nichts. Ingrid trägt ihn zur Ladestation. “Vielleicht hilft trinken.”
Wo ist Braunbär? So gibt eines das andere.

Von Brian Johnson habe ich im Coaching Training gelernt: Auch wenn wir so fokussiert wie möglich arbeiten, Regeln und Rahmen entwickeln, damit wir Ziele erreichen, darf ich nicht übersehen, dass was auch immer ich mache, für die Menschen um mich und in der Welt im Großen ist. Wenn jetzt jemand direkt auf mich zukommt, insbesondere ein Kind, dann ist das ein Angebot, das ich nicht ablehnen will.
Das gilt auch, wenn meine Frau in der Tür steht! Uups, das ist schwieriger. Sie müsste doch wissen, dass ich nicht gestört werden will. Da werde ich ärgerlich.
Oh, nein! Auch das ist keine Unterbrechung, sondern ein Angebot.
Freilich kann ich im Wochenmeeting mit ihr besprechen, wann ich was machen will, wann ich fokussierte Arbeit plane, etc ...
Dann wird sie oft darauf Rücksicht nehmen. Ansonsten gilt: Ihre Präsenz ist ein Angebot. Das ist wichtiger als in der Arbeit bleiben.
Ich reflektiere am Abend, ob ich Angebote angenommen habe. Ob ich ermutigt habe. Ob ich unterstützt habe.
Das Universum fordert mich zum Spielen auf.
Die zulässige Antwort ist: “Da bin ich. Wie kann ich beitragen?”
Ein Zuruf des Universums ist keine Unterbrechung der täglichen Routine ist, es ist der Grund für die tägliche Routine.
Natürlich gibt es Zeiten, in denen ich tief arbeiten will und ungestört sein muss, es sei denn, es ist ein Notfall und...
Diese Angebote der Menschen um mich!
Diese sind keine Unterbrechung der täglichen Routine; sie sind der GRUND FÜR DIE TÄGLICHE ROUTINE.
Ja zu Deep Work. Ja zu Fokus. Ja zum Organisieren ungestörter (Zeit)Räume.
Nur bei echten Notfällen und wenn das Universum mit einem Angebot in der Tür steht, dann ist etwas anderes wichtiger und dringender geworden.

Warum geht es mir heute schlechter?

Gestern hatte ich einen richtig starken Start. Mein Oura Ring zeigte 95 von 100 in körperlicher Fitness, 92 in Schlafqualität, 95 Aktivitätslevel. 85 von 100 gilt als exzellent und über 90 ist einfach toll. Echt super Startbedingungen für einen guten Tag.
Abends hatten wir dann ein schönes Familientreffen. Essen , Trinken, Plaudern.
Es ist mir echt gut gegangen. Beim zu Bett gehen aber spannt der Bauch.
Der Kopf brummt. Warum tu ich mir das an. Es waren die vielen kleinen Bissen Essen und Schlucke Wein, über das hinaus was mir guttut.

Mein kleines inneres Äffchen hat in der angenehmen Atmosphäre die Kontrolle übernommen und die vielen Leckereien massenhaft verschlungen. Das Äffchen weiß nichts vom Bauchweh am nächsten Tag und dem Kopfweh.

Mein Oura-Ring drückt die Situation heute Früh in Zahlen aus: 72 statt 95 bei der Tagesform und fragt mich, was ich denn getan habe um meinen Ruhepuls so weit nach oben zu treiben.
… Ganz einfach viel essen bis spät am Abend und Alkohol dazu.
Ich kenn das doch! Wo ist meine Disziplin!
Immer langsam. Ärger hilft hier nicht.

Ich bin froh um diese erneuerte Erfahrung.
Wie mache ich einen schlechten müden Tag zu einem guten müden Tag?
Wie mache ich etwas aus diesem Absturz meiner körperlichen Werte.

Ich habe längst herausgefunden, dass es wenig Sinn macht, mein Äffchen zu schimpfen.

Heute habe ich gegengesteuert durch weniger Essen und einen Mittagsschlaf. Das, kombiniert mit früh schlafen gehen, sollte meine Tagesform morgen deutlich verbessern.

Nächsten Samstag habe ich dann die nächste Chance mein Äffchen zu streicheln statt zu füttern bei einem weiteren Familientreffen, diesmal bei meiner Schwiegermutter.

Ich bin gespannt, wie und ob ich eine bessere Taktik umsetze.

Das Training des Dankbarkeit-Muskels

Heute fällt es mir leicht dankbar zu sein. Ich bin für ein paar Tage im Gsies, Südtirol. Ich liebe das Tal und die Berge hier und die Menschen, die hier leben. Ob die 53 Jahre, die ich immer wieder hierher fahre etwas über mein Alter aussagen? ;-) Phil Stutz spricht vom “Grateful Flow” als Energie, die uns jederzeit zur Verfügung steht, wenn wir Energie am meisten brauchen.

... Hej, da scheint etwas faul. Energie brauche ich ja am meisten, wenn es mir echt dreckig geht! Tja, das ist die Kunst bei der Sache, meint Phil Stutz.
Oder ein altes, leicht abgewandeltes, Sprichwort “Übe in der Not, dann hast du in der Zeit!” Dankbarkeit nämlich.

Der Dankbarkeit-Muskel ist trainierbar, wie jeder andere Muskel, Oberschenkel, Bizeps, Klarheit, Entscheidungsfähigkeit, Durchhaltevermögen, Mut, ...

Phil Stutz erzählt, dass er diese Energiequelle eher qualvoll entdecken musste. In den späten Zwanzigern seines Lebens traten erste Symptome des Parkinson-Syndroms bei ihm auf. Jahrelang hatte er keinen klinischen Befund und keine sinnvolle Behandlung. Nur das Phänomen, dass er gerade einen Arbeitstag durchhielt und dann ins Bett fiel, unfähig etwas zu tun. Er ist jetzt Mitte 70 und hat die typischen Symptome wie unkontrollierbares Zittern.
Ich erlebte ihn im Dezember 2023. Inzwischen erfolgreich, Trainer vieler Spitzensportler, Coach vieler Berühmtheiten. Ein alter Mann, zitternd von der Krankheit und ein Geist und eine Sprache voll Klarheit und Feuer. Er berichtet, dass sein Ringen mit der Krankheit, das Sich-Durchringen, für dieses Schicksal dankbar zu sein, zentral für sein Lebensglück sind.

Er ist Psychiater und behandelt seit Jahrzehnten psychisch Kranke Menschen und einer Gruppe seiner Patienten verschrieb er die Praxis “Grateful Flow” mit großem Erfolg.

Diese Patienten wurden Tag und Nacht von Ängsten vor zukünftigen kleinen und großen Katastrophen geplagt, waren hektisch, unkonzentriert und völlig überlastet ohne, von außen gesehen, viel weiterzubringen.
Ich halte mich nicht für einen klinischen Fall, aber das Katastrophieren kann ich auch, oder unentschlossen vor einer bedrohlichen Zukunft zu zögern.

Die Übung: Dazu atmest du tief ein und aus und nimmst fünf ganz kleine Dinge war, die gerade jetzt für dich existieren.
Der Stuhl, auf dem du sitzt, … kleine Sachen, die ohne innere Diskussionen nützlich, hilfreich oder schön sind.
Dann stellst du dir vor, wie das Gefühl der Dankbarkeit, angelockt durch deine kleinen Samen, von überall durch deinen Körper nach oben fließt und die Wolken der Sorgen und Ängste durchbrechen.
Das Licht der Sonne strahlt auf deine Welt.

Das gelingt oft nicht sofort.
Das will geübt werden, bis die Praxis in Sekunden durchläuft.
Diese Fähigkeit steht dann zur Verfügung, wenn eine überraschend hohe Steuererklärung mich mutlos macht.
Atem, Praxis, Dankbarkeit für die neue Klarheit und das Problem angehen.
Es gibt tausende Studien, die Belegen, dass das Training der Dankbarkeit kurz- mittel- und langfristig glücklicher, gesünder und erfolgreicher macht.
Also, dann mach ma das doch!

Stress – Beruhigen oder (freudig) aufgeregt

Alison Wood Brooks ist eine Forscherin an der Harvard Business School.
Sie untersucht die effektivste Strategien im Umgang mit akutem Stress.
Zuerst ein kleiner Test: Stellen Sie sich vor, Sie müssen vor einer Gruppe von Menschen eine große Präsentation halten. Stresspegel seit Tagen hoch bei dem bloßen Gedanken an diesen Vortrag. Die Handflächen sind verschwitzt. All das.

Gerade gestern hatte ich ein solches Erlebnis. Im Gespräch mit meinem Kunden erfahre ich, dass ein wichtiges Gespräch heute stattfindet, zu dem ich nicht eingeladen wurde.

Entscheidung: Flug nach Frankfurt. Teilnehmen. Ich hasse Überraschungen und ich habe es gar nicht gerne, wenn ich unerwünscht bin bei einigen der beteiligten Personen. Trotzdem ist es manchmal nötig einen Akzent zu setzen.
Zwei Stressquellen. Erstens, überraschend reisen und 20h an einem Tag unterwegs sein. Zweitens die Aussicht auf ein schwieriges Gespräch.

Was soll ich zu mir sagen? Versuchen mich zu beruhigen oder mich aufregen?

Als Alison diese Frage Hunderten von Menschen stellte, war die Antwort nahezu einstimmig: 91% sagten, der beste Rat sei es, sich zu beruhigen
Aber...
Das ist nicht das, was ihre Forschung zeigt. Nicht immer hat die Mehrheit recht!

Alison brachte Menschen in ihr Labor und gab ihnen einen sehr stressigen Test: Sie ließ sie eine improvisierte Rede halten - etwas, das sich als sehr gut geeignet erwiesen hat, um ein sehr hohes Maß an Stress hervorzurufen.
Allen wird gesagt, dass sie eine Rede halten müssen.
Die normale Stressreaktion setzt ein.
Die eine Hälfte von ihnen wird angewiesen, zu sich selbst zu sagen: “Ich bin ruhig.”
Die andere Hälfte wurde angewiesen zu sagen “Ich bin (freudig) aufgeregt.”

Raten Sie mal? Die Gruppe “Ich bin (freudig) aufgeregt!” schnitt deutlich besser ab als die Gruppe, die versuchte, sich selbst zu beruhigen.

Warum ist das so?

Weil Angst das ist, was Wissenschaftler einen “hocherregten Zustand” nennen, während Ruhe ein “niedriger Erregungszustand” ist. Es ist fast unmöglich, sofort von einem hocherregten Zustand von Angst/Anspannung/etc. in einen ruhigen Zustand zu wechseln. Es ist wie mit 130 km/h unterwegs zu sein und plötzlich voll auf die Bremse zu treten. Keine gute Idee.

Viel klüger ist es, all diese Angstenergie einfach als (freudige) Aufregung umzudeuten, sie in eine positive, konstruktive Richtung zu lenken und effektiv auf den Beschleuniger (Gaspedal ist so retro ;-)) statt auf die Bremse zu steigen.

Und “Ich bin (freudig) aufgeregt!” ist ein erstaunlich einfacher Weg, um das zu erreichen.

Also… Statt Angst zu haben und mich zu beruhigen, entscheide ich mich auf die Situation zu freuen.

Phil Stutz, oft zitiert, nennt das ‘Reversal of Desire’. Statt davonlaufen auf die Situation zugehen.

Familientag

Viele Jahre schon, am 26. Dezember, treffen wir sechs Geschwister und Partner:innen und Nachkommen uns bei einem oder einer von uns, um zu plaudern und zu essen und Freude gemeinsam zu haben.

Die Dezibel im Raum zeigen, wieviel wir uns in wechselnden Grüppchen zu erzählen und manchmal auch miteinander zu planen haben.

Interessanterweise sind unsere Kinder erwachsene Menschen, die mitten im Leben stehen, fallweise selbst Kinder haben, und auch ganz verschiedene Lebensstile repräsentieren.

Es ist einfach schön wie bunt schon die kleine familiäre Welt ist.

Das bringt mich zum Nachdenken, ob ich mich nicht phasenweise zu sehr in die eigene Selbstverbesserung verkrieche und vergesse die Wärme und Schönheit der Familie und der Welt zu feiern.

Insofern mache ich es heute kurz.

Es ist Zeit ein wenig Sonnenschein physikalisch und emotional zu genießen.

Schönen Feiertag!

Der innere Schalter

Heute früh hatte ich einen müden Start. Gedanken wie “So viel getan in den letzten Tagen, aber von allem zu wenig!”
Glaube ich hier, dass ich mir VERDIENT habe, dass rund um mich Jubelstimmung herrscht, weil ich mich angestrengt habe.

Mir gefällt die Einstellung der stoischen Philosophen “Du hast dir nichts VERDIENT. Mach, was im Moment ansteht, und versuche es jeden Tag ein wenig besser zu machen.”

Ein Investor in meinen ersten StartUp hat einmal zu mir gesagt, dass er zwei Steigerungen von ‘schlecht’ kennt. ‘Schlechter’ und ‘Bemüht’. Das hat damals gesessen. Für ihn zählten Ergebnisse, nicht die Anstrengung.
Das ist übrigens eine interessante Perspektive, weil ich inzwischen gelernt habe, dass ich als Coach, Vater oder Großvater durchaus die Anstrengung, den Prozess beobachten und ermutigen soll.

Was heißt das jetzt für mein ‘Selbst Coaching’?
Nulltens: Wenn in mir der Zweifel hochkriecht. Atmen, Lächeln. Innehalten. ALI .
Orientieren und das tun, was ansteht.

Brian Johnson nennt das “Flip the Switch” Leg den Schalter um!
Erstens: Was will ich erreichen?

Zweitens: Welchem Prozess wähle und folge ich, um das immer besser zu erreichen?

Drittens: Welche Zeitblöcke weise ich meinen Teilzielen zu, damit ich fokussiert darauf
zuarbeite?

Viertens: Habe ich kurzfristige und mittelfristige Erholungsphasen für den heutigen Tag geplant (und retrospektiv gesehen, auch durchgeführt)?

Fünftens: Rechtzeitig am Abend zur Ruhe kommen und das feiern, was heute geschehen ist.
Ist etwas gut gegangen? Super! Freut mich.
Ist etwas schiefgegangen? Super! Etwas gelernt ! Freut mich auch.
Man VERDIENT sich nichts. Es gibt einfach, das nächste zu tun und die kleinen ‘Wins’ zu feiern. Entweder gut gegangen oder etwas gelernt.
Jeden Tag.

V - MEISTER!
Von der Kunst, sich selbst zu meistern.

Stell dir vor, du könntest dein volles Potenzial entfalten und jede Herausforderung mit Leichtigkeit und Stärke meistern. In diesem Kapitel widmen wir uns dieser Fähigkeit – der Selbstmeisterung. Hier erfährst du, wie zielorientiertes Denken, unerschütterliche Disziplin und die bewusste Gestaltung deiner Identität dir helfen können, dein bestes Selbst zu leben und kontinuierlich zu wachsen.

Wir beginnen mit der Einführung von **Trevor Moawads** Konzept des neutralen Denkens aus seinem Buch *„It Takes What It Takes"*. Du lernst, wie du Situationen objektiv wahrnimmst und zielgerichtete Handlungen ableitest, um vom Opfer zum Schöpfer deiner Realität zu werden. **Brian Johnson** ergänzt dieses Wissen in seinem Trainingsprogramm *heroic.us* und seinem Buch *„Areté"*, indem er zielorientiertes Denken als Schlüssel zur Selbstführung beschreibt.

Ein zentraler Fokus dieses Kapitels ist die **Willenskraft** – Nachweislich wichtiger als der Intelligenzquotient (IQ). Basierend auf dem berühmten Marshmallow-Test von **Walter Mischel** zeigen wir, wie Selbstdisziplin der beste Prädiktor für langfristigen Erfolg in allen Lebensbereichen ist und wie du diese Fähigkeit systematisch trainieren kannst.
Weiterhin tauchen wir tief in die **Drei Disziplinen** ein, wie sie **Phil Stutz** in seinen Werken beschreibt: reaktive Disziplin, strukturelle Disziplin und expansive Disziplin. Diese drei Formen der Disziplin bilden den Motor deiner persönlichen Entwicklung und helfen dir, deine täglichen Routinen zu optimieren, negative Reaktionen zu kontrollieren und mutig neue Wege zu beschreiten.

Das Kapitel beleuchtet zudem die Bedeutung von **Selbstmeisterschaft** und wie du durch kontinuierliches Training und bewusste Entscheidungen deine innere Stärke ausbaust. Inspirierende Beispiele von Persönlichkeiten wie **John Wooden** und **David Goggins** illustrieren, wie unbeirrbarer Einsatz und mentale Stärke selbst die größten Hindernisse überwinden können.

Abschließend bieten wir dir praktische Techniken und Übungen, um deine Selbstdisziplin zu stärken, deine Ziele klar zu definieren und jeden Tag einen Schritt näher an deine beste Version heranzukommen. Dieses Kapitel ist dein Leitfaden, um die Kunst der Selbstmeisterung zu erlernen und ein Leben voller Erfolg, Zufriedenheit und innerer Stärke zu führen.

Begib dich auf die Reise zur Meisterschaft deiner selbst und entdecke, wie du durch gezielte Strategien und unermüdlichen Willen dein volles Potenzial freisetzen kannst.

Zielorientiertes Denken

Trevor Moawad schreibt in seinem Buch "It Takes What It Takes" über ‘neutrales’ Denken. Er stellt es dem negativen und dem positiven Denken gegenüber. Der Trick ist, eine Situation nicht zu bewerten, sondern wahrzunehmen und eine Handlung auf meine Ziele hin abzuleiten.

Brian Johnson konkretisiert in seinem Trainingsprogram heroic.us und seinem Buch “Areté”, indem er es als "Zielorientiertes Denken" beschreibt.
Er stellt fest, dass wir uns auf den Prozess/die Aufgabe konzentrieren sollen, anstatt zu jammern oder über Ergebnisse zu fantasieren, aber nicht JETZT zu handeln, und kommt zu der zentralen Frage, die effektives Denken antreibt.

Es ist die Frage, die uns hilft, vom Opfer zum Schöpfer zu werden, während wir in der Realität verankert bleiben UND uns bereit machen, für das was getan werden muss.
Wenn ich vor einer Herausforderung stehe,
wenn mich eine Situation belastet ist die Frage, die ich stellen muss ...
"Was will ich?"
Das gibt meinem Verstand ein ZIEL.
Wenn ich Klarheit über DIESES Ziel habe, ist die nächste Frage
"Was muss jetzt getan werden?"

Ziel gesetzt. Zielen. Handeln.
Wiederholen.
Immer und immer wieder.

BESONDERS wenn ich Gefahr laufe, in den Opfer-Treibsand zu fallen und mich zu beschweren.
Das erinnert mich an den Schutzgott der Philosophie, den Bogenschützen Apollo. Weißt du, was er mag? Gute Ziele. Weißt du, worauf er sich konzentriert, nachdem er gezielt hat? Der Prozess, sein Bestes zu geben.
Ich denke auch an Mihaly Csikszentmihalyis ersten Schritt für den Flow:
Ein klares Ziel haben.
(Schritt 2: Fokussiere all deine Energie darauf, das Ziel zu treffen.)

Wenn etwas schief geht. Fantastisch! An die Arbeit! Zielorientiertes Denken!
Situation ist beschissen.
Atmen. Situation wahrnehmen. Atmen. Ziel wahrnehmen. Atmen. Zielen. Handeln.
Wahrnehmen>Zielen>Handeln, Wahrnehmen>Zielen>Handeln,
Uups … Ziel erreicht :-)

Das Mastery-Mindset

Im Kapitel “The Best Kind of Passion” des Buches “The Passion Paradox” schreiben Brad Stuhlberg und Steve Magness über sechs Komponenten, die ein ‘Mastery Mindset’ ausmachen.
Die beiden haben viele Athleten erfolgreich für Meisterschaften und Olympische Spiele gecoacht.
Nun ... Was macht die richtige Mischung aus Leidenschaft und Einsatz für Erfolg/Glück aus? Hier ihre sechs Ansätze.

1. Getrieben von innen
Meistern, was ich liebe. Das eigene ‘Handwerk’. Klar gibt es äußere Motivatoren, aber der innere Antrieb muss überwiegen.

2. Fokus auf den Prozess
Reflektion muss über die Meisterung, Einhaltung des Prozesses zum Ziel hin gehen. Das Ziel ist eine Richtung, ein leitender Stern - Nichts, wo man ankommt.

3. Kümmer dich nicht darum, der Beste zu sein. Sorge dich darum, der Beste im ‘Besser Werden’ zu sein.

4. Nutze akute Krisen und Fehler für kontinuierlichen Fortschritt.
“Der Meister scheiterte öfter als es die Schüler überhaupt versucht haben”, sagt uns ein östliches Sprichwort.

5. Sei geduldig
Oft geht lange Zeit nicht viel weiter. Die Sportler nennen es das ‘Plateau’. Sie lernen es lieben. Denn man verbringt die meiste Zeit am Plateau und irgendwann entsteht etwas Neues. Eine neue Ebene auf dem Weg zur Meisterschaft öffnet sich.

6. Sei im Jetzt, im Hier.
Meisterschaft braucht intensive, fokussierte Aufmerksamkeit.

Wo bin ich gerade? Das ist mein Tag! Jetzt ist der Moment!
Dann gemma’s an! :-)

Wenn du wählen könntest: IQ oder Willenskraft?

Nun Ja, IQ unter 100 ist ein Handycap, aber wenn man es durch das österreichische Schulsystem geschafft hat, ist man soweit OK.

Hier aber ist eine interessante Tatsache. Studien haben ergeben, dass Willenskraft die Intelligenz (IQ) bei der Vorhersage der zukünftigen Leistungen um das ZWEIFACHE übertrifft?

Mit anderen Worten, wenn du sowohl den IQ als auch die Willenskraft eines Kindes kennst, dann macht es dich doppelt so effektiv in der Vorhersage, wie gut es in Schule, Studium und Beruf abschneidet, wenn du seine Willenskraft kennst als seinen IQ.

Wie erkennt man Willenskraft? … zum Beispiel Marshmallow Test! Richtig!
Walter Mischel hat in den sechziger Jahren nachgewiesen, dass Kinder, die es schaffen auf 2 Marshmallows zu warten statt den sofort verfügbaren ersten Marshmallow zu packen, später signifikant leistungsfähiger sein werden.

Frustrationstoleranz, oder auch Selbstdisziplin und Selbstmeisterschaft, ist auch der beste Prädiktor für so ziemlich alles andere, was wir im Leben wollen: großartige Beziehungen, Gesundheit, Wohlstand, usw.
Am wichtigsten: Selbstdisziplin ist lehrbar (und lernbar). Es ist NIE zu spät!
Das wirft Fragen auf.
Erstens: Wie viel Zeit verbrachten meine Kinder in der Schule im Unterricht für Selbstdisziplin?
Und: Wie viel Zeit verbringe ICH damit, MEINE Selbstmeisterschaft zu entwickeln?
Spät, sehr spät habe ich erkannt, dass es sich auch hier um einen trainierbaren mentalen Muskel handelt.
Diese Fähigkeit zu auszubauen, muss daher im Mittelpunkt meiner Persönlichkeitsentwicklung stehen.
Das bedeutet? Tägliches Training!
Jeder Tag bringt mir Situationen, in denen ich mich entscheide für das was ich für richtig halte oder das, was gerade ein unmittelbares Bedürfnis, mit negativen Seiteneffekten, erfüllt.
Illustration: Ich bin im Marshmallow-Test gerade eben durchgefallen! Gerade vorhin habe ich eine ganze Schokoladetafel verspeist. Heute früh hatte ich entschieden, keine Süßspeisen ab 14 Uhr zu essen. Die Waage morgen früh ist der unbarmherzige Zeuge der Folgen meiner Entscheidung.
Also? Diese und jede Chance nutzen, Selbstmeisterschaft zu trainieren.
Jeden Tag! Dran bleiben! Erfolge feiern und aus Hoppalas lernen -)

Die DREI Disziplinen - Motor meiner Entwicklung

Nachdem ich jeden Tag zu einem Meisterstück machen will, zu einem exponentiell wirksamen kleinen Schritt auf meine Ziele zu, rücken die 3 FORMEN DER DISZIPLIN
REAKTIV + STRUKTURELL + EXPANSIV in den Fokus.

Phil Stutz sagt uns, dass wir DREI Formen der Disziplin entwickeln können: reaktive Disziplin, strukturelle Disziplin und expansive Disziplin.

Zuerst pflegen wir die reaktive Disziplin, die genau das ist, was sie zu sein scheint. Etwas löst Sie aus. Ein Trigger. Kann ich zwischen den Reiz und meine gewohnheitsmäßige, suboptimale Reaktion treten mit der DISZIPLIN, eine bessere Reaktion zu WÄHLEN?
Das ist reaktive Disziplin. Ich entwickle neue ALGORITHMEN, neue Reaktionsweisen. Neue heilsame Automatismen ersetzen schädliche historisch gelernte Verhaltensweisen.

Bei der STRUKTURELLEN DISZIPLIN dreht sich alles um die täglichen Gewohnheiten, die uns am Laufen halten - die unserem Leben die "Struktur" geben, die wir brauchen, um uns mit der besten Version von uns selbst zu verbinden und sie auszudrücken.
Und natürlich ist strukturelle Disziplin das Fundament meines Protokolls, das sicherstellt, dass ich mich in die Hand nehme - BESONDERS wenn ich keine Lust dazu habe.

Darüber hinaus wirkt die EXPANSIVE DISZIPLIN.
Das, sagt Phil Stutz, ist sowohl die Wichtigste und auch die Schwierigste der drei.
IN JEDEM EINZELNEN MOMENT habe ich eine Wahl.
Gehe ich vorwärts in Richtung Wachstum oder zurück in die Sicherheit?

Wenn ich mein Potenzial aktivieren will und eine Chance haben will, alles zu erleben, zu dem ich fähig bin, will ich mir immer häufiger rufen: "DAS GEH' ICH AN!"

Kurz gesagt: Ich werde diese Expansion zu meiner Disziplin machen.

Also! Bestandsaufnahme!
Wie steht es um MEINE reaktive Disziplin?
Meine strukturelle Disziplin?
Meine expansive Disziplin?

Zeit genommen? Gut so!

Was funktioniert gut?
Was braucht Arbeit?
Was ist die EINE Sache, die ich HEUTE ein wenig anders machen werde?
In allen DREI Disziplinen.
Alle drei davon.

Da fällt mir etwas ein! Ich stehe heute etwa alle 15 Minuten kurz auf und mache eine winzig kleine Aktion (Wirklich nur 2 Minuten).

Dadurch wird

1. Wird irgendetwas im Haus ein wenig besser
2. Mein Körper gesünder
3. Mein Geist klarer

Das mit der Anstrengung ist Absicht!

'Schmiede deine antifragile Zuversicht' (Forge Antifragile Confidence'). Das hört sich gut an. Auf jeden Fall ist das Wort 'antifragil' ungewohnt.

Vor vielen Jahren habe ich einen Ursachen-Baum erstellt, um zu erforschen, woran es liegt, dass ich viele meiner Ziele nicht oder sehr viel verspätet erreiche.
Die Wurzelursache: 'Du kannst dir selbst nicht vertrauen.'

Das habe ich als etwas harte Aussage empfunden.
Ändert nichts daran, dass es stimmt.
Tröstlich: Ich bin nicht allein mit dem Problem.
Das ist auch der Grund, warum die zweite Phase in Brian Johnson's Coach Programm von dem Schmieden dieser 'antifragilen' Zuversicht handelt.
Antifragil (siehe auch Buch 'Antifragile' von Nassim Nicholas Taleb) bedeutet, dass ich jedes Hindernis, jede Störung, jedes Unglück nutzen kann, um zu lernen und stärker zu werden. Ich werde nicht abgenutzt von den Strapazen, sondern stärker.
Unsere Muskeln machen das vor.
Training mach stärker. Beanspruchen mach stärker, wendiger, fähiger.

Statt mit Befürchtungen auf eine Aufgabe, auf ein Problem zuzugehen, schalte ich um auf den Zustand der Vorfreude. Vielfach haben Studien ergeben, dass Vorfreude eine wesentlich höhere Erfolgschance garantiert als Befürchtungen und Angst.

Oft glauben wir, dass das Gefühl dominieren muss und ich kann eben nicht davon loskommen. Schon gar nicht auf etwas freudig zugehen, das mir Angst macht. Aber dafür haben wir ja das innere Team. Die Angst ist ja völlig berechtigt und ein Teil von mir darf sie auch haben und die Warnung aussprechen. ABER wenn es um Handeln, um den MUT zu handeln geht, habe ich einen Teil zur Verfügung, der gut Entscheiden und Handeln kann. Den wähle ich und gehe die Sache an.
Brian Johnson meint, dass das Leben als ideale Trainingswiese angelegt ist. Die Herausforderungen sind eingeplant. Nur so lernen wir und schließen die Kluft zwischen dem, was wir gerade sind, und dem Potential, das wir sein können.
Antifragile Zuversicht, unerschütterliche Zuversicht wächst aus den vielen kleinen Mutproben, der täglichen Anstrengung auf etwas zuzugehen, das ich gerne vermeiden würde.
Phil Stutz nutzt diese Mechanik in seinen TOOLS, wenn er von 'Reversal of Desire' spricht. Wir drehen den Wunsch davonzulaufen in den Wunsch durch die Herausforderung aus unserer Komfortzone in die Welt unseres Potentials zu gehen.
Also? Jeden Tag die Chancen nutzen, um zu wachsen!
Tag für Tag. Jeden Tag. Heute!

Ereignis + Meine Reaktion = Neue Realität

Jack Canfield is seit Jahrzehnten im Feld Selbtsentfaltung führend.
Bekannt auch für "Chicken Soup for the Soul".
In "Success Principles" destilliert er 64 Muster aus der Praxis erfolgreicher Menschen. Daher auch der Subtitel des Buches "How to get from Where You Are to Where You Want to Be".

Heute nur zur Nummer 1 seiner Prinzipien.
Er schreibt: "Es ist Zeit aufzuhören, nach den Gründen zu suchen, warum du nicht das Leben und die Resultate gestaltet hast, die du dir wünscht. Du bist die Person, die deine Lebensqualität und die Resultate schafft.
Du - niemand sonst!
Um großen Erfolg in deinem Leben zu schaffen - und jene Ziele zu erreichen, die am wichtigsten für dich sind, musst du 100% Verantwortung für dein Leben übernehmen. Weniger funktioniert nicht."

Das wäre Regel Nummer 1 für ein erfülltes Leben.
Damit werden wir zur Heldin, zum Helden unseres Lebens.
Das funktioniert nicht, wenn wir wie ein Opfer agieren.
Situationen sind wie sie sind. Wir nehmen wahr und reagieren. Unsere Reaktion schafft eine neue Realität, eine neue Situation. Ein Domino fällt. Das nächste (etwas größere) wird angestoßen.

Canfield erzählt vom großen Erdbeben 1994 in Los Angeles. Er persönlich flog bei der Gelegenheit aus dem Bett. Autobahnen wurden zerstört.
Am Tag danach machten Reporter die Runde und befragten die Autoinsassen im Stau.
Die erste Person beschwerte sich über Feuer, Erdbeben, Fluten und wie sehr er Kalifornien hasst.
Die zweite lächelte fröhlich beim Fenster heraus und erzählt, dass sie um fünf Uhr zu Hause weggefahren ist, um eine Chance zu haben, rechtzeitig in der Arbeit zu sein und dass sie sich einen Spanischkurs, Thermosflasche und Lunchpaket eingepackt hat. Live is good !

Also? Ich habe es in der Hand!
Situation + meine Reaktion = Neue Realität.
So funktioniert das Spiel.
Jeden Tag viele Chancen das Spiel besser zu lernen.

Ich mag nicht!

Ich mag nicht! :-) Mancher Morgen fühlt sich nicht so an, als ob ich Bäume ausreißen würde. Was ist das für eine Stimme in mir? Sie sagt mir, dass ich klein bin vor meinen Zielen. “Du schaffst das nicht!”

Hah! Part X markiert, würde Phil Stutz sagen. Phil Stutz ist seit vielen Jahrzehnten Therapeut und hat viel mit Menschen zu tun, die sehr erfolgreich sind und tiefe Tiefs in ihrem Leben haben. Was der Grund ist, dass sie zu ihm kommen. Lieber Doktor hilf mir! Er meint: “Du kannst dir selbst helfen. Um genau zu sein: NUR du kannst dir helfen!”
Aber ein wenig Coachen darf sein.

Kleiner RealityCheck aus meiner Situation. Ich hatte das Schreiben dieses Memos unterbrochen für ein Kundengespräch. Das ist zu Ende und ich habe den Impuls zur Entspannung zu schauen, was es Neues bei SpaceX gibt.
Mein ‘Part X Sensor’ springt an! Das ist eine Ausweichbewegung.
Ich war ja gerade dabei dieses Memo zu schreiben! Das ist der Task für diesen Moment! Bleib dran!

Phil Stutz erklärt, dass es entscheidend für den Erfolg ist, diesen ‘Part X Sensor’ zu trainieren. Das bedeutet nicht, sich zu hetzten oder sich keine Pausen zu gönnen. Es bedeutet nur, ganz bewusst Entscheidungen zu treffen, die zu meinen Zielen passen. Oft ist Entspannung eine gute Entscheidung. Was ist der optimale Weg mich zu entspannen? Atmen-Lächeln-Innehalten (ALI) :-)

Das führt mich zu einem zentralen Begriff der griechischen Philosophie zur Lebensführung: ARETÉ.
Das Wort bedeutet direkt übersetzt "Tugend" oder "Exzellenz", hat aber eine tiefere Bedeutung - etwas in der Richtung von "unser höchstes Potential ausdrücken".
Wann?
Moment für Moment für Moment.
Wenn wir ausdrücken, wozu wir in einem bestimmten Moment fähig sind, ist kein Platz für Bedauern, Zögern oder andere negative Emotionen.
Niemand, auch die leuchtensden Vorbilder, sind kontinuierlich im Zustand von Areté.

Churchill konnte oft nicht aus dem Bett, Gandhi war manchmal echt schwierig für seine Umgebung und Buddha bemerkt, dass man dauernd aus dem Gleichgewicht gestoßen wird. Es kommt nur darauf an, so schnell wieder im Gleichgewicht zu sein, dass daraus keine Störung entsteht. Und das ist, wie beim Seiltänzer, Training, Training, Training, ... ein dynamisches Gleichgewicht wird erreicht.

Zurück zum “Part X”. Wenn mir mein Geist einen Vorschlag macht, was als nächstes ansteht: ‘Part X Sensor’ aktivieren und dann tun was die beste Version von mir tun würde.

Und, wenn meine beste Version meint, 5 Minuten in der Sonne spazieren gehen wäre gute Idee, dann Tun.
Wenn es bedeutet, Memo fertig schreiben, dann tun.

Wichtig ist die Wachheit, die Achtsamkeit, die Unterscheidungsfähigkeit aus welcher Quelle der Impuls kommt.
Part X oder meine beste Version.
Die Griechen würden Part X mit Daimon bezeichnen
und die beste Version von mir als EUDAIMON, die gute Seele.

Also? Dran bleiben. Jeden Tag, den ganzen Tag!

Der Wille - Stärker als Fähigkeit und Talent

Muhammad Ali's großartige Autobiographie "The Soul of a Butterfly" erzählt, wie er tägliche Größe unter schwierigsten Bedingungen erreicht.
Er schreibt: "Champions werden nicht im Fitnessstudio gemacht. Champions entstehen aus etwas tief in ihrem Inneren - einer Sehnsucht, einem Traum und einer Vision.
Ja. du musst die Fähigkeit haben und den Willen.
Aber der Wille muss stärker sein als die Fähigkeit."
Und weiter: "Wir schaffen unsere eigene Realität aus unseren Gedanken und aus dem, was wir glauben. Die Kritiker, die mir sagten, was ich nicht kann, haben nicht gewusst, was in mir steckt."
"Was wirklich zählt im Ring ist, was du tust, nachdem du erschöpft bist. Wenn nichts mehr geht. Wenn du siegen willst, dann kann sich der Wille nicht zur Ruhe setzen, kann nicht stoppen, macht weiter, wo andere aufgeben."

In meiner kleinen Welt sage ich dazu: So ist es! Und so will ich es.
Meine kleine Müdigkeit, mein "Das muss nicht heute sein" sollen mich nicht daran hindern, meine Ziele zu erreichen.
Daher steht das Training meiner Willensstärke täglich am Programm.

Ich sehe mich als alten kranken Mann, für den tatsächlich nichts mehr geht und rufe mir zu "Heute ist dein Tag!
In diesem Moment kannst du dich entscheiden, das Richtige zu tun!
Die Zeit läuft dir davon! Nütze jede Sekunde"

Phil Stutz beschreibt diese Übung in "The Tools" . Wirklich lernenswert!
Also? Wo drücke ich mich herum? JETZT angehen! JETZT!

Daten – Retrospektive – Lernen - Automatisieren

Stan Beecham stell in seinem Buch “Elite Minds” fest, dass große ‘Performers’ nicht jeden Tag perfekt drauf sind. Ganz im Gegenteil: Im Rückblick auf die letzten 30 Tage stellen sie fest, dass es etwa 6 Tage gab, an denen sie in einem suboptimalen Zustand waren.

Wie stellt man so etwas rückblickend fest? Tja, wie jeder Controller (war auch einmal meine Rolle) weiß, braucht es dazu Daten. Ohne Daten nimmt die Vergangenheit verschwommene emotionale Farben an, statt klares Feedback zu geben.

Beecham schlägt vor, dass man jeden Abend ein ‘W’ für Win und oder ein ‘L’ für Lost (mir ist lieber L für Lernen) ein. Das ist eine ausgezeichnete ‘nicht-technische’ Lösung und bei Weitem ausreichend.

Ich verwende dafür einen Oura Ring. Der steckt an einem Finger und misst meine Lebensfunktionen wie Puls, Atemfrequenz, HerzFrequenzVariation, Aktivitäten, Workouts, Schritte, Schlafdauer und Qualität, etc und ich habe jede Menge Daten zur Verfügung, um zu prüfen, wo ich besser werden kann.

Ich nehme meinen März als Beispiel. Durchschnitt meiner Tagesform 86. 85 bis 100 gilt als ausgezeichnet, 75 bis 85 als gut. Also im Schnitt OK. :-)
Am 4., 14., 21., 27., 28. und 30. lag meine Tagesform unter 85. Zufällig gerade 6 Tage ;-) .
Nächster Schritt: Tagebuch.

4.3. Ah, ich war erkältet. OK. 14.3. Wert 67! Sehr schlechter Zustand am Morgen. Der 13. war ein anstrengender Workshoptag, Stress führt zu Streit mit meiner Frau, ich entspanne mich mit SpaceX YouTube, gehe spät schlafen
>> Lernen: Gerade, wenn ich einen anstrengenden Tag hatte, NICHT mit meiner Frau streiten und am Abend noch die letzten SpaceX Videos anschauen
>> sondern eine Einheit Atemtraining und Meditation und SEHR früh schlafen gehen!

Die 67 Punkte am 30 März haben einfache Erklärung, Ich war für Workshop unterwegs und habe auf der Hinfahrt am 29. ein Schnitzelsemmerl im Zug gegessen. Vier Tage starker Durchfall waren die Folge.
>> Lernen: Ja, das waren wohl Salmonellen oder ähnliches, aber ich hatte an dem Tag vorher schon genug gegessen und das Schnitzelsemmerl mit seinen Folgen hätte einfach nicht stattfinden müssen.

Lehre daraus: Gerade, wenn ich Stress habe, besonders auf meine Ernährung achten. Lieber weniger essen und auf Qualität achten.

Mit dieser Monatsretrospektive vertiefe ich Erkenntnisse und stütze die Gewohnheitsänderungen (= Automatisierungen), die mich ein wenig erfolgreicher, fitter und glücklicher machen.

Es fängt mit der Fähigkeit mich selbst zu führen an und leitet über, wie ich meinem Team und/oder meiner Firma helfe, ein Stück erfolgreicher zu werden.

Disziplin und Selbstmeisterschaft

Abraham Maslow sagt mir, dass der Sinn des Lebens darin liegt die Kluft zwischen meinem Potential, der besten Version von mir, und meinem gegenwärtigen Selbst zu schließen. Das schöne daran ist, dass mit jedem Schritt in die Richtung meiner besten Version mehr Potential erschlossen wird. Das Ziel weicht vor mir zurück, umso mehr Potential ich erschließe und erhält so seine Zugkraft.

Den Sinn kann ich jeden Tag erleben.
Ich kontempliere jeden Tag über diese meine beste Version und auf Empfehlung von Brian Johnson habe ich mir drei Identitäten zurechtgelegt.
Eine für meine Energie, weil ohne Energie wird aus den besten Absichten nichts.
Die zweite für Familie, Freunde und soziales Umfeld. Es zählt nicht das, was ich mir überlege, sondern was ankommt bei denen die ich liebe.
Die dritte Identität steht für meinen Beitrag zur Welt in Geldverdienarbeit und anderen Arbeiten. Robert Dilts, den ich als Person und Lehrer sehr schätze, hat uns in einem Workshop vor vielen Jahren aufgefordert: "Create a world to which you want to belong".

"Arbeit" sollte daher aus meiner Sicht immer in diese Richtung gehen.
Jede der drei Identitäten hat einen motivierenden Namen und Werte (Tugenden), die sich in dieser Identität ausdrücken.

Zwei dieser 'Tugenden' sind 'Disziplin' und 'Selbstmeisterschaft'. Disziplin ist für mich die primäre Tugend im Energiebereich. Das bedeutet zum Beispiel, dass ich ein Programm für jeden Morgen habe, wie ich Körper und Geist in Schwung bringe. Und ich halte es ein, besonders, wenn mir gar nicht danach ist. Die Effekte dieser 'disziplinierten' täglichen Schritte über Jahre sind beeindruckend.

'Selbstmeisterschaft' ist für mich in Arbeit und sozialem Umfeld zentral. Die Welt überrascht mich jeden Tag mit Querschlägern, Chancen, frohen Momenten und schweren Situationen. 'Selbstmeisterschaft' bedeutet für mich, dass ich jede Situation elegant, kraftvoll und lernend meistern will. Nicht dass ich sie 'perfekt' bewältige. Das funktioniert nicht. Sondern, dass ich meine innere beste Version von mir Frage, was sie tun würde und das mache, soweit ich es eben mit meinen gerade gegebenen Fähigkeiten hinbekomme.

Und am Abend betrachte ich den Tag mit den kleinen Erfolgen und Lernereignissen, sehe die Differenz zu meinem Potential und sage Danke zu meinem real existierenden Selbst für seinen Einsatz.

Disziplin Im Reagieren und Expandieren

Phil Stutz nennt eine Fähigkeit „emotionale Ausdauer“ (Emotional Stamina), die Brian Johnson „antifragiles Selbstvertrauen“ nennt. Phil fährt mit der zweiten Art von Disziplin fort, die er „reaktive Disziplin“ nennt. “Es ist die Fähigkeit, deine Reaktionen auf die Ereignisse, die dich den ganzen Tag bombardieren, zu steuern.“

Die Grundidee hier? Viktor Frankl hat das Wesen der reaktiven Disziplin brilliant in „Man’s Search for Meaning“ erfasst, wo er uns sagt: „Zwischen Reiz und Reaktion gibt es einen Raum. In diesem Raum liegt unsere Macht, unsere Reaktion zu wählen. In dieser Fähigkeit die Reaktion zu steuern liegen unser Wachstum und unsere Freiheit.“

Dann nennt Phil Stutz eine dritte Disziplin, die er „expansive Disziplin“ nennt. “Dies bezieht sich auf Handlungsschritte, die du dich zwingen musst zu unternehmen, um dein Leben zu erweitern. ... Das Universum dehnt sich ständig aus. Um mit seinen universellen Kräften verbunden zu bleiben, müssen wir damit Schritt halten.“

Expansive Disziplin ist im Wesentlichen die Operationalisierung der Tugend des Mutes. Wir wollen bereit sein zu handeln, in Anwesenheit von Angst. Wir werden uns unseren Herausforderungen stellen, anstatt ihnen auszuweichen. Dies ist eine Disziplin.

Das beste Werkzeug dafür? Phil Stutz schreibt: "Jedes Mal, wenn du auch nur ein bisschen Schmerz fühlst (in Form von Angst, Überforderung, was auch immer), sage zu dir selbst: 'HER DAMIT!'"

Kurze Zusammenfassung:
Die drei Disziplinen sind strukturelle Disziplin, reaktive Disziplin und expansive Disziplin.

Hm, Reflektieren ...
Was funktioniert für mich?
Wird das weiterhin so sein?

Was will ich verbessern?
Aufschreiben. Planen. Angehen! Jetzt!

Lenken statt jammern

Darrin Donnelly hat in seiner Serie “Sports for the Soul” das Buch "The Mental Game" herausgebracht. Wie alle anderen Bücher von ihm weise, wertvoll und leicht zu lesen.

In diesem Buch geht es um einen professionellen Golfer, der darum kämpft, sich auf der PGA Tour durchzusetzen. Er hat die Gelegenheit, Zeit mit einem der größten Golfer der Ära zu verbringen, der ihm einige lebensverändernde Weisheiten mit auf den Weg gibt.
Die wichtigste Idee wird aus meiner Sicht vom weisen Mentor des kämpfenden Golfers gesagt: „Was du dir merken musst, ist, dass es bei Selbstgesprächen nicht darum geht, dich selbst zu täuschen, sondern dich zu lenken. Du musst die negative Situation nicht ständig beschreiben; du weißt bereits, womit du konfrontiert bist. Wenn du dieser negativen Stimme erlaubst, in schwierigen Zeiten zu sagen, was sie will, wird sie dich ständig daran erinnern, wie schlecht die Situation ist und all die Dinge, die wahrscheinlich schiefgehen werden.
Das ist der Moment, in dem du die Kontrolle übernehmen und positiv mit dir selbst sprechen musst. Sage dir, wie du dich fühlen möchtest, nicht wie du dich bereits fühlst. Sage dir, was als Nächstes passieren soll, anstatt über das nachzudenken, was bereits passiert ist. Das wird deinen Fokus verschieben.“
Und weiter: „Worauf du dich am meisten konzentrierst, tendiert dazu, einzutreten. Daher möchtest du, dass deine Selbstgespräche deinen Fokus auf die Gedanken, Handlungen und Ergebnisse lenken, die du willst, nicht auf das, was du nicht willst.“
Und schließlich: „Du musst die Kontrolle über deine Selbstgespräche übernehmen. Höre nicht auf dich selbst. Sprich mit dir selbst. Erkenne, dass eine fortlaufende Schlacht in deinem Kopf stattfindet. Du musst eine aktive Rolle in dieser Schlacht übernehmen.“

Wichtig ist hier: Der Punkt bei Selbstgesprächen ist es nicht, sich selbst zu täuschen. Es geht darum, sich selbst zu LENKEN. Das ist kein ‘Schönreden’. Ich nehme sehr wohl die Gegenwart als Ausgangspunkt wahr. Der Fokus ist aber auf den nächsten Schritt.

Donnelly sagt: Wir wollen nicht auf uns selbst hören. Wir wollen mit uns selbst SPRECHEN.

Wiederholung: Der Punkt bei Selbstgesprächen ist es nicht, mich selbst zu täuschen.
Es geht darum, mich selbst zu LENKEN.

Also … Immer wenn etwas in mir zu jammern beginnt … umschalten!
Und LENKEN!
Macht echt mehr Freude!

Hör auf mit dem Wetter zu argumentieren!

Schon die Stoiker vor 2500 Jahren haben betont, dass es nur drei Verantwortungsbereiche gibt:
Dinge, die ich als Person tun und beeinflussen kann.
Dinge, die andere Menschen tun und beeinflussen können
und Dinge, die das Universum tut.

Wenn man wirklich Frust erleben will, dann beschäftigt und beschwert man sich über Dinge, die andere Menschen oder das Universum tun.
Eine ungerechte Behandlung: das Wetter, den Vulkanausbruch, die absolute Unfähigkeit eines Mitarbeiters, ...

Ein schöner Nebeneffekt ist auch, dass ich absolut nichts tun kann, um die Situation zu ändern. Ja, aber warum bin ich dann frustriert?

Ich habe mich ja gerade freigespielt von Verantwortung?

Tja, da ist noch der Bereich, den ich tun und verantworten kann.
Ich kann wirklich etwas beitragen.

Ein Wort hier, eine kleine Hilfe dort, eine Erledigung heute, den Regen genießen, mit oder ohne Regenschutz, ... und seltsam, ich fühle mich besser.

Das wäre doch was! JETZT zum Beispiel.

Etwas schief gegangen? GUT ! :-)

Ich bleibe beim Buch “The Mental Game” von Darrin Donnelly. Darrin’s Leitfaden sagt dem aufstrebenden Helden: „Wenn etwas Schlechtes passiert, frage dich: ‚Was Gutes könnte daraus entstehen? Welche Chance steht mir bevor?‘“
Er fährt fort: „Im Dreck feststecken? Jeder Spieler landet im Dreck. Es zählt, wie du daraus herauskommst. Wie du den nächsten Schlag spielst, ist eine Gelegenheit, dich von der Konkurrenz abzuheben. Einen Cut verpassen? Jetzt hast du die Gelegenheit, ein paar zusätzliche Tage zur Erholung und Vorbereitung auf das nächste Turnier zu nutzen – das ist eine Chance, die andere nicht haben.
Ein Panikanfall? Das ist die Art und Weise deines Körpers, dir zu signalisieren, dass etwas behoben werden muss, und du hast nun die Gelegenheit, die Hilfe zu finden, die du benötigst und besser dazustehen, als wenn du auf deinem bisherigen Weg weiter gegangen wärst.“
Und schließlich sagt er: „Es ist ein schneller Zweischrittprozess, wenn du auf ein neues Problem stößt.
Erstens, erkenne, wie die Dinge schlimmer sein könnten und sei dankbar dafür, wo du bist.
Zweitens, finde die Chance, die du jetzt hast, und konzentriere dich darauf.“

Jocko Willink hat ein Buch geschrieben “Discipline Equals Freedom”. Dort schreibt er, dass sich für ihn folgendes Verhalten bewährt hat: Immer wenn etwas schlechtes passiert reagiert er mit “GUT!” und macht etwas daraus.

Bei einem Spartan Race bin ich letztes Jahr von einer glitschigen Stange, über die ich elegant drüberspringen sollte, aber mich bestenfalls darüber wuchten kann, beim Wuchten mit den Händen ausgerutscht und Wumms auf den Rücken gefallen. “GUT”! habe ich reagiert als ich so da lag. Ein Aufpasser beim Hindernis fragte: “Alles OK?”. Ich darauf “Alles GUT!” :-) Ich war dankbar, dass keine Wurzel und kein Stein dort war, wo mein Rücken aufprallte. Der Schmerz war nur kurz und leichter zu ertragen mit dieser mentalen Einstellung.

Was auch immer passiert: GUT! und etwas daraus machen.
Also sage ich mir: Wenn mich ein körperliches oder psychisches Autsch plagt, dann erkenne ich, dass es schlimmer sein könnte und eine Chance ist und dann plane und gehe ich den nächsten Schritt.

Die Stoiker hätten eine Freude an mir ;-)

Was tun mit Stress?

Meist, wenn wir über Stress sprechen, suchen wir nach Methoden mit den Stressoren umzugehen, sie zu minimieren. Paul Napper hat in seinem Buch "The Power of Agency" eine andere Perspektive. Paul Napper hat beobachtet, dass Top-Performer sich selbstwirksam fühlen und Stress sogar als motivierend empfinden, sie können etwas tun auf ihre Ziele hin. Sie haben 'Agency'.

Mit einem starken Gefühl von Selbstwirksamkeit schrumpft der Stress im Vergleich, wird sogar oft als Ansporn empfunden.
Das bedeutet, statt den Stress zu 'behandeln', kann ich auch mein Gefühl der Selbstwirksamkeit verstärken.

Und wie geht das?

Zunächst ist wichtig, dass mein Tun zu meinen Werten und Zielen passt. Bei selbstbestimmten kreativen Arbeiten ist das leichter. Ich habe mir die Arbeit ja ausgesucht.

Im Angestellten Verhältnis oder Notsituationen muss ich Dinge tun, die ich mir nicht ausgesucht hätte. Wenn in dieser Situation innerer Widerstand entsteht, ist die unmittelbare Folge Stress. Ich habe dann die Wahl: Entweder ich mach es nicht - Das geht immer, kann aber gravierende Konsequenzen haben, oder ich entscheide mich es zu machen, weil es die beste Lösung in dieser Situation ist. Wenn ich mich voll dafür entscheide, entfällt der innere Konflikt, es wird durch meine Entscheidung sinnvoll und der Stress schrumpft oder wird sogar zur willkommenen Herausforderung.
Stress entsteht, wenn ich MUSS oder SOLLTE und vermindert meine Energie dramatisch.
Wenn ich etwas als ganze Person WILL, steht mir meine gesamte Energie zur Verfügung. Ich bin selbstwirksam in dieser Situation.
Wenn etwas zu tun ist, dann ist es gleich besser es auch zu wollen.
Wenn der Abfluss der Toilette verstopft ist, bringt es nichts, wenn ich mich selbst bemitleide (>> Stress). Es macht weniger Stress, die Herausforderung bewusst anzunehmen mit einer Entscheidung: Ich WILL!

Ich werde dieses Thema in meine abendliche Retrospektive hineinnehmen.
Wieviel Zeit am Tag erlaube ich mir im Zwiespalt des MÜSSTE/SOLLTE zu sein.
Wieviel Zeit im Zustand des „Ich WILL"?

Denk negativ!

Beim Aufbau meiner beiden ersten Firmen war ich ein 'strong believer' in positives Denken, in Zielearbeit, ... und führte meine Firmen in den Crash.

William B. Irvine schreibt in seinem Buch "A Guide to the Good Life",
dass die Stoiker empfahlen
"that we spend time imagining that we have lost the things we value—that our wife has left us, our car was stolen, or we lost our job. Doing this, the Stoics thought, will make us value our wife, our car, and our job more than we otherwise would. This technique—let us refer to it as negative visualization—was employed by the Stoics at least as far back as Chrysippus. It is, I think, the single most valuable technique in the Stoics' psychological tool kit."

Wie kommt Professor Irvine auf die Idee, dass 'Negative Visualisierung' eine gute Idee ist?

Inzwischen hat sich auch bei der 'Harvard Business Review' herumgesprochen, dass ein 'Pre Mortem' eine gute Idee ist, um sicherer ans Ziel zu kommen. Diese 2500 Jahre alte Weisheit einzusetzen hat signifikante Vorteile.

Als CEO frage ich meine Leute, als Teamleiter mein Team: "Das Projekt ist gescheitert! Was ist schief gegangen?"

Hey, fragt eine aus dem Team "Wir fangen ja erst morgen an!"

Antwort: "Genau, darum ist heute ein guter Tag, diese Frage zu stellen."

Zwei Effekte habe ich beobachtet:
Im beruflichen Leben werden Projekte besser abgesichert gegen durchaus vorhersehbare Probleme.
Im privaten Leben lerne ich zu schätzen, was ich jeden Tag geschenkt bekomme und kann eher ruhig und konstruktiv reagieren, wenn etwas katastrophal schief geht.

Wie wäre es mit ein wenig negativ denken heute ?

Erfolgreiches Multitasking ist ein Mythos

Unser Hirn ist nicht wie Computer mit parallelen Prozessoren gebaut. Die Zellen unseres neuronalen Netzes sind tausendfach miteinander verbunden.
Die Neuronen stören sich sozusagen ununterbrochen gegenseitig.
Das ist eine geniale Erfindung der Natur aber auch eine kontinuierliche Bedrohung unserer Produktivität.

Genial, weil unser Hirn für eine fokussierende Aufgabe aus verschiedensten Teilen unserer Erfahrung in allen Sinneskanälen Lösungen, Ideen, Impulse für genau diese Aufgabe beitragen kann.

Bedrohlich, weil es unsere Entscheidung ist, wie wir unseren Zentralcomputer einsetzen und wir mit dieser Verantwortung oft recht sorglos umgehen. Wenn ich dem Hirn viele Aufgaben gleichzeitig gebe, werden sich die Hirnteile in bester Absicht dauernd stören und der Fokus wechselt zwischen den Aufgaben mit resultierenden Zeit- und Qualitätsverlusten.
Unser Hirn kann nur Singletasking. Wenn es zum Multitasking gezwungen wird, schaltet es in Sekundentakt zwischen den Aufgaben um.

Tausende Studien haben bestätigt: Multitasking ist ein Mythos.
Ein schädlicher Mythos.

Auf dramatische Weise zum Ausdruck gebracht durch die Tatsache, dass Telefonieren inzwischen mehr zu katastrophalen Autounfällen beiträgt als Alkoholkonsum (und nicht weil dieser geringer geworden ist).
Ich glaube gut Auto zu fahren, wenn ich telefoniere und ich bemerke nicht die Umschalt-Vorgänge und Sekunden-Lücken in der Wahrnehmung ... und habe oft Glück .. bis ...

In der täglichen Arbeit sind die Auswirkungen weniger akut und folgenschwer, aber haben eine dramatische Auswirkung auf unsere Produktivität und unseren Erfolg.

Daher: Was ist wichtig, JETZT?
Und dann FOKUS und fertig machen!
Oder einer Person wirklich zuhören, ohne dabei aufs Handy zu schauen.

Bodenkontakt

Todd Herman habe ich bereits referenziert mit seinem Buch 'The Alter Ego Effect', indem er schreibt, dass meine 'wirkliche' Identität jene beste Version von mir selbst ist.

Mein tägliches Aussteigen aus dieser Identität ist meine Trainingsumgebung.
Ich schließe Tag für Tag mit meinen anderen, nicht ganz so heroischen Teilen, zu dieser besten Version von mir auf. Das gelingt nie vollständig, sonst wäre ja meine Lebensreise am Ziel und zu Ende. Gar nicht gut ;-)
Also strample ich weiter.
In einem neuen Podcast von Todd Hermann 'Ground Punch' bringt er eine wesentliche Fähigkeit ins Spiel. Er nennt sie "Ground Punch". Damit meint er die Situation, dass die Heldin eines Actionfilms ohne Chance am Boden liegt und das Böse triumphierend zum letzten Schlag ausholt. In diesem Moment sammelt sie alle Energie zu einem Ausbruch von Kraft, der die Gegner vernichtet.
Ich sehe hier eine Kraftquelle, wenn es wirklich eng wird und ich mich von den Ansprüchen an mich überwältigt fühle. Ah, GUT! Bodenkontakt :-) Ich atme, sammle meine Energie springe auf und es geht los. Statt Befürchtung, Freude auf die nächste Hürde.
Das sind die ganz schwierigen Tage und es ist super, wenn ich daraus etwas machen kann.
Es gibt aber einen schleichenden Prozess. Ich halte mich in Kleinigkeiten nicht an das, was ich
für mich entschieden habe. So einfache Sachen wie Schlafen, Essen, Bewegung, Lächeln, ...
Ich bin nicht perfekt und tragischerweise werde ich nicht der erste perfekte Mensch sein. ;-)

Ich MAG es WIRKLICH: mich WIRKLICH GUT zu fühlen in der Früh.
Das war auch der Auftrag an meine Coaches der letzten Jahre: Es ist Montag morgen und ich fühle mich richtig gut! :-)
Also wenn ich ein wenig vom gesunden Menü abweiche oder ein wenig spät aufbleibe und dann als Ergebnis weniger lebendig und klar aufwache, als ich es gerne hätte, dann bin ich genervt von mir selbst.

Interessant ist Alkohol. Ich trinke inzwischen selten Alkohol, ABER wenn ich gegen Abend ein Bier oder mehr trinke - nur aus guten sozialen Gründen natürlich ;-) - gibt mir mein Oura Ring am nächsten Morgen die Rechnung: nur 96% Blut Sauerstoff! Normalerweise liegt mein Blut Sauerstoff bei 98%. Geist unklar. Weniger Effektivität bei mehr Arbeitszeit. Gar nicht gut!
Oder doch? Freilich! "Ground Punch!"
Erstens zielführendes Verhalten noch stärker verankern. Kopf kalt waschen. Atmen, Tasks sortieren und anfangen. Heute wird es dann trotzdem keine Spitzenleistung

geben können, aber morgen und übermorgen wache ich echt gut auf! :-)
Verstanden?
Dranbleiben!

Wie vermeide ich Schein-Kompetenz?

Benedict Carey schreibt zu wissenschaftlichen Themen in den New York Times. Sein Buch “How We Learn” enthält für mich einige Aha-Momente.
Als den größten Feind für engagierte Lernende nennt er die “Fluency Illusion”. In der Lernpsychologie wird damit das Phänomen verstanden, sich fälschlicherweise kompetent zu einem Thema, in einer Fähigkeit zu halten.

Aber zunächst zur Absicht von Carey mit diesem Buch. Er schreibt: "Der Schatz am Ende des Regenbogens (des Lernens) ist nicht unbedingt 'Brillianz'. Brillianz ist ein schönes Streben, und viel Glück denen, die die Gene, den Antrieb, das Glück und die Verbindungen haben, um diese Lotterie zu gewinnen. Aber wenn man auf ein so vages Ziel zielt, läuft man Gefahr, ein Ideal anzubeten - und das Ziel zu verfehlen.
Nein, dieses Buch geht um etwas, das zugleich bescheidener und großartiger ist: Wie man die Faszination neuer Themen in den Alltag integriert, so dass sie unter unsere Haut gehen. Wie man das Lernen mehr zu einem Teil des Lebens und weniger zu einer isolierten Pflicht macht. Wir werden die neuesten Erkenntnisse der Wissenschaft nutzen, um die Werkzeuge zu finden, die nötig sind, um das eigene Lernen zu schaffen ohne sich in Unnötigkeiten zu begraben. Und wir werden zeigen, dass einige von denen, die wir als unsere schlimmsten Feinde kennen - Faulheit, Unwissenheit, Ablenkung - auch zu unserem Vorteil arbeiten können."
Also lesenswert!

Als erstes aber ein wichtiger Teil des Lernens: Wiederholung. Repetitives Lernen.
Dan Coyle schreibt in seinem Buch "The Little Book of Talent"
"Wiederholung hat einen schlechten Ruf. Wir neigen dazu, sie als langweilig und nicht inspirierend zu betrachten. Aber diese Wahrnehmung ist titanisch falsch. Wiederholung ist der mächtigste Hebel, den wir haben, um Fähigkeiten zu verbessern, denn sie nutzt den eingebauten Mechanismus, die neuronale Verdrahtung unseres Gehirns effektiver und effektiver zu machen."

Bedeutet: Disziplin macht Sinn!

Aber zurück zur “Fluency Illusion”. Das wieder führt zu den Feinden der Effektivität: Faulheit, Unwissenheit und Ablenkung. Wenn ich mich in ein Thema vertiefe, mich mit Gleichgesinnten zu diesem Thema austausche, dann fühlte ich mich kompetent. Ich vertiefe mich fleißig (nicht faul) weiter, fühle mich ‘wissend’ und vermeide erfolgreich Ablenkung. Das ist doch super! Oder? Carey meint: Hm?

In dem Moment, wo ich mein gefestigtes Wissen einer unkontrollierten Umgebung aussetze, wenn ich meine Bubble verlasse, komme ich durcheinander und werde unsicher. Dumme Fragen, Konfrontation, Frust.

Carey meint, dass hier tiefes Lernen beginnt und schlägt vor diesen Wechsel des Kontext ganz bewusst einzuplanen. Das bedeutet zum Beispiel: Mich in wechselnden Abständen mit dem Thema zu befassen. In ungewohnter Umgebung über das Thema zu sprechen.

Versuchen die Fähigkeit anderen beizubringen. Auf andere Themen zu wechseln und wieder zurück zu kehren mit einer neuen Perspektive.
Widerstand und Zweifel einzuladen und dankbar anzunehmen.
Klingt einfach, fällt mir aber manchmal ziemlich schwer.
Also? Gemma’s an!
Was? Keine Ahnung!

Mein Handy

Auf der Rückfahrt von Wien nach Wiener Neudorf beobachte ich die Menschen, die mich umgeben. Ich kann viel von ihnen lernen. Und... Was habe ich mehr als ALLES andere gesehen? Es war der EINE gemeinsame Nenner bei über 90% der Menschen, die ich sah. Was haben fast alle Menschen gemeinsam? Vermutung?

Die eine Sache, die fast jeder machte, ist etwas, was ich auch tue, während ich dieses Memo auf meinem Handy tippe ...
Fast JEDER starrte auf sein Smartphone.

Mark Twain bemerkte einmal scherzhaft, dass er immer innehalten und nachdenken würde, wenn er sich auf der Seite der Mehrheit befände!
Interessant!

Krishnamurti sagt uns, dass es kein Maß an Gesundheit ist, sich an eine zutiefst kranke Gesellschaft gut anzupassen.

Oh, da fällt mir ein, wie oft meine Frau und ich, beide, das Handy zwischen uns liegen haben. Wie störend es ist, wenn das Signal des Smartphones wichtiger als die Worte der Person gegenüber ist.

Und damit...
Schalte ich mein Telefon aus, steck es weg und setze meine Fahrt mit offenen Augen und Ohren fort.
Ich bin da. Im Moment.

Wenn es in der Partnerschaft kracht ...

Heute hat es gekracht zwischen mir und meiner Frau. Wir sitzen zum Sonntagstee zusammen und sie checkt ihre nächste Woche über ihre Social Media Kanäle und erklärt dazu dies und jenes.

Mir brummt nach einer viertel Stunde der Kopf, weil ich nach einem intensiven Sport-Vormittag mit unserer Enkeltochter ziemlich erschöpft war und etwas Zuwendung erwartet hatte.

Nach zwanzig Minuten platzt mir der Kragen. Explosion. Meine Frau ist erschreckt und frustriert.
Ich verschreibe mir Entspannung und einen kurzen Mittagsschlaf. Das ist der erste Schritt.
Nach der Ruhephase bin ich wieder handlungsfähig.

Wir haben zwei wesentliche Vereinbarungen, die uns über mehr als 40 Jahre durch existentielle Krisen getragen haben:
1. Wir arbeiten beide an unserer Persönlichkeit, unser Leben lang
2. Wenn es kracht und das ist unvermeidlich, sorgen wir für unsere eigene Stabilität und dann reden wir.
3. Wir reden miteinander in einem klar definierten Format und notieren das gesagte.
Es ist immer eine Person dran, die andere hört zu, ohne Kommentar.
Das braucht Übung und Disziplin.
 - Blitzlicht - Wie geht es mit gerade? Notieren von später zu besprechenden Themen.
 - Muster des Gelingens - Was habe ich in letzter Zeit gelernt, mit Erfolg gemacht?
 - Themen besprechen. Konsequenzen niederschreiben.
 - Prozessänderungen (Protokoll - Änderungen)
 - Pläne für die nächste Zeit

Wir machen das mindestens wöchentlich und nennen es daher 'Wochenmeeting'.
Das gehört zu unserem 'Protokoll'.
Und wie ich schon öfter bemerkt habe: Wenn es mich am wenigsten freut, halte ich mich umso strikter an das Protokoll.

Nach meiner Explosion heute Nachmittag und 90 Minuten Beruhigungsphase inklusive Mittagsschlaf machen wir daher unser Wochenmeeting.

Und jetzt geht es mit wieder gut. Mein Frau schlägt vor, dass sie während eines Gesprächs mit mir keine Social Media Planungs sessions macht.

Ich stelle fest, dass ich bei körperlicher Erschöpfung zuerst für Erholung für mich selbst sorge, bevor ich weitere Gespräche führe oder nächste Aktionen starte.

Wir freuen uns jedes Mal über so kleine Erkenntnisse und Verbesserungen im Umgang mit uns selbst und miteinander.

Oft ist so eine Situation eine Wiederholung. Ich könnte mich geißeln und sagen: warum haben wir unsere Lektion immer noch nicht gelernt? Lernen ist Wiederholung, bis es wirklich sitzt. Sich klein machen, weil man wieder in die Falle gelaufen ist, bringt nur Schaden.

Ist wieder einmal schwierig gewesen und gut gelaufen.
Danke! :-)

Hindernisse mach mich stärker! Das ist zum aus der Haut fahren!

Ich mag die Vorstellung, dass alles, was auf mich zukommt, mich stärker macht. Letztlich erfolgreicher und froher macht. Der Hund liegt im täglichen Detail. Was regt mich auf? Immer wieder! Ich wünsche mir, dass meine Frau das, was sie sagt, einfach nicht sagt. Ist das zu viel verlangt?

Äh. Ja! Was? Ist es zu viel verlangt, dass meine Frau mich nicht kritisch anschaut, nicht sagt, was ihr nicht passt, nicht andere Ideen vertritt als ich, nicht an mir herumnörgelt?
Äh. Ja! Warum ist das zu viel verlangt?
Nun ja, weise und erfolgreiche Menschen sagen, schreiben und tun seit Jahrtausenden, dass es ein Rezept für Unglück ist, wenn man erwartet, dass andere so sind und das tun, was mich glücklich macht. Deepak Chopra fasst alte indische Weisheit in einem Mantra zusammen: “RAM - Everything I desire, is within me” .

Schon die Stoiker vor 2000 Jahren, unter ihnen der römische Kaiser Mark Aurel, erklärten und lebten die Einstellung, dass ein äußeres Ereignis, zu Beispiel das Verhalten einer anderen Person, Fakten=Daten sind. Die Fakten, die Vergangenheit, sind nicht veränderbar. Was aber sehr wohl unter meinem Einfluss steht, ist meine Reaktion.
Anstatt mich zu ärgern über etwas, was ich nicht ändern kann, stelle ich mir die Frage “Wie kann mich dieses Ereignis stärker machen?”. So wie ein Judoka die Energie des Gegners nützt, um ihn zu Fall zu bringen.

Das ist vielleicht viel verlangt in einer direkten Konfrontation, kann aber geübt werden.
Ich habe daher zwei Vorgangsweisen: Erstens eine Situation ist potentiell ärgerlich, demütigend oder beleidigend und ich kann tief atmen und zuhören und spontan etwas daraus machen. Danke Universum, das war wertvoll. Zweitens, ich stelle mir im nachhinein eine Situation vor, die weniger gut gelaufen ist, schreibe sie auf und finde mindestens drei Möglichkeiten, gestärkt aus der Situation zu gehen.
Jeden Tag finde ich auf diese Weise Treibstoff statt Energiefresser. Das lohnt sich doch!
Und noch ein Nachsatz zu einem meiner eigenen Gegenargumente: “Muss ich jetzt meiner Frau immer recht und nie Feedback geben?” Nicht so. Wenn ich innerlich ruhig bin, steigt die Wahrscheinlichkeit einer konstruktiven Reaktion von mir und darauffolgend eines gemeinsamen Lernprozesses. Oft gehen wir aus so einem Gespräch dann hervor mit dem Gefühl: “Das haben WIR gut gemacht!”.
Beide haben mehr Energie. Das ist Freude!
Also? Lohnt sich doch weiter daran zu arbeiten!

Die Wissenschaft von GRIT- Hartnäckigkeit

Darrin Donnelly hat 6 kleine Bücher in der Serie “Sports for the Soul” geschrieben. Inspirierende Geschichten und wissenschaftlich fundiert: “Think Like a Warrior”, “Old School Grit”, “Relentless Optimism”, “Victory Favors the Fearless”, “Life to the Fullest”, und “The Turnaround”

In “Old School Grit” schreibt ein pensionierter NCAA basket ball Coach Briefe an seine Enkel. Zentral dabei: “Wie entwickle ich Hartnäckigkeit, Durchhaltevermögen?” Die Amerikaner sagen zu dieser persönlichen Eigenschaft ‘Grit’. Er schreibt: “Sehr erfolgreiche Menschen sind nicht solche die vermieden haben Fehler zu machen und durch ein Wunder des Schicksals keine Hindernisse in den Weg gelegt bekommen zu haben. Im Gegenteil, Hindernisse sind ein unvermeidbarer Teil des Lebens. Die erfolgreichsten Menschen bleiben in Bewegung, nachdem sie Fehler gemacht haben, oft katastrophale Fehler. Sie suchen und finden Wege, diese Situationen, diese Hindernisse zu überwinden!”

Und Darrin Donelly setzt fort “Ebenso kommt Freude und Glück nicht vom Leben ohne Schwierigkeiten - dieser Zustand ist unerreichbar. Sondern Glück kommt aus der Zufriedenheit zu wissen, alles zu haben um mit den Schwierigkeiten umzugehen, die auf mich zukommen werden.” Er definiert Grit als “Die Willenskraft durchzuhalten mit Leidenschaft und dem tiefen Gefühl von Sinn”

Viele Studien haben ergeben, dass GRIT ein doppelt so starker Indikator für Erfolg ist wie IQ oder Talent.

Angela Druckworth hat die Wissenschaft von GRIT durch ihre Arbeit begründet. Sie zieht aus ihren Studien auch folgenden Schluss: “High-Grit Leute mögen harte Arbeit genauso wenig wie jeder andere, aber sie akzeptieren harte Arbeit als den Preis, den sie zahlen müssen, um ihre Ziele zu erreichen.” Muhammad Ali hat das so gesagt: “Gib nicht auf! Geh durch den Schmerz jetzt und lebe den Rest deines Lebens als Champion!”

Was dazu gehört? Feier jeden Tag, den du so gut du konntest, durchgekämpft hast!
Der Weg ist nie gerade und selten leicht,
aber ich gehe den nächsten Schritt, und den nächsten.
Das macht stärker! :-)
Genug geredet! Zeit zum Durchstarten! Jetzt!

Meine Angst auf Diät setzen

Frage: Was ist dein Lieblingsessen?
Ich überlege einen Moment.
Lachs Sashimi!
OK.

Was ist das Lieblingsessen von ANGST? Hm?
Womit füttere ich meine Befürchtungen? Mit der Zeit, die ich Ihnen gebe!

In seinem Buch 'The 10X Rule' schreibt Grant Cardone dass es essentiell für unser Wohlbefinden und unseren Energielevel ist, unsere Angst auszuhungern. Sie auf Diät zu setzen.
ANGST wird stark und fett von der Zeit, die ich ihr gebe zu wachsen.
Machen wir ein Experiment.
Denk einen Moment nach. Was macht mir in diesen Tagen Angst?

____

OK.
Was muss ich machen, um diese Befürchtung, diese Angst auf Diät zu setzen?
Was wäre der nächste sinnvolle Schritt?

Phil Stutz sagt es wieder einmal extrem: "Eat the Death Cookie."
Mach das, wovor du Angst hast. Geh auf es zu. Geh durch! Und spür die Erleichterung in das Land deines Potentials zu gehen.

Emerson sagte vor mehr als hundert Jahren
"Mach das, was du fürchtest zu tun und der Tod deiner Angst ist sicher."

Angst ist ein wichtiges Signal. Sie zeigt in eine Richtung, auf ein Hindernis, manchmal auf eine Emotion aus der frühen Kindheit, die im Weg steht. Was wäre ein kleiner Schritt das Hindernis zu überwinden. Was wäre, wenn ich jetzt dieses aufkeimende Gefühl der Angst, der Verweigerung dankbar als Signal verwende einen kleinen sinnvollen Schritt zu gehen. Dann verweile ich nur Sekunden in der Angst und bin schon automatisch im Vorwärtsgang. Das ist eine schwierige Übung.

Viele meiner Ängste sind durch Ereignisse bedingt, die mich vor vielen Jahren geprägt haben.

Die Jetzt-Situation und ich, wir sind inzwischen völlig anders. Die Angst aber ist voll automatisiert. Ich reagiere immer noch wie der kleine Bub damals.

Genauso automatisiert können Vermeidungsmechanismen sein.
Ich hatte eine Zeit lang eine Wodkaflasche zur Hand. Das hat geholfen, nicht hinzuschauen. Ich konnte aber in diesem Zustand nichts tun, um mit den Ursachen oder Folgen umzugehen.

Jetzt interessiert mich meine Opfersituation vor vielen Jahren nicht mehr. Wovor habe ich Angst?
Entscheidung: Will ich Opfer oder Mentor sein?
Welchen kleinen Schritt kann ich jetzt machen?

Ich habe jeden Tag vielfache Möglichkeiten, das zu üben.
So automatisiere ich meine Reaktion auf das Signal Angst.

Wie der Scheinriese Turtur in Michael Endes Buch 'Jim Knopf und Lukas der Lokomotivführer' wird die Angst mit jedem Schritt auf sie zu kleiner.

Training. Training. Training. Jeden Tag.

Der Hornissenstich – Gleichmut ist eine Tugend

Gerade hat mich eine Hornisse gestochen. Mit Altpapier zum Container unterwegs bin ich ihr in die Quere gekommen und sie ist unter mein T-Shirt geraten. Schnell raus mit ihr! Aber hat mich doch zweimal erwischt. Die Hornisse ist unverletzt davongeflogen. Früher wäre ich in diesem Moment ziemlich hysterisch geworden.

Jetzt ist erster Weg zu unserer Hausapotheke, Insektensalbe auftragen. Allergie hab ich keine.

Zweiter Schritt googeln, was so bekannt ist über Hornissen.

Antwort: Schmerzhaft aber 'mostly harmless' (Zitat aus 'Per Anhalter durch die Galaxis' als Beschreibung des Planeten Erde und der Menschheit überhaupt) . Entspannen, Beobachten, Morgen-StandUp im Team und Start der Tagesarbeit. Mir gefällt die Einstellung der Stoiker, die innere Ruhe mit hoher Achtsamkeit und Handlungsfähigkeit verbinden.

Mein Oura-Ring hat mir heute Früh die die Beobachtung mitgeteilt, dass ich in den letzten Tagen sehr aktiv gewesen bin und heute ein wenig Ausruhen angesagt wäre.

Hm? Die Hornisse hat möglicherweise eine Botschaft für mich?

Soll ich heute die Rückwand unserer Gartenwerkstatt aufstellen?

Ja/Nein?
Ich warte noch ein wenig, was der Hornissenstich mir in den nächsten Stunden erzählt.

Keine Ausreden - Das kann befreiend sein!

Wie der von mir gerne referenzierte Phil Stutz sagt, werde ich nie freigesprochen von der vollen Verantwortung in meiner Situation.
Es ist keine Lösung zu sagen: “Das geht mich nichts an!” oder “Das kann ich nicht!”
Mit anderen Worten, ich würde nie an einen Punkt kommen, an dem ich keine Herausforderungen in meinem Leben habe.

Hm, das klingt wie eine schlechte Nachricht.
Aber ... anders betrachtet ... Kann das die befreiendste Nachricht sein, die ich mir vorstellen kann.
Warum? Das hängt zusammen mit der Einsicht, dass das Leben anstrengend sein darf, oder besser soll.

Sobald ich also verstehe, dass das Leben HERAUSFORDERND sein soll UND dass ich nie an einen Punkt kommen will, an dem es das nicht ist, kann ich aufhören, mich selbst zu schlagen und mich dafür zu schämen, dass ich nicht perfekt bin.

Ein weiterer Aspekt ist, dass jede Ausrede, jedes Drücken von der Situation, jede Menge an Komplikationen später produziert. Als ob sich die Herausforderung einen Lautsprecher zulegen würde, um endlich gehört zu werden.

Ich brauche also die Tatsache, dass ich Herausforderungen erlebe und unweigerlich manchmal überfordert bin, nicht als etwas sehen, dass etwas mit mir nicht stimmt.
Wir erleben Herausforderungen, weil wir MENSCHEN sind.

Herausforderungen sind daher "umgekehrte Indikatoren" - nicht, dass ich etwas falsch mache, sondern dass ich etwas richtig mache.

Ich bin ein Held, der die Drachen bekämpft, die unweigerlich auf der Heldenreise auftauchen - und bemühe mich, das mit mehr und mehr Weisheit, Disziplin, Liebe, Mut, Dankbarkeit, Hoffnung, Hartnäckigkeit, Neugier und Begeisterung zu tun.

Das ist doch eine Perspektive!
Also, vorwärts! Jeden Tag.

Nur einen Tropfen mehr!

Brian Johnson stellt immer wieder die Affirmation “Je schlechter ich mich fühle, desto konsequenter halte ich mich an mein Protokoll”. Ich halte das für eine geniale Trigger>Response Schaltung. Ich drehe damit eine Ausrede, das Nötige NICHT zu tun, in einen Trigger, das Nötige zu tun.

Phil Stutz nennt dieses Verhalten “Emotional Stamina”. Ich übersetze das in “Emotionales Durchhaltevermögen”.

Bob Bowman war Michael Phelp’s (Vielfache Goldmedaillen) Trainer.
Bowman sagte zu seinem Schützling: “Erfolgreiche Menschen machen eine Gewohnheit daraus, Dinge zu tun, die NICHT erfolgreiche Leute NICHT mögen.”

Wenn diese Haltung “Je schlechter ich mich fühle, desto konsequenter halte ich mich an mein Protokoll” zu einer automatischen Reaktion wird, zu einer fest verankerten Gewohnheit, dann wird es Teil meiner Identität.
Das bin ich ich! Da beginne ich mich auf eine gewisse Art ‘unbesiegbar’ zu fühlen.

Und wenn ich mich dann gar nicht so fühle, deprimiert bin, einfach einmal schlapp machen möchte, so richtig das Opfer der Umstände, dann fügt Phil Stutz die Aufforderung hinzu “Nur einen Tropfen mehr!”.

Ich nehme an, dass er innerlichen oder äußerlichen Schweiß meint.
Dann gebe ich noch einen Tropfen Anstrengung dazu, weil ich weiß, dass ich das Nötige tun kann, ob ich mich danach fühle oder nicht.

Also? Heute? Was steht an? Gut!

Wie fühle ich mich?
Unnötige Frage!
Das spielt keine Rolle! :-)

Der innere Kampf

Brian Tracy erzählt uns in seinem Buch “No Excuses”:
„Jeden Tag, jede Minute tobt ein Kampf in uns zwischen dem was richtig, schwer und notwendig ist und dem was lustig, leicht und ohne viel Wert ist. Jede Minute jeden Tages musst du diesen Kampf bestehen und die Schlacht mit dem Weg des geringsten Widerstandes gewinnen, wenn du deine Sehnsucht erfüllen willst, alles zu werden, was in dir steckt.”

Das ist das ultimative Spiel des Lebens. Kein Kinderspiel.

Im Buch “Why your Life Sucks”, schreibt Alan Cohen “Stell dir zwei Rechtsanwälte vor: Einer vertritt dein Potential, die vielen Chancen und die Erreichung deiner Ziele. Der andere argumentiert deine Grenzen und warum du nicht verdienst, dorthin zu kommen, wo du sein willst. Welcher Rechtsanwalt gewinnt den Prozess? Nun ja, der, dem du mehr zahlst. Du zahlst aber nicht mit Geld, du zahlst mit Achtsamkeit, mit deinem Fokus.”

Viel zu oft ertappe ich mich auf der falschen Seite dieser Auseinandersetzung. Es ist so leicht, eine wichtige Sache auf später zu verschieben. Es ist, als ob mein Schatten die Kontrolle übernimmt.

Das erinnert mich an eine der Techniken von Phil Stutz. Sie wird angewendet, wenn man sich klein fühlt, unbedeutend und überhaupt fehl am Platz, aber etwas Wichtiges erreichen will.

Stell dir dich selbst in deiner peinlichsten Repräsentation vor. Oft, wie bei mir, ist es ein Bild aus der Kindheit: Klein, dick, verzweifelt, auf der Flucht in Phantasien. Stell dir dann diesen Schatten, diese Person, mit der du am besten nie gesehen werden willst neben dir vor und schau deine Schatten-Person an.
Stell dir ein sehr anspruchsvolles Auditorium, das dich zynisch beobachtet vor.
Ihr beide schaut diese kritischen Leute an.

Nimm zur Kenntnis, dass diese Person neben dir ein Teil von dir ist. Dann wendet euch gemeinsam dem Auditorium zu und ruft mit einer Stimme: “Hört zu!”
Fühle die Autorität und Standfestigkeit, die aus eurem Bündnis entsteht.

Oft ist man selbst das kritischste Auditorium. Dann kann man das vor dem Spiegel machen und die ruhige Zuversicht stärken, den eigenen, manchmal steilen Weg zu gehen.

Durchhänger? Rückkehr zum Protokoll!

Heute, wenn ich dies schreibe, bin ich in Los Angeles für die Abschlussveranstalltung des weltbesten 'Personal Development' Kurses (nicht nur meine Einschätzung, siehe heroic.us). 300 Tage. Und gestern, Sonntag, war Schluss. Vierhundert Leute verteilen sich in alle Welt.
Riesen Schwung!
Jetzt Leere. Müdigkeit.

Was habe ich gelernt? "Wenn du durchhängst (das ist unvermeidlich), wenn du am liebsten essen, YouTube schauen, ... dich also unterhalten lassen willst, dann geh zurück zum Protokoll!"

Jeden Morgen notiere ich, was ich heute minimal erledigen will und den Rahmen für Früh und Abend habe ich auch. Also schau ich nach.
Ich habe das gerade getan und schon bin ich an der Arbeit. Da stand nämlich "Schreib heute ein MemoAnMich".

Ich habe also einen Rahmen geschaffen, den ich einhalte. Früh- und Abendprotokoll. In der Früh gestalte ich. Da habe ich Energie und Kreativität. Ich schau nach. Dann mache ich, was ich mir vorgenommen habe, ... außer ich hänge gerade durch.

David Allen sagt dazu so etwa: "Du fühlst dich nicht aus einer Situation heraus. Du akzeptierst, was ist und tust etwas (machst was draus)."
Etwas zu tun, was man sich bei halbwegs klarem Geist überlegt hat, ist vielfach effektiver als herumhängen.

Dazu ist es nötig, täglich mindestens einmal einen halbwegs klaren Geist zu haben. Das Rezept: Fang am vorhergehenden Abend mit einem Tagesabschluss, Reflektion, kleine Feier und frühem Schlafengehen an und setzte am Morgen mit Bewegung, Stille, Besinnung auf den Menschen der ich sein will, und Tagesplanung fort. Bei dieser Gelegenheit erledige dann gleich ein paar wichtige kleine Punkte. Diese ersten kleinen Siege machen es ganz schwer, dass ein schwieriger Tag ein echt schlechter wird.

Und wenn es mich dann schleudert tagsüber: Gut!
Trainingssituation! Atmen und schauen, was ich noch zu tun habe. Dann Tun!
Ganz einfach. Jeden Tag! Heute!
Das hört nicht auf, das wird nur interessanter.

Hero Bars - Energie-Kekse für Heldinnen und Helden

Was haben unsere Weihnachtskekse mit David Goggins zu tun?
David Goggins hat unter anderem einen Guinness-Weltrekord mit 4.030 Klimmzüge in siebzehn Stunden gehalten.
Ich bin momentan bei 0,8 Klimmzügen. Durch ausdauerndes Hängen am Reck nähere ich mich der Eins.
Goggins stellt heutzutage Rekorde als Ultra-Ausdauerathlet auf. Aber er war nicht immer Mr. Superheld. In seinen lesenswerten Büchern "Can't Hurt Me" und "Never Finished" führt uns Goggins durch seine Transformation vom 150 kg schweren Kammerjäger zum "Wer ist dieser Kerl?!" Eliteathleten.

Goggins schreibt, dass wir nur 40% unseres Potenzials nutzen, und teilt in seinen packenden autobiografischen Büchern eine Reihe von Praktiken die wir nutzen können, um unser Potenzial zu aktivieren.
Einer meiner Lieblingstipps:
Erschaffe ein "Keksglas" voller Erinnerungen an dich in deinen besten Momenten.

Hier seine Wurzeln: Davids Kindheit war brutal und voller Missbrauch und Terror. Eine seiner kleinen Freuden war, dass seine Mutter immer ein Keksglas voll mit seinen Lieblingskeksen hatte. Er würde einen herausnehmen, ihn liebevoll betrachten und dann die Köstlichkeit genießen.

Springen wir jetzt in die mittlere Phase seines Versuchs, den Guinness-Weltrekord für Klimmzüge aufzustellen (den er übrigens zweimal verfehlte, bevor er Erfolg hatte) oder mitten in einen seiner extrem langen Ultraausdauer-Events.
Er hat unglaubliche Schmerzen. Was macht er?

Er greift in das virtuelle Keksglas seines Geistes. Er erinnert sich an all die Male, in denen er Schmerzen ertragen, nicht aufgegeben und etwas Großartiges erreicht hat.
Er sagt: "Das ist ein Grund, warum ich das Keksglas erfunden habe. Ich schaffe ein System, das mich ständig daran erinnert, wer ich bin, wenn ich mein Bestes gebe. Niemand, außer mir selbst, wird mir aufhelfen, wenn ich falle. Es wird schmerzhafte Gabelungen auf dem Weg geben, Messer im Rücken, Ungerechtigkeiten zu ertragen, Berge zu erklimmen. Was mir hilft aufzustehen, ist meine Entscheidung, dem Bild gerecht zu werden, das ich von mir selbst geschaffen habe."

Wir lassen jetzt die Diskussion über die metabolischen Konsequenzen des Konsums von zu viel Zucker und Mehl in hochverarbeiteten Keksen zur Seite und nennen wir diese "Kekse" stattdessen, in Anlehnung an Brian Johnson, "HERO BARS".
Hero Bars enthalten keine Kalorien aber extra viel Energie und wertvolle Nährstoffe!

Und... Wie fülle ich meine Keksdose mit Hero Bars?
Denke an EINEN Moment in deinem Leben, in dem du den Mut hattest zu handeln, obwohl du Angst hattest. Den Mut zu lächeln, obwohl du wütend warst. Du hast dich von deiner besten Seite gezeigt, als es am meisten darauf ankam.
Bild da? Super!
Das ist ein HERO BAR.

Ein zweites solches Erlebnis?
Fülle eine Keksdose damit.

In meinen besten Momenten will ich daran denken, diese Situation in meine Helden-Keksdose zu geben. Ich halte diese Box mit Hero Bars bereit, während ich die Drachen auf meiner Heldenreise (siehe Bücher von Joseph Campbell) bekämpfe.

Nachdem ich keinen Ultramarathon oder so laufen will, aber ein langes glückliches Leben in meiner Familie 'feiern' will, sammle ich meine Hero Bars oft im Gespräch mit meiner Frau.
Sie 'unterstellt' mir etwas und anstatt wütend zu werden atme ich und sage "Interessant! So siehst du das." ... und lächle.
Auch innerlich.
Meine Frau erkennt solche Situationen inzwischen und sagt "Ah, ein Hero Bar"
Oft ist es einer für beide.
Wir haben aber streng getrennte Keksdosen!
Ich finde Kekse backen zu Weihnachten toll!

Alchemie – Probleme in Mut, Zuversicht und Kreativität verwandeln

Schon oft habe ich Phil Stutz und seine 'TOOLS' erwähnt. Fünf Werkzeuge, um aus inneren Sackgassen zu entkommen und Mut, Zuversicht, Kreativität und andere Qualitäten von mir zu stärken.

Phil Stutz und Co-Author Barry Michels haben jeder viele Jahrzehnte Erfahrung als Therapeuten. Die fünf Werkzeuge sind ein Konzentrat ihrer wirkungsvollsten Lösungen. Suche mit 'The Tools' und Author, kaufen, lesen und tun. Auch in deutsch erhältlich.

Mir gefallen die englischen Namen besser, verwende hier aber die deutsche Übersetzung.

So simpel die Werkzeuge aufs erste erscheinen, so mächtig sind sie, wenn regelmäßig geübt und eingesetzt. Jedes dauert nur wenige Sekunden und bewirkt aus einer schwierigen Situation heraus einen mentalen/seelischen Turnaround. Die Reihenfolge ist von mir gewählt.

"Das Dankbare Herz" (Grateful Flow) Das Werkzeug der Dankbarkeit wähle ich, wenn ich in einem Strudel von Sorgen unterzugehen drohe, wenn ich eine unbestimmte Angst vor dem Tag habe.

"Aktive Liebe" (Active Love) Immer dann, wenn ich emotional explodiert bin oder mich darauf zu bewege. Auch wenn ich mich verletzt oder zurückgewiesen fühle.

"Umpolung des Verlangens" (Reversal of Desire) Ich setzte das Werkzeug ein, wenn ich etwas nicht angehen will, mich vor einem Kontakt fürchte, meine Komfortzone nicht verlassen möchte.

"Innere Autorität" (Inner Authority) setze ich ein, wenn ich zu einem anspruchsvollen Publikum sprechen will und befürchte, nicht rüberzukommen.

"Leben oder Tod" (Jeopardy) Erinnert mich jeden Tag, warum ich achtsam, kraftvoll und lebendig sein will. Das Werkzeug setze ich ein, um meine Willenskraft zu stärken.

Die Beschreibung der Einsatzbereiche erklärt noch nicht, wie es gemacht wird. ‚The Tools‘ lesen hilft und in der Folge beschreibe ich, wie ich sie verwende.

Den Einsatz der ‘Tools’ teile ich in zwei Phasen.

Jeden Tag in meinem Morgenprogramm gehe ich die Tools an aktuellen/zukünftigen Anliegen durch. Alle fünf. Das ist die Trainingsphase. Einstellung auf den Tag.

Wenn dann eine Akutsituation mich aus dem Gleichgewicht bringt/zu bringen droht: Atemzug + Tooleinsatz.

Wenn ich das Werkzeug trotz besseren Wissens nicht einsetzen will, weil mir Kraft und Wille fehlt, oder weil ich im Recht bin und überhaupt recht habe und die andere Person voll schuldig ist, dann verwende ich Werkzeug 5 Jeopardy (Leben und Tod) das mich erinnert, wie ich als Mensch enden werde, wenn ich ein Leben im Opfermodus verbringe.

The Tools / Phil Stutz – Dankbarkeit vertreibt die Sorgen

Wenn ich meine Füße am Morgen aus dem Bett schwinge, ist mir nicht nach Schwingen zumute. Ich bin ein unerzogener Abendmensch.
Meine übrige Familie ist natürlich frühaufstehend.

Wo keine Energie, da eine Technik!
Das bringt mich zum ersten Werkzeug von Phil Stutz - “Grateful Flow”.
Vielfach haben Studien nachgewiesen, dass nur wenige Minuten der Dankbarkeit pro Tag, Wohlbefinden, Leistungsfähigkeit und Gesundheit nachhaltig verbessern.

Daher ist mein Erstes, nach dem Aufwachen auf die Kastentür vor mir zu schauen, wo ich meine Identität/Werte angeklebt habe, einen tiefen Atemzug zu machen und zu lächeln. Lächeln fällt mir echt schwer in diesem Moment, aber Studien haben ergeben, dass schon einen Kugelschreiber zwischen die Zähne zu nehmen ausreichend Lächeln simuliert, um einen positiven Effekt auf den Zustand zu haben und dann sage ich zähnefletschend zu mir:
“Danke für diesen neuen Tag!”.
Dann stolpere ich ins Bad.

Etwas später in meiner Morgensequenz übe ich “Grateful Flow”.
Dazu danke ich für 5 oder mehr ganz einfache Dinge/Situationen, die mir gerade unzweifelhaft gut tun.
Etwa: Ich sitze angenehm, der Regen prasselt, die Sonne scheint, ein Vogel zwitschert, ... Dann fühle ich mich ganz kurz in Dankbarkeit ohne Grund hinein. Einfach das Gefühl. Ich fühle die Dankbarkeit durch mich aufsteigen und jede Wolke der Sorge über mir vertreiben.

Phil Stutz leitet an, seine Tools so zu üben, dass sie minimal Zeit verwenden. Konzentriert, kurz und oft üben. In etwa 30 Sekunden durchziehen.

Das Ziel ist, neben der allgemeinen Verbesserung des Gemütszustands über die Zeit, das Werkzeug für eine emotional kritische Situation weitgehend automatisiert zu haben.

Tagsüber oder auch in der Nacht, wenn mein Denken um Probleme kreist, wenn mich negative Gedanken und Sorgen niederdrücken nehme ich diesen Zustand als Signal/Trigger/Auslöser diese Übung durchzuführen und beobachte, wie ein Strom der Dankbarkeit die dunklen Wolken auflöst.

Phil Stutz hat diese Übung vielfach erfolgreich in seiner Praxis seinen Patienten aufgetragen. Oft keine einfachen Fälle. In diesen klinischen Fällen sind die Menschen hilflos ihren negativen Gedanken ausgeliefert und konnten sich, begleitet von einem Coaching, schließlich befreien.
Im Therapiekontext unterstützt die betreuende Person Disziplin und Dranbleiben.

Ich habe es leichter, aber seit Jahren arbeite ich daran, dankbar, froh und zuversichtlich in den Tag zu starten. “Grateful Flow” ist eine Komponente meiner Taktik.

The Tools – Mitgefühl - Blockade wegen empfundener Ungerechtigkeit

Ich reagier(t)e oft recht empfindlich auf Vorwürfe, 'ungerechte' Urteile über mich. Das hat mich oft viel Energie gekostet. Schon als Kind.
Ich versuch(t)e mich zu verteidigen.
"Das ist doch lange vorbei!"; "Das ist halb so schlimm!" und andere Ausweichmanöver. Der Effekt war (ist) meist, dass mein Gegenüber sich nicht wertgeschätzt fühlt und in die zweite Angriffsrunde geht. Diesen selbst produzierten Teufelskreis empfinde ich als Verschwendung von Lebensenergie.

Phil Stutz schlägt vor, "Active Love" anzuwenden. Wenn ich bereits emotional explodiert bin oder im Begriff bin zu explodieren und das erkenne, atme ich tief durch, mache Pause. Das geht auch mitten im bereits erhitzten Gespräch.
Ich visualisiere ein warmes Licht, das uns umgibt und ziehe es in meinem Körper hoch und konzentriere es in meiner Brust. Dann fokussiere ich mich auf die Person, die mich verärgert hat und sende die liebevolle Energie in den Körper der anderen Person.
Ich reite auf der Energie und fühle, wie ich eins werde mit der Person (Oft meine Frau). Ich nehme wahr, wie die Energie sich verströmt, uns umhüllt, und verweile in diesem Gefühl.

Mir fällt diese Praxis am schwersten. Weil ich ja im 'Recht' bin.
Ich bin das Opfer eines Angriffs!
Ich habe ein 'Recht', mich zu verteidigen!

Nun ja … 'Recht' hin oder her. Was ist die Auswirkung, wenn ich dieses 'Recht' wahrnehme?
In meiner Erfahrung sind die Folge Vertrauensverlust, Disharmonie, Distanz und kontinuierlicher Energieverlust bis zur Versöhnung.
Warum warten, bis ich über die Zeit von selbst 'abgekühlt' bin. Ist die Opferposition wirklich so effektiv, etwas zu erreichen?
Klare Erfahrung von mir: Nein!

Die Mentor-Rolle ist viel wirksamer. Dazu muss ich aber zuerst zuhören. Dazu brauche ich einen Perspektivenwechsel. Den kann ich durch "Active Love" bei mir herbeiführen.

Meine Hypothese: Wie einen körperlichen Muskel kann ich den “Empathie-Muskel” trainieren. Daher ist “Active Love” der zweite Schritt in meinem Tools-Trainings-Programm am Morgen.

Mein Ziel: Ich werde achtsamer bezüglich der Trigger “beleidigt sein”, “empfundene Ungerechtigkeit”, “Ärger”, ... Dann löst der Trigger automatisch die Sequenz Durchatmen > “Active Love” > Zuhören aus.

Ich hatte schon einige schöne Gespräche mit meiner Frau, die auf diese Weise aus einer schwierigen Situation geschaffen wurden. Das stärkt das Vertrauen. So kann jeder ‘Streit’ ein Energie-Riegel werden. Stärkend!

Nochmal verstärkend: Es geht da nicht um ‘Nachgeben’, ‘Schön Reden’. Es geht um eine intelligentere Art, mit Angriffen auf mich umzugehen.
Es ist meine Entscheidung, etwas als Angriff aufzufassen.
Ich kann es auch als “Bitte hör mir zu!” verstehen, dann tatsächlich zuhören und Vertrauen und Energie gewinnen aus einer vormals schwierigen Situation.

Also: Emo-Training. Jeden Tag!
Ich bemerke, dass ich lächle, während ich das schreibe.
Echt lohnend!

The Tools – Drauf Zu! – Erschließt mein Potential, mein sinnvolles Leben

Immer wieder drücke ich mich vor einem Kontakt oder einer Arbeit.
Das ist meist nicht schlimm. Dringende Sachen melden sich ohnehin von selbst.

Hm? Aber was ist mit wichtigen Sachen? Die melden sich manchmal nie wieder. Befürchten, vermeiden und aufschieben können großen Effekt auf meinen Erfolg haben.
Diese Verhaltensweisen sind ein Signal, dass ich gerade an der Grenze meiner Komfortzone stehe. Dahinter liegt mein unbegrenztes Potential.
Wie viel von meinem Potential ich in meinem Leben erschließe, wie viel Sinn ich erlebe, wie viel Freude und Erfolg ich haben werde, entscheide ich jeden Tag mehrfach an der Komfortzonengrenze.

Phil Stutz empfiehlt für dieses Verhalten "Reversal of Desire".
Was hat die 'Umkehr meiner Sehnsucht/meines Wünschens' mit Schmerz zu tun?

Wenn ich Schmerz befürchte, dann wünsche ich mir Schmerzfreiheit.
Das ist leicht machbar: Ich bleibe in der Komfortzone.
Ich verschiebe. Ich lenke mich ab.
So weit so gut, aber eine Chance vertan, den Schritt in die richtige Richtung zu tun.

Ich will aber mein Potential heben! Ich will ein sinnvolles Leben führen!

Ok, wenn das so ist, dann zu Phil Stutz's Rezept.

Ich stelle mir den Schmerz, die Befürchtung, den Widerstand in der Situation vor.
Wie eine Mauer.
Dann rufe ich mir zu: "Her damit!"
"Ich freue mich auf dich!" Auf die Anstrengung, den Schmerz.

Und durchbreche die Mauer. Ich gehe durch die dunkle Wolke.
Ich lass sie hinter mir und sage zu mir innerlich:
"Die Anstrengung, der Schmerz machen mich frei!"
Ich reite auf der Kraft der "Forward Motion" in einen Bereich aus reinem Licht. Phil Stutz verbindet jede Übung mit einer Kraft,von der er annimmt, dass sie ein Ausdruck des Universums ist und die mich unterstützt, mein Potential zu entfalten.

Ich nenne die Kraft gerne 'Vorwärts Momentum'.
Jeden Morgen stelle ich mir eine Situation, einen Widerstand heute oder später vor und führe die Übung durch.

Mein Verhältnis zu Herausforderungen wird dadurch langsam, aber sicher verändert. Das sind nicht Probleme, die ich fürchte, sondern Chancen, auf die ich mich freue.
Die Anstrengung, etwas Schmerz, sind ein Preis, den ich gerne zahle.

In einer Schwellensituation, wenn ich mich zurückziehen will während des Tages, führe ich die Übung in der Akutsituation durch und starte den Task.
Ich gehe den ersten Schritt. Und den nächsten.

Wie alle Praktiken von Phil Stutz, ist auch diese ein Trainingsprogramm, nicht eine Einmalaktion, die mein störendes Verhalten endgültig beseitigt.
Er sagt ganz deutlich, dass man den Geist, die gute Seele (Eudaimon), wie meine Muskeln, jeden Tag trainieren muss, um fit zu bleiben, seelisch fit!

Darum das tägliche Morgenprogramm mit den seelischen Klimmzügen.
Ein gutes Leben ist nicht schmerzfrei, aber lohnend.

The Tools – Innere Autorität – Authentische Autorität in der Kommunikation

Abraham Maslow fragt uns: "Willst du unterhalten werden oder dein Potential ausdrücken?" Meine Antwort sollte leicht fallen: Ich will etwas Sinnvolles zur Welt beitragen mit all dem, was mir geschenkt wurde.

Soweit so gut. Das bedeutet aber, aus meiner bequemen Höhle nach außen zu gehen. Oft fühle ich mich klein, fehl am Platz und unbedeutend.
Auditorien können sehr herausfordernd sein.
Ich will gut dastehen.
Phil Stutz erkennt hier einen Mechanismus, der die meisten Menschen durchs Leben begleitet. Es gibt einen Teil in mir, für den ich mich schäme. Das sind Vergangenheiten, Verhaltensweisen, Ängste und Wünsche, die ein starker, erfolgreicher Mensch einfach nicht zu haben hat!
Ich will diese meine Seiten verstecken.

Phil Stutz, wie auch C.G.Jung, nennen diesen Teil in uns den 'Schatten' und Stutz vertritt die Hypothese, dass viel unserer Energie im Schatten und im Umgang mit dem Schatten gebunden ist.
Daher die Praxis:
1. Mach dir ein Bild von deinem Schatten.
Bei mir ist es ein 8-12 Jähriger kleiner, dicker Franz, unpassend gekleidet, überfordert, gebeutelt von der beginnenden Pubertät. Ich habe immer noch die entsetzliche blaue von irgendjemander selbstgestrickte Jacke vor Augen.
2. Stell dir ein sehr anspruchsvolles Auditorium von 1 - 1000 Personen vor.
3. Stelle das Bild/Gefühl des Schattens neben dich. Ignoriere das Auditorium. Alle Aufmerksamkeit ist beim Schatten. Fühle ein unzerstörbares Band.
Vereint sind wir furchtlos.
4. Wir wenden uns dem Auditorium zu und mit einer Stimme befehlen wir:
"HÖRT ZU!"

Drei Schritte in der kurzen Übung:
Schatten visualisieren > das Band fühlen > "HÖRT ZU" befehlen.
In meinem Morgen-Program mache ich mindestens einen Durchlauf, um immer vertrauter mit meinem Schatten zu werden. Bei aller Peinlichkeit: Ich bin dankbar! Dieser kleine Bub hat mich durch schlimme Zeiten durchgetragen.
Wenn ich mich auf ein Gespräch, ein Seminar, einen Auftritt vorbereite, mache ich die Übung explizit für diesen Anlass.

The Tools – „Jeopardy“ – Bringt Willenskraft, wenn ich schlapp bin

Wenn es um alte Gewohnheiten, Sorgen und Angst geht, gehe ich das Problem gerne mit Begeisterung für ein neues Werkzeug oder mit einem spannenden Seminar an.
Die Realität nachhaltiger Persönlichkeitsveränderung ist aber anders gelagert.

Nach dem Seminarhoch kommen die Mühen der Ebene. Der Rückfall ist programmiert. Das wunderbare Werkzeug erscheint anstrengend und wirkungslos. Spitzensportler kennen das auch. Sie nennen das Phänomen ‘Das Plateau’. Das ist eine notwendige Phase nach einer intensiven Veränderung in der, trotz weiterhin intensiven Trainings, keine Performancesteigerung sichtbar wird.
Der Trainer sagt dann: “Du musst das Plateau lieben lernen und weitermachen”.

Mentales Training kann tolle Wirkungen haben, insbesondere wenn ein Werkzeug begeistert oder in einer geschützten Seminarumgebung intensiv eingesetzt wird. Aber warum soll ich weitermachen, wenn es mir ohnehin halbwegs gut geht? Wenn der akute Anlass ‘erledigt’ ist?

Tja - weil das Potential jenseits der Komfortzonengrenze unbegrenzt ist und der unvermeidliche Rückfall viel schmerzhafter und deprimierender ist, wenn man die Freiheit des letzten Gipfels gefühlt hat.

Darum betrachte ich eine Veränderung nur als stabilisiert, wenn eine tägliche Praxis sicherstellt, dass das (innere) Wachstum unbegrenzt weitergehen kann.

Phil Stutz schlägt dafür die Praxis “Jeopardy” (Leben oder Tod) vor.
1. Stell dir vor, dass du unmittelbar vor deinem Tod im Bett liegst. Du hast dich gehen lassen. Geist und Körper vernachlässigt. Kaum Wertvolles geleistet. Hast dich treiben lassen von einem erreichbaren Genuss zum nächsten. Fett, krank, von Süchten getrieben stirbst du nach einem vergeblichen Leben.

2. In diesem Moment richtest du dich auf und rufst dir mit der Intensität der/des Sterbenden zu: “Verschwende nicht diesen gegenwärtigen Moment! Verschwende nicht den HEUTIGEN TAG, den einzigen Tag, der wirklich zählt.”

Wie will ich enden? … ist die Frage, die ich mir jetzt jeden Tag am Morgen stelle, um meine Willenskraft zu stärken.

Ich persönlich ergänze die Übung noch, indem ich neben den sterbenden Kranken mich als ebenso alt aber von innen her leuchtend vorstelle.
Dieses leuchtende zukünftige Ich dankt mir und sagt: “Danke, dass du diesen Tag nützt! Dass du nach jedem Fehlschlag wieder aufstehst! Dass du ein Leben lebst, dass sich ausdehnt!”

Mit meinem Schatten neben mir, höre ich den Ruf und gehe den nächsten Schritt und den nächsten, und den nächsten, …

Die Mühen der Ebene machen Sinn!

Schon die Stoiker haben ähnliche Techniken angewandt. “Memento Mori” ist römischen Kaisern beim Triumphzug ins Ohr geflüstert worden.
Bedenke deinen Tod!

Bleib dran!

“The Power of TED” - Opfer oder Held

Das Buch "The Power of TED*" von David Emerald enthält eine weise kleine Fabel.

Die Grundidee lautet folgendermaßen: Es gibt zwei primäre Orientierungen, mit denen wir in der Welt auftreten können: als Opfer oder als Schöpfer.
Wenn ich ein Opfer bin, empfinde ich die Herausforderungen des Lebens (und die Herausforderer) als „Verfolger“. Dann suche ich nach „Rettern“, die mich vor den Herausforderungen des Lebens retten.
David nennt das das „Dreaded Drama Triangle“ oder kurz „DDT“.

Opfer-Verfolger-Retter.

Wir ALLE verbringen meist WEIT mehr Zeit in diesem Dreieck, als wir gerne zugeben.
Die andere Orientierung? Ich kann ein Schöpfer oder ein Mentor sein.

Wenn ich aus der Schöpfer-Perspektive lebe, sehe ich du dieselben Herausforderungen (und Herausforderer) für das, was sie sind: „Herausforderer“. Anstatt zu versuchen, gerettet zu werden (von jemandem oder durch ein süchtig machendes Verhalten), suche ich nach „Trainern“, die mich dabei unterstützen, das Leben zu schaffen, das ich will.

David Emerald nennt dieses Dreieck „The Empowerment Dynamic“, oder kurz „TED“.
Was ist DIE EINE FRAGE, die mich SOFORT (!) vom Opfer zum Schöpfer bringt?
Sie ist überraschend einfach und ebenso kraftvoll.

Sie ist : „Was will ich?“

Als Opfer beschwere ich mich und beschwere mich und beschwere mich und kritisiere und gebe Schuld und tratsche und jammere und...

Als Schöpfer durchbreche ich diesen Unsinn, halte inne, atme und frage:
„WAS WILL ICH?“

So mache ich den Wechsel vom Opfer zum Schöpfer.

Daraus ergibt sich eine Anschlussfrage:
„Was werde ich JETZT dazu tun?"

Brian Johnson nennt das 'Zielgerichtetes Denken':
Frage #1: „Was will ich?"
Frage #2: "Was werde ich JETZT dazu tun?"

Damit bleibe ich in der Realität verankert und bereite mich darauf vor, das zu tun, was ansteht.

Das will trainiert werden! Tief verankerte Automatismen, wie Jammern, Schuld zuweisen, beleidigt sein, verärgert sein, enttäuscht sein, ...) will ich ersetzen durch zielgerichtetes Sein.

Fast jede Kommunikation mit meiner Frau ist eine praktische Übung!

What a wonderful world!

Mich selbst REGIEREN

Stuart Wilde schreibt in seinem Buch “Life was never meant to be a struggle”, dass mächtig sein bedeutet, das eigene Leben zu dominieren.

Er verwendet im Englischen das Wort “dominieren”. Das löst bei mir ein wenig Ausweichverhalten aus, weil es oft auf die Beziehung zu anderen Personen angewendet wird, denen man etwas aufdrängt, sie zwingt.
Das mag ich gar nicht.
Er meint es aber auch nicht so.

Ich rufe das Wörterbuch zu Hilfe: “Durch überlegene Autorität oder Macht kontrollieren, regieren oder beherrschen: Erfolgreiche Führungskräfte dominieren Ereignisse, anstatt auf sie zu reagieren.”
oder “Starke Autorität oder Meisterschaft haben und ausüben.”

Das kommt vom Wort ‘dominus’ im Lateinischen: ‘Herr’ im Sinn von herrschen/regieren.
Ah, es wird Zeit mich selbst zu regieren, statt mich (von anderen) gehen zu lassen?
Ja, so ist es gemeint.

Es wäre also Zeit mein Leben zu ‘dominieren’.

Zeit hohe Meisterschaft auszudrücken.
Das erinnert mich an meinen Vorsatz die beste Version von mir immer wieder zu konsultieren: “Hallo, sag mir was ich jetzt tun soll. Ich bin hier, um etwas sinnvolles zu tun. Es ist Zeit, dass ich mein Leben selbst ‘regiere’.”

Wie könnte ich das heute umsetzen, so dass ich am Abend sagen kann
“Das war ein guter Tag!” ?
Küche sauber. Garten gegossen. Tasks erledigt.

Ein wenig über meine Komfortzone hinausgegangen.

Mein Elefant - Wie kannst DU so daneben liegen?

In Gesprächen mit meiner Frau denke ich manchmal an eine alte Parabel aus Indien. Die geht etwa so: Vor langer Zeit, in einem fernen Land lebten sechs blinde Menschen, die noch nie zuvor einen Elefanten gesehen hatten. Sie hatten keine Ahnung, was ein Elefant war oder wie er aussah.

Jede von ihnen näherte sich dem Elefanten an einer anderen Stelle.
Der erste berührte die Seite des Elefanten und erklärte: "Das ist eine Wand!"
Die zweite berührte den Schwanz und sagte: "Nein! Das ist wie ein Seil!"
Der dritte berührte den Rüssel und erklärte: "Das ist eine Schlange!"
Die vierte griff den Stoßzahn und sagte: "Das ist ein Speer!"
Unser fünfter Geselle berührte das Ohr und sagte: "Das ist ein Fächer!"
Und schließlich berührte die sechste Blinde ein Bein und sagte: "Das ist ein Baumstamm!"

Interessant! Alle diese Blinden sind 100% sicher, dass sie richtig liegen.
Natürlich liegen sie nicht ganz richtig.
Ihre Perspektiven sind nur teilweise wahr. Sie sind eingeschränkt.
Ich könnte über diese Geschichte lachen, wenn sie nicht zu nahe am Leben wäre.

Wir kochen im Winter gerne auf unserem Sparherd im Wohnzimmer.
Vor einiger Zeit bezeichnete meine Frau ein Holzstück als groß und ich als klein.
Anstatt interessiert nach der Perspektive zu fragen, sage ich “Nein! Falsch!”
Und schon habe ich einen (völlig unnötigen) Streit gestartet und verschwende Energie und Vertrauen.

Wie Ken Wilber (ZB Buch “Wege zum Selbst”) sagt, ist NIEMAND klug genug, um bei irgendetwas 100% richtig zu liegen.
Ebenso ist niemand dumm genug, um bei irgendetwas 100% falsch zu liegen.

Es gibt immer eine TEILWEISE Wahrheit in jeder Perspektive.

Die buddhistische Herzsutra geht so weit zu sagen “Es gibt keine Täuschung”.
Ich versteh das so: Ich täusche mich nur selbst durch einen Mangel an Perspektive.
Die Welt ist wie sie ist. Die Täuschung entsteht in meiner Verarbeitung.

Und wenn ich meine Kommunikation verbessern will, wäre klug, Dialoge zu beginnen, indem ich versuche, die Perspektive der anderen Person zu sehen, einen Ort der gegenseitigen Zustimmung zu finden und mich dann (und nur dann) respektvoll am äußeren Rand möglicher Meinungsverschiedenheiten entlang zu tasten.

Also...
D
er kleine Schritt: Das nächste Mal, wenn ich mich während einer zwischenmenschlichen Interaktion ein wenig frustriert fühle, Atemzug, einen Moment Zeit nehmen, um zu sehen, ob ich glaube, 'recht' zu haben.
Dann einen Schritt zurück von meiner Gewissheit und versuchen, die Perspektive der anderen Person zu sehen.

Ich stelle mir sechs blinde Menschen und ihre sechs 'Elefanten' vor und versuche es mit ein wenig mehr Demut, Neugier und Geduld.

Wer macht die Arbeit, wenn es beiden nicht gut geht?

Meine Tagesform ist laut Oura Ring 65 aus hundert, schon deutlich besser als vor 2 Tagen (36) aber interessant war der Austausch mit meiner Frau, die etwa 3 Tage hinter mir bezüglich Infektionsentwicklung ist.
Sie sagt 'Heute koche ich. Es gibt Kraut aus dem Garten.'
Sie bekommt aber vom Ring Tagesform 56 ausgewiesen.
Hm, ich habe nicht gute, aber bessere Werte.

Daher: 'Dann koche besser ich und du ruhst dich ein wenig länger aus.'
Das ist vor nicht allzu langer Zeit anders gelaufen.
Wenn wir beide körperlich nicht so gut beinander waren, entwickelte sich eine gewisse Spannung, wer welche Arbeit übernimmt und wer lauter jammert, hat gewonnen, was zu weiteren Spannungen führte.

Also koche ich heute und arbeite weiter daran, dass sich mein Körper erholt.
Und darum ist dieses Memo an mich heute ein wenig kürzer.

Die Kraft der Sprache

Seit einer Woche haben wir, meine Frau und ich, ein Projekt laufen. Ausgangslage: Wir verstehen uns öfter miss.
Das macht Ärger.
Analyse: Wie sprechen wir in der Partnerschaft miteinander? Wie sprechen wir mit den Enkelkindern und überhaupt mit anderen Menschen?
Tut meine Sprache mir und anderen gut?

Wir stützen uns auf ein Buch von Mechthild von Scheurl-Defersdorf "Die Kraft der Sprache".
Das Buch ist sehr zu empfehlen und Frau Scheurl-Defersdorf hat jede Menge zusätzliches Material produziert.
In diesem Memo an mich skizziere ich wichtige Themen, die wir gerade bearbeiten bzw. in den nächsten Wochen bearbeiten werden.
Wir nehmen uns jeden Tag ein Thema vor und sprechen zwischendurch und Abends darüber.

Hier sind die Themen / Teaser:
"Ich achte auf die drei A zum Start einer Kommunikation." Kinder machen das automatisch. Ansprechen - Anschauen - Atmen (=kleine Pause).
"Ich vermeide Bewertungen. Diese sind meist Abwertungen. Und selbst Lob ist meist ein Übergriff."
"Ich verwende bejahende Sprache. Ich vermeide 'nicht'." zB "Vergiss den Schlüssel nicht!"
"Ich achte auf langsames Sprechtempo"
"Ich werde bewusst positiv denken" Negative Gedanken weg atmen. Die Gedanken Sind meist Vergangenheit orientiert oder Angst induziert.
"Ich werde darauf achten, wie sich das Gesprochene anfühlt" Wie fühlt sich der Satz an? "Du kannst dir noch ein Stück nehmen" oder "Du darfst dir gerne noch ein Stück nehmen"?
"Ich werde ICH - Sätze verwenden"
"Ich werde bewusst Worte wählen, die gut tun und vorwärts gerichtet sind"

Das ist nur ein kleiner Ausschnitt der Vorschläge im Buch.
Damit starten wir einmal.

Wie mache ich eine gute (Life-) Story kaputt?

In seinem Buch “Hero on a Mission” schreibt Donald Miller zu der Rolle, die wir in unserem Leben spielen wollen:
“You cannot have a lead character in a story that acts like a victim. This is true in stories and it’s true in life. In fact, this is true in stories because it’s true in life.”

Welche Geschichte erzähle ich mir gerade jetzt über mich?
Fühle ich mich als Opfer der Umstände oder von Personen?
Fühle ich mich als Heldin oder Held auf einem spannenden Weg?
Kritisiere ich mich und andere und fühle mich schlecht oder bin ich neugierig und mache etwas aus dem Schlamassel, das ich gerade erlebe?

Die Einstellung zur Situation, die Geschichte, die ich mir selbst über mich erzähle, prägt meine Handlungsfähigkeit.

Im Kontext meines beruflichen Teams frage ich mich: “Was ist heute mein Job? Wie kann ich diesen exzellent machen?”

Martin Luther King sagt zu diesem Verständnis etwa folgendes: “Ein Straßenkehrer, der mit Hingabe kehrt, der ein Kunstwerk aus der sauberen Gehsteigkante macht, der stolz auf die Gasse blickt, die makellos ist, das ist ein Held.”

Und ich höre innerlich die Leute sagen “Diese Gasse fühlt sich wie ein Kunstwerk an! Diese Gasse hat eine Seele!”

Unsere Lebensgeschichte ist eine Hühnerleiter oder eine Freitreppe.
Der Blickwinkel macht einen Unterschied.

Auf einen Tag, wo jedes Hindernis, jeder Tiefpunkt ein kleines Abenteuer auf meiner Heldenreise sein möge!

Das Protokoll und die täglichen Klicks der Dominos

Die Herausforderungen, die in den nächsten Jahren auf uns zukommen werden, können bedrohlich und unüberwindlich wirken.
Man fragt sich: "Was kann ich denn da noch tun?"

Meine Haltung zu dieser Frage: "Wenig, aber das konsequent!"
Ziele können übermenschlich groß sein. Das heißt aber nicht, dass ich mich auf den Standpunkt zurückziehen kann "Mein Tun hat keine Auswirkungen."

In vielen Teams habe ich Personen beobachtet, die diese Schutzhaltung einnehmen. Diese sind aber nicht glücklich in ihrer Umgebung.

Zum Glück gehört auch, dass man sich 'selbstwirksam' fühlt. Wenn ich nichts beitragen kann, fühle ich mich unwohl, werde grantig, gebe anderen die Schuld. Kein ideales Konzept für gute Zusammenarbeit.

Jetzt aber zu dem Beitrag, den ich leisten kann für die kleinen und großen Ziele.
Da ist zum einen meine PERSÖNLICHE GESUNDHEIT. Ich kann nur zu meinem Glück und dem von anderen beitragen in dem Ausmaß, wie mein Geist klar ist und mein Körper gesund.
Brian Johnson (heroic.us) nennt das 'The Fundamentals'. Gut schlafen, essen, sich bewegen, kommunizieren, ...

Jeder von uns ist anders, aber um in meinem persönlichen besten Zustand zu sein, ist es notwendig JEDEN Tag etwas dafür zu tun oder Dinge zu unterlassen die mir schaden.
Das schreibe ich auf ein Blatt Papier und nenne es 'MEIN PROTOKOLL'. Das erinnert mich jeden Tag daran, was mir gut tut. Ich tue es. Die Folge: Ich habe ENERGIE.

Dann die Gesundheit der Beziehungen und der Menschen in FAMILIE und Freundeskreis.
Jetzt wird es schon schwieriger und mein Beitrag kleiner. Jetzt mischen andere Menschen mit. Aufbauend oder störend. Aber ich kann, soweit es mir möglich ist, heilsam sein für meine Umgebung.
Kann dankbar sein, für die Beiträge der anderen. Ich kann mit ihnen über die Situation, über Ziele, über gemeinsame Aktionen sprechen.

In der Arbeit oder in meinem erweiterten Netzwerk bin ich eventuell mit Menschen in Kontakt, die über die ganze Welt verteilt sind. Viele sind gesünder, klüger, reicher, mächtiger als ich. Und doch, da ist mein kleiner Beitrag. Ein paar Worte im rechten Moment. Ruhe, wenn Chaos ausbricht. Ein Plan, dem andere auch folgen wollen.

Die Welt ist voll potentieller Energie. Viele Menschen, die etwas können und tun wollen. Ein kleiner Anstoß genügt und eine andere Person bewegt Berge.
Das Domino-Prinzip.
Und daher zurück zum ersten Domino. Meist ist es das Früh- und das Abendprogramm (Protokoll).
Was tue ich täglich um so fit zu sein wie möglich. So klar im Kopf wie möglich.
Was mache ich täglich, um immer besser mit mir und anderen Personen umzugehen.

Auf dieser Basis steigt die Chance, dass die Dominos bis zu den Zielen von mir, meiner Familie und der Welt fallen.

Voraussetzung: tägliche Praxis.

VI - FUNDAMENT! Von der Kunst, immer stärker zu werden.

Stell dir vor, du könntest dein Leben auf ein solides Fundament stellen, das dir unerschütterliche Stärke und Ausdauer verleiht, um jede Herausforderung zu meistern.

In diesem Kapitel erfährst du, wie die Beherrschung der grundlegenden Lebensgewohnheiten und die konsequente Arbeit an deinen fundamentalen Fähigkeiten der Schlüssel zu kontinuierlichem Wachstum und persönlicher Exzellenz sind.

Wir beginnen mit den Erkenntnissen von **Robin Sharma**, dem Autor des internationalen Bestsellers *„Der Mönch, der seinen Ferrari verkaufte"*. Sharma betont, dass wahre Größe durch Beständigkeit in den Grundlagen erreicht wird. Du wirst entdecken, welche universellen Grundlagen – wie Bewegung, Schlaf, Ernährung, Atmung und Konzentration – essenziell sind, um dein volles Potenzial zu entfalten und wie du diese täglich trainieren kannst, um eine starke Basis für dein Leben zu schaffen.

Ein weiterer Schwerpunkt liegt auf dem **zielorientierten Denken**, inspiriert von **Trevor Moawad** und **Brian Johnson**. Du lernst, wie du durch neutrale Wahrnehmung und klare Zielsetzung vom Opfer zum Schöpfer deiner Realität wirst. Durch praktische Übungen und mentale Strategien erfährst du, wie du deine Ziele definierst, fokussiert handelst und kontinuierlich Fortschritte machst – selbst in schwierigen Zeiten.

Inspirierende Beispiele von **Alan Stein** und **David Goggins** illustrieren, wie konsequentes Training und mentale Stärke selbst die einfachsten Grundlagen zu kraftvollen Werkzeugen des Erfolgs machen können.
Ein weiterer wichtiger Aspekt dieses Kapitels ist die **Kraft der Mitochondrien**, unserer inneren Kraftwerke. Du erfährst, wie du durch gesunde Lebensgewohnheiten und gezielte Übungen die Energieproduktion in deinem Körper maximieren kannst, um körperliche und geistige Spitzenleistungen zu erreichen. Praktische Tipps und wissenschaftlich fundierte Erkenntnisse zeigen dir, wie du deine Energielevels steigern und deine Lebensqualität nachhaltig verbessern kannst.
Abschließend bietet dieses Kapitel dir eine umfassende Anleitung, wie du durch die bewusste Pflege deiner grundlegenden Gewohnheiten und die stetige

Weiterentwicklung deiner Fähigkeiten ein immer stärkeres und widerstandsfähigeres Selbst aufbaust.
Begib dich auf die Reise, deine fundamentalen Grundlagen zu festigen und entdecke, wie du durch beständige Anstrengung und gezielte Disziplin ein immer stärkeres, widerstandsfähigeres und erfüllteres Leben gestalten kannst.

Die Grundlagen - Wofür und Wie trainiere ich?

Robin Sharma ist ein bekannter kanadischer Autor und Motivationstrainer, der vor allem für sein Buch "Der Mönch, der seinen Ferrari verkaufte" bekannt ist. Dieses Buch, eine inspirierende Geschichte über Selbstentdeckung und persönliche Transformation, wurde zu einem internationalen Bestseller. Sharma hat seine Karriere als Anwalt aufgegeben, um sich auf das Schreiben und öffentliche Sprechen zu konzentrieren und sich dabei auf Führung und persönliche Meisterschaft spezialisiert.
Neben "Der Mönch, der seinen Ferrari verkaufte" hat Sharma auch andere erfolgreiche Bücher wie "The Leader Who Had No Title" und "The 5 AM Club" verfasst.

Robin Sharma betont, dass Größe mit Beständigkeit in den Grundlagen zu tun hat. Was sind denn 'Grundlagen' in diesem Zusammenhang?
Brian Johnson nennt da Dinge wie bewegen, schlafen, essen, atmen und fokussieren, die uns alle als Menschen verbinden.

Darüber hinaus gehende Grundlagen unterscheiden sich für engagierte Eltern, Lehrerinnen, Handwerker, Weltklasse-Künstler, Top-Athleten, Unternehmer, ...
Aber eine Rahmenbedingung gilt in jedem Fall: die Beherrschung der universellen Grundlagen.
Wir ALLE teilen das Bedürfnis nach Meisterschaft in den grundlegenden Dingen: Essen, Bewegen, Schlafen, Atmen, Fokussieren. Wenn ich diese universellen Grundlagen nicht in den Griff bekomme, dann gibt es aus meiner Sicht keine Möglichkeit, mein volles Potenzial zu aktivieren.

Das ist schwer genug. Rechtzeitig schlafen gehen, nicht viel Fett und süß essen, wenig oder keinen Alkohol trinken, ... ich habe da meine Herausforderungen.

Dann gibt es da noch unsere spezifischen Grundlagen.
Die Dinge, die für jeden von uns für unser ganz persönliches Handwerk einzigartig sind.
Was sind diese ganz persönlichen Grundlagen, die wir weiterentwickeln wollen, um unsere persönlichen Ziele zu erreichen?

Violine spielen, Kochen, Seminare leiten, einem Kind aufmerksam zuhören, Singen, gute Gespräche mit Freunden führen, lange und gesund leben, ein Team entwickeln, eine Firma zum Erfolg führen, Tischlern,
das runde Leder bewegen, wie Lionel Messi, ... ?
Und... Wie ich kann ich diese Fähigkeiten und die Grundlagen dafür HEUTE um 1% verbessern?
Und morgen. Jeden Tag!

Die Basics - Essen, Schlafen, Bewegen, Atmen, Fokussieren.

Alan Stein ist einer der weltweit führenden Trainer für Höchstleistungen.
In "Raise Your Game" erzählt Alan über seine Zeit mit Kobe Bryant, zu dieser Zeit der beste Basketballspieler der USA. Damals flog Alan nach Los Angeles, um an der ersten Kobe Bryant Skills Academy teilzunehmen.

Bei dieser Gelegenheit fragt Alan Kobe, ob er seinem Training beiwohnen kann.
Kobe: "Klar. Ich beginne um vier."
Alan: "Aber haben wir morgen Nachmittag um halb vier nicht eine Camp-Sitzung?"
Kobe: "Ich weiß. Ich trainiere um 4:00 Uhr morgens."
Uups ...
Perfekt.
Alan erscheint um 4:00 Uhr morgens.
Was sieht er?
Als er um 4:00 Uhr morgens ankommt, ist Kobe bereits schweißgebadet.
Alan berichtet: "Fünfundvierzig Minuten lang sah ich den besten Spieler der Welt die grundlegendsten Übungen machen. Ich sah den besten Spieler des Planeten grundlegende Ballführungsübungen machen. Ich sah den besten Spieler des Planeten grundlegende Fußarbeit machen. Ich sah den besten Spieler des Planeten grundlegende Angriffsbewegungen machen."
Und: "Zugegeben, er machte alles mit chirurgischer Präzision und extremer Intensität, aber das, was er tat, war so einfach. Ich konnte es nicht glauben."

Später am Tag dankte er Kobe und fragte: "Du bist der beste Spieler der Welt. Warum machst du so einfache Sachen?"
Kobe: “Warum denkst du, dass ich der beste Spieler bin?” und gibt die Antwort selbst: “Weil die Grundlagen nie langweilig für mich werden."

Hm ... Wie steht es um MEINE Grundlagen?
Was sind meine ‘einfachen Dinge’, die selbstverständlichen, die mich meinen Zielen näherbringen?

Zugegeben, ich stehe um 5 Uhr auf, um mich fit zu machen für den Tag.
Das ist schon ein guter Anfang.
Wofür? Worin will ich wirklich gut sein? Was ist mir wichtig?

Gesundheit, langes Leben, stärkende Beziehungen, ...
... und unsere Welt ist im Moment in einer kritischen und herausfordernden Situation.
Ich will etwas beitragen.

Was auch immer ich mir wünsche, es ist sehr nützlich, gesund und voller Energie zu sein.

Das bedeutet zunächst einmal so Kleinigkeiten wie 'Richtig und das Richtige essen'.
Das ist keine Kleinigkeit für mich. Gerade habe ich ein Workshop im Ausland geleitet und 3 Tage lang gut gespeist. Die Folge zweieinhalb Kilo plus. Ich arbeite daran ;-) .

Aber auch rechtzeitig schlafen gehen, jeden Morgen den Körper trainieren, meinen Geist zur Ruhe bringen, meditieren, dieses Memo an mich schreiben, um mich daran zu erinnern, ...
In einigen Minuten haben meine Frau und ich unser Wochenmeeting. Wie reden wir miteinander? Was stärkt unsere Partnerschaft? Was schwächt sie?
So viele Entwicklungsmöglichkeiten!
Jeden Tag kleine Dinge besser machen. Kleine Dominos anstoßen.
Dranbleiben! Immer wieder aufstehen!
Die Hypothese: Da kommt etwas raus, was Freude macht.

Gute Gewohnheiten installieren? Nutze Autopilot!

Immer wieder in meinen Memos komme ich auf die zentrale Frage zurück: Was lerne ich und wie verändere ich nachhaltig meine Haltung und mein Verhalten? Vorschlag von Brian Johnson : Reduziere die Variabilität!

Was heißt das nun?

Wenn ich mich nachhaltig verändern will, ist es wichtig, dass meine guten Gewohnheiten auf Autopilot laufen.
Es soll minimalen Aufwand erfordern, eine sinnvolle Reaktion auf einen Trigger oder eine Trainingseinheit zu aktivieren.

Wenn ich 50 Liegestütze drücken will und gerade einmal 3 mit Schmerzen hinbekomme, ist es ein Rezept für Niederlage, sich in der Anfangsbegeisterung hinzuwerfen und 9 zu drücken. Mit dem Effekt, dass ich erst zehn Tage später wieder einen Versuch mache.

Empfohlene Vorgangsweise:
Installiere einen regelmäßigen Morgen UND Abend Prozess.
Die Uhrzeit muss fix sein und sollte sich nach deinem Schlafrhythmus richten.
Bei mir ist Start Morgenprogramm 5Uhr und Abendprogramm 19Uhr.
Dann beginne ich, vorsichtig diese Zeitfenster zu nutzen.
Ich starte mit mindestens einem Liegestütz am Morgen.

Ich habe Geduld.
Es darf Monate und Jahre dauern.
Ich werde NIE eine Morgeneinheit auslassen, auch wenn es nur ein Liegestütz ist.

Es sind keine ehrgeizigen Zwischenziele nötig.
Einfach jeden Tag zur gleichen Uhrzeit mindestens ein Liegestütz.
Die Anzahl wächst ganz von selbst über die Wochen.
Ich habe mich in zwei Jahren auf 50 hochgearbeitet.
Das reicht. Mehr nicht nötig.
ABER ich mache jetzt jeden Morgen die gleiche Anzahl, weil ich meine Form aufrechterhalten will.
Jetzt bemühe ich mich um die nicht existenten PullUps. Ich habe Zeit!

Ähnlich halte ich es mit meinen mentalen Trainings. Auch hier hat jede Einheit ihren Platz im Morgen- oder Abendprogramm.

Jeden Tag der gleiche Ablauf. Nach etwa sechs Wochen braucht es keine Überwindung mehr, den Morgen- oder Abendprozess zu starten.
Die Abfolge der Trainingseinheiten geht dann mit minimaler Überwindung.

Zentral ist das installieren des Zeitrahmens:
1. Abendprogramm
2. Gut schlafen
3. Morgenprogramm
4. Tun, was nötig ist und meine Ziele näher bringt
und 1 2 3 4 und 1 2 3 4 …

Der Erfolg über Monate und Jahre macht den Rhythmus dann unverzichtbar. Und wenn ich einen echt schlechten Tag habe, halte ich mich extra stark an das Protokoll.

Positives Denken und langes Leben

In ihrem Buch "Positive Psychology and the Body. The Somatopsychic Side to Flourishing" (2013) berichtet Dr. Kate Hefferon auch über den Stand der Wissenschaft zur Verbindung zwischen Langlebigkeit und positiven Emotionen.

In einem legendären Langzeit-Experiment der University of Kentucky wurden rückblickend die Eintritt-Statements junger Nonnen (22 Jahre alt) analysiert. Nonnen haben einen sehr genormten Lebensstil und damit haben andere Faktoren bezüglich Langlebigkeit einen geringeren Einfluss als in der Allgemeinbevölkerung. 97% der Nonnen, die in ihren Statements positive Formulierungen und emotionalen Inhalt einbrachten, lebten noch mit 85. 52% der am wenigsten positiv formulierenden Personen.
Mit 93 waren noch 52% der zum Eintritt 'positiv' denkenden am Leben und nur 18% der weniger positiv schreibenden.

Weitere Studien bestätigten das Ergebnis, dass Menschen mit positiven Einstellungen
6 - 10 Jahre länger leben. Solche Korrelationen müssen immer vorsichtig betrachtet werden, aber die Daten sind eindrucksvoll.

Martin Seligman (ein Gründer der Positiven Psychologie') beschreibt in seinem Buch 'Flourish' (2011) Parameter, die das Phänomen praktisch einsetzbar machen, wofür er fünf Elemente des guten Lebens (well being) PERMA formuliert.

P ... Positive Emotionen, zum Beispiel Dankbarkeit, Zufriedenheit
E ... Engagement, Einsatz für etwas
R ... Relationships, Beziehungen, das soziale Netz
M ... Meaning , Sinn (siehe Viktor Frankl)
A ... Accomplishment, Fokus auf Erfolg und Meisterschaft

Wo kann ich heute eine der fünf PERMA Komponenten ein wenig weiterbringen?
Und morgen noch ein Schritt. Und übermorgen ...
Kleine Schritte, jeden Tag, große langfristige Ergebnisse.

Was tun, wenn ich krank bin?

Heute hat mir mein Oura-Ring einen neuen Rekord präsentiert. Readiness (Tagesform) 36 von 100 Punkten und Körpertemperatur in der Nacht über 38°. Was mache ich an einem Tag, an dem ich nicht fit bin?

1. Freundlich zur Ehefrau sein! (Happy wife, happy life!) :-)
ABER: Wenn ich angeschlagen bin, fallen mir negative Äußerungen von ihr viel stärker auf und ich neige dazu, weise Worte dazu zu sagen, was sie als Angriff versteht.
Folge: Wir haben eine lehrreiche Szene.
Wir beobachten in diesen Tagen unsere Sprache recht genau. Ich rutsche ganz leicht ins kritisieren und besser wissen und mache genau das, was ich an ihr, durchaus berechtigt, kritikwürdig finde.
Insgesamt führte es heute früh, nach einer Krise, zu einem guten Gespräch zwischen uns beiden.
2. Was kann ich heute tun und was sollte ich besser lassen?
Die vereinbarten Termine, soweit online, durchführen. Ich tu mir da schwer, einfach zu sagen "Ich bin krank und nicht verfügbar".
Ich kann ja sitzen, reden und schreiben. Mein Körper will aber im Bett liegen.
Ich werde heute ein Mischung machen. Dieses Memo schreiben, mit Kunden und meinem Team sprechen, und andere Arbeiten zu Gunsten Bett verschieben.
3. Mich mit meiner Frau über die körperlichen Signale austauschen, die unsere Oura-Ringe und signalisieren und unsere Pläne für den Tag anpassen.

Seit ich vor etwa eineinhalb Jahren meinen Ring besorgt habe, hat er gute Dienste geleistet.
Zunächst will ich meine Aktivitätsziele erreichen. Das motiviert und stabilisiert.

Ich bekomme Feedback, welche Auswirkungen mein Verhalten, meine Essgewohnheiten, mein Schlafengehen, mein Sport auf meine Körperfunktionen haben und kann mir entsprechend Entwicklungsziele definieren und daraufhin trainieren.
... und jetzt ist eine Bettpause angesagt.

Eine Stunde Schlaf MEHR könnte lebensverändernd sein

Aktueller Anlass ist, dass mein Oura Ring heute 59 aus 100 für Schlaf und 62 aus 100 für Tagesform gegeben hat. Dazu die Warnung “Pass auf!” und ich heute eine ganztägige Veranstaltung zu bewältigen hatte.
Das sind keine guten Voraussetzungen für einen fulminanten Tag.

Ursache ist recht einfach: Vorbereitungen bis in den späten Abend und unruhig geschlafen wegen der Veranstaltung.

Das sind 2 Lernfelder.
Zuerst: Ruhig und freudig schlafen gehen, selbst wenn ein herausforderndes Ereignis bevorsteht.
Brian Johnson meint dazu “Trainiere freudig erregt zu sein, statt befürchtungsbewegt aufgeregt zu sein.”
Studien habe ergeben, dass dieses Umschalten die effektivste Methode ist mit diesem Art von Stress umzugehen.
Der Zuruf “Beruhig dich!” oder auch autogenes Training wirken deutlich schwächer
Zum zweiten aber mein Hauptpunkt heute. Genug schlafen!

Wie glaubst du, würdest du dich fühlen, wenn du jede Nacht EINE Stunde mehr Schlaf bekämst?

Die Realität ist, dass die meisten Menschen nicht die empfohlenen sieben bis acht Stunden Schlaf pro Nacht bekommen.
Tatsächlich schreibt der führende Schlafwissenschaftler Matthew Walker in seinem großartigen Buch "Warum Wir Schlafen": „Zwei Drittel der Erwachsenen in den ‘reichen’ Nationen erreichen nicht die empfohlenen acht Stunden Schlaf pro Nacht.“

Er fährt fort: „Vielleicht überrascht dich diese Tatsache nicht, aber die Konsequenzen könnten dich überraschen. Regelmäßig weniger als sechs oder sieben Stunden pro Nacht zu schlafen, zerstört dein Immunsystem und mehr als verdoppelt dein Krebsrisiko.“

Umpf!

Nicht nur, dass regelmäßiger Schlaf von weniger als sechs oder sieben Stunden pro Nacht unser Immunsystem zerstört und unser Krebsrisiko mehr als verdoppelt (!), es zerstört auch unsere Lebensenergie, unsere Fähigkeit, kraftvoll (und freudig!) unsere Tage anzugehen.

Roger Federer schläft in den Wochen vor einem wichtigen Spiel, und das war für viele Jahre fast das ganze Jahr, über 11 Stunden pro Tag.
Er nennt das als einen Schlüssel zum Erfolg.

Ich habe mir angewohnt um sieben Uhr abends mit Bildschirmarbeit Schluss zu machen und um halb neun ins Bett zu gehen. Nachdem ich um fünf Uhr für mein Morgenprogramm aufstehe, sollte ich netto auf etwa 8 Stunden kommen.
Das passt so weit. Ich muss keinen Grand Slam gewinnen.

Ausreißer, wie gestern Abend sind schwer zu vermeiden. In diesem Fall war der Veranstaltungsraum eben erst ab 18Uhr am Vorabend verfügbar.
Umso wichtiger ist es für das späte Schlafengehen sehr auf freudige ruhige Energie zu schalten und eventuell noch eine viertel Stunde ruhige Musik anzuhören.
Hab ich gestern nicht gemacht. Einfach ins Bett gefallen und daher 'ineffizient' geschlafen. Wenn ich gut drauf bin, habe ich über 90% Effizienz, das heißt ich bin nur
1 von 10 Stunden wach im Bett.
Die Beobachtung meines Computers am Finger war 68% heute. Sehr Unruhig.
Ruhepuls hoch geblieben. Kaum Erholung.

Durch konzentriertes Morgenprogramm habe ich den Tag recht gut hinbekommen und gutes Feedback dazu.
Aber, es könnte besser sein.

Darum!
Genug Zeit für Schlaf reservieren und durch gute Vorbereitung auf den Schlaf diese wertvolle Zeit optimal energetisierend Nutzen.
HEUTE!

Rhythmen des Lebens

Über gut schlafen gehen und gut aufwachen habe ich in letzter Zeit in Memos nachgedacht. Das sind zirkadiane Rhythmen.Das Wort "zirkadian" stammt aus dem Lateinischen circa + dies, was wörtlich "um einen Tag herum" bedeutet.

Eine erstaunliche Anzahl unserer biologischen Prozesse ist an Vierundzwanzig-Stunden-Zyklen gebunden.
Natürlich IGNORIEREN die meisten von uns die natürlichen Rhythmen, die in einen Tag eingebettet sind. Das ist immer wieder ein Thema meiner Memos.
Ich brauche die Erinnerung!

Heutiger Schwerpunkt: "Ultradiane Rhythmen"
Ultra bedeutet "darüber hinaus."
Ultradian ist ein in den 1960er Jahren geprägter Begriff und bedeutet "über die Frequenz zirkadianer Rhythmen hinaus" – das heißt, häufiger als alle vierundzwanzig Stunden.
Speziell beziehen sich ultradiane Rhythmen auf Zeiträume von etwa neunzig Minuten.

Die Forschung zeigt, dass unsere obere Grenze für Spitzenleistungen in einem gegebenen Zeitraum etwa neunzig Minuten beträgt.
Nach neunzig Minuten ohne Pause beginnt unsere Leistungsfähigkeit abzubauen.
Natürlich können wir diesen Punkt mit Koffein oder Zucker überschreiten oder indem wir unsere eigenen Stresshormone aktivieren, aber es wäre klüger, die natürliche Grenze zu erkennen und dann eine Pause einzulegen.

Wenn ich meine ultradianen Rhythmen ignoriere, erlebe ich, was Forscher als "Ausdauerstress" bezeichnen.

Tu ich das oft genug, verursache ich chronische Müdigkeit und Depression, die mit reduzierter Leistung einhergehen.

Die nötige Haltungs- und Gewohnheitsänderung:
Ich begrenze Arbeitsphasen auf neunzig Minuten. Dann mache ich eine Pause von fünfzehn bis zwanzig Minuten.

Wichtig! Nicht alle Pausen sind gleich.
Wenn ich eine Pause mache, dann richtig!
Nur offline Aktivitäten gelten!
Ich habe gerade Papier zum Container getragen. Das gilt!

Oder 3 Sonnengrüße, >=30 Liegestütz und abhängen am Reck?
Alle 90 Minuten oder öfter.

E-Mails checken oder im Internet zu surfen, bietet nicht die optimale Erholung, die ich brauche, um stark zurückzukommen. Das zählt unter ‘Arbeit’.

Zirkadiane Rhythmen.
Ultradiane Rhythmen.
Rhythmen des Lebens.

Wie komme ich immer wieder in mein Gleichgewicht?

Brian Johnson erinnert in seinen kurzen Videos (+1s) immer wieder daran, wie wichtig es ist, jeden Tag etwas für die "Fundies" zu tun.

Essen > Bewegen > Schlafen > Atmen > Präsenz > Florieren

Tagsüber, manchmal schon vom Start weg, fühle ich mich dizzy.
Brian schlägt eine interessante physische Übung vor:
Such dir etwas freien, sicheren Raum für Bewegung.

Erster Durchgang:
Dreh dich im Kreis, bewege dich, bis du schwindlig wirst. Bleib stehen und schau ziellos um dich. Ohne zentralen Punkt, dich zu erden, wirst du noch schwindliger.

Zweiter Durchgang:
Zuerst eventuellen physischen Schwindel abschütteln.
Dann wieder durch drehen und tanzen schwindlig machen.

Stehen bleiben und statt ziellos herum zu schauen, die Hände vor dem Gesicht falten (Namaste ;-)) und den Blick auf die Fingerspitzen fixieren.
Du solltest unmittelbar in Balance kommen.
Ich mache das öfter, auch, wenn ich psychisch durcheinander bin.
Hilft mir da auch, wieder auf den Boden zu kommen.

Brian ergänzt aber noch eine tägliche Übung, die ein "Schwindliges Leben" wieder ins Gleichgewicht bringen kann.

Immer wenn du dich Dizzy im Leben fühlst, mache drei Schritte
1. Was ist das Wichtigste, was ich jeden Tag für mich tun will.
Führe ich diese Übung tatsächlich jeden Tag durch?
Bin ich nachlässig geworden?
Was ist meine Nummer 1 Selbstpflege Gewohnheit?
2. Welche neue Gewohnheit/Haltung könnte ich STARTEN, die den größten positiven Effekt auf mein Leben hätte?
3. Welche Gewohnheit könnte ich BEENDEN, deren ENDE den größten positiven Effekt auf mein Leben hätte.

Unbarmherziger Lösungsfokus

Jason Selk ist einer der führenden 'Mental Toughness' Coaches.
Er berichtet, dass die besten unter uns einen unnachgiebigen Lösungsfokus ('Relentless Solution Focus') haben.
Eine Auswahl seiner Bücher: "Relentless Solution Focus" und für Manager "Executive Toughness" oder "Lead any Team to Win".

Die Betonung ist auf 'Unnachgiebig' oder vielleicht treffender 'Unbarmherzig'.
Damit ist übrigens unbarmherzig gegen sich selbst und verständnisvoll gegenüber anderen gemeint.

Seinen Elite-Athleten gibt er daher folgende Aufgabe, wenn etwas schief läuft:
Gib dir 60 Sekunden zum Jammern, dich schlecht zu fühlen, anderen die Schuld zu geben, … . 60 Sekunden! Nicht mehr!
60 Sekunden tick tock tick tock … GONG :-)
Jammern vorbei!

Und jetzt geht es nur noch um eine Lösung für das Problem.
Nicht die ganze Lösung! Deinen winzig kleinen ersten Schritt, den du sofort gehen kannst und der in eine konstruktive Richtung geht.
Unnachgiebig auf Zielkurs. Fokus! Dranbleiben.

Um konkret zu werden: Was ist mein größter Stressor gerade jetzt?
Hm?
60 Sekunden zum Jammern und Schuld zuweisen!
GONG! Jammerzeit ist aus!

Vom Opfer auf Schöpfer/Mentor umschalten!
Was ist wichtig? Jetzt!
GO! :-)

Brian nennt die drei Schritte die "Gleichgewichts Anker" (Equanimity Anchors)

#1 Selbstpflege: ___________________________
#1 + (STARTEN) ___________________________
#1 - (BEENDEN) ___________________________
Was kann ich heute tun, um mein Leben zu verbessern?
Was sind meine drei Anker heute?

Stell dir vor, ich gehe jeden Tag drei solche Schritte in die richtige Richtung, statt zwei zurück und einen vor?

Hypothese: Über Monate und Jahre muss das einen Riesenunterschied machen.

Daher meine Erinnerung an mich: TUN!
HEUTE! JETZT! und immer wieder!

Eine Entscheidung ist eine Entscheidung ist eine Entscheidung

Ich habe schon einiges über die Bedeutung von Entschiedenheit gesprochen. Oft wird bei uns das englische Wort 'Commitment' verwendet. 100%iges Commitment ist paradoxerweise viel einfacher ist als ein 90%iges oder 95%iges oder sogar ein 99,9%iges.

Aber... Selbst mit einem super starken anfänglichen Entscheidung erreiche ich die von mir selbst gesetzten Standards immer wieder nicht.

Hm ... das ist doch deprimierend. Was tun? Ich rappel mich auf, klopfe mich ab und ENGAGIERE mich erneut. Wieder. Und wieder. Und wieder.

Stell dir das so vor: Du fliegst von Wien nach Tokio. Die Piloten haben (man hofft) ein 100%iges Engagement für das Erreichen unseres Ziels übernommen. Aber rate einmal? Obwohl sie völlige Klarheit über ihr ultimatives Ziel haben und sich verpflichtet haben, uns dorthin zu bringen, sind sie auch während des größten Teils der Reise OFF TRACK. Der Wind weht sie ein wenig in diese Richtung. Sie treiben ein wenig in jene Richtung. Kein großes Problem. Kleine Anpassung. Wieder auf Kurs. Immer und immer wieder.

So will ich es auch für mich machen.
Schritt 1: Kläre, wohin ich gehen will. Mein Ziel muss mir sonnenklar sein.
Schritt 2: Ich entscheide mich 100%. Das bedeutet, ich habe den WOOP-Test durchgeführt! WISH OUTCOME OBSTACLES PLAN(=Protokoll)
Schritt 3: Handeln. Jeden Tag. Dafür ist es so wichtig, 'Das Protokoll' schriftlich zu haben. Wenn ich etwas Neues vorhabe, mache ich WOOP (siehe oben) und füge die notwendigen kleinen Schritte und Erinnerungen in mein Tagesprogramm (Protokoll) ein.
Dann mache ich es. Beharrlich.
Schritt 4: Und dann lasse ich einen Tag aus. Kein Problem. Achtsamkeit! Raum für Retrospektive schaffen! Sofort, wenn ich den Aussetzer erkenne.
Passt mein WOOP noch? Ja?! Nachholen. Machen! Jeden Tag.

Wieder und wieder und wieder.
Wohin gehe ich? Habe ich mich entschieden?
Tun. Tun. Tun.
Einmal aussetzen kann (muss) passieren. Ich werde nicht der erste perfekte Mensch sein. Ein zweites Mal ist ein NoGo.

ENERGIE - Kapazität für Arbeit und Liebe

In den letzten 20 Jahren habe ich meinen Coaches den Hauptauftrag gegeben, mir zu helfen jeden Morgen mit Freude und Energie aufzustehen. Ich arbeite noch daran. Das liegt auch daran, dass mehr Energie immer mehr Potential öffnet und damit das Projekt einfach nicht aufhört.

Es ist Zeit für eine kleine etymologische Lektion.
Weißt du zufällig, was das Wort Energie wörtlich bedeutet?
Das Wort Energie stammt vom altgriechischen Wort energeia, das aus zwei Teilen besteht: en + ergon. Es bedeutet wörtlich „in Arbeit".
Im Lexikon steht: „Die Kapazität für Arbeit oder kräftige Aktivität."

Ich ändere das für meine Zwecke etwas ab: „Energie ist die Kapazität für Arbeit und Liebe."

Die nächste logische Frage ist einfach: Wie schaffe ich heroische Energielevels?
Der erste Teil der Antwort ist für mich meine mentale Ausrichtung. Das mache ich täglich über meine 'Die Großen Drei' - Praxis.
Meine Identität in Energie, Liebe und Arbeit.

Wer bin ich? Was will ich? Was tu ich?

Für den zweiten Teil der Antwort, hole ich mein Hand-Elektronenmikroskop heraus und suche nach den Energiekraftwerken in meinem Körper.

Dazu mehr im nächsten Memo an mich.

Mitochondrien - Unser inneres Kraftwerk

Mitochondrien sind ein Wunder unseres Körpers. Laufend produzieren sie all die Energie, die unser Körper braucht. ATP (Adenosin Tri Phosphat) Moleküle stärken jede Sekunde viel milliardenfach unsere Zellen.

Ein weitere spannende Tatsache ist, dass Mitochondrien über die Eizelle, das bedeutet über Frauen weitergegeben werden. So kann genetisch nachvollzogen werden, wie sich Frauen in den letzten hunderttausenden Jahren über die Welt verbreitet haben.

Zurück zum Thema und zu mir.
Mitochondrien sind meine Haustiere. Extrem nützlich und lebensnotwendig.
Und sie sind echt viele, so ungefähr 10 000 000 000 000 000 Stück oder 10% unseres Körpergewichts. Ich wäre innerhalb von Sekunden tot, wenn die kleinen Zellorganellen ihre Arbeit einstellen würden.

Was kann ich tun, um sie glücklich zu machen. Klar, zuerst einmal “Danke!” sagen. Das hilft immer! :-)

Da ist aber mehr. Brian Johnson führt im Heroic Coach Training über mehrere Monate Tag für Tag und Schritt für Schritt durch Übungen, Verhaltens- und Gewohnheitsänderungen, die unseren Körper, unsere Zellen und natürlich die Mitochondrien so fit wie irgendwie möglich machen.
Denn ohne Energie sind gute Absichten leere Kilometer.

Bewegen, schlafen, atmen, essen.

Wir haben selbst ein Gefühl dafür, was uns guttut und was unsere Energie stärkt.

Hier ein paar Ideen und eine tägliche Übung:
VIEL BEWEGEN. Unsere Vorfahren mussten etwa 8h jeden Tag durch die Gegend streifen um zu sammeln und zu jagen. Der Körper ist dafür ausgelegt! :-)
Ein paar einfache Routinen helfen.
Jede viertel Stunde aufstehen und strecken (für Sitzberufe),
alle 90 Minuten zwanzig Minuten Pause mit Bewegung
und mehr als ca 6000 Schritte pro Tag.

Studien haben ergeben, dass Menschen, die durchschnittlich mehr als 6000 Schritte pro Tag machen, ein signifikant niedrigeres Krebsrisiko haben.

Früh SCHLAFEN gehen und über 7-8h schlafen.

Immer wieder zum ATEM zurückkehren. Tief durch die Nase ein und ausatmen. Das beruhigt und liefert Sauerstoff an unsere Mitochondrien. Atmen kann trainiert werden. Oft nutzen wir nur einen Bruchteil unserer Lungenkapazität.

GESUND ESSEN und damit ca 3h vor dem Schlafengehen aufhören.
Darüber wurden tausende Bücher geschrieben. Aber wir wollen es ja einfach haben.

Daher eine Empfehlung: Jeden Tag ein paar Minuten Zeit nehmen und notieren, welche Gewohnheit mir immer wieder schadet und diese heute NICHT machen und was mich stärken würde, wenn ich es gewohnheitsmäßig tun würde und dann achtsam tagsüber beobachten und MACHEN.

Die Mitochondrien freuen sich!

Und ich mich auch, weil etwas weitergeht und mein Energiepegel ansteigt.

Glymphatisches System – Tägliche Gehirnwäsche gefällig?

Dr. Steven Gundry hat seinem Buch "The Longevity Paradox" den Untertitel "How to Die Young at a Ripe Old Age".
Das klingt ja interessant. Fit alt werden. Das versprechen ja viele.

In seinem Buch schreibt er über eine wesentliche Praxis, die nötig ist, um bis ins hohe Alter fit zu bleiben. Er nennt sie 'Brain Washing'. Nein, nicht das was man in Diktaturen gerne tut.
Dr. Gundry beschreibt das so:
"Vor einigen Jahren entdeckten Forscher ein System, das es dem Liquor cerebrospinalis (der klaren Flüssigkeit, die wir entnehmen, wenn wir eine Nadel in Ihre Wirbelsäule stecken) ermöglicht, durch das Gehirn zu fließen und die Zwischenräume zwischen den Zellen zu reinigen, genau wie die lymphatische Flüssigkeit im Rest deines Körpers. Dieses System wird als Glymphatisches System bezeichnet.
Um Platz für die Flüssigkeit zu schaffen, die dein Gehirn ausspült, schrumpfen Ihre Zellen tatsächlich in der Größe, wenn Sie tief schlafen. Dadurch kann der gesamte "Gehirnwasch"-Prozess während des Tiefschlafs zwanzigmal schneller ablaufen als im Wachzustand und erklärt, warum ein guter Schlaf so erholsam ist.

Wenn du ausreichend tief schläfst, wachst du buchstäblich mit einem erfrischten und verjüngten Geist auf, der von Schmutz und Ablagerungen befreit wurde."
Weiters: "Das glymphatische System ist während der spezifischen Phase des Tiefschlafs am aktivsten, die sehr früh im Schlafzyklus auftritt. Und das glymphatische System benötigt, genau wie dein Verdauungssystem, eine große Menge an Blutfluss. Das bedeutet, dass wenn du zu knapp vor dem Schlafengehen ißt, dein Blut vorwiegend im Darm gebraucht wird, um bei der Verdauung zu helfen und nicht ausreichend für dein Gehirn zur Verfügung steht, um den äußerst wichtigen Gehirnwaschvorgang abzuschließen."
Er sagt uns, dass dieser "Gehirnwaschzyklus" wahrscheinlich der "am meisten übersehene und missverstandene Aspekt neurodegenerativer Erkrankungen" ist.
Gundry sagt uns auch, dass es zum Glück eine einfache Lösung gibt: "Lass so viel Zeit wie möglich zwischen deiner letzten Mahlzeit und deinem zu Bett gehen."
Er meint damit mindestens VIER (4) Stunden!
Das haben inzwischen viele tausend Menschen zu ihrer Routine gemacht.
Ich werde das ab heute mindestens zwei Wochen konsequent machen und schauen, wie es mir damit geht.
Das Versprechen: Ich wache erfrischt auf. Das wär doch was. Ich werde berichten.

Serotonin – Heute schon etwas für dein Glück getan?

Gerade bin ich über eines der +1 (Kurzvideos) von Brian Johnson gestolpert: “Serotonin”. Dass Serotonin im Hirn produziert wird und das Gefühl von Wohlbefinden, Wärme, Sicherheit und Glück auslöst, ist ja weit verbreitetes Wissen. Viele Psychopharmaka setzen da an.

Interessanterweise findet man aber 80-90% unserer Serotonin Produktion im Bauchbereich.
90%?! Was macht das Hormon dort?

Neurologen wie David Perlmutter sagen Dinge wie dieses: "Die Neuronen im Darm sind so unzählig, dass viele Wissenschaftler sie jetzt als ‘das zweite Gehirn’ bezeichnen. Dieses zweite Gehirn reguliert nicht nur Muskeln, Immunzellen und Hormone, sondern produziert auch etwas wirklich Wichtiges.
Beliebte Antidepressiva wie Paxil, Zoloft und Lexapro erhöhen die Verfügbarkeit des ‘Wohlfühl’-Chemikalien Serotonin im Gehirn. Du wirst vielleicht überrascht sein, dass etwa 80 bis 90 Prozent der Menge an Serotonin in deinem Körper von den Nervenzellen in deinem Darm hergestellt wird!
Tatsächlich produziert das Gehirn deines Darms mehr Serotonin - das Haupt-Glücks-Hormon - als das Gehirn in deinem Kopf. Viele Neurologen und Psychiater anerkennen, dass dies ein Grund sein kann, warum Antidepressiva oft weniger wirksam sind als Ernährungsumstellungen. Tatsächlich zeigt die jüngste Forschung dass unser zweites Gehirn möglicherweise gar nicht ‘Zweites’ ist. Es kann unabhängig vom Hauptgehirn handeln und viele Funktionen ohne Eingabe oder Hilfe des Gehirns steuern.”
Soweit die Wissenschaft.

Aber welches Essen steigert die Serotonin Produktion?
Was vermindert die Serotoninproduktion im Darm?
Brian Johnson schlägt vor, sich selbst ein Rezept zu schreiben.
Essen ist Medizin. Eine der wirkungsvollsten!
Also meine Aufgabe für heute: Schreib auf, welches Essen, welcher Essensrhythmus, dir guttut und was dir nicht guttut.
Das ist auch eine gute Basis für ein Gespräch mit einer professionellen Ernährungsberaterin!
Hm, den Termin schiebe ich auch schon lange … Terminvereinbarung kommt in meinen Wochenplan!

Serotonin – Ich habe ChatGPT gefragt

… und das folgende hat es mir erzählt.
Serotonin ist ein Neurotransmitter, der eine entscheidende Rolle bei der Regulierung von Stimmung, Schlaf, Appetit und sogar der Verdauung spielt. Eine erhöhte Serotoninproduktion kann das allgemeine Wohlbefinden steigern und hilft, Symptome wie Depressionen und Angstzustände zu lindern. Sowohl die Ernährung als auch bestimmte Verhaltensweisen können die Serotoninproduktion im Körper positiv beeinflussen.

Nahrung, die die Serotoninproduktion fördert:

1. Tryptophanreiche Lebensmittel:
    - Was ist Tryptophan? Eine essentielle Aminosäure, die als Vorläufer für die Serotoninsynthese dient.
    - Lebensmittelquellen:
        - Geflügel: Puten- und Hühnerfleisch
        - Fisch: Lachs, Thunfisch und Makrele
        - Milchprodukte: Käse, Joghurt und Milch
        - Nüsse und Samen: Mandeln, Walnüsse, Kürbiskerne, Sesamsamen
        - Hülsenfrüchte: Sojabohnen, Linsen, Kichererbsen
        - Vollkornprodukte: Haferflocken, Vollkornbrot
        - Eier
2. Komplexe Kohlenhydrate:
    - Warum hilfreich? Sie erhöhen die Insulinproduktion, was die Aufnahme von Tryptophan ins Gehirn fördert.
    - Beispiele: Vollkornnudeln, brauner Reis, Quinoa, Süßkartoffeln
3. Omega-3-Fettsäuren:
    - Wirkung: Unterstützen die Gehirnfunktion und können die Serotoninproduktion beeinflussen.
    - Quellen: Fettreicher Fisch, Leinsamen, Chiasamen, Walnüsse
4. Vitamin D:
    - Bedeutung: Kann die Serotoninsynthese fördern.
    - Quellen: Sonnenexposition, fettreicher Fisch, angereicherte Lebensmittel, Eigelb
5. B-Vitamine (insbesondere B6 und Folsäure):
    - Funktion: Wichtig für die Produktion von Neurotransmittern.
    - Lebensmittel: Blattgemüse, Zitrusfrüchte, Bananen, Avocados, Brokkoli
6. Fermentierte Lebensmittel:
    - Warum? Ein gesunder Darm fördert die Serotoninproduktion, da ein Großteil des Serotonins im Magen-Darm-Trakt produziert wird.

- Beispiele: Joghurt mit lebenden Kulturen, Sauerkraut, Kefir, Kimchi

Verhaltensweisen zur Steigerung der Serotoninproduktion:

1. Regelmäßige körperliche Aktivität:
   - Effekt: Bewegung erhöht die Freisetzung von Serotonin und Endorphinen.
   - Empfehlung: Mindestens 30 Minuten moderate Bewegung an den meisten Tagen der Woche (z. B. Spaziergänge, Joggen, Radfahren).
2. Sonnenlicht und Lichttherapie:
   - Grund: Sonnenlicht stimuliert die Serotoninproduktion.
   - Tipp: Täglich Zeit im Freien verbringen, besonders am Morgen.
3. Gesunder Schlaf:
   - Bedeutung: Ausreichender Schlaf reguliert Neurotransmitter und Hormonproduktion.
   - Hinweis: Etablieren Sie eine feste Schlafenszeit und schaffen Sie eine entspannende Schlafumgebung.
4. Stressmanagement:
   - Warum wichtig? Chronischer Stress kann Serotoninspiegel senken.
   - Methoden: Meditation, Yoga, Atemübungen, Achtsamkeitstraining
5. Soziale Interaktionen:
   - Effekt: Positive soziale Kontakte können das Wohlbefinden steigern.
   - Tipp: Verbringen Sie Zeit mit Freunden und Familie, nehmen Sie an Gemeinschaftsaktivitäten teil.
6. Praktizieren von Dankbarkeit und positiven Gedanken:
   - Wirkung: Positive Emotionen können neurochemische Prozesse beeinflussen.
   - Vorschlag: Führen Sie ein Dankbarkeitstagebuch oder reflektieren Sie täglich über positive Erlebnisse.
7. Achtsame Ernährung:
   - Ansatz: Essen Sie bewusst und genießen Sie Ihre Mahlzeiten ohne Ablenkungen.
   - Vorteil: Fördert eine bessere Verdauung und Nährstoffaufnahme.

Zusätzliche Tipps:

- Vermeide übermäßigen Alkohol- und Koffeinkonsum: Diese können die Neurotransmitterbalance stören.
- Hydration: Ausreichend Wasser trinken unterstützt alle körperlichen Funktionen.
- Regelmäßige Routine: Ein strukturierter Tagesablauf kann helfen, den Körper in Balance zu halten.

Ruhepuls und Trainingspuls

Wenn ich am Vorabend spät/schlecht gegessen habe und/oder nicht besonders gut geschlafen habe, weil ich meine Abendroutine komplett ignoriert habe und/oder mit jemanden oder etwas gekämpft habe (meistens das Ergebnis der vorherigen Fehltritte), könnte es sein, dass ich Schwierigkeiten habe, meinen Ruhepuls während der Nacht so zu senken, dass ich am nächsten Morgen frisch und voller Energie starte.

Wir wollen die körperlichen Voraussetzungen für ein gutes Leben zu schaffen. Essen, Trinken, Schlafen, Bewegen, ... über Anpassung dieser Basisverhaltensweisen gewinne ich Einfluss auf meine Körperfunktionen und damit auf meinen mentalen und meinen Gefühlszustand.

Heute Morgen war ich froh, gesund zu sein, während ich meinen Ruhepuls mit jedem tiefen Atemzug senke.
Einatmen durch die Nase, hinunter in den Bauch, wieder ausatmen durch die Nase, Ausatmen etwas länger als das Einatmen.

Wie messe ich den Effekt?
Ein wertvoller Begleiter seit über zwei Jahren ist mein Oura Ring.
Es gibt viele andere Fitnessbegleiter, aber der Ring ist für mich die beste Option wegen des Tragekomforts und er umfassenden Software & Wissensbasis dahinter.
Jeden Tag und zwischendurch bekomme ich wertvolle Hinweise, wie es meinem Körper geht und was ich machen kann, um meinen Zustand zu verbessern.

In meiner Familie (Ich + Frau + Tochter und deren Partner) tauschen wir uns regelmäßig über die Daten und Konsequenzen aus und ich fühle mich sehr wohl mit dieser datengestützten Antwort auf die Frage “Wie geht’s dir?”.

Wenn ich gut erholt bin und mein Abendprogramm durchgeführt habe (Letzter Bissen 4h vor Schlafen gehen, Computer spätestens 1h vor dem Abendprogramm abschalten), bekomme ich meinen Ruhepuls leicht auf 44-49.

Brian Johnson spielt in einer anderen Liga. Bei ihm liegt der ideale Ruhepuls zwischen 39 und 44. Nicht jede muss eine Spitzensportlerin sein ;-)
Interessant ist, was Brian darüber hinaus vorschlägt.
Er trainiert nach der Morgenmeditation so, dass sein Trainingspuls 101 Schläge über den Ruhepuls liegt. Das ist ehrgeizig.

Ich bin 67 und passe mein Ziel den medizinischen Empfehlungen an.
Aber +80 = zB 127 Trainigspuls fühlt sich gut an.

Aus meiner Sicht ist es wirklich schwer, einen echt schlechten Tag zu haben, wenn ich meditative Stille UND diese Spitzenenergie absichtlich realisiert habe.

Und warum nicht jeden Tag daran arbeiten?

Ich sehe keinen Grund. Also? Gemma's an!

Mentales Rauchen – Negative Seiteneffekte?

Die Erkenntnis, dass Rauchen nicht gesund ist, wenn auch möglicherweise kurzfristig durchaus anregend, hat sich ja weit verbreitet.

Interessant im Zusammenhang mit 'Nicht Gesund', ist für mich der Umgang mit externen Informationen.

Heute früh habe ich die Information von meiner Frau bekommen, dass es jetzt ein gratis Seniorentaxi in Maria Saal (Geburtsort meiner Mutter) in Kärnten gibt. Ich freue mich darüber zweifach. Einerseits ist das gut für die Seniorinnen in Maria Saal.
Andererseits war es aufbauend für mich.

Unlängst haben meine Frau und ich über das Ungleichgewicht unserer Wahrnehmung gesprochen. Unsere Amygdala (alter Hirnbestandteil) hebt potentielle Gefahren etwa 10-mal so stark hervor wie positive Eindrücke.

Das hat unseren Vorfahren oft das Leben gerettet. Säbelzahntiger im Augenwinkel führt zu Sprung/Abwehr/Flucht in Sekundenbruchteilen.

Unser Stammhirn kann aber leider nicht unterscheiden zwischen politischen Nachrichten, Katastrophen in Ostasien und einem Auto, das von links mit hoher Geschwindigkeit kommt.

Es reagiert in jedem Fall mit Flucht/Angriff Reflex.
Das ist nicht zu verhindern und kostet in unserer Datenflut-Welt viel Energie und Fokus. Wir können den Effekt lindern durch ruhigen Atem, mentales Training und viele Mittel, die uns alte und neue Weisheit für diesen Fall zur Verfügung stellen. Das ist gut so.

Trotzdem kostet die Fülle an negativen Daten, die auf uns jeden Tag einströmen, Energie, die wir für unsere gute Zukunft einsetzen könnten. Oft versetzt uns dieser Schwall an Unglück in der Welt in einen Opferzustand von erlernter Hilflosigkeit. Nicht gut.

Eine Hilfestellung für mich: In den ersten 2 Stunden nach dem Aufwachen setze ich mich keinem Input von außen aus.
Kein SocialMedia Konsum. Nur ich mit mir. Ich habe Zeit für mich und meine Ziele.

Abraham Maslow fragt uns: "Willst du unterhalten werden, oder etwas ganz Eigenes in der Welt schaffen?"

Mit Menschen, die mir nahe sind, vereinbare ich auch gerne, dass wir gute Nachrichten gerne, aber auch dosiert, austauschen, schlechte aber noch strenger filtern, ob sie unmittelbar/jetzt relevant sind. Das macht Gespräche gleich handlungsorientierter und stärkender.

Die Message:
Input, besonders negativen irrelevanten Input, mentales Rauchen also, minimieren.
Tageszeitung > NEIN,
Ton bei social Media oder email Eingang > NEIN,
Raunzen über die Welt > NEIN, . . .
Präsent sein > JA,
einen Schritt auf mein Ziel zugehen > JA,
zuhören und lächeln > JA,
still bei mir sein > JA

Ich beobachte heute einmal, wie es mir damit geht.

Strukturelle Disziplin

In seinem Buch 'Lessons for Living' geht Phil auf drei Typen von Disziplin ein, deren erste er so beschreibt: „Die erste nenne ich strukturelle Disziplin. Sie besteht aus Dingen, die du routinemäßig tust – essen, schlafen, sich bewegen usw.
Das Ziel ist, in einem konstanten Rhythmus zu leben. Das verbindet uns mit höheren Mächten, weil das Universum in Rhythmen funktioniert.
Jeden Tag mit einer organisierten Struktur zu leben, lehrt das Ego, sich etwas Größerem als sich selbst zu unterwerfen – der Zeit.
Um aus einem lethargischen Zustand herauszukommen, ist das Erste, was zu tun ist, Struktur in das tägliche Leben zurückzubringen."

Coaches von Spitzensportlern nennen es 'Das Protokoll'. Und wenn es mir wirklich dreckig geht, dann führe ich mein Protokoll, eine tägliche Routine besonders fokussiert durch.

Es nützt nichts tolle Vorsätze und hehre Lebensziele zu haben, wenn sich diese nicht jeden Tag in meinem Verhalten ausdrücken.

Die meisten von uns haben einen Teil, der ihnen immer wieder sagt: "Das schaffst du nicht. Dazu bist du zu schwach. Das hältst du keine drei Tage durch! Du bist müde und solltest dich ablenken. Die anderen sind schuld und du kannst gar nichts tun, ... " und tausende Ausreden mehr.

Phil Stutz nennt diesen Teil, der uns bremst, wo es geht, Part X. Teil X führt uns in Minderwertigkeit, Resignation und Depression.

Stutz sieht diesen Teil als das 'Böse'. ABER er sagt dazu: "Die Achtsamkeit auf die Machenschaften von Teil X trainiert täglich unsere Fähigkeit mit der Realität besser umzugehen." Der Teil ist ein Geschenk der Realität.

Die Verbindung mit den oben genannt höheren Mächten (Dankbarkeit, Liebe, Vorwärts Momentum, Selbstentfaltung, und unsere damit verbundene Kraft wird in dieser täglichen Auseinandersetzung trainiert.

Teil X wird nie endgültig besiegt. Das wäre auch schade.
Teil X hält uns auf Trab, wenn wir zu glauben beginnen, wir hätte es endgültig geschafft.

Stutz schreibt: "Wenn Teil X uns inspiriert, diese inneren Ressourcen zu finden, dann wird es zu unserem spirituellen Lehrer.
Dies verwandelt das Böse von einer Kraft, die unsere Ziele bedeutungslos erscheinen lässt, in eine, die uns antreibt, sie zu erreichen.
Es macht uns als Person unbesiegbar und, wenn wir das alle verstehen können, als Menschheit unbesiegbar.
Doch wenn wir keine konstruktive Reaktion auf das Böse - auf Teil X - entwickeln, sind wir gelähmt."

Hm, ich muss meinen Teil X Sensor aktivieren und dann das tun wovon er abrät ...
Ein paradoxer Leitstern!
So kann ich besser auf Kurs bleiben.

Etwas murmelt in mir: "Sitzen bleiben ist gemütlich.
Bewegung kann ich später auch noch machen."

Ah ! Alles klar. Runter gehen. Ein paar Liegestütze machen. JETZT!

GRIT

Angela Duckworth die Wissenschaft zum Thema 'Grit' publik gemacht. Ich finde im Übersetzer Worte wie Mut, Rückgrat. Das trifft es nicht ganz. Sie definiert 'GRIT' als intensive Leidenschaft kombiniert mit Ausdauer/Beharrlichkeit.
Jemand mit GRIT bleibt unerbittlich auf Zielkurs.

Wie Martin Luther King gesagt hat: "Wenn du fliegen kannst, flieg! Wenn du laufen kannst, lauf! Wenn du gehen kannst, geh! Wenn du kriechen kannst, kriech! Aber, in jedem Fall: Bleib in Bewegung!"

Duckworth beschreibt das so:
Talent x Einsatz = Fähigkeit
und Fähigkeit x Einsatz = Erfolg
Ja, Talent, also das, was wir geschenkt bekommen haben, ist gut, aber unser Einsatz zählt doppelt.

Ein talentiertes Genie ohne Einsatz ist ein enttäuschtes Genie. Keine Wirkung.

Ohne viel Talent, aber mit nachhaltigem großem Einsatz: Das hat Wirkung in der realen Welt! ... und oft außerordentliche Wirkung.

In ihrem hervorragenden Buch "GRIT" beschreibt sie, wie GRIT entwickelt wird durch die Kultivierung von Leidenschaft, Praxis, Sinn und Hoffnung.

Leidenschaft entsteht, wenn ich mich immer wieder zu etwas in meinem Leben hingezogen fühle.
Leidenschaft reicht nicht, Praxis ist nötig. Jeden Tag!

Ich baue meinen Tag rund um diese Leidenschaft.
Und Sinn. Mein Sein und Tun muss Wirkung über mein kleines Selbst hinaus haben.
... und ich brauche die Hoffnung, sodass ich immer wieder aufstehe, wenn ich unweigerlich falle.
Hoffnung ist ein eigenes Thema. Aber kurz: Zielführende Hoffnung besteht auf Basis vieler Studien auf mehreren Komponenten: Klare Sicht auf die Ist-Situation, einer attraktiven Vision, einem Plan mit mehreren alternativen Wegen zu diesem Zielzustand und die Einstellung jedes Hoppala als Lernchance aufzufassen und zu nutzen.

Was wäre mir denn wichtig? Wie steht es um meine Komponenten von GRIT? Was kann ich heute tun, um ein klein wenig weiterzukommen? JETZT zum Beispiel!

Disziplin im Reagieren und Expandieren

Phil Stutz nennt eine Fähigkeit „emotionale Ausdauer“ (Emotional Stamina), die Brian Johnson „antifragiles Selbstvertrauen“ nennt. Phil fährt mit der zweiten Art von Disziplin fort, die er „reaktive Disziplin“ nennt.
“Es ist die Fähigkeit, deine Reaktionen auf die Ereignisse, die dich den ganzen Tag bombardieren, zu steuern.“

Die Grundidee hier?
Viktor Frankl hat das Wesen der reaktiven Disziplin brilliant in ‚Man’s Search for Meaning“ erfasst, wo er uns sagt:
„Zwischen Reiz und Reaktion gibt es einen Raum. In diesem Raum liegt unsere Macht, unsere Reaktion zu wählen. In dieser Fähigkeit die Reaktion zu steuern liegen unser Wachstum und unsere Freiheit.“

Dann nennt Phil Stutz eine dritte Disziplin, die er „expansive Disziplin“ nennt.
“Dies bezieht sich auf Handlungsschritte, die du dich zwingen musst zu unternehmen, um dein Leben zu erweitern. ... Das Universum dehnt sich ständig aus. Um mit seinen universellen Kräften verbunden zu bleiben, müssen wir damit Schritt halten.“

Expansive Disziplin ist im Wesentlichen die Operationalisierung der Tugend des Mutes. Wir wollen bereit sein zu handeln, in Anwesenheit von Angst. Wir werden uns unseren Herausforderungen stellen, anstatt ihnen auszuweichen. Dies ist eine Disziplin.

Das beste Werkzeug dafür? Phil Stutz schreibt: "Jedes Mal, wenn du auch nur ein bisschen Schmerz fühlst (in Form von Angst, Überforderung, was auch immer), sage zu dir selbst: 'HER DAMIT!'"

Das übrigens ein Hinweis auf die Werkzeuge, die in seinem Buch 'The Tools' im Detail mit Erfahrungsberichten und Rezept beschrieben werden.

Kurze Zusammenfassung:
Die drei Disziplinen sind strukturelle Disziplin, reaktive Disziplin und expansive Disziplin.
Hm, Reflektieren …
Was funktioniert für mich? Wird das weiterhin so sein?
Was will ich verbessern?
Aufschreiben. Planen. Angehen! Jetzt!

VII - AKTIVIERT!
Von der Kunst, in der eigenen Kraft zu leben.

Das Kapitel "AKTIVIERT! – Von der Kunst, in der eigenen Kraft zu leben" lädt uns dazu ein, unser Leben bewusst und aktiv zu gestalten.

Es zeigt auf, wie wichtig es ist, persönliche Projekte und Ziele zu haben, um Zufriedenheit und Erfüllung zu erleben.

Dabei geht es darum, volle Verantwortung für das eigene Leben zu übernehmen und sowohl kurzfristige als auch langfristige Visionen zu entwickeln.

Durch die Heldenreise als Metapher für unser persönliches Wachstum, die Integration von Weisheiten aus der Psychologie, Philosophie und Führungskunst, werden wir angeregt, unsere innere Kraft zu aktivieren und jeden Tag kleine Schritte in Richtung unserer Ziele zu gehen.

Ob durch Selbstmeisterung, langfristige Planung oder die Überwindung von Ängsten – dieser Abschnitt motiviert uns, unsere eigene Heldenreise anzutreten und dabei die wahre Größe in uns zu erkennen und zu leben.

Glückliche Menschen haben Projekte

Sonja Lyubomirsky, PhD, ist Professor an der University of California, Riverside. In ihrer Arbeit hat sie sich auf die Entwicklung der Wissenschaft über das 'Menschliche Glück' konzentriert.

Und sie sagt uns: "Glückliche Menschen haben Projekte."
Welche Projekte sind mir wichtig?
Was wäre super toll, wenn ich es erreichen könnte?
Wenn ich einen Zauberstab hätte. Was wäre das Eine, das ich in 1,2,5 Jahren erreicht haben würde?
Was taucht einfach auf? Ohne Gedanken. Einfach Wunsch.

Joseph Campbell würde fragen:
"Was ist meine ganz persönliche, faszinierende Heldenreise?"

Gestern war es für mich ein Experiment mit selbstgemachten Blätterteig für einen Lauch-Schafkäsestrudel. Der war wirklich gut. Ich lächle, während ich das schreibe.
Ich habe kleine, mittlere und große Projekte. Was ist mir wichtig?
Wofür gehe ich jeden Tag einen kleinen Schritt weiter?

Hm ... ?
Ich brauche eine kleine persönliche Heldenreisen (Projekt)-Liste!
Task definiert :-)
Wann machen?
Heute, natürlich! :-)

Und dann?
Was ich wichtig? JETZT!

Erfolgreiche Menschen denken langfristig

In seinem Buch “No Excuses!” schreibt Brian Tracy “Die erfolgreichsten Menschen denken langfristig. Sie schauen in die Zukunft so weit wie möglich, um festzustellen, welche Art von Mensch sie sein und welche Ziele sie erreichen wollen. Sie kehren dann in die Gegenwart zurück und definieren was sie jetzt tun oder nicht tun werden, um ihre Ziele zu erreichen.”

Langfristig zu denken ist nicht nur der Schlüssel zum Erfolg, sondern auch für ein glückliches Leben.
Erster Schritt: Belohnung zurückstellen auf später. (siehe Marshmallow Test / Walter Mischel)

Oder wie Daniel Goleman in seinem Buch “Emotional Intelligence” schreibt: Da ist vermutlich keine fundamentalere psychologische Fähigkeit als einem Impuls zu widerstehen.”

Und Jonathan Haidt in “The Happiness Hypothesis”:
„Die Psychologen Ken Sheldon und Tim Kasser haben herausgefunden, dass Menschen, die mental gesund und glücklich sind, einen höheren Grad an ‘vertikaler Kohärenz’ zwischen ihren Zielen haben. Die Langzeitziele und die kurzfristigen passen zueinander, die kurzfristigen ermöglichen die langfristigen.”

Das ist wichtig: Lass keine Konflikte zwischen Zielen zu.
Wenn du einen Konflikt erkennst, löse den Konflikt.

Ich nenne die Fähigkeit Selbstmeisterung (ist ein wenig mehr als Selbstbeherrschung). Sie erlaubt uns, die unmittelbare Belohnung zu verschieben, um kohärente Ziele zu verfolgen.

Wenn man das richtig macht, macht das glücklich im Flow.

Also, worauf warte ich?

Was sind meine Ziele in 20, 10, 5 Jahren, für nächstes Jahr, die nächsten Monate?
Was plane ich für morgen?

Und was tu ich jetzt, heute?
JETZT ist der Moment!

Die Heldenreise – Von Scheinriesen und Scheinzwergen

Joseph Campbell hat den Begriff der Heldenreise geprägt. Er sagt uns, dass jede gute Geschichte die gleichen zentralen Elemente enthält.

Etwa so: Ein Mensch lebt friedlich in ihrer Umgebung. Etwas reißt sie aus diesem vorgezeichneten Lebensweg. Sie geht los. Zunächst zieht sie durch ein tiefes Tal voller Gefahren, Dschungel, Felsen. Trifft eine Mentorin. Lernt. Steigt auf der anderen Seite des Tales wieder hoch. Besiegt einen Drachen. Kehrt reifer und mit einem Schatz nach Hause zurück.

Die Formen sind sehr unterschiedlich. Wenn ein Film wirklich unrund ist, dann fehlen Schlüsselelemente, insbesondere die Persönlichkeitsentwicklung der Hauptfigur. Campbell hat tatsächlich George Lucas beim Drehbuch für Star wars beraten.

Aber was hat das jetzt mit mir zu tun?
Ich heiße Franz, nicht Luke. Schon gar nicht Skywalker.
Ich bin kein Held! Aber mir liegt die Geschichte meines Lebens am Herzen.
Wenn das eine schlechte Geschichte ist, macht mich das unglücklich.
Campbell meint daher, dass ein gutes Leben eine gute Geschichte sein muss.
Daher eine Heldenreise.
Hm …

Oder die stoischen Philosophen haben das Bild des Heros, der Beschützerin, mit hohen Werten, Kraft für zwei und der Geheimwaffe 'Mitgefühl'.
Hm, das klingt anders als 'schlag zu und drauf'.

Und zuletzt borge ich mir das Bild des Scheinriesen von Michael Ende aus.
Es gibt Scheinriesen die groß und mächtig auf große Entfernung aussehen.
In meiner Welt sind das wichtige Politiker und Geschäftsleute, Gurus, Stars, …
Kommt man diesen Menschen näher und deren Therapeuten bestätigen das, werden sie klein und verletzlich, oft innerlich einsam und verloren

Ich setze daneben Scheinzwerge. Eltern, die ihre Kinder liebevoll großziehen. Eine Pflegerin, die einen sterbenden Menschen in den letzten Wochen begleitet. Unsichtbar, klein aus großer Entfernung und immer größer, immer sinnvoller, umso näher ich komme.

Was nehme ich davon für mich mit? Erstens ist klein sein völlig OK.
Meine Werte mir immer wieder vor Augen zu führen und weiterzuentwickeln gibt Durchhaltevermögen.
Körperlich und geistig will ich Kraft für zwei haben.
Und Mitgefühl ist meine geheime Waffe.
Klingt doch machbar.

Und eine Heldenreise passiert nicht einfach.
Das Losgehen ist eine Entscheidung.
Jeden Tag.
Manchmal hilft ein kleiner Tritt des Schicksals in die geeignete Stelle.
Und wer weiß welche Abenteuer ich erlebe, wenn ich jeden Tag kleine Schritte in diesem Sinn gehe. Jede Herausforderung macht mich stärker.
Auf die Nase gefallen, stehe ich wieder auf.

Die Welt ist groß. Die Welt ist oft anstrengend, manchmal gefährlich.
Aber die Welt ist auch voller Scheinzwerge, die aus der Nähe gesehen und ganz real Riesenhaftes leisten.
Allein und in Gemeinschaft. So viele Verbündete!

Da lohnt es doch, jeden Tag an meiner eigenen Geschichte zu arbeiten und ein wenig beizutragen.
Vergiss die Scheinriesen!

Die innere Zitadelle,

Bald wirst du alles vergessen haben.
Bald wird jeder dich vergessen haben.
~ Mark Aurel, Meditationen

"Mark Aurel lag falsch. Achtzehn Jahrhunderte - fast zwei Jahrtausende - sind vergangen, und die 'Meditationen' sind immer noch aktuell. Auch wurden ihre Seiten nicht einigen Aristokraten des Intellekts wie Shaftesbury, Friedrich II. oder Goethe vorbehalten: Im Gegenteil, sie haben jahrhundertelang Lebenssinn für unzählige unbekannte Menschen gebracht, welche die zahlreichen Übersetzungen der 'Meditationen' lesen konnten."
schreibt Pierre Hadot in seinem Buch 'The inner Citadell'.

Mark Aurel schrieb seine Meditationen im Wesentlichen an der Donau zwischen Wien und Budapest, wo zehn Jahre lang das römische Reich gegen die feindlichen Weinviertler (Markomannen) verteidigte.

Er schrieb sie für sich selbst. Seine tägliche Retrospektive als römischer Kaiser und Stoiker.

Ich nehme hier nur zwei Perspektiven seiner Weisheit heraus. Die erste ist 'Tägliche Praxis'. Er meint damit konkrete Übungen, um sich auf den Tag vorzubereiten und während eines anstrengenden Tages, das Gleichgewicht wieder zu erlangen.

Er hatte es mit vielen schwierigen, gefährlichen, neurotischen aber auch weisen Personen zu tun. Von seinen Entscheidungen hingen tausende Menschenleben ab und beeinflussten Millionen von Menschen in seinem Reich (und darüber hinaus).

Das nenne ich Verantwortung. Er gilt als einer der wenigen Herrscher in der Geschichte, dem Mitwelt und Nachwelt bestätigen, dass er diese Verantwortung wahrgenommen hat. Nicht immer alles richtig gemacht, aber immer wieder auf der Suche nach dem besten Weg für das Ganze.

Das führt mich zu einer zweiten Perspektive 'Die Innere Zitadelle'.
Niemand ist unerschütterlich.
Mark Aurel sah acht seiner 13 Kinder sterben.
Die Pocken kosteten Millionen Menschen im Reich das Leben und ihm den größeren Erfolg, den seine Fähigkeiten signalisierten.
Wo kann ich eine Quelle der Kraft finden, die nie versiegt und Kraft bringt, wo keine mehr ist? Jeder Mensch kann hier seine ganz eigenen inneren Raum gestalten. Damit werden wir nicht geboren.

Alle haben wir die Anlagen, die es uns dieses innere ZuHause ermöglichen und Traumen, die diese verschüttet haben.

Ich habe mir eine Sequenz von Übungen, mental und körperlich zurechtgelegt, die mir über Jahre diese innere Zitadelle bauen. Ein Teil sind tiefe uralte Wahrheiten, wie die Herzsutra, andere sind Töne und Lieder, die mich aufbauen, und Atemtechniken, und Liegestütz, Sonnengrüße, ...

Mark Aurel erinnert, dass jeder Tag ein Meisterstück sein soll.
Nie perfekt, aber einzigartig. "Was ist dein Protokoll?" würde Brian Johnson fragen.
Dein Plan für die innere Zitadelle.
Klein anfangen und ausbauen.
Heute, Morgen. Jeden Tag!

Neun Erfolgsmuster

Heidi Grant Halvorson ist eine der führenden Psychologen rund um Motivation. Sie leitet das 'Motivation Sience Center' an der Columbia Business School.
In ihrem Buch "Succeed: How we can reach our goals" beschreibt sie 9 Dinge, die erfolgreiche Menschen anders machen.

So fasst sie es zusammen: "Erfolgreiche Menschen setzen sich sehr spezifische Ziele und nutzen Gelegenheiten an ihnen zu arbeiten (dabei benutzen sie Methoden wie 'Wenn-Dann-Planung").
Sie wissen immer, wie weit sie noch zu gehen haben und was noch zu tun ist.
Sie glauben daran, dass sie erfolgreich sein werden, aber nehmen zur Kenntnis, dass es nicht leicht sein wird.
Sie wissen, dass es darum geht Fortschritt zu machen und nicht jeden Schritt perfekt zu gehen.
Sie glauben daran, dass sie die nötigen Fähigkeiten unterwegs durch ihren Einsatz entwickeln werden. Das macht sie hartnäckig, wenn es anders läuft als geplant.
Sie stärken ihre Willenskraft durch regelmäßiges Training und planen, wie sie mit Situationen umgehen, wenn ihre Willenskraft schwach sein wird, und vermeiden Situationen mit vielen Versuchungen und Ablenkungen.
Sie fokussieren auf das, was sie tun werden, statt das, was sie nicht tun werden."

Hier nochmals eine Übersicht:
#1. Mach es spezifisch
#2. Packe jede Gelegenheit, am Ziel zu arbeiten
#3. Mach dir ganz klar, was noch zu tun ist
#4. Sei ein realistischer Optimist
#5. Fukussiere auf 'Besser werden' statt 'Gut sein'
#6. Sei hartnäckig
#7. Baue deinen 'Willenskraft Muskel' auf
#8. Vermeide Ablenkungen. Fordere Schicksal nicht heraus.
#9. Fokussiere auf das, was du tun wirst, nicht auf das was du nicht tun wirst

Das wär's. Und wie steht's?
Ich brauche da noch einen Baustein in meinem Protokoll ... Hm?
Besser in der Früh. Da bin ich frisch.
Wann starten? Heute natürlich :-)

Die Angst als Kompass

David Goggins schreibt in seinem Buch ‘Never Finished’:
„Ich habe oft Angst, aber ich habe gelernt, die Angst umzuschalten, indem ich mich ihr direkt zuwende. Zuerst war das für mich total unangenehm. Ich habe gelernt, dass dieses ‘Unangenehm Fühlen’ der Hinweis darauf ist, wie kraftvoll dieser Prozess sein kann. Mein Adrenalin kommt in Schwung, mein Fokus nähert sich dem, was ich so verzweifelt vermeiden will. Hier ist all die mentale Energie und emotionale Kraft, die zu Selbstentfaltung führt.”

Wenn ich mich selbst führe oder andere, komme ich notwendigerweise an die Grenze, die durch Angst markiert ist. Es würde keine Führung brauchen, wenn diese Angst nicht existieren würde. Angst ist ein Signal. Sie zeigt die Richtung, wo das Potential, der Schatz in der Situation liegt. Weisheit ist, es richtig anzugehen.
Sich blind hineinstürzen?
Manchmal OK, aber oft kann ich von Menschen lernen, die den Weg vor mir gegangen sind.

David schreibt weiter: “Manche Menschen verstecken sich vor der Angst.
Sie sind wie Dorfbewohner, die sich vor einem großen Drachen verstecken und daher ihr Haus, ihr Dorf nicht mehr verlassen.
Der Drache, den sie nie gesehen haben, wächst in ihrer Vorstellung.
Die Angst wächst exponentiell, während die Handlungsmöglichkeiten schrumpfen.”

Michael Ende bringt in seinem Kinderbuch “Jim Knopf und Lukas der Lokomotivführer” das Bild vom Scheinriesen, der aus der Ferne riesig groß erscheint und kleiner wird, je näher man kommt. Der Riese entpuppt sich als der hilfreiche Herr TurTur, der ihnen den Weg aus der Wüste ‘Ende der Welt’ weist. Wirklich lesenswert. Nicht nur für Kinder.

Phils Stutz behandelt das Phänomen mit einem Werkzeug ‘Reversal of Desire’. Immer, wenn ich den Wunsch habe, davon zu laufen, weg zu schauen, zu zögern, dann drehe ich diesen Wunsch um in “Bring mir das näher! Ich liebe diese Anstrengung! Diese Überwindung macht mich frei!
Ich komme in das Land meines Potentials!”

Diese Vorstellungsübung mache ich in der Früh im Rahmen meines Morgen-Protokolls anhand kleiner oder großer Befürchtungen für den Tag.
Meine Hypothese (und die von Phil Stutz): Die Übung macht mich jeden Tag ein klein wenig stärker. Insbesondere, wenn ich dann während des Tages tatsächlich über diese Grenze gehe und sehe, wie die Welt hinter dem Vorhang meiner Befürchtungen ist.

Extreme Ownership - Verantwortung hoch Zwei

Die US Navy SEALs Jocko Willink und Leif Babin haben viele Extremsituationen gemeistert.
Sie schrieben auf Grund ihrer Erfahrungen ein großartiges Buch über Führung, mit dem Titel "Extreme Ownership".

Die Regel Nummer 1?
Hör auf, Ausreden zu machen.
Übernimm stattdessen EXTREME Verantwortung für ALLES in deinem Leben. Ich nenne das Verantwortung hoch 2.

Betonung auf EXTREM und ALLES.
Wie würde das aussehen? Nun, im Wesentlichen will ich mit diesem Grad an Verantwortung niemals (aber wirklich niemals!!!) eine Ausrede machen oder jemand anderen beschuldigen.

Über nichts. Niemals.

Nicht bei der Arbeit. Nicht zu Hause.
Nicht auf dem Weg zwischen zuhause und Arbeit.

Ich entschließe mich dazu, in jeder Situation meine persönliche beste Antwort zu wählen und aus allen Rückschlägen zu lernen, während ich mich schon auf den nächsten besten Schritt vorbereite.

Hah! Das ist doch etwas! Ich empfinde das als befreiend.

Keine demütigende Ausrede.
Keine Schuld bei anderen. Kein Ärger über andere.
Einfach eine Situation vor mir mit meinen Handlungsmöglichkeiten.

Bei der Arbeit. Zu Hause. Auf dem Weg zwischen zuhause und Arbeit.
EXTREME Verantwortung.
Immer und jeden Tag!

Leben in Integrität – The Power of PUH

In seinem Buch "Thoughts of a Philosophical Fighter Pilot" erinnert mich James Stockdale "Integrität ist ein kraftvolles Wort. Es beschreibt eine Person, die sich in ein Ganzes entwickelt hat, im Gegensatz zu einem Menschen mit vielen Teilen, vielen Gesichtern, vielen inneren Brüchen."

Hm … ich bin stolz, dass ich 17 Teile in mir identifiziert habe, die recht gegensätzliche Freuden, Leiden und Ausdruckmöglichkeiten haben.

Stockdale setzt fort "Das Wort bezieht sich auf die alte griechische Weisheit, dass wir zwischen 'leben' und 'gut leben' unterscheiden können.
Im Gegensatz zu weitverbreiteten Annahmen, ist eine Person mit Integrität offen, mit einem Sinn für Humor.
Sie kennt sich selbst, reflektiert eine überlegt zusammengestelltes Set von Haltungen, Wünschen und Zielen und ist daher zuverlässig.
Indem sie weiß, dass sie 'ganz' ist, ist sie frei von kontinuierlicher Angst und reitet die Wellen des Lebens in Freude."

Uups … mir geht öfter der Humor aus.
Das ist ein deutliches Zeichen, dass es Sprünge, Spannungsstellen in meinem Inneren gibt. OK, das braucht also ein wenig Arbeit. Welche?
Jim Rohn sagt uns in seinem Buch 'Leading an Inspired Life' "Charakter kommt vom griechischen Wort für 'meißeln' oder besser 'die Form, die vom Meißel zurückgelassen wird'. Ein Meißel ist aus hartem Stahl und dient dazu, eine Gestalt aus einem schwierigen, hartem Material zu formen."
Michelangelo sah seinen David im rohen Marmorblock und entfernte dann alles, was die wahre Gestalt verdeckte.
Daher der Weg: Jeden Tag Klarheit schaffen, wer ich sein will. Aufschreiben. Wie drückt sich mein bestes Selbst aus in meiner gesamten Gestalt, in meinen Werten, in meinen Gewohnheiten und meinem täglichen Tun?
Dann tun und abends reflektieren. Und wieder ein Tag mit Überraschungen, Schmerzen, Enttäuschungen, …
Brian Johnson nennt das 'The Power of PUH' ;-)
PUH steht für 'Pain, Uncertainty and Hard work'.

Jeden Tag gehe ich durch einen Trainingsprozess. Kleine oder große Schmerzen und Überraschungen werden bewältigt. Harte Arbeit, aber jedes Hindernis ist dann ein kleines Erfolgserlebnis, ein Schlag mit Hammer und Meißel, der befreit und tiefe Freude bringt. Freude ganz zu werden und in Momenten auch zu sein.

Als (Groß)Eltern Kinder wachsen sehen

Meine Enkeltöchter sind eine Freude. Voll Energie. Ich spiele gerne mit ihnen.
Dabei frage ich mich: "Was kann ich beitragen?"
Sicher ist es gut, präsent zu sein. Ich gehe auf ihre Spiele ein.
Sie kommen gerne zu uns Großeltern ins Haus. Meine Frau macht den Löwenanteil der Arbeit, weil ich immer noch meinen (flexiblen) Fulltimejob habe.
Aber für die halbe Stunde oder so die ich mehrmals in der Woche mit ihnen spiele, frage ich mich:
"Was kann ich einbringen, das ihnen wirklich helfen wird in ihrem Leben?"

Brian Johnson, den ich sehr schätze für sein Werk https://www.heroic.us , hat zwei Kinder. In einem seiner kurzen Videos spricht er über eine fünf Stunden lange Fahrt zurück von einem Schachturnier seines Sohnes. Zunächst zitiert er in typischer Weise mehrere hervorragende Bücher. Hier seine Liste:
Lanny Bassham "Parenting Champions", „With Winning in Mind"
Lanny's Sohn Troy Bassham schrieb das Buch "Attainment"
Lanny Bassham schreibt wie man ein starkes Selbstbild schafft und wie man effektive Ziele setzt. Geheimnis bei den Zielen: Fokussiere auf den Prozess, also die Schritte am Weg.
Er schreibt "Bezüglich deiner Kinder (Enkel) habe ich nur eine Frage an dich. Was ist dir wichtiger, was deine Kinder 'Erreichen' oder wer sie 'Werden'?
Haben oder sein?
Also, ein Tipp war für mich schon versteckt in den obigen Zeilen:
Auf den Prozess, auf das Training, nicht auf schöne Bilder in der Zukunft fokussieren.
Wenn meine Enkeltochter auf die Sprossenwand hinaufklettert:
"Deine Arme werden ja immer stärker, wenn du so kletterst!"
Ich habe echt Mühe den Prozess zu unterstützen, statt einfach zu loben.
Loben ist einfach und Gift, sagen die weisen Leute. Hm?
Brian stellte eine interessante Frage an seinen siegreichen Sohn während dieser Rückfahrt vom Schachturnier: "Wem müssen wir danken, dass du so gut abgeschnitten hast im Turnier? Und was haben diese Menschen getan?" Das war ein langes Gespräch. Von einem Schachspaßmacher im Club, über seinen Trainer, Mutter, Vater (zahlt und fährt ihn gerade), die Leute, die die Straße gebaut haben, die das Hotel betreiben, ...
endlos ist die Liste der Beitragenden zu dem, was wir erreichen

Welche Gespräche habe ich geführt? Welche werde ich führen?
Hm? Da habe ich Entwicklungsmöglichkeiten. Aber ich habe ja meine Trainingschance. Mehrmals pro Woche mit meinen Enkeltöchtern!

Der Samadhi Muskel

Jon Kabat-Zinn ist Uni-Professor für Medizin und in seinem Buch "Wherever You Go, There You Are" schreibt er über den Samadhi-Muskel, der trainiert werden will.

Diese Perspektive freut mich :-) Ein guter Zustand passiert nicht einfach, sondern man trainiert darauf hin und dann hat man schöne Momente damit. Sei es beim Laufen, beim Sprechen, beim Singen und eben beim geistigen Zustand.

Kabat-Zinn grenzt den Begriff Meditation so ab:
„Wenn wir von Meditation sprechen, ist es wichtig für dich zu wissen, dass dies keine seltsame, kryptische Aktivität ist, wie es unsere Popkultur vielleicht darstellt. Es geht nicht darum, zu einer Art Zombie, Gemüse, selbstverliebten Narzissten, Nabelschauer, „Weltraumkadetten", Kultisten, Anhänger, Mystiker oder östlichen Philosophen zu werden. Meditation geht einfach darum, du selbst zu sein und etwas darüber zu wissen, wer das ist. Es geht darum zu erkennen, dass du auf einem Weg bist, ob es dir gefällt oder nicht, nämlich dem Weg, der dein Leben ist. Meditation kann uns helfen zu sehen, dass dieser Weg, den wir unser Leben nennen, eine Richtung hat; dass er sich immer entfaltet, Moment für Moment; und dass das, was jetzt in diesem Moment geschieht, beeinflusst, was als Nächstes passiert."

Kabat-Zinn ist auch Gründungsdirektor des Zentrums für Achtsamkeit in Medizin, Gesundheitswesen und Gesellschaft an der Universität von Massachusetts Medical School, und einer der führenden Pioniere, der Meditation in die Mainstream-Medizin gebracht hat.

Seine Idee: Samadhi entwickeln – den ultimativen Muskel, der es mir ermöglicht, aus dem Strom unserer gewohnheitsmäßigen und reaktiven Gedanken/Gefühle auszusteigen und frei meine Reaktionen zu wählen.

Ich stelle mir Arnold Schwarzeneggers Körperbau (damals ;-)) vor. Komplett durchtrainiert und geformt durch die unzähligen Stunden, die er im Fitnessstudio verbracht hat.

Oder Dalai Lama. Obwohl es nicht ganz so einfach ist, in seinen Geist zu sehen, scheint er mindestens so entwickelt wie Schwarzeneggers Körper. Er hat ebenso viele tausend Stunden damit verbracht, seinen Geist zu trainieren, wie Schwarzenegger seinen Körper. Ein Meditationstraining nach dem anderen, hat der Dalai Lama Wiederholung um Wiederholung gemacht – seinen Geist trainiert, zu seinem Atem zurückzukehren, zur Liebe, zur Geduld und zum Mitgefühl.

Das Schöne am eigenen Geist ist, dass dieser Muskel uns meist viel länger zur Verfügung steht, als zum Beispiel super-kräftige Oberschenkelmuskel.
Einem alten Menschen zu begegnen,
der innere Freude und Ermutigung ausströmt ist ein Geschenk.

Einen gesunden Geist im Alter zu haben, ist kein Zufall.
Wie sieht mein Geist aus?
Ganz Schwarzenegger-mäßig oder etwas weich, ausweichend und schlaff?

Zeit für ein wenig Training?
Unbedingt!

Tolerant mit anderen. Strikt mit mir selbst!

Ich lese mit großem Gewinn alles was Ryan Holiday schreibt (Buch 'The Obstacle is the Way', 'Courage Calling', 'Discipline is Destiny', …) Jedes Buch ist eine Schatzkiste und voller Juwelen.

In 'Discipline is Destiny' zitiert er den römischen Kaiser Mark Aurel "Tolerant mit anderen, strikt mit sich selbst", oder Benjamin Franklin "Suche in anderen nach ihren Tugenden, nach ihren Stärken und in dir selbst nach deinen Fehlern', oder Jesus " Schau nicht auf den Splitter im Auge deines Bruders, sondern auf den Balken in deinem eigenen".

Mach ich! … sag ich mir und kaum bin ich im Gespräch mit meiner Frau, denke ich an all das, was mich an dem ärgert, was sie gerade gesagt hat, was sie jetzt endlich lernen sollte, an das, was sie gerade falsch macht, … und manchmal versuche ich ihr dann den 'richtigen' Weg so richtig klarzumachen.
Krach! Bumm! Blitz!

Hm, geht da nicht etwas in die falsche Richtung?

Lösung siehe oben.
Wie wäre es, wenn ich bei mir anfange?
Wann? Jetzt!

Wozu Ziele, wenn ich doch spontan sein soll?

Ich gestehe: Ich bin nicht spontan. Oder nicht in dem Sinn, dass ich freudig auf alles eingehe, was andere an mich herantragen. Ich werde leicht verwirrt durch die impliziten und expliziten Wünsche von anderen Personen. Warum ist das ein Problem?
Nun, ich will Ziele erreichen. Ich will die Kluft zwischen dem der ich bin und der besten Version von mir schließen. So wie es Abraham Maslow als Lebenshaltung empfiehlt.
Da gibt es ganz große Ziele, wo ich nur einen klitzekleinen Beitrag liefern kann.
Das Klima in Ordnung bringen.
Eine Gesellschaft, die eine heilende und ermutigende Umgebung für alle Menschen ist. Weltweit.
Eine Million Menschen am Mars, die uns als Menschheit um eine langfristig überlebenskritische Komponente erweitern.
Dann Ziele für meine Familie, für mich, für ein gutes Leben hier und jetzt.
Und kleine Ziele und Schritte für heute, die mich am Abend sagen lassen:
Das war ein guter Tag. Danke!

Diese Ziele geben mir Hoffnung, Energie und die Bilder dazu machen mir Freude.
Und jetzt kommt diese Perspektive, dieser Wunsch nach Leichtigkeit, nach Spontaneität, nach Reaktionsfähigkeit auf die Trigger dieses aktuellen Moments.
Ziele zu erreichen, braucht als Voraussetzung, dass ich die Schritte, die mir notwendig erscheinen konsequent durchführe. Störungen werden abgewehrt.
Ein gutes Leben braucht Offenheit, Reaktionsvermögen, Umsicht, Wahrnehmen der aktuellen Bedürfnisse der Menschen, die mich gerade jetzt umgeben. Störungen sind willkommen. Ich reagiere darauf. Sie sind Trigger, die mich lernen lassen und weiterbringen.
Das ist doch ein netter Konflikt. Ich lebe ihn jeden Tag.

Ich helfe mir damit, dass ich Schutzzeiten für konzentriertes Arbeiten einteile und kommuniziere, oder dass ich mein Handy auf lautlos stelle.
ABER, wenn ich meine kleine Enkeltochter die Treppe herauftapsen höre und sie dann in der Homeofficetür steht, bin ich da und bereit. Nicht unendlich, aber sofort. Sie versteht, dass ich auch arbeiten muss, aber warum nicht eine meiner Pausen alle 90 Minuten ungeplant mit ihr spielend nützen. Da bin ich entspannt, weil eine gesunde Familie eines meiner Top Lebensziele ist.
Auf eine gewisse Weise haben Störungen Vorrang, aber nicht jede Störung. Eigentlich sehr wenige. Die wähle ich mit bedacht. In diesem Moment, als ich das gerade schreibe, steht meine Frau in der Tür und fragt, ob ich ihr beim Koch-Finale helfe. So etwas nenne ich Koinzidenz ;-) Das hat Priorität! Nicht immer aber jetzt!

Ich bin keine große Sache. - Das Leben ist schön!

In seinem Buch "This Book Will Make You Dangerous" teilt Tripp Lanier einige der Weisheiten, die er in den letzten fünfzehn Jahren als Coach vermittelt hat.
Untertitel: "Respektloser Leitfaden für Männer, die sich nicht zufriedengeben wollen".
Hm, das klingt nicht korrekt gegendert. Ist trotzdem etwas dran?

Tripp sagt, dass wir daran arbeiten können, das zu erleben, was wir wirklich wollen: mehr Freiheit, Lebendigkeit, Liebe und Frieden. JETZT.

In einem Kapitel mit dem Titel "Find Joy" wiederholt Tripp die perspektivbildende Weisheit von Michael Singer im Mikrokapitel "Du bist keine große Sache".
So drückt er es aus: "Wenn wir an groß denken – und ich meine wirklich groß – denken wir normalerweise an die Sonne. Sie ist massiv, nicht wahr? Tatsächlich kannst du 1,3 Millionen Erden in die Sonne packen."

Astronomin Michelle Thaler beschreibt das so: “Vor einiger Zeit fanden Astronomen einen winzigen Abschnitt des Nachthimmels, der leer zu sein schien. Und 'winzig' bedeutet die Größe des Kopfes einer Stecknadel, wenn man sie auf Armlänge hält. Wenn Sie diesen winzigen Stecknadelkopf in den Himmel halten würden, dann erschien dieser kleine, winzige Teil des Himmels völlig frei von himmlischem Licht. Also fokussierten sie das Hubble-Teleskop darauf und ließen es zehn Tage lang Licht sammeln.
Und in diesem winzigen, winzigen dunklen Teil des Nachthimmels, der völlig leer aussah, entdeckten die Wissenschaftler schließlich dreitausend Galaxien."
Was bedeutet das für mich?

Meine täglichen Krisen, Dramen und Ärger ...
Wenn ich beginne, eine so große universelle Perspektive vorzustellen, dann beginne ich zu sehen, dass egal, was ich denke oder mache, es wirklich einfach keine große Sache ist. Und das wird es nie sein."

Pause. Hm?
Ich bin keine große Sache.
Und das ist eine wirklich befreiend GROßE Sache.

Lass uns weit genug herauszoomen, um zu sehen,
dass all diese "täglichen Krisen und Dramen" einfach KEINE große Sache sind. Punkt.

Und dann lass mich wieder hineinzoomen und dieses, mein kostbares, Leben genießen.

Info-Fasten – Den Strom der Verwirrung zähmen

Schon vor Jahrzehnten hat Martin Seligmann herausgefunden, wie leicht wir Menschen in einen Zustand von 'Erlernter Hilflosigkeit' geraten.
Das hat zwei Quellen.
Zum Ersten ist unser Hirn zehnmal so sensibel auf potentielle Gefahren (negative Nachrichten) wie Daten ohne empfundene Gefahr (zB sachliche Datenreihen und Statistiken). Das war lebensrettend in einer Zeit, als an jedem Tag physische Gefahr für mich, die Familie, das Dorf drohte.

Unser Hirn denkt immer noch in dieser Dimension. Ein schrecklicher Unfall in Manila betrifft mich unmittelbar, wenn ich das Bild sehe. Ein Krieg, tausend oder 10000 km entfernt, bedroht mich unmittelbar. Rein körperlich werden Botenstoffe ausgeschüttet, die mich auf Flucht oder Angriff vorbereiten. Welcher Anteil der Nachrichten betrifft mich persönlich, heute? Minimal!
Ich verfolge die Frontlinie in der Ukraine jeden Tag.
Nützt mir das? Schadet es mir?
Die Antwort in einem Wort: Schadet!

Die zweite Perspektive ist, dass Medien, die Geld mit Werbung verdienen, notwendigerweise bringen müssen, was uns anzieht.
Wir klicken auf Gefahr, Unglück, Kritik, Abweichungen von der Norm, ...
"If it Bleeds, it Leads".

Daher muss ein Journalist, mindestens in der Überschrift das Negative, die Gefahr, die Abweichung hervorheben. Selbst wenn der Artikel dann sachlich wäre, ist die emotionale und damit bleibende Botschaft bereits angekommen.

Ein einfaches Mittel, einerseits inhaltlich korrekt zu sein und trotzdem in Botschaft irreführend ist, nur eine Anekdote (korrekt) zu berichten, ohne ein Gesamtbild beizusteuern, oder eine Statistik, die nicht normiert auf eine einheitliche Basis ist. Ein Jurist würde diesen Journalismus als 'korrekt' absegnen. Die Auslassung des Kontextes ist aber journalistisch eine Irreführung, eine Falschmeldung.

Wenn also Hoffnungslosigkeit und Hilflosigkeit um sich greifen, hat sich die Beschränkung des Input auf seriös recherchierte Wochenzeitungen und starke Einschränkung von sozialen Medien bewährt. Dann bleibt mehr Lebensenergie für Wichtiges.

Abraham Maslow hat dazu gesagt: “Willst du unterhalten werden oder dein Potential entwickeln?”
Die Botschaft: Geh vorsichtig mit deiner Ressource Aufmerksamkeit um!

Heldenreise abgesagt, wenn ich schon beim Start weiß, dass ich keine Chance habe, weil ich mich in erlernte Hilflosigkeit hinein informiert habe.

Ein wesentlicher Schritt daher: Informations-Fasten.
Selbst gestalten statt mich unterhalten.

Ich habe mir gerade eine kleine Hilfe für das Training installiert. Jedes Mal, wenn ich dem Impuls, mich zu unterhalten, statt zu gestalten, NICHT folge, mache ich ein Strichlein auf ein Blatt Papier.

Ein kleiner Sieg. :-)

Heute und jeden Tag und ganz besonders am Morgen, sonst entgleist der Tag schon in den ersten Stunden.

Zieh dir Leder über die Füße

Brené Brown gräbt in ihrem Buch "Braving the Wilderness" alte Weisheit aus.

Brené sagt uns: "Ich liebe Pema Chodröns 'Lousy World'-Lehre zu diesem Thema Darin verwendet Chodrön die Lehren des buddhistischen Mönchs Shantideva, um eine sehr kraftvolle Analogie zu ziehen, wie man durch die Welt geht und ständig verärgert und enttäuscht ist. ... [Sie sagt]: "Wir lachen, aber das ist es, was wir alle tun. Wir denken, wenn wir alles loswerden und es mit Leder bedecken könnten, würde unser Schmerz verschwinden. Nun ja, denn dann würde es unsere Füße nicht mehr schneiden. Es ist nur logisch, oder? Aber es ergibt keinen Sinn, wirklich. Shantideva sagte: 'Aber wenn du einfach Leder um Ihre Füße wickelst.' Mit anderen Worten, wenn du Schuhe anziehst, kannst du über den kochenden Sand und das geschnittene Glas und die Hörner gehen, und es würde dich nicht stören."

Pema Chodron ist ein Buddhist Monk (Interessant, dass im Amerikanischen auch Frauen Monk genannt werden.) und hat unter anderem zwei weitere großartige Bücher geschrieben "When Things Fall Apart" und "The Places That Scare You".

Kurz gefasst: Wir beklagen uns über alles und jeden. Die ganze Zeit.
Es ist zu heiß, zu kalt. Das riecht nicht gut. Sie nörgelt. Er brüllt. Es regnet ...

Wir wollen Leder über die ganze Welt ziehen, damit wir sie nicht mehr spüren müssen, anstatt uns Schuhe anzuziehen und los zu gehen.

So formuliert es Shantideva in "The Way of the Bodhisattva":
"Die gesamte Erde mit Leder zu bedecken -
Wo könnte man solche Mengen an Haut finden?
Aber mit den Ledersohlen nur meiner Schuhe ist es,
als ob ich die ganze Erde bedecke!"

Das meint: Arbeite an deinem Geist, an dir selbst, statt dir zu wünschen, dass die Situation eine andere wäre.
... und das kann ich selbstwirksam und erfolgreich tun!

Also, dann will ich doch Schuhe anziehen (veganes Leder ist verfügbar) und neugierig durch die Wildnis des Lebens wandern.

Das Gebet des Fallschirmspringers

Ich habe Jim Mattis schon mehrfach zitiert. In diesem Memo an mich geht es um ein Detail aus seinem Buch über Executive Leadership.

Er bringt die Geschichte des französischen Fallschirmspringers André Zirnheld der sich freiwillig meldete, hinter den Linien des deutschen Feldmarschalls Erwin Rommel im Jahr 1942 abzuspringen, um den britischen Widerstand um die Stadt Tobruk zu unterstützen.
Die Schlacht ging verloren, Zirnheld wurde getötet und in seiner Tasche wurde ein Blatt Papier gefunden mit seinem ganz persönlichen Gebet.

Mich berührt es mehrfach.

Erstens weil es eine Einstellung zum Ausdruck bringt, die für 'Leadership' nötig ist.
Bring mir PUH = Pain, Uncertainty and Hard work!
Jenseits dieser Grenze der Komfortzone liegt mein Potential und das meiner Familie, meiner Organisation.

Zweitens, weil mein Vater ein Jahr später, 1943, im Alter von 18 Jahren, hinter den amerikanischen Linien in Sizilien abgesprungen ist und zwei Jahre den Rückzug in Italien miterlebt hat. 9 von 10 seiner Kameraden tot.
Er ist früh, mit 39, an Herzinfarkt gestorben.
Eine der Kriegsfolgen, die psychisch und physisch waren.
Was bewegte diese jungen Menschen?

Hier das Gebet auf englisch, weil ich da keine Übersetzung riskieren möchte.

I bring this prayer to you, Lord,
For you alone can give
What one cannot demand from oneself.
Give me, Lord, what you have left over,
Give me what no one ever asks of you.
I don't ask for rest or quiet,
Whether of soul or body;
I don't ask you for wealth,
Nor for success, nor even health perhaps.
That sort of thing you get asked for so much
That you can't have any of it left.
Give me, Lord, what you have left over,
Give me what no one wants from you.
I want insecurity, strife,
And I want you to give me these
Once and for all.
So that I can be sure of having them always,
Since I shall not always have the courage
To ask you for them."

Phil Stutz beschreibt die Notwendigkeit für ein erfülltes Leben mit der oben erwähnten Einstellung:
"I love PUH!" (Pain, Uncertainty and Hard work).

In meiner kleinen Welt, mit den kleinen Ängsten und Hindernissen, bin ich einerseits dankbar, dass ich mit so viel Sicherheit und Gesundheit beschenkt bin, aber ich will auf meine Herausforderungen zugehen, um mein Potential zu erweitern, um mich kennen zu lernen und mehr und mehr Freude an mir und der Welt zu haben.

Das übe ich an den kleinen täglichen Situationen. #
Es gibt überraschend viele Situationen, wo ich in meine Komfortzone zurückweiche, anstatt mit ein wenig Überwindung die Welt hinter der Grenze zu erforschen.

In diesem Sinn: Wann starten damit? Klar doch: Jetzt! Heute!
Kleine Dominos umwerfen. Das aber hartnäckig. Jeden Tag.

Die Rolle der Führungsperson ist Probleme lösen

Ich habe mehrere Firmen gegründet und geführt und immer noch setze ich mich mit der Rolle 'Führungskraft' und der Fähigkeit 'Führungskraft' auseinander, weil ich Lernfelder ohne Ende entdecke für mich.

In meinem Job habe ich viel mit Führungskräften zu tun. Ich bemerke bei mir, wie es mir oft an 'Selbstführung' mangelt, so wie viele Führungskräfte Entwicklungsmöglichkeiten in Bezug auf ihre 'Führungskraft' haben.

Oft wünsche ich mir: "Möge dieser Tag ohne Probleme sein!"
Uups, was sagt das über mich?
Will ich mich zur Ruhe setzen, in dem Sinn "Nur noch zuschauen"?
Hej, mit 68 habe ich ein 'Recht' darauf!
Hm? Erstens: Wirklich?
und Zweitens: Will ich das?
Also die Mehrheit meiner 17 Teile entscheidet:
"Ich will weiterwachsen! 'Ruhestand' kommt später"

Zum Thema 'Wofür bin ich da?' gibt es im Buch "Call Sign Chaos: Learning to Lead" von General Jim Mattis Hinweise für mich.
Er schreibt "A leaders role is problem solving." Punkt!

Mein frommer Wunsch: 'Möge es keine Probleme geben! ' geht in die falsche Richtung. Ich bin glücklich, wenn ich mich anstrenge, wenn ich ein Hindernis überwinde, wenn ich einen kleinen inneren Widerstand überwinde, wenn ich etwas über meine Komfortzone hinaus gehe. Seltsam, dass die Komfortzone oft so eng und schmerzhaft ist.

Da kommt für mich Selbstführung zum Zug. In Bezug auf mich, ist meine Aufgabe, meine Probleme zu lösen. Eines nach dem anderen Angehen. Dankbar für jedes Hindernis, das auf meinem Weg steht. Und drüber oder drunter oder durch oder vorbei, und wieder etwas gelernt.

In Bezug auf andere, ist meine Rolle, ihre/unsere Probleme zu lösen, Wege zu sehen, zu erkunden, zu gehen, zu zeigen und andere mitzunehmen.

Daher? Jetzt! Jeden Tag! Ich freue mich auf die Hindernisse, die Probleme.
Ich geh sie an und werde dabei stärker.
Kraft für zwei entwickeln. Das ist doch etwas!

DWYSYWD

“Do What You Say You Will DO” oder DWYSYWD so drückt Brian Johnson einen zuverlässigen Weg, das Vertrauen in mich selbst, aber auch Vertrauenswürdigkeit zu entwickeln.
Brian ist für mich eine unerschöpfliche Quelle an Einsichten und Motivation. Das Jahresprogramm ‘Heroic Coach’ im Jahr 2022 war für mich ein Entwicklungssprung. Das sagt schon was im damals jugendlichen Alter von 66 .

Zurück zu DWYSYWD. ‘Tu, was du sagst, dass du tun wirst’
Das klingt recht einfach, ich kämpfe aber jeden Tag mit meinem ‘Versprechensmanagement’.

James Kouzes und Barry Posner schreiben in ihrem Buch “The Leadership Challenge”: “Glaubwürdigkeit ist das Fundament von Leadership. Die Geführten müssen ihrer Führung trauen - vertrauen. Um der Führung zu folgen, müssen sie den Worten ihrer Chefin/Führungsperson trauen, erfahren, dass sie voll zu ihrer gemeinsamen Arbeit steht und dass sie das nötige Wissen und die nötigen Fähigkeiten hat.”

Und wie stelle ich dieses Vertrauen her?
Die beiden Autoren stellen fest: “Ein glaubwürdiges Fundament von ‘Leadership’ baust du auf, wenn du DWYSYWD - Do What You Say You Will Do”
Jetzt kann man sagen: Wer will schon Führerschaft / Leadership. Geht ja nur die Bosse an.” Nun ja. Einerseits könnte man selbst ein Boss sein und dann besser ein Guter. Aber auch in meiner Familie - Ist das verdiente Vertrauen der Kinder in mich nicht ein extrem wichtiger Faktor im Erfolg der Familie als Ganzes? Für den Erfolg meiner Kinder? Das gegenseitige Vertrauen der Partner? Wenn das fehlt, erleiden die Kinder Schaden, man wird selbst unglücklich, die Ziele der Partnerschaft werden verfehlt.

Und ganz persönlich:
Wieviel Vertrauen habe ich in mich selbst, das zu tun, was ich sage?
Also ganz einfach: DWYSYWD!
Ich mache das jetzt zu einem Teil meiner täglichen Retrospektive. Wo bin ich meinem Wort treu geblieben? Wo habe ich mich gedrückt?
Ich weiß, dass ich nicht die erste perfekte Person der Menschheit sein werde, aber ich kann jeden Tag versuchen, ein wenig treuer zu mir selbst zu sein.
Das hilft mir und allen in meiner Umgebung.
Ist doch gut?
Und wann anfangen?
Jetzt, natürlich!

Lächeln & Tun, statt ärgern

Meine Frau kocht gerne. Ebenso wie ich. Nachdem sie gekocht hat, steht nicht selten jede Menge schmutziges Geschirr in der Küche. Es gab eine Zeit, da hat mich das geärgert. ICH habe erst fertiggekocht, wenn die Küche wieder sauber ist!

Hm … Ja stimmt, ich koche anders. Aber tut Ärger mir etwas Gutes? Erstens auch ich komme manchmal ins Schleudern und freue mich, wenn jemand hinter mir herräumt, andererseits finde ich es sehr befriedigend eine saubere Küche zu haben.
Ja dann … warum nicht selbst sauber machen?

Kommt es wirklich darauf an, festzustellen, welche Person Unordnung produziert hat und diese dann zu 'erziehen', das wieder in Ordnung zu bringen?

Nun ja, als ich eine Reihe Angestellte hatte, war es schon nötig für eine geordnete Arbeitsumgebung zu sorgen. Erstens mein eigenes Büro entsprechend zu gestalten und für effektives Arbeiten immer wieder in Ordnung zu bringen und zweitens den Mitarbeitenden Hinweise und Unterstützung zu geben, dass ihr Tisch und die Dinge drauf und rund herum ein effektives Arbeitsmittel sind (Siehe auch David Allen's Buch "Getting Things Done").

Auch bei Kindern ist Vorbild und die Ermutigung die Reparatur selbst zu tun, wichtig.
Soweit, so gut und vorbei.

Ich bemerke, wie erfreulich es ist, eine Unordnung oder Unvollkommenheit zu entdecken und einfach deswegen, weil ich die Person bin, die es sieht, dieses auch gleich zu bereinigen.
Gleichgültig, wer das verursacht hat.

Daher eine kleine Übung für mich: Welche kleine Sache macht eine meiner Liebsten, die mich momentan viel mehr stört, als sie sollte?
Es könnte sein, dass der Esstisch mit 'Ramsch' voll geräumt ist oder die Wäsche auf dem Boden liegt oder das Klopapier auf dem Badezimmerboden liegt oder wieder nicht runtergespühlt ist.
Was ist es?
EINE Sache, die EIN geliebter Mensch tut.

Jetzt...

Stelle dir vor, dass diese "lästige' Sache nicht mehr in deinem Leben ist.
... Zusammen mit der Person, die diese "lästige" Sache tut, die nicht mehr da ist, um das zu tun.

Dann...
VERPFLICHTE ich mich, dieses momentan ärgerliche Verhalten als Hinweis/Auslöser/Anstoß zu verwenden, um zu WÜRDIGEN, wie gesegnet ich bin diesen perfekt unperfekten Menschen in meinem Leben zu haben.

Und bei der Gelegenheit kann ich mich gleich nützlich machen,
wenn es etwas zu tun gibt.

‘Dienen’ statt ‘Gefallen’

In "Crazy Good" macht Steve Chandler eine kraftvolle Unterscheidung zwischen "Dienen" und "Gefallen".
So formuliert er es: „Als ich ein verzweifelter, suizidaler Alkoholiker war und zu dir nach Hause kam und du mir einen starken Drink zubereitet hast, hast du mir gefallen.
Wenn du mich stattdessen zu einem Workout mitgenommen hättest, hättest du mir gedient. Es gibt einen großen Unterschied zwischen Gefallen und Dienen.“

Gefallen oder Dienen.

Hm? Wie oft tu ich das, was sich eine andere Person wünscht, wobei ich genau weiß, was ihr langfristig guttun würde.
Ich scheue den Konflikt mit einem selbstzerstörerischen Teil der anderen Person.

Auch, wenn es um mein inneres Team geht. Selbst meine vierjährige Enkelin kann schon zwischen sich als Person und ihrem inneren ‘Äffchen’ unterscheiden.

Sie erzählt: Mein ‘Äffchen’ wollte Zuckerl kaufen. ‘Ich’ habe es nicht gemacht.
Ich finde das toll. Diese Kunst so früh wie möglich zu entwickeln, ist ein Geschenk!

Und wenn es mir also wirklich um gute Beziehung und nachhaltige Freundschaft geht: Wähle weise!

Hm, das ist mir wichtig.
Dienen statt gefallen!

Ich werde darauf achten.
... und heute früh schlafen gehen!

AH! So siehst du das. Interessant!

Heute Früh hatte ich ein interessantes Erlebnis.

Wir haben einen Sparherd im Wohnzimmer, Holzbeheizt, wir kochen im Winter darauf. Das macht Freude! :-)

Meine Frau legt nach und sagt "Das sind zwei große Scheite."
Ich sage darauf "Nein, die sind nicht groß!"
Sie sagt "Du lügst!" Ich explodiere innerlich. Was soll der Scheiß?
Ich antworte: "Ich lüge nicht! Ich sehe es nur anders. Was soll der Angriff?"

Jetzt sind wir zwei Drachen und wir fauchen uns an.
Uups. Was geht hier vor?

Wir brauchen eine viertel Stunde an hin und her, um unsere Interaktion zunächst zu beruhigen und dann zu verstehen.
Wir sind uns einig, dass wir Holzscheite in Hinblick auf das Feuer machen, unterschiedlich bewerten.
Meine Frau hält das Feuer eher kleiner als ich. Daher sind gewisse Scheite für ihren Bedarf schon recht groß, während ich für mein Höllenfeuer unter groß etwas anderes verstehe.
OK, verstanden.

Jetzt aber zu unserer Kommunikation.
Sie stellt etwas fest. Ich reagiere mit Gegendarstellung.
Oh, da fehlt etwas dazwischen.

Als ich nach einigem Nachdenken meine Lösung präsentiere, ernte ich eine Umarmung.

Ich sage: "Ah! So siehst du das." Atemzug. "Interessant!" Atemzug.

Wenn dann der Kontakt hergestellt ist, kann ich meine Sicht erzählen.

Interessant, wie viel Übung es braucht, wertschätzend unterschiedliche Standpunkte auszutauschen.

Und meiner Frau bin ich dankbar, dass sie mit mir durch die oft recht emotionalen Lernsituationen geht!

Gandhi – Satisfaction lies in the effort!

Stell dir dein Ziel vor mit allen Sinnen und alles wird gut! Tja, ist wohl ein wichtiger Schritt, aber viele Studien zeigen, isoliert ist diese Art der Zielarbeit zu wenig. Selbst die sehr wertvolle WOOP-Taktik (mache einen Plan in der Form Wish, Outcome, Obstacles, Plan) ist noch nicht alles.

Es braucht kleine tägliche Gewohnheiten, Tätigkeiten, die uns zum Ziel tragen. Gandhi geht so weit, etwa das zu sagen “Erfolg liegt im täglichen Einsatz, nicht in der letztendlichen Zielerreichung.
Voller täglicher Einsatz ist für sich gesehen schon der volle Erfolg!”

Der äußere Erfolg ist eine Folge des zielgerichteten täglichen Einsatzes.
So wie ein Bogenschütze alles tut, um seinen Körper optimal zu trainieren, Bogen und Pfeil in den bestmöglichen Zustand zu bringen und jede Bewegung bis zum Zielen und Loslassen des Pfeils exzellent durchzuführen, so wichtig ist es zu wissen, dass dann der Pfeil außerhalb unserer Kontrolle ist. Wind oder ein Elf, der den Pfeil aus der Luft fängt, sind außerhalb unserer Kontrolle.

Lanny Bassham, ein erfolgreicher Coach, arbeitete mit einem Weltklasse-Golfer, der schon über ein Jahr kein großes Turnier mehr gewonnen hatte.
Sie vereinbarten ein ‘Protokoll’.
Dieses Protokoll enthielt den Trainingsplan für jeden Tag.
Welche körperliche, welche mentalen Übungen sind durchzuführen.

Es geht nur darum, das Protokoll im Training jeden Tag durchzuführen. Im Turnier zählt nur der jetzige Schlag, der aktuelle Put. Körper und Geist sind nur auf diesen Moment ausgerichtet. Es gibt weder Vergangenheit noch Zukunft.

So steht unser Golfer wieder einmal vor einem Loch in 90cm Entfernung. Körper und Geist in Harmonie bewegen den Schläger.
Der Ball fällt ins Loch. Protokoll eingehalten. Erfolg!

Dann fällt ihm seine Frau um den Hals.
Er fragt "Was ist los?" - "Du hast gewonnen, das Turnier!"
Erst jetzt erwacht er aus der Trance.
Diese 90cm waren 1 Million $ wert.
Was wäre geschehen, wenn er daran gedacht hätte, statt sein Protokoll einzuhalten?

Gandhi sagte dazu: Sieg liegt in der täglichen Anstrengung, in den täglichen Gewohnheiten, nicht im Erreichen des Ziels!

... das Glück des Ziel-Erreichens ist ein Abfallprodukt meines Protokolls.

Und was ist mein Protokoll, das mein Ziel möglich macht?

Was werde ich jeden Tag tun?
Was am Morgen, was am Abend?
Und was zum Beispiel JETZT?

Satyagraha - In Wahrheit stehen und höfliches insistieren

Eine Botschaft von Mahatma Gandhi war, dass wir, wenn wir die Welt verändern wollen, selbst die Veränderung sein müssen, die wir sehen wollen. Gandhi war extrem diszipliniert. Er praktizierte seine Philosophie mit einer Hartnäckigkeit, die ich zutiefst inspirierend finde.

Und er war kein einfacher Mensch für sein Umgebung.
Sehr lesenswert ist die Biographie Gandhis von Eknath Easwaran "Gandhi the Man" mit dem Untertitel 'How one man changed himself to change the world'
Die Arbeit an der eigenen Seele, an sich selbst, steht im Mittelpunkt.
Das bewegt letztlich die Welt.

Gandhi befreite Indien durch das, was wir im Westen „gewaltlosen Widerstand" nennen. Aber „gewaltloser Widerstand" ist eine SEHR schwache Übersetzung des Sanskrit-Wortes, das er prägte, um das Wesen seiner Bewegung und Praxis einzufangen.

Der Ausdruck, den er verwendete, war Satyagraha.
Dieses Wort stammt aus zwei Sanskrit-Wörtern: Sat und Graha.
Sat bedeutet „Sein" oder „Wahrheit". G
raha bedeutet „höfliches Insistieren" oder „Kraft".

Gandhi glaubte fest an die Macht der Wahrheit und forderte seine Anhänger vehement auf, in dieser Kraft zu stehen. Er wusste, dass die Herrschaft Britanniens über Indien moralisch falsch war und dass, wenn er und Millionen andere in dieser Wahrheit stehen könnten, ohne zu Gewalt zu greifen, sie das Land befreien werden, ohne in den Krieg ziehen zu müssen.

Wie viele alte/fremde Wörter, die schwer übersetzbar sind, kann Satyagraha nicht nur als „Wahrheitskraft", sondern auch als „Liebeskraft" oder ... Seelenkraft verstanden werden.

Die Präsenz einer Person, die in ihrer 'Wahrheit steht' und mit atemberaubender Integrität ihre höchsten Idealen lebt.

DAS ist es, was Gandhi in sich selbst kultivierte und was er in genügend Menschen kultivieren konnte, um buchstäblich die Welt zu verändern.
Darum stellt auch das Heroic-Coach Programm und Brian Johnson die Entwicklung der 'Seelenkraft' (Soul Force) in den Mittelpunkt der Anstrengung.

Wie kann ich selbst etwas davon realisieren?

Wie kann ich präsent sein?
Wie kann ich in meiner Wahrheit stehen?
Klar! :-) Täglich daran arbeiten.

Was ist die beste Version von mir?
Welche Werte drücke ich aus?

Meiner Familie gegenüber, meinem Umfeld?
Was trage ich bei?
Nicht irgendwann.
HEUTE!
... und besonders, wenn es mir einmal nicht so gut geht.

Das Paradox des Ego

Pater Richard Rohr (Franziskaner) hat ein Buch geschrieben, dessen Weisheit mich bewegt hat. Er spricht vom 'Paradox des Ego'.

Einerseits soll das Ego zurücktreten, um Nutzen für die Welt zu bringen.
Aber andererseits braucht es Durchsetzungsvermögen, um etwas zu bewegen.

Er beschreibt das Paradox so:
"Man benötigt ein sehr starkes Gefäß, um die Inhalte und Widersprüche aufzunehmen, die später im Leben auftreten. Ironischerweise benötigt man eine sehr starke Ego-Struktur, um sein Ego loszulassen.
Man muss sich eine Zeit lang intensiv mit den Regeln auseinandersetzen, bevor man sie über Bord wirft. Man verinnerlicht Werte nur, indem man eine Weile gegen äußere Werte ankämpft.
Tatsächlich haben viel zu viele (insbesondere Frauen und benachteiligte Menschen) sehr verzerrte und besiegte Leben geführt, weil sie versucht haben, ein Selbst aufzugeben, das noch nicht existierte."

'Selbstlosigkeit' ist doch gut!? Ja, aber ...

Dan Wilber, auf den sich Rohr auch bezieht, fügt hinzu: „‚Egolos' bedeutet nicht ‚weniger als persönlich'; es bedeutet ‚mehr als persönlich'.
Nicht persönlich minus, sondern persönlich plus – alle normalen Qualitäten, plus einige transpersönliche.
Es steckt etwas Wahres in der Vorstellung, das Ego zu transzendieren: es bedeutet aber nicht, das Ego zu zerstören, es bedeutet, es in etwas Größeres einzubinden.
Klipp und klar gesagt, das Ego ist keine Behinderung für den Geist, sondern eine strahlende Manifestation des Geistes."
Richard Rohr sieht zwei Lebensabschnitte:
Im ersten Abschnitt, dem 'Überlebenstanz' kämpfen wir für uns, für Familie, Freunde und Ziele, die wir uns setzen und werden dabei stärker.

Im zweiten Abschnitt antworten wir auf den Ruf unserer Seelen und tun, wofür wir hier sind, als Teil des größeren „heiligen Tanzes" des Lebens.
Wir klammern uns nicht mehr ganz so fest an das Steuerrad. Tatsächlich haben wir uns auf den Beifahrersitz begeben und dem Fahrer erlaubt, uns dorthin zu bringen, wo wir hinmüssen.
Wir sind „gelassene Jünger" einer Macht, die viel größer ist als wir.
Ist doch interessant. Darüber muss ich nachdenken. :

Die Wissenschaft von der Hoffnung

Ein neues Jahr beginnt.
Ich hoffe, dass es wieder besser wird als das vergangene
(Das vergangene Jahr war super).
Es ist ja nett, sich das zu wünschen, ABER was macht erfolgreiche Hoffnung aus und was ist nur Träumerei.

Rick Snyder beschreibt in seinem Buch "The Psychology of Hope" und Shane Lopez in "Making Hope Happen", was Hoffnung ausmacht.
Aus ihren Studien ergibt sich, dass 'erfolgreiche' Hoffnung auf drei Säulen steht.

Zunächst braucht es die Vision von einer inspirierenden Zukunft
Meine Zukunft wird erfreulich besser sein als meine Gegenwart.

Wenn du nicht an eine bessere Zukunft glaubst, bist du im wörtlichen Sinn hoffnungslos.

Zusätzlich braucht es das Gefühl der Selbstwirksamkeit auf diese Vision hin.
Ich kann etwas konkret tun, um die Wahrscheinlichkeit dieser Zukunft zu erhöhen.

Darauf aufbauend muss ich einen Plan gestalten, was ich genau tun werde, um diese Vision zu ermöglichen.
Was werde ich täglich tun? Was werde ich unterlassen?
Was werde ich nächste Woche erledigen?
Was ist mein Ziel für dieses Jahr?

Und für die unvermeidliche Situation, dass mein Plan im Kontakt mit der Realität nicht funktioniert, entwickle ich zum Start und immer wieder unterwegs alternative Wege zum Ziel. Hartnäckig!

Also, zurück zu mir! Was ist meine Vision?
Warum stehe ich am Morgen auf und mache mich an die Arbeit die 'Leben' heißt?

Kann ich selbstwirksam etwas tun? Kann ich den Plan verbessern? Wege finden?
Und ...
Welchen kleinen Schritt kann ich JETZT tun,
um meine Vision ein kleines Stück näher zu rücken!

Andiamo!

Epigenetik, Meditation und Energie in der Praxis

Mich haben Forschungsergebnisse beeindruckt, wieviel Einfluss der mentale Zustand eines Menschen auf die körperliche Gesundheit hat.
Wir haben Einfluss auf unsere Hormon-Ausschüttungen und damit auf die Gesundheit unserer Zellen und ihrer Organellen (etwa Mitochondrien).

Wie kann ich einen konsistent heilenden, gesund erhaltenden Prozess in meinem Geist und meinem Körper entwickeln, pflegen und aufrechterhalten?

Mir hilft hier ein Bild aus der Neurologie. Unser Hirn scheint ein Bild von uns selbst über neuronale Netze abzubilden. Dieses Abbild unserer selbst meint, dass es ICH ist, verarbeitet Daten, simuliert Zukünfte, reagiert auf die Welt.
Diese innere Person wird von Eltern, Genetik, körperlichem Zustand, Medien und all den Ereignissen und Kontakten unseres Lebens geprägt.

Will ich dieses wertvolle und zentrale Werkzeug in seiner Entwicklung dem Zufall überlassen, den Strömungen um mich herum?
Ich nicht.
Seit Jahrtausenden entwickeln Menschen Methoden, um dieses Wesen in mir zu pflegen, zu entwickeln. Über die Jahrzehnte habe ich ein Bündel von Praktiken zusammengestellt, die mir guttun. Diese Praxis ist zutiefst persönlich.
Du stellst eine eigene Praxis auf deinem Lebensweg zusammen.

Achtung! Es gibt nicht ‚Keine Praxis'. Ein Computerspiel oder Achterl Wein am Abend vor dem Schlafengehen ist eine Praxis. Wichtig ist festzustellen, wie die Praxis auf mich wirkt und entsprechend daran zu feilen.

Viele Begegnungen und Quellen tragen bei. Ich wüsste nicht, dass ich etwas Neues entwickelt hätte. Ich probiere, was andere als wertvoll empfinden und übernehme in meine Praxis, was mir guttut. Daher ändert, verkürzt oder erweitert sich die Praxis über die Jahre. Einzigartig ist die Kombination, die so entsteht. Ich nehme mir viel Zeit dafür.

Mein Morgen- und Tagesprogramm reflektiert dieses Bündel an Praktiken.
Das Ziel ist ein gesundes, glückliches und fruchtbares Leben.

Der Weg ist tägliche Praxis. Jeden Tag!
Diese Praxis pflegt dieses innere Wesen, diese innere Repräsentation von mir.
Oder als Softwareentwickler gesprochen: Ich entwickle und warte mein Betriebssystem.

Ich gehe hier meine Morgen-Praxis abgekürzt durch, wenige Worte zum Hintergrund.

Mein Wecker geht um 5 Uhr. Ich richte mich auf, sitze am Bett, atme tief ein und aus und lächle. Mir ist sehr selten nach Lächeln zumute um 5 Uhr früh.
Atmen! Lächeln! Ich beginne meinen Zustand zu formen.

Aufstehen, Waschen, Laufkleidung anziehen, die Küche und Wohnzimmer in Ordnung bringen, im Winter unseren Sparherd einheizen. Ich nehme die Energie des Feuers wahr. Ich pflege für meine Familie ein zu Hause.
Es ist warm, sicher, sauber und gemütlich. Ich bin wacher und zufrieden.

Ich laufe eine Runde zum Klosterpark. Atmen, Schritt für Schritt, jetzt bin ich ganz für mich und meinen Körper da. Wenn es wo zwickt, spreche ich mit dem Muskel, dem Knorpel, dem Körperteil, meinen Körperzellen und freue mich an den Momenten ohne Schmerz, Dankbarkeit.

Wieder im Haus lädt mich meine Matte zum Training ein. Eine gute viertel Stunde Sonnengrüße. Ich singe gerne, daher begleite ich jeden der 24 Einheiten mit einem Lied. Ich singe 24 Mal vom Sonnenaufgang über dem Berg und dem Licht über dem Meer. Den Ablauf habe ich im Fitnesscenter gelernt und das Lied beim Chants singen aufgeschnappt und ein wenig umgedichtet, dass es gut zum Atem-Rhythmus und dem Sinn der Sonnengrüße passt.
Dann mache ich Liegestütz und Klimmzugtraining.
Wenn ich am Reck hänge, gehe ich die fünf Werkzeuge von Phil Stutz durch, drei Atemzüge für jedes Werkzeug.
Und duschen.

Dann darf ich mich hinsetzen. Mein Meditationsplatz am Bett mit Blick auf ein tibetisches Tanka, Kerzen angezündet, Bilder von der Familie, schöne Steine, ein zerhacktes Seil von einer wichtigen Coachingsession vor einigen Jahren.
Alles erinnert mich an Wichtiges für mein inneres Wesen.

Zum Start singe ich eine Sequenz von Liedern und Mantren. Ich singe gerne, das baut mich auf und inhaltlich sind sie stärkend für mein inneres Wesen.

Dann borge ich mir etwas aus Yoga und Energieatem aus. Ich atme von einem Punkt über dem Scheitel in meinen Körper hinein und atme an der Vorderseite hinunter durch Energiezentren, bis ich unter mir zum Erdmittelpunkt komme und dann atme ich vom Erdmittelpunkt auf der Körperrückseite wieder nach oben.

Seit meiner Kindheit habe ich Freude daran mir die Erde als Planeten vorzustellen. Als Kugel im All auf der ich all die Meere, Flüsse, Gebirge, Wälder, Wüsten, Tiere, Pflanzen, Dörfer, Städte und Menschen wahrnehme.

Ich versetze mich jetzt in vier langen Ausatmungen an Orte rund um die Erde an denen ich meditiert habe.
Zum Beispiel starte ich mit dem Ton ‚I' in Iona einer schottischen Insel. Ich sitze am Strand und blicke nach Süden, dann ‚A' im Elfental im Gsies und Blicke auf den Berg gegenüber, wo die Sonne aufgeht, dann ‚U' am Löwen von Lentas, wo die Sonne rechts von mir aufgeht und ich nach Süden blicke über Afrika hinweg. Dann fühle ich die Energie meinen Rücken hinauf fließen über den Kopf hinaus mit Ton&Vokal ‚EI'.
Nur vier Atemzüge, zugegeben lange, und sie führen mich viermal um die Welt und gleichzeitig viermal um meinen Körper begleitet von Tönen und Obertönen.

Die Hypothese dahinter: Ich forme etwas in mir, das mich und die Welt repräsentiert.
Die Töne aktivieren meine Körperzellen. Und ich fühle mich gestärkt.

Dann erinnere ich mich mit acht Affirmationen an die inneren Werte und Haltungen, die mir wichtig sind. Ich habe mir eine englische Version, angelehnt an Brian Johnson, zusammengestellt.
Wisdom, Self mastery, Courage, Love, Hope, Gratitude, Curiosity, Zest, verpackt in passende Affirmationen.

Dann Stille. Etwas erhöhter Fokus auf Ausatmen. Verweilen im ausgeatmet sein.

Zum Abschluss rezitiere ich die Herzsutra.
Der Hintergrund wäre ein eigenes Kapitel wert. Dalai Lama hat Buch dazu geschrieben.
Sie ist ein zentraler Teil meines inneren Betriebssystems.

Das beende ich mit einem Lied
„May the love we are sharing, spread it's wings, fly across the earth and bring new joy to all the beings that are alive. Loka Samasta Shukino Bhavantu."

So, der Tag kann beginnen.

Was hat das mit Epigenetik, Meditation und Energie zu tun?
Meditation ist Teil dieses Prozesses.
Atemtechniken und Lieder lassen körperliche und geistige Energie fließen.
Die Hypothese und Absicht sind, positive epigenetische Prozesse hervorzurufen, wenn Atem und Vorstellungen durch den Körper fließen. Meine Zellen freuen sich!

Dieses, mein wertvolles Leben – Danke!

Michael Easter, Professor an der University of Nevada, Las Vegas, hat das Buch “The Comfort Crisis” geschrieben. Auch, wenn unsere emotionale Lage oft etwas anderes behauptet: wir leben in einem Komfort, wie nie zuvor.

Ja, in einigen Ländern herrschen fürchterliche Bedingungen: Ukraine, Syrien, … ,

ABER, wir, die Menschheit, sind über 8 Milliarden Menschen, die zum großen Teil (selbst in Afrika!) in einer, in unserer Geschichte nicht gekannten, Sicherheit leben. In Mitteleuropa: Temperaturkontrolliert, überernährt, überversorgt mit irrelevanter oder irreführender Information. Wir nehmen diese Sicherheit aber nicht wahr!

Unser Hirnorgan Amygdala filtert zehnmal so stark auf negative Informationen als auf Sicherheit gebende Daten. Eine wertvolle Hirnfunktion, wenn ein hungriger Bär hinter dem nächsten Baum wartet. In einer Woche erhalten wir so viele schlechte Nachrichten wie Menschen vor tausend Jahren im ganzen Leben. Die meisten Nachrichten betreffen uns nicht direkt. Wir sind aber emotional direkt getroffen.

Michael Easter schlägt im Untertitel des Buches eine Lösung vor:
“Reclaim your Wild, Happy, Healthy Self.”

Dieses mein Leben ist ein seltenes und wertvolles Geschenk.
Wenn uns Sorgen handlungsunfähig machen, schlagen die Ergebnisse zahlloser Studien vor: Stärke dein Organ der Dankbarkeit und innerhalb von Wochen steigerst du Energie und Effektivität.

Dankbarkeit kann geübt werden.
Phil Stutz schlägt in seinem Buch ‘The Tools’ folgende mentale Übung vor, wenn Sorgen Überhand nehmen oder einfach deprimieren: Atme tief aus und ein, stell dir fünf Kleinigkeiten vor, für die du dankbar bist. Das darf ruhig ein wenig anstrengen. Dann fühle diese Dankbarkeit einfach so. Ohne Anlass.
Dann lass dich von einem Strom von Dankbarkeit über die Wolken der Sorgen hinaus zur Sonne tragen. Nimm dieses Gefühl wahr.

Das macht handlungsfähig.
Vom Opfer der Situation, zum Mentor in der Situation, zum Schöpfer neuer Situationen.
Das gelingt oft nicht so. Aber wie beim Sport-Training. Man trainiert nicht, um zu zeigen, dass man es kann, sondern, um es zu lernen. Jeden Tag.
Wann? Eh klar, HEUTE. JETZT!

Das Sandkorn

Wenn ich Nachrichten sehe/höre/lese strömt ein Bild voller Probleme und Katastrophen rund um die Welt auf mich ein. Was mache ich damit?
Wer bin ich in Bezug auf diese Anliegen?
Wie reagiere ich?
Mein Hintergrund in der Astronomie/Astrophysik, meine Beschäftigung mit Gegenwart und Geschichte der Menschheit und meine Entwicklungs-Arbeit in Organisationen erlauben mir, mich als Person dimensionsmäßig einzuordnen.
Ich bin klein, ziemlich klein, im Vergleich zu unserem Planeten.
Ein Sandkorn.

Jetzt ist es aber so, dass historisch gesehen kleine Gruppen von Sandkörnern ziemlich viel im Guten und Schlechten in der Welt bewegt haben.
Zunächst unsichtbar, dann wachsend.
Die Welt braucht jedes Sandkorn, jeden Samen, der Wachstum, Klärung, Heilung ermöglicht.

Das führt mich zur ersten Perspektive:
Wer will ich sein? Was sind meine Werte?
Was ist mein Prozess, der mir jeden Tag wieder Mut und Energie gibt, neu anzufangen?

Über lange Zeit startete ich in den Tag mit großen und kleinen Sorgen und Befürchtungen. Ich will mich aber freuen auf den Tag!
Mit einem Lächeln aufwachen.
Wie meine Enkeltöchter.

Abraham Maslow sagt, dass Glück nicht die Abwesenheit von Leid ist, sondern jeden Tag den Abstand zwischen der Ist-Situation und meinem Potential kleiner zu machen. Dieser Prozess ermöglicht Sinn, Zuversicht und Selbstwirksamkeit.

Konkret habe ich mir über die Jahrzehnte ein Morgenprogramm zusammengebaut.
Klein begonnen, schrittweise erweitert.

1. Aufwachen, aufrichten, lächeln und ein guter tiefer Atemzug. Danke für diesen guten Morgen!
2. Geschirrspühler, unseren Wohnbereich in Ordnung bringen für einen guten Tag. Meditation in Bewegung.
3. Laufen und WorkOut
4. Singen, Töne, Stille, Meditation
5. Ich notiere jeden Tag handschriftlich neu welche Identität ich bezüglich meiner Energie, in der Familie und in der Welt verkörpern will.

Wie heißt die Identität?
Welche Werte verkörpert sie?
Wie drücke ich die Werte heute in Handlungen aus?

Dann tun, hinfallen, aufstehen, lernen, weitermachen
und am Abend reflektieren und Danke sagen.

Meine Hypothese: Wenn ich jeden Morgen an mir arbeite, nähere ich mich meinem Potential und steigere und erhalte meine Handlungsfähigkeit so lange es mein Körper und Geist eben hergeben.

Das Sandkorn, wird zum Samen, wird zu wirksamen Leben.
So nebenher entstehen Chancen, etwas beizutragen.

Heute und jeden Tag!

VIII – EINSATZ! Von der Kunst einen Planeten zu retten

In der Auseinandersetzung mit den großen Herausforderungen unserer Zeit stehen wir an einem Wendepunkt, der sowohl Entschlossenheit als auch Weitsicht erfordert.

Abschnitt VIII, „Einsatz! Von der Kunst einen Planeten zu retten", bildet dabei nicht nur eine Reflexion persönlicher Ambitionen und Verantwortungen, sondern auch eine Darstellung kollektiver Bestrebungen und Möglichkeiten. Als Leser haben wir uns bis zu diesem Punkt auf eine introspektive Reise begeben, die uns vor Augen führt, wie sehr die individuellen Wünsche und Ziele – vom Wunsch nach Gesundheit und einem langen Leben in einer transformierten Welt bis hin zur Vision der interplanetaren Expansion – mit den globalen Notwendigkeiten verwoben sind.

Die folgenden Gedanken und Erlebnisse sind tief persönlich und zugleich universell, reflektieren sie doch ein grundlegendes menschliches Streben nach Sinn und Nachhaltigkeit. Die Vielfalt der angesprochenen Themen – von der Klimakrise und sozialen Ungerechtigkeit bis hin zu technologischen Revolutionen, die unsere Art zu leben und zu arbeiten grundlegend verändern könnten – zeigt die Komplexität der Aufgaben, denen wir gegenüberstehen.

Tony Seba, dessen Ansätze zur kostengesteuerten technologischen und sozialen Transformation exemplarisch dargestellt werden, veranschaulicht, wie tiefgreifende Veränderungen möglich sind, wenn wir die ökonomischen und technologischen Hebel richtig ansetzen.

Die vorangehenden Kapitel haben uns darauf vorbereitet, jetzt aktiv zu werden, die erlangten Einsichten in Handlungen zu überführen und mutig unsere Welt zu formen.

Dabei wird deutlich, dass es nicht nur um die großen Gesten oder die revolutionären Umwälzungen geht, sondern auch um die kleinen, alltäglichen Entscheidungen, die jeder von uns trifft. Diese Symbiose aus globaler Verantwortung und persönlichem Beitrag bildet das Herzstück dieses Kapitels und fordert uns auf, Teil einer umfassenden Transformation zu sein.

Es kommt auf mich an

Wir sind in diesem Buch eine lange Reise gemeinsam gegangen.
Wofür?
Mir fällt da einiges ein.

Ich will gesund sein
Ich will alt werden, um die Wunder einer veränderten Welt zu sehen
Ich lange glücklich sein mit meiner Frau, meiner Familie und meinen Freunden
Ich will erleben, dass wir diesen Planeten nicht nur retten, sondern zu einem Paradies gestalten
Ich will die Besiedelung des Mars erleben und wie sich die Menschheit befreit aus ihrem Gravitationsloch.

Oh! Das ist viel „Ich will".

Aber, wir stehen doch gerade vor einem Abgrund!
Soziale Ungerechtigkeit.
Klimakrise.
Krieg.
Angst.

Ja das sehe ich auch.
Will ich, dass es so bleibt?
NEIN!
Kann ich es ändern?
Hm ... jein ... ganz klein geschrieben.

Ich will und kann etwas tun.
Jede Person, die etwas aus diesem Buch mitgenommen hat, hat bereits einen Schritt getan, um sich selbst zu befreien, zu neuer Energie zu kommen, ein kleines Stück der Welt zu verändern.
Viele Millionen Menschen arbeiten gerade, viele unsichtbar, manche deutlich sichtbar an den nötigen Lösungen.
Ich freue mich darauf, wie diese Energien zusammenfinden!

Und schon jetzt zeigen globale Daten, dass wir, als Menschheit, die Umkehr begonnen haben.
Wird es leicht?
NEIN
Wird es trotzdem viel Unglück und Tod auf dem Weg geben?
JA
Sollen wir deswegen aufgeben?
NEIN!

Das gelobte Land und seine Gefahren

Zuletzt habe ich über die vielen negativen Nachrichten und meinen Umgang damit geschrieben. Heute geht es um die wahrscheinliche Zukunft.
Ist die Zukunft tatsächlich düster auf Grund der bestehenden Datenlage?

Mein Nachdenken über die 'Grenzen des Wachstums' hat meine Mutter in den 70er Jahren initiiert, als wir über das Buch „Grenzen des Wachstums" des Club of Rome diskutiert haben.
Da hat sich viel geändert. Grenzen, die damals galten, existieren nicht mehr, Gefahren, die nicht erkannt waren, sind offensichtlich geworden.

Hier ganz kurz mein aktueller Status zum Planeten:

1. Das begrenzende Element für weiteres Wachstum ist die Intelligenz der Menschheit, nicht irgendeine physische Ressource. Unter Wachstum verstehe ich zunehmende Entfaltungsmöglichkeiten für alle Wesen. Physische Ressourcen sind im Überschuss vorhanden, werden momentan aber noch unintelligent verwendet.

2. Abnehmende Kosten für alle nötigen Ressourcen (Rohstoffe, Energie, Nahrung, Wohnen etc) und zunehmende Verfügbarkeit von reiner Luft, reinem Wasser, gesunden Ökosystemen, etc zeichnen sich jetzt schon im Trend (embryonal) ab und werden über 20 Jahre unübersehbar sein. Damit stehe ich im Widerspruch zu einer weitverbreiteten Wahrnehmung und werde den Hintergrund in folgenden Memos versuchen zu erklären.

3. Warnung: Das wird nicht ohne soziale und Verteilungs-Krisen gehen. Womit wir bei der Intelligenz der Menschheit sind. Ich nehme wahr, dass unser Wissen und der Konsent für eine nachhaltige Entwicklung exponentiell, also extrem schnell, zunimmt. Viele Millionen hochkompetente Menschen arbeiten an dem Lösungsnetzwerk.

4. Weitere Warnung: Es wird Katastrophen geben, die einzelne paranoide Menschen(gruppen) auslösen (Ukrainekrieg, Nordkorea, ...).
Diese werden vermutlich Millionen Menschenopfer kosten. Der Planet und die Menschheit sind aber sehr viel größer und resilienter als vielfach angenommen wird.
Solidarität in der Behandlung, in der Heilung ist nötig!

5. Letzte Warnung hier: Künstliche Intelligenz wird extrem viel beitragen unsere planetare Intelligenz zu steigern und ermöglichen die Erde in einen Vorzeigeplaneten zu verwandeln.
ABER: Paranoide und engherzige künstliche Intelligenz kann unsere Zukunft zerstören. Leider ist die Wahrscheinlichkeit größer null und wir brauchen globale Mechanismen, um hier gegenzusteuern.

Hinweise:
Global Footprint Network: Ecological Footprint - Global Footprint Network
Stockholm Resilience Centre: Planetary boundaries - Stockholm Resilience Centre
Nature Article about 'Global Commons': Safe and just Earth system boundaries | Nature

Sehr, sehr empfehlenswerte Videoserie von Adam Dorr dazu:
https://www.youtube.com/watch?v=DX9NgROtvP0

Tony Seba / Rethinx: https://www.rethinkx.com/

Tesla Masterplan for global sustainable economy:
https://www.tesla.com/ns_videos/Tesla-Master-Plan-Part-3.pdf

Die große Transformation hat bereits begonnen

Am 16. Oktober 2023 wurde Tony Seba in die Höhle des Löwen eingeladen, nach Dhahran, einer Stadt, die von der Erdöl-Firma Saudi Aramco für Mitarbeitende gebaut wurde.
Tony Seba berechnet seit mehr als 15 Jahren, wie sich die Weltwirtschaft (und die Klimakrise) entwickeln wird. Er hat den Preis für Solarmodule, Solarenergie, Batterien, etc. zehn Jahre in die Zukunft präzise vorausgesagt und macht das weiterhin.
Firmen, die sich auf seine Prognose verließen, konnten erfolgreiche Strategien umsetzen.

Seine Hypothese (und inzwischen Erfahrung): Die Welt kümmert sich weniger um politische Leitplanken als um den Preis dessen, was sie braucht.
Er baut auf seine Prognosen und Sicherheit auf 'Kostenkurven'.
Für mehr als 100 Transformationen der letzten dreitausend Jahre hat er nachgewiesen wie schnell extrem geringe Kosten und bessere Performance ein Produkt am Markt dominant etablieren (Rad, Mühle, Reisanbau, Auto, Handy, Digitalfotografie, ...).

Tony Seba startet mit Energie:
die Kosten für Energie gehen asymptotisch gegen NULL.
Solar&Wind und billige Groß-Batterien sind jetzt schon billiger als JEDE andere Energiegewinnung und stabiler dazu (siehe Südaustralien).
Nachdem Die Energieerzeugung klimaneutral wird gilt das auch für alle energienutzenden Prozesse (also ALLES). Diese können dann dazu dienen die Schäden an Umwelt und Klima zu heilen (CO2 Negativ statt neutral).

Auf Basis billiger Energie wird elektrisch betriebene Fortbewegung (fahren - schwimmen - fliegen) konkurrenzlos billig.
Im Gegensatz zu gegenwärtigen Annahmen der Transportindustrie, sind Benziner 2030 nicht mehr verkäuflich Norwegen werden jetzt schon keine Benziner (Inklusive Hybride) verkauft, Dänemark folgt kurz dahinter In China, dem größten Automarkt der Welt, haben 2024 die Elektrofahrzeuge 50% Marktanteil überschritten.
ALLE Länder folgen einem mehrjährigen exponentiellen Trend, der über wenige Jahre zu über 90% Marktanteil von Elektrofahrzeugen führt.
Billige Energie und billiger Transport verändert die Industrie als Ganzes.
Deflationäre Trends setzen sich durch.
Alles wird (über die nächsten 15 Jahre) billiger im Vergleich zu unseren Einkommen.

Die Nahrungsmittelindustrie wird auf den Kopf gestellt. 'Präzisions Fermentierung', sagt Tony Seba, konnte bereits die Kosten für 1kg Eiweiß von mehreren Millionen € in 20 Jahren auf etwa 20€ senken und noch einmal um 90% billiger in den nächsten Jahren. Mars setzt bereits Milcheiweiß aus diesen Quellen für seine Schokoriegel ein.
Flächennutzung für Nahrungsmittelproduktion wird auf ein Hundertstel reduziert. Wassernutzung unter ein Zehntel.

Um die großen 4 Technologie Disruptionen komplett zu machen, wird Arbeit und Intelligenz zu einem Bruchteil der Kosten durch Roboter und Künstliche Intelligenz transformiert.

Noch nie in der Geschichte der Menschheit kam eine Disruption mit solcher Geschwindigkeit, so global und mit so positiven Auswirkungen auf Klima, Natur und den Planeten als Ganzes. Wir sehen gerade das erste Prozent.
Und 2040 ist die Transformation durch.

Unmöglich? Das hat man zu Tony Seba vor 10 Jahren gesagt.

Die sozialen Umwälzungen und entstehenden Lösungen sind aber auch 'mindblowing'. Wir brauchen eine Vorbereitung darauf.

Also zum Merken:
Der Preis für Energie - Transport - Nahrung - Arbeit - Intelligenz geht gegen NULL.

Was wird das für Auswirkungen haben?
Die saudischen Scheiks hören Tony Seba interessiert zu.

Wie fülle ich meine kleinen täglichen Anstrengungen mit Sinn?

Wenn ich die Herausforderungen sehe, die wir als Menschheit haben und die auf uns zukommen, dann komme ich mir ziemlich klein vor. Zum Glück sind wir aber über acht Milliarden Menschen, Da kommt schon etwas zusammen, wenn jede und jeder einen kleinen Teil beiträgt.

Was ist mein kleiner Teil?
Tom Rath schreibt in seinem Buch "Life's Great Question" über die Verbindung unserer kleinen täglichen Aktivitäten mit den Menschen um uns und damit mit der großen Welt dort draußen.

In seinen Studien stellt er fest, dass es wichtig ist, dass wir uns klar machen, wie das, was wir tun, auf jene Menschen wirkt, für die wir es tun. Er beschreibt die Wirkung in Restaurants, wenn die Wirkung des Kochens sichtbar wird. Wenn der Koch die Gäste sieht, steigt die Zufriedenheit der Gäste um 10%. Wenn Koch und Gäste sich gegenseitig sehen, ist die Zufriedenheit mit der Qualität des Essens um 17% höher und das Service ist um 13% schneller.

Erntearbeiter ernten 7% mehr Tomaten pro Zeiteinheit, wenn sie sich klar machen, wie Menschen die geernteten Paradeiser genießen.
Das ist ja nett. Was hat das mit mir zu tun?

Nun ja ... Für wen bin ich da? Wem diene ich mit meinen Ergebnissen?
Meine Familie ist schon ein Anfang. Studien zeigen, dass es wichtig ist, sich, während man an etwas arbeitet, klarzumachen, was andere davon haben.
Das gibt Sinn und erhöht effektiv meinen sinnvollen Output.
Während ich mir das so überlege, baue ich eine kleine Ergänzung in meine Morgenplanung und Abendretrospektive ein. Für welche Person will ich heute explizit etwas tun, was ihr nützt, worüber sie sich freuen wird. Am Abend überlege ich, wie es funktioniert hat, was angekommen ist und was ich besser machen kann.
Dann feiere ich innerlich, dass ich wieder einen sinnvollen Tag hatte.
Die sinnvollen Aktivitäten können ganz kleine Mikro-Momente sein. Ein Lächeln, eine Umarmung oder einen Teil des Kellers zusammenräumen, oder ein solches Memo an mich, wie dieses hier, schreiben.
Für mich heißt das heute konkret:
Ich gehe heute Vormittag in den Keller und räume zusammen.
Hypothese: Meine Frau wird sich freuen.

Die Zukunft wird besser als vielfach angenommen

Gerade habe ich ein neues Video von Adam Dorr von RethinX gesehen.
Er verstärkt das Argument, dass die Lösung unserer planetaren Probleme schwerer ist und dass wir viel mehr effektive Lösungswege haben, als viele annehmen.
Link zum Video: https://www.youtube.com/watch?v=B2DEw4PwrVM

Er beschreibt zunächst 3 unangenehme Tatsachen:
1. Selbst, wenn wir Emissionen sofort stoppen würden, sind wir in fatalen Schwierigkeiten. Die Folgen des Ist-Zustands sind schon katastrophal.
2. Wir müssen aber zusätzlich den Planeten heilen. Schnell. In wenigen Jahrzehnten. Aktive Maßnahmen ergreifen. Selbstheilung der Erde dauert viel zu lange, um noch katastrophalere Folgen abzuwenden.
3. Es ist physikalisch unmöglich, nur mit dem Stopp unserer Emissionen den Klimawandel zu verhindern. Durch sparsamen Umgang mit Ressourcen, durch Verbote und Regulation entfernen wir kein Gramm Treibhausgas aus der Atmosphäre oder Gift aus dem Boden.

Wir müssen, weit darüber hinaus, als Menschheit, heroisches leisten, Veränderungen einleiten, die jetzt vielfach für unmöglich gehalten werden.

Das führt zu den acht kritischen Punkten von Adam Dorr / RethinkX, wie die Rettung der Erde möglich sein wird.
1. Der einzige Weg den Klimawandel erfolgreich und vollständig in den Griff zu bekommen ist weltweite Fülle an nachhaltig gewonnenen und verwendeten Ressourcen. Energie, Transportmittel, Nahrung, Arbeitskraft, … letztlich Geld. Austerität, Einschränkung, noch mehr Armut … kann die Menschheit (sozial) nicht riskieren und wäre wirkungslos. Das ist die erste scheinbare Unmöglichkeit.
2. Wir können Net-Zero Emissionen viel schneller erreichen als angenommen. Die vier großen Technologie Disruptionen machen das möglich.
Die Technologien sind alle bereits realisiert und müssen nur ausgeweitet werden.
3. Die Marktkräfte wirken jetzt schon FÜR die positive Veränderung.
Die Transformation wird schnell sein, weil die Kosten der sauberen und wettbewerbsfähigeren Technologien weit unter den Kosten der gegenwärtigen Verschmutzer liegen.
4. Fokus auf eine Strategie ist besser, als alles gleichzeitig zu probieren.
Die Strategie muss daher aus der Sicht von Adam Dorr sein, die Disruptionen in Energie (Solar, Wind, Batterien), Transport und Industrie (elektrisch), Nahrung (Präzisions Fermentierung und Bakterien als Haustiere) und Arbeit (Künstliche Intelligenz + Roboter) so schnell wie möglich laufen zu lassen, zu unterstützen, zu beschleunigen.
5. Die neuen Technologien vervielfachen unsere Produktivität und daher sinken die Kosten aller Restaurationsmaßnahmen des planetaren Systems um

Größenordnungen.
6. Dekarbonisierung spart tausende Milliarden im Gegensatz zum Weiterwurschteln.
7. Carbon-Taxes sind nicht mehr notwendig, weil die Veränderung durch Marktkräfte ein Selbstläufer ist. Steuern können politisch ablenkend sein.
8. Wir werden nicht mehr in Konkurrenz zur Natur sein, weil die sauberen Technologien und der weltweite Wohlstand erlauben, der Natur riesige Flächen zurückzugeben, die Renaturierung massiv zu unterstützen und die Menschheit dabei noch bessere Entfaltungsmöglichkeiten zu geben.

Wir haben die Wahl! Aber nicht die Ausrede, dass wir hilflos sind.

Hintergrund dazu im Buch von Adam Dorr “Brighter”.
und in seinen Videos: https://www.youtube.com/watch?v=B2DEw4PwrVM&t=19s

Mein Träumer, mein Macher, mein inneres Team

In diesem Abschnitt träume ich intensiv von einer schönen Zukunft für die Menschheit und unseren Planeten. Träumen allein reicht aber nicht, man muss auch machen.
Die Menschheit als Ganzes, aber auch ich.

Auf ganz persönlicher Ebene denke ich von mir selbst gerne als eine Familie von Teilen, die voneinander abhängig sind und oft sehr unterschiedlicher Meinung.
Mein inneres Team.

Barry Michels und Phil Stutz sprechen in ihrem Buch "Coming Alive" von einem "Dreamer", einem "Doer" und, ganz wichtig, von einem Part X.
Part X ist jener Teil in uns, der uns sagt, dass Träume Schäume sind, dass Anstrengung sinnlos ist, dass mir einfach die Fähigkeiten fehlen und daher durchhängen und sich ablenken die einzig sinnvolle Handlung ist.

Brian Johnson nimmt auf das Buch Bezug und sagt mir, dass Part X am besten in Zaum zu halten ist, indem ich kleine sinnvolle Dinge gut mache und kontraproduktive Dinge nicht mehr mache. Täglich mehrfach kann ich entscheiden etwas Sinnvolles zu tun oder etwas Schädliches zu unterlassen.
Diese Übung stärkt das Selbstbewusstsein zuverlässig in vielen kleinen Schritten.

Und hier kommen mein Träumer und Macher zum Zug. Mein Träumer kennt mein unbegrenztes Potential und um wieviel mehr ich noch tun und erreichen kann. Der Träumer braucht aber den Macher, um das Potential in vielen kleinen Schritten zu heben. Der Träumer braucht das Vertrauen in den Macher, sonst kommt der zynische Part X und führt in eine dystopische Zukunft.

Mein Macher muss daher jeden Tag nützen, um das Vertrauen des Träumers zu stärken. Ich lasse meine Teile gerne miteinander reden (Nicht Part X!).
Der Macher fragt den Träumer, ob das was er vorhat auf Ziellinie liegt. Ich frage auch gerne die beste Version von mir, was sie jetzt tun würde. Ich habe festgestellt, dass ich schnell und zuverlässig eine ziemlich klare Antwort bekomme, was der Macher JETZT tun sollte.

Ich übertrage das gerne auf die Menschheit als Ganzes.

Was würde die beste Version der Menschheit jetzt tun?

Als Politiker würde ich mir die Frage stellen:
Was würde die beste Version von Österreich jetzt tun?
Nicht naiv, sondern die ganze bekannte (politische) Realität mit einbeziehend.
Welchen kleinen Schritt kann ich heute tun?
In einem turbulenten Leben kann es sehr schwer sein, diese Momente der Reflektion zu reservieren.
Es ist aber unersetzlich Zeit für die Reflektion mit dem inneren Team zu reservieren.

Das Richtige tun wird oft nicht gelingen, aber ich gewinne in jedem Fall, weil mein Tun entweder gelingt oder ich lerne daraus.
Daher bleib ich dran. Jeden Tag.

Übrigens, jetzt ist ja gerade wieder ein Moment der Entscheidung.
Was mach ich als nächstes? Was unterlasse ich?
So steigt meine Zuversicht. Schritt für Schritt.

Warum intelligenter Umgang mit Ressourcen gut für mich selbst ist

Jetzt habe ich schon oft geschrieben, dass 'Verzicht' keine Lösung für die Menschheit und unseren Planeten ist. Das halte ich für richtig, weil wir damit rein physikalisch unser Ziel des geheilten Planeten nicht erreichen.

Globale Fülle halte ich für das richtige Ziel und das richtige Mittel, um unsere planetaren Probleme zu lösen. Fülle löst aber nicht die Aufgabe meiner persönlichen Entwicklung auf ein erfülltes Leben hin.
Ich halte es für sehr wahrscheinlich, dass die großen Disruptionen eine Sinnkrise bei vielen Menschen auslösen wird, die sich über Erfolg in der Arbeit für Geld definieren oder verunsichert sind durch die extremen Veränderungen in der Welt (Automatisierung, Digitalisierung, Virtualisierung, Roboter, ...).
Parallel zu der technologischen Entwicklung stehen wir, die Menschheit, unter einem existentiellen Druck allen Menschen die Chance auf ein erfülltes Leben zu geben.
Bildung und achtsames Coaching für alle Menschen. Das ist ein Gigaprojekt. Es geht um Milliarden Leben die glücklich gelebt werden wollen.

Fülle an materiellen Gütern ist eine gute Rahmenbedingung aber nicht einmal notwendig für ein erfülltes Leben. Das machen hunderte Millionen Menschen vor, die schon jetzt ein gutes Leben unter oft harten Umständen leben.

Verzicht, im Sinn von achtsamem Umgang mit mir selbst und mit meiner Umgebung ist essentiell für ein gutes Leben. Intelligenz und Eleganz im Umgang mit Ressourcen führt immer zu besseren Ergebnissen und sind daher Teil der Identität, die ich von mir wünsche.
Verschwendung von Zeit, Geld und Nerven für Dinge, die meinem Leben keinen Sinn geben, sind Rückschritte auf meinem Lebensweg.
Das bedeutet, dass Verzicht auf Ablenkungen vom Sinn meines Lebens ein sehr wertvolles Verhalten ist.
Anderen Menschen Verzicht vorzuschreiben kann eine kontraproduktive Haltung sein, produziert Konflikte und ist für die Sanierung des Planeten unnötig.

Frederic Laloux und seine Frau bringen einen guten Spruch in ihr weltweites Projekt ‚The WEEK' ein: „No Blame, No Shame, No Should"
Es hilft mir immer wieder, zu reflektieren, wie oft ich selbst zu mir sage „Ich sollte ...", oder wie oft ich ähnliches zu anderen sage.
Diese Haltung ist gut gemeint, aber nicht zielführend.

Warum halten so viele Menschen die Situation für hoffnungslos?

Ich habe festgestellt, dass unser Problem mit dem Klima und dem Ökosystem des Planeten viel kritischer ist, als meist angenommen wird.
Die jetzt weltweit offiziell geplanten Vorhaben sind völlig unzureichend.

Auf der anderen Seite sehe ich die Menschheit Fähigkeiten entwickeln, die ich vor fünf Jahren für unmöglich gehalten hätte.
Jetzt frage ich mich, mit welcher Einstellung wir als Einzelpersonen, als Länder, als Menschheit mit höherer Wahrscheinlichkeit unser Ziel eines florierenden Planeten erreichen und dann jedes Jahr unsere Vorstellungen davon übertreffen können.
Ich sehe, als 68jähriger, Plakate, die mir zurufen:
"Du darfst an Altersschwäche sterben, wir sterben am Klimawandel!".
Hm ... eine berechtigte Befürchtung.

Wissenschaftler der angesehenen UNO-Studie der IPCC (https://www.ipcc.ch/) geben detaillierte Berichte heraus, die unsere Situation beschreiben und Szenarien für die Zukunft entwickeln.
Ich schätze die Arbeit der IPCC außerordentlich.
Viel an Bewusstseinsbildung wurde möglich.
Politische Entscheidungen wurden angestoßen

Bei genauem Hinsehen gehen diese Studien aber davon aus, dass die vier großen Transformationen nicht oder viel später stattfinden werden, als seriöse Prognosen nahelegen.
Adam Dorr von RethinkX vermutet 2 Gründe.
Nur ein minimaler Anteil der tausenden Wissenschaftler sind Technologie-Experten.
Damit kommt die Perspektive einer unterstützenden schnell wirkenden Disruption kaum zur Sprache.
Der zweite Grund ist, dass die Studien nahelegen, dass schmerzliche Entscheidungen zu treffen sind, weil sonst die Katastrophe droht. Der politische Wille für schmerzliche Entscheidungen verschwindet in dem Moment, wo eine technische Lösung auch nur angedeutet wird.
Das ist ein berechtigtes Bedenken und die Berichte haben Nachhaltigkeit und Kreislaufwirtschaft zu einem zentralen Thema der Politik gemacht.
Fast bin ich froh, dass Politiker und Wissenschaftler die Dimension der positiven technischen Entwicklung nicht kennen.

Wir zahlen aber einen hohen Preis für die Taktik.
Die negativen Nebenwirkungen sind Angst, tiefe Depression, Hilflosigkeit und Wut bei engagierten jungen Leuten.

Der weit verbreitete Pessimismus oder auch zynisches ‘Nach mir die Sintflut-Denken’ sind keine Basis für entschlossenes Handeln unter großem Druck.

Wir brauchen Menschen, die das gewaltige Problem sehen und wissen, dass ihnen die nötigen Kräfte zur Verfügung stehen, um das Schicksal zu wenden.
Keine Garantie auf Erfolg aber eine sehr gute Chance.

Wir haben die Daten, die anzeigen, dass unsere Chancen steigen.
Je mehr Energie, Kreativität und Mut wir entwickeln, umso schneller können wir erfolgreich sein.
Ich nenne diese Einstellung datengetriebenen Optimismus.
Tausende Studien haben ergeben, dass die Chance auf Erfolg mit einer optimistischen Einstellung und einem Plan, dessen Durchführung in ihren Effekten messbar ist, sehr hoch ist.

Sind Knappheit und Abnutzung unvermeidlich?

Drei Paradigmen, Knappheit + Abnutzung + Abhängigkeit, prägen den Lösungsraum vieler Organisationen, die sich für eine nachhaltigere Welt einsetzen.

Das erste Paradigma 'Knappheit' erleben wir in verschiedenen Bereichen der planetaren Ökologie und Ökonomie. Mangel an Rohstoffen. Mangel an guter Nahrung für alle. Mangel an Flächen für Natur. Mangel an Versorgung für Kranke. Mangel an Bildung.
Man könnte das zusammenfassen als Mangel an Notwendigkeiten für Pflanzen, Tiere und Menschen.

Konsequenz: Wir, insbesondere die reichen Länder, sollten uns einschränken, damit alle Menschen und die anderen Erdbewohner genug bekommen.
Gerechtere Verteilung.

ABER: Der momentan verteilbare Reichtum ist nicht genug, um alle Menschen an einen sozial akzeptablen Lebensstandard heranzubringen.
Für hunderte Millionen ‚Reiche' wäre es ein nicht akzeptabler Abstieg.
Für Milliarden der nicht akzeptable Verzicht auf die Fülle der modernen Welt der „Reichen".
Und unsere momentan verfügbaren Mittel reichen schon gar nicht aus, um Atmosphäre, Wälder, Steppen und Meere zu sanieren.

Die Lösung kann nicht in Verzicht liegen.
Die Menschheit macht nicht mit, weil es für sie keinen Sinn macht.
Die jetzt sichtbar werdende Lösung konnte ich mir vor 5 Jahren nicht vorstellen.
Anstatt 'DeGrowth' = Schrumpfen, ist die Leistungskraft der Menschheit zu vervielfachen, um in einer globalen Kreislaufwirtschaft sowohl hohen Lebensstandard und ein sinnerfülltes Leben für alle zu erreichen als auch eine vollständige Sanierung des Planeten konkret umzusetzen.

Achtung! Warnung! Es wird trotzdem soziale und klimatische Katastrophen geben.
Aber dennoch: Unvorstellbare Fülle statt globaler Mangel.

Das war vor fünf Jahren irrational.
Jetzt haben wir Daten. Seit längerem unbemerkt in der flachen Phase exponentieller Kurven verborgen, werden jetzt zwingende Trends deutlich, die uns auf die großen Disruptionen vorbereiten.

Das zweite Paradigma ‘Abnutzung’ sagt uns, dass wir, die Menschheit zu groß geworden ist. Wir zerstören Biotope. Wir holen Energieträger aus der Erde und erhitzen die Atmosphäre. Wir versiegeln die Oberfläche mit Beton. Die Liste ist unendlich.

Wir sind gezwungen dazu, weil es sozial und ethisch nicht möglich ist die Menschheit auf ein Viertel zu reduzieren. Ich habe mir vor fünf Jahren etwas vorgemacht, als ich glaubte mit dem 1,5 Grad Ziel können wir die Welt retten. Ich habe das Problem und unsere zukünftigen Fähigkeiten weit unterschätzt.

Die Werkzeuge für die Rettung unseres Planeten entstehen gerade.

Ziel:
Energie wird nachhaltig erzeugt, gespeichert und verwendet.
Mobilität von Gütern und Menschen wird vollständig nachhaltig.
Nahrung kann unabhängig von Ackerfläche in bester Qualität für alle erzeugt werden.
Arbeits- und Gedankenkraft ist kein Engpass mehr wegen Robotik und künstlicher Intelligenz.

Hypothese:
Die Disruptionen um Energie, Transport, Nahrung und Arbeit machen Abnutzung des Planeten unsinnig und überflüssig. Bereits erfolgte Abnutzung kann (weitgehend) rückgängig gemacht werden.

Muss die Menschheit abhängig vom Ökosystem bleiben?

Hypothese: Wir kommen bald in ein Zeitalter der Fülle.

Mir gefällt der Titel eines Buches von Sahra Wagenknecht "Reichtum ohne Gier" (nicht unbedingt alle Lösungsrichtungen, die sie vorschlägt).
Gier entsteht durch Angst und empfundene Einschränkungen.

Wie die drei Paradigmen der planetaren Ökologie:
Knappheit - Abnutzung – Abhängigkeit

Das dritte Paradigma 'Abhängigkeit' bedeutet, dass wir in Konkurrenz um Ressourcen mit den anderen Lebewesen des Planeten sein müssen, um zu überleben.

Es entstehen immer bessere Berechnungen/Modelle, welche Dienstleistungen der Planet uns 'gratis' zur Verfügung stellt.
Reine Luft, reines Wasser und Flächen um zu leben und zu wirtschaften.
Wir sind abhängig von den Leistungen unseres Planeten.

Aber wir sind über acht Milliarden Großverbraucher.
Mit den gerade verfügbaren Werkzeugen zerstören wir die Maschine,
die uns am Leben erhält.
Wir wollen die Verschwendung dieser Dienstleistungen
durch eigene Leistung, eigene Kapazität ersetzen.
Wir wollen unabhängig von der 'normalen' Kapazität des Planeten werden, damit wir nicht in einer planetaren Katastrophe dreiviertel der Mitmenschen und unsere tierischen Geschwister dazu verlieren.

Die gerade stattfindenden Disruptionen machen uns unabhängig.
Wir sind nicht mehr in Konkurrenz.
Wir sind verantwortlich.
Wir bedienen uns nicht einfach an den begrenzten Dienstleistungen.
Wir ergänzen die Dienstleistungen und nutzen sie um ein Vielfaches intelligenter.

Statt zu argumentieren, dass wir das Ökosystem schützen müssen, weil wir es brauchen, können wir das Ökosystem pflegen, weil wir es lieben.

Wir sind nicht abhängig voneinander. Wir sind starke Partner.
Diese gute Aussicht auf die Zukunft hat Nebenwirkungen.

Ein ganz wesentlicher Faktor in der Informationspolitik von wohlmeinenden Wissenschaftlern, Öko-Organisationen und Politikern ist "Sense of Urgency" (Dringlichkeit) sicherzustellen.

Wenn ich also darauf hinweise, dass Lösungen möglich sind und sehr wahrscheinlich, ja sogar zwingend, bald umgesetzt werden, kann das bequemes Ausrasten auf dieser Prognose verursachen.

Die Dringlichkeit verfliegt.
Niemand tut etwas.
Wir verschenken die Chance, die wir haben.

Optimismus ist eine Gefahr für die Bewegung!
Die Gefahr der Untätigkeit ist zu groß, um Optimismus zuzulassen.

Hypothese:
Es ist sogar besser pessimistisch, ja sogar zynisch, zu sein für das Heil des Planeten.

Diese Einstellung ist nicht nur sehr ungesund, sie entzieht Lebensenergie,
vor allem geht sie von falschen Annahmen aus.
Wir lügen uns an, wenn wir verbergen,
was wir tatsächlich beitragen können und werden.

Das führt zu kontraproduktiven persönlichen und politischen Entscheidungen.

Wie verhindern wir das?

Romantischer Kampf, moralische Frage oder praktische Lösung

Oft wird das Ringen um die Zukunft der Erde als Kampf zwischen der Natur und dem Menschen als Prometheus dargestellt.
Oder besser einem Zauberlehrling, der seine Grenzen weit überschreitet und Unglück über sich und die Welt bringt.
Wir wissen nicht, was wir tun, und die Natur wird zurückschlagen.

Diese Sicht führt zum Schluss, dass wir Menschen die Störung der natürlichen Ordnung sind und uns zu entfernen, löst das Problem.

Eine andere Perspektive sieht unser Verhalten als unmoralisch.
Wenn wir tugendhaft wären, bescheiden im Konsum, aufmerksam unserer Umwelt gegenüber, solidarisch gegenüber Menschen, Tieren und Wäldern, dann würde alles gut. Aber wir, oder eben die anderen, sind eben schlechte Menschen.

Die Hypothese vom romantischen Kampf zwischen Gut (Natur) und Böse (Menschheit), die im großen Finale, im Untergang der Menschheit endet hat aus meiner Sicht gedankliche Schwachstellen.
Menschen sind Teil der Natur dieses Planeten.
Wir sind mit hoher Wahrscheinlichkeit die widerstandsfähigste Tierart der Erde.

Wir können die Verantwortung für die Erde nicht mehr auf die Natur abschieben.
Klar kommt der Planet, geologisch gesehen, ohne uns zurecht.
Aber Tiere und Pflanzen, wie wir sie kennen, gehen mit uns den Bach runter.

Der Zug bezüglich Klimawandel ist abgefahren,
wenn wir Menschen und nur wir, nicht gegensteuern.
Wir sind in der Verantwortung.

Also doch! Wenn wir uns ab jetzt ‚gut' verhalten, können wir die Situation retten.

Das ist gut gemeint, aber hat zwei entscheidende Schwachstellen.

Selbst, wenn wie durch ein Wunder alle Menschen aufhören, CO2, Feinstaub und andere Schadstoffe zu produzieren, ist die Dynamik bereits zu weit fortgeschritten. Globale Klima-Kipppunkte scheinen bereits jetzt unabwendbar.

Und zweitens: Wer selbst schon einmal Gewohnheiten bei sich selbst zu ändern versuchte, kann nachvollziehen, was es braucht das bei über acht Milliarden Menschen gelingen zu lassen.

Reduzieren unserer negativen Einflüsse hat bremsende Effekte, aber ändert nichts an der Unausweichlichkeit der Folgen. Neben dem Löschen des Brandes, den wir ausgelöst haben, müssen wir den Planeten wieder in einen stabilen Zustand bringen.

Klimawandel ist weder ein romantischer Kampf noch eine moralische Frage, sondern ein ganz praktisches, wenn auch existentielles Problem.
Die Lösung haben wir, die Menschheit, in der Hand.

Die vier technologischen Disruptionen werden uns erlauben nachhaltig in Fülle zu leben.

Wir verursachen keinen neuen Schaden.
Globale Prosperität entsteht als notwendiges Element einer sozial verträglichen Lösung. Unseren Reichtum können wir nützen,
die Atmosphäre und die übersäuerten Ozeane zu sanieren.

Wie? Fortsetzung folgt.

Daten sind die neue Politik

In großen erfolgreichen Unternehmen wird immer mehr der Spruch wahr „Daten sind das neue Management".

Was soll das heißen?

Wenn jemand in einer Organisation eine gute Idee hat, geht die Person zum ‚Management' und fragt, ob das eine Idee ist, die umgesetzt werden kann. Nachdem das ‚Management' oft begrenzte Intelligenz und Information hat, wird viel Dummes umgesetzt und Kluges unterlassen.

Die oben referenzierten Unternehmen (Nvidia, Amazon, Tesla, SpaceX, …) haben ihre Ziele und Funktionen in eine gesamtheitliche Datenbank überführt diese wird zunehmend mit künstlicher Intelligenz analysiert und durch diese verwendet, um Entscheidungen zu vorzubereiten.
Es entsteht ein vollständiges Bild des Organismus ‚Firma'.
Dieses Bild ist ein digitaler Zwilling der realen Firma. Im Gegensatz zu früheren Versuchen mit umfassenden Informationen, ist der Datenbestand tatsächlich so umfassend, dass Simulationen auf Grund einer Idee, einer Veränderung, eines überraschenden äußeren Ereignisses (Erdbeben, Taifun, Krieg, neue Regierung, …) sinnvolle Entscheidungen vorschlagen.
Warnung! Ich habe nur kleine Einblicke in diese Firmen. Ich kann mit manchen Annahmen deutlich daneben liegen. ABER, meine Vermutung ist, dass diese Systeme inzwischen leistungsfähiger sind als meine Beobachtungen indizieren.

Wichtig ist hier die klare, datenhinterlegte, Zielvorstellung der Organisation.
Tesla hat das Ziel die Transformation zu einem nachhaltigen und florierenden Planeten zu beschleunigen.
Beispielhafte Sub-Ziele dazu sind:
CO_2 freie nachhaltige Energie Gewinnung, Speicherung und Nutzung
Autonome klimaneutrale Mobilität (Auswirkung: 2 Millionen weniger Verkehrstote weltweit, reinere Luft, …)

Wenn jetzt ein Ingenieur bei einer solchen Firma eine Idee hat, dann gibt sie das Design in das System ein und sie bekommt unmittelbar eine Antwort, ob ein weiter verfolgen der Idee Sinn macht, auf Basis der Gesamtsituation des Systems und seiner Ziele. Negative Seiteneffekte werden benannt, ergänzende Interventionen vorgeschlagen oder eben nein und warum.
Eine Konsequenz ist, dass auf mittleres Management weitgehend verzichtet werden kann. **„Data is the new management"**
Die Managementstruktur wird schon jetzt deutlich flacher. Diese Veränderung ist bereits weit fortgeschritten in jenen Firmen, die großen Einfluss auf unsere Zukunft haben.

Große Firmen, die diese Veränderung nicht durchführen können wegen Unwillen des Managements und weil oft die Daten- und KI-Voraussetzungen nicht ausreichen, sind in Gefahr innerhalb weniger Jahre in Konkurs zu gehen.
Kleine Firmen sollten wendiger reagieren können, haben momentan aber nicht das Knowhow. Das könnte aber durch die schnelle Weiterentwicklung der KI-Werkzeuge behoben werden.

Und was hat das jetzt mit Politik zu tun?
Unsere gegenwärtige politische Situation ist weltweit von aggressiv ausgetragenen Meinungsverschiedenheiten geprägt.
Es ist sehr schwer vorauszusagen welche Aus- und Nebenwirkungen eine vorgeschlagene Intervention haben wird.

Die politische Meinungsbildung ist daher von Ein-Satz-Slogans geprägt.
Wählende können nach Bauchgefühl und politischer Voreinstellung entscheiden.
Das zentrale Thema hier ist das Wertesystem der Bürger.
Studien haben ergeben, dass über den vorgeschlagenen Handlungen der Politik eine Wertehierarchie existiert.

Die Handlungen, die von Bürgern für sinnvoll gehalten werden, mögen diametral entgegenstehen, allerdings treffen sich die Werte der Menschen auf einer höheren Ebene.
Sicherheit, Gesundheit, Wohlstand, Familie, Nachbarschaft, Vertrauen, gegenseitige Unterstützung etc. sind oft auch bei gegenläufiger politischer Einstellung synchron.

Was hat das jetzt mit Daten, Künstlicher Intelligenz und Politik zu tun?

Ich wage mich hier auf dünnes Eis, allerdings zeichnet sich in großen Firmen, wie oben beschrieben, bereits die Skizze eines Weges ab. Diese Firmen haben hunderttausende Mitarbeitende. Sie können daher schon ein Sample sein, wie (Innen)Politik funktionieren kann, ohne klassische Politik. Allerdings sind nahezu alle Firmen Diktaturen. Du kannst jederzeit austreten, aber wenn du drin bist, gelten die Ziele der Firma, selbst wenn keine Managementstruktur dich hemmt.

Wir über acht Milliarden Menschen leben in ungefähr 80 Millionen Nachbarschaften zu etwa 100 Menschen. Wie oben festgestellt sind sich die Menschen auf hoher Ebene über Werte und Ziele ziemlich einig.

Es gibt da aber ein großes politisches ABER:
Das Mantra, dass wir in einer Welt von **„Knappheit – Abnutzung und Abhängigkeit“** leben führt notwendigerweise zu einem Verteilungskampf.
Alle hohen Werte gelten dann nur noch innerhalb meiner engeren Gemeinschaft, nicht aber für die Menschheit als Ganzes. Dieser Verteilungskampf prägt die Politik.
Was jemand anderer mehr hat als ich, muss mir wohl vorher ungerecht weggenommen worden sein und wir müssen uns abgrenzen gegen jene, die weniger als wir haben, weil die anderen, aus ihrer Sicht völlig berechtigt, trachten werden, unseren wohlverdienten Status zu stehlen.
Wir können keine ‚guten‘ Menschen sein, wenn wir unsere Existenz bedroht sehen.
Wir müssen kämpfen!

Die Crux schon gesehen?
Das ‚Mantra‘ erscheint nach allen Informationen, die uns vorliegen (z.B. IPCC Berichte), die Realität abzubilden.
Solange wir in einer Welt von „Knappheit – Abnutzung und Abhängigkeit“ leben befiehlt der gesunde Menschenverstand uns zu verteidigen und eine Gemeinschaft (Partei) zu suchen, die unsere Interessen gegen die anderen vertritt.

Dieser Abschnitt VIII ist der Versuch darzustellen, dass dieses Mantra in Auflösung begriffen ist.

Das neue Mantra ist: **„Wie leben in einer nachhaltigen Welt von Fülle und Wohlstand in der jeder Mensch sich voll entfalten kann“**
Achtung! Wir leben noch nicht in dieser Welt. Die Türe geht gerade erst auf und wir kämpfen aus dem alten Mantra heraus, wer als erster durchgehen darf.

Daher wird der Übergang extrem stressig, weil die Fülle zunächst ungleich ankommt. Und hier kommt die Politik zum Zug.

Ich erwarte zwischen 2028 und 2031 ein starkes Ansteigen der Arbeitslosigkeit und große Verunsicherung in weiten Teilen der Bevölkerung.
In Österreich, den USA und anderen Staaten wird eine neue Regierung gewählt. Wer auch immer regiert hat, bekommt die Rechnung präsentiert, wenn nicht durch ein Wunder die politischen, sozialen und finanziellen Weichenstellungen für die neue Zeit bereits in dieser Legislaturperiode gestellt wurden UND positive Effekte für die Bürger deutlich sichtbar sind.

Was tun?
Ich kehre jetzt in meine kleine unpolitische Welt „Daten sind die neue Politik“ zurück.
Aus meiner Sicht könnte als Entscheidungsunterstützung ein ähnliches System, wie in den gegenwärtigen Hightechfirmen helfen, das aber die gesamte Menschheit umfasst. Ein Subziel könnte sein, diesen Ansatz für einen Staat zu machen.

Das ist in jedem Fall ein extrem anspruchsvolles Projekt. Allein die IT-Infrastruktur kostet für ein Land Milliarden. Menschen zu gewinnen, die ein solches Gesamtsystem umsetzen, könnte sogar unmöglich auf Einzelstaatebene sein.

Daher denke ich jetzt auf EU und Weltebene weiter.
Wegen der **Werte und Zielbilder** kann man mit der UNO-Menschenrechtskonvention, den Verfassungen der Länder und den guten Absichten der Religionsgemeinschaften starten. Schon jetzt kann eine künstliche Intelligenz das zu einem schönen Gesamtbild zusammenfassen. Besser machen kann man eine solche Wissensbasis der Werte der Menschheit immer noch.
Es gibt eine Gruppe von Wissenschaftlern, die einen ‚Moral-Graph‘ eine Hierarchie der Werte, zusammengestellt hat und mit diversen Menschengruppen testet.

Ich mache es mit einfach. Ich teile die Welt in Dörfer. So etwas können Menschen gut überblicken. Nachbarschaften (etwa 100 Personen) wäre auch möglich und menschennäher, aber kompliziert die Logistik noch einmal dramatisch.
Ich liege mit vielen Annahmen sicher falsch, will aber zeigen, was ein digitaler Zwilling unserer Welt für uns bedeuten könnte.

Wir sind auf der Welt über 8 Milliarden Menschen, die in 8 Millionen ‚Dörfern' (etwa 1000 Einwohner) leben.
Der Wiener Bezirk Favoriten enthält dann etwa 240 Dörfer. Mein kleiner Heimat-Ort Wiener Neudorf würde aus 10 Dörfern bestehen (10000 Einwohner).

Wie geht es jedem Dorf?

Sozial, finanziell, bezüglich Sicherheit und Gesundheit, ... hunderte Parameter?

Welche Infrastruktur ist vorhanden?
Was wird geteilt mit anderen Dörfern?
Wie ist die Logistik zwischen den Dörfern?
Was wird aus anderen Ländern gebraucht?
Welche Werte werden im Ort vertreten?
Was ist ihnen wichtig?
Was ärgert sie?
Welche Konflikte werden im Ort wahrgenommen?
Welche natürlichen Ressourcen hat der Ort?
Welche Pflanzen, Tiere etc leben hier?
Temperaturen, Niederschlag, bekannte Gefahren, ... ?
Fotos und Filme aus dem Dorf.
Und vieles mehr.
Tausend Fragen!

Alles relevante wird in einer Datenbank gespeichert und von einer künstlichen Intelligenz verarbeitet, analysiert und letztlich ein digitaler Zwilling zu jedem Dorf der Welt gemacht.

Etwa 90000 Dörfer machen Österreich aus.
Wie geht es Österreich?
Wie funktioniert die Logistik von Österreich als Ganzem?

Was wollen wir Österreicher tun, damit es allen hier besser geht und kein Schaden in der Welt angerichtet wird?

Wenn jetzt ein Mensch oder eine politische Partei eine Idee hat, kann diese mit ihren Nebenwirkungen getestet werden.

Die KI kann einen Dokumentar-Film dieser Idee und ihrer Folgen, adaptiert für jedes Dorf, zur Verfügung stellen und messen, wie die realen Menschen in den Dörfern darauf reagieren.

Es gilt global zu denken und lokal zu handeln.
Damit wird fundierte Willensbildung möglich.

Dies kann in eine Entscheidung, was getan wird, umgesetzt werden.
Ich sehe in der Beschaffung und Verwendung der Daten, der Entscheidungsvorbereitung und der Absicherung gegen Missbrauch ein sehr lohnendes Forschungsgebiet.

Es gibt Gefahren und Fallstricke. Die Künstliche Intelligenz und ihre Lenker können manipulativ werden und Einzelinteressen statt des Wohls des Ganzen verfolgen. Wie kann das geprüft werden? Wer prüft?

Wie weit soll die Datensammlung gehen? Schon das Sammeln der Dorf-Daten ist aufwändig. Ich rechne hier aber mit sehr effektiven Fähigkeiten des KI-Systems. Daten zu Einzelpersonen zu sammeln könnte sehr wertvoll für eine zuverlässige Simulation sein, aber auf der anderen Seite jede Privatsphäre zerstören.
Wie wird Autonomie der Menschen und ihre Privatsphäre geschützt?

Welche Bürger werden sich beteiligen?
Wie können Bürger ihren Willen ausdrücken?
Wie werden möglichst viele Bürger zur Teilnahme an der ‚Politik' motiviert?

Meine Intention hier ist, das Thema anzureißen.
Mögen möglichst viele Menschen sich Gedanken dazu machen,
wie die **Politik in einer Welt der Fülle** aussehen kann
und wie wir heil über den Abgrund kommen, der uns von dieser Welt trennt.

Warum setzen sich manche Technologien so schnell durch?

Der ThinkTank RethinkX hat sich die Mühe gemacht den Verlauf von über hundert Technologische Disruptionen der letzten Jahrhunderte zu prüfen, Da gab es die Webstuhl-Maschinen im siebzehnten Jahrhundert, die Dampflokomotive, das Auto, die Digitalkamera, das Smartphone und viele mehr.
RethinkX hat ein Muster identifiziert.

Die neue Technologie löst ein bestehendes Problem. Zum Beispiel Langsamkeit von Pferden und Pferdemist in New York. Zunächst kaufen wenige teure Autos. Autos werden besser; das Interesse steigt. Mehr Investition in Infrastruktur. Öffentliche Hand unterstützt. Preis fallen. Weitere Innovationen (zB Fließband bei Ford 1919). Preise sinken. Leistung steigt stark an. Das alte Produkt (Pferd) wird zu teuer. Ein beschleunigender Feedbackloop führt innerhalb von 10 Jahren zur Verdrängung des alten Produkts.
Ein Teufelskreis für das alte Produkt. Weniger Bedarf. Stückzahlen sinken. Kosten steigen. Die Nachteile werden den Kunden bewusst. Der Bedarf sinkt. Regierungen ziehen ihre Unterstützung zurück. Weniger Investition. Produkt wir immer unattraktiver. Marktanteil sinkt auf minimalen Prozentsatz. Firmen mit den alten Produkten gehen in Konkurs.

Erfolgreiche Selbst-Disruption ist selten. Das würde bedeuten das lukrativste Produkt der Firma am Höhepunkt seiner Marktpräsenz zu gefährden oder zu ersetzen.
Extremes Beispiel: Kodak. Die Firma dominierte das Filmgeschäft.
Kodak hatte sogar ein Patent auf die Digitalkamera.
Das Verharren im alten Muster war trotzdem so stark, dass andere Firmen den Markt eroberten und Kodak in Konkurs gehen musste.

Smartphone als Digitalkamera zeigt, dass sich der Markt oft exponentiell erweitert. Das Produkt ist so viel nützlicher. Der Smartphone-Markt hat sich mehr als verzehnfacht gegenüber Fotographie und Telefon Markt kombiniert.

Die vier großen Disruptionen zeigen schon jetzt alle Anzeichen eines solchen Verlaufs. Bei Batterieelektrischen Autos ist der Knick nach oben schon deutlich. Benziner fallen schon zurück.

Tesla Autos sind bereits 2022 billiger als der Durchschnitt ALLER in den USA verkauften Wagen. Tesla plant die Kosten für ein Auto innerhalb von 3 Jahren (bis 2026) noch einmal zu halbieren.

Da können Benziner und Diesel nicht mehr mithalten, weil die Stückzahlen sinken, die Preise der Zulieferer steigen und die Technologie seit Jahren stagniert.

Auswertungen über die letzten 5 Jahre zeigen, dass die gekauften Tesla mehr als dreimal so lange gefahren werden können, wie ein BMW und wesentlich niedrigere Wartungskosten haben.
Die Kosten pro Kilometer sinken für Elektrofahrzeuge auf einen Bruchteil der entsprechenden Benziner.

Ist unser Weg zu einem nachhaltigen planetaren System physikalisch möglich?

Haben wir Menschen die Kraft den Schaden zu beheben, den wir verursacht haben? Was ist zu tun?
Als erstes müssen wir unsere Ressourcenverschwendung beenden, dann den Schaden beheben.

1. ENERGIE
Die Umstellung auf nachhaltige Energieproduktion folgt auch einer S-Kurve = zuerst hat sich Jahrelang wenig gerührt, jetzt gerade wird die Veränderung stark, die Kurve steil. Die fossile Technologie stirbt schneller als jetzt allgemein angenommen wird.
Hauptsächlich durch Photovoltaik. Ein Model (Siehe Tesla - Masterplan 3) berechnet, dass die notwendige Investition in erneuerbare Energieproduktion in den nächsten 20 Jahren um 40% weniger kosten wird als das, was die fossilen Energieproduzenten im gleichen Zeitraum investieren wollen. Im Anschluss an die Disruption wird wegen der realisierten Kreislaufwirtschaft der notwendige Bergbau nach einer zwischenzeitlichen Zunahme massiv abnehmen.

2. MOBILITÄT und INDUSTRIE wird durchgehend elektrifiziert bzw. nachhaltig (sauberer Wasserstoff). Beim Individualverkehr geschieht das jetzt schon, Lastwagen folgen schnell, dann Schiff und Flugzeuge und die gesamte Industrie. Eigentum von Autos wird unnötig, wenn Transport nach Kilometer abgerechnet zu einem Bruchteil der Kosten jederzeit zur Verfügung steht.
Mobilität und Transport verbrauchen fossile Rohstoffe. Elektromotoren und in Nischen andere nachhaltige Lösungen werden Verbrennungsmotoren viel schneller ersetzen als lineare Modelle es momentan vorhersagen. Für Autos, Lastwagen, Schiffe und Flugzeuge etc. sind Lösungen bereits in begrenztem Einsatz.
Beim Thema S-Kurven kommen wir auf die täuschende Langsamkeit der beginnenden Entwicklung zu sprechen und die überraschende Schnelligkeit der exponentiellen Disruption selbst.

Bezüglich 3. NAHRUNG wird Präzisions-Fermentierung und Zellen als unsere neuen Nutztiere billige und gesunde Nahrung für alle ermöglichen. Massentierhaltung und industriel e Landwirtschaft werden unnötig. Aufforstungsprojekte in Kontinent-Dimension werden ermöglicht.

All das schnell umzusetzen wird um den Faktor 10-100 billiger, weil wir

4. Künstliche Intelligenz (AI), AUTOMATISIERUNG und ROBOTER einsetzen können für unsere gesamte industrielle Aktivität und die Schadensbehebung in unserem planetaren System.

Zwei Beispiele:
Kontinentalweite Aufforstungsmaßnahmen können durch Automatisierung und ausreichende Finanzierung in wenigen Jahrzehnten durchgeführt werden.

Die Übersäuerung der Ozeane kann durch Zufuhr von geeignetem feinem Sand in etwa 20-30 Jahren durchgezogen werden. Dazu muss vorübergehend die jetzige Bergbaukapazität um 50% erhöht werden, weil etwa 16 Kubikkilometer Sand pro Jahr im Meer verteilt werden müssen. Der Amazonas schafft momentan etwa einen Kubikkilometer pro Jahr.

Die Menschheit kann nicht nur Schaden im geologischen Ausmaß anrichten, sie kann auch Nutzen in geologischem Ausmaß stiften.

Und die jetzigen Ideen werden in 10 Jahren kindlich erscheinen, wenn wir weit bessere Daten und Werkzeuge zur Verfügung haben werden.

Ist die Menschheit ein Segen oder ein Fluch für unseren Planeten?

Ich höre immer wieder:
“Wir müssen nur uns, die Menschheit, entfernen von diesem Planeten und alles wird wieder gut!”
Dann wäre es aber auch nützlich, Vulkanismus, Kontinentaldrift, Asteroiden, eine manchmal aggressive Sonne, ... zu eliminieren.

Diese Naturkräfte haben über Milliarden Jahre den Meeresspiegel um hunderte Meter verändert, unzählige Tier und Pflanzenarten vernichtet, den ganzen Planeten eingefroren, den ganzen Planeten unerträglich überhitzt, ...

Die Menschheit hat inzwischen den Status eines geologischen Phänomens entwickelt. Mit der Fähigkeit, die Erdoberfläche, die Ozeane und das Klima zu verändern.
Wir betonieren/versiegeln weite Flächen der Erde, wir wählen und verändern Pflanzen und Tiere.
Bisher haben wir eher gehandelt wie ein Kontinent.
Wir bewegen uns, ohne zu denken.
Wir fahren über alles übrige drüber oder drunter.
Insofern sind wir ein Fluch für alle anderen Mitbewohner dieses Planeten.

Das muss nicht so sein.
Dazu die dringende Empfehlung, die Videoserie von Adam Dorr / RethinkX anzusehen und/oder sein Buch ‘Brighter’ zu lesen: https://lnkd.in/d_ThDAKb

Durch die vier weltweiten Disruptionen bekommen wir Menschen JETZT das Werkzeug in die Hand, um weiteren Schaden zu verhindern und die Wiederherstellung schnell anzugehen und durchzuführen.

Wir können ein Segen für diesen Planeten sein.
Nicht nur Reparatur, sondern Entfaltung über alles hinaus, was dieser Planet bisher erlebt hat.

Figure 4. Causal Feedback Loops Drive Disruption

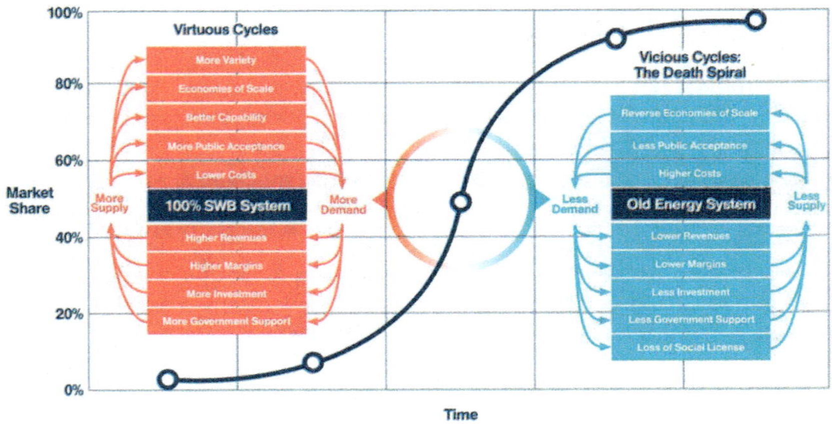

Source: RethinkX

Die Disruption findet zumindest in vier großen Wirtschaftsbereichen statt, welche eine Kettenreaktion in allen Wirtschaftsbereichen auslösen wird.

Die großen vier sind:
ENERGIE - Solar, Wind, Batterie, Wärmepumpen
TRANSPORT - Elektrische Fahrzeuge, autonomes Fahren, Ridesharing, vollständig nachhaltige Mobilität (Fliegen, Schiffe, ...)
ERNÄHRUNG - Präzisionsfermentierung, zelluläre Landwirtschaft
ARBEIT - Künstliche Intelligenz, Automatisierung, Roboter

Diese Veränderungen betreffen alle wirtschaftlichen Aktivitäten der Menschheit und verstärken sich gegenseitig.
Es gibt also die Lösungen heute und sie werden jede Minute billiger.
Diese vier Disruptionen sind zum Glück getrieben von nachhaltiger Energie-Erzeugung, Energie-Speicherung und Energie-Nutzung.

Große Disruptionen gab es viele in der Vergangenheit. Etwa Autos, die Pferde innerhalb von 15 Jahren ersetzten, zu Beginn des 20sten Jahrhunderts.
Leider mit stinkenden und giftigen Nebeneffekten.

Technologien setzen sich durch, weil sie wirtschaftlich so viel effektiver und billiger als die bestehende Konkurrenz sind, was eventuellen kollateralen Schaden in den Augen der Menschen überwiegt.

Fossile Rohstoffgewinnung kann als unbesiegbar wahrgenommen werden.
Ihr Markt in 1000en Mia € gemessen, viel Geld für Verteidigung.
Die Kunden werden innerhalb von fünfzehn Jahren komplett davonlaufen.
Nicht aus moralischen Gründen, einfach weil die Alternative einen Bruchteil kostet.

Diese Disruptionen sind inzwischen Selbstläufer.
Das war vor 10 Jahren ein Traum.
Ist jetzt Realität aber noch kaum sichtbar wegen des geringen Marktanteils.

Wir können ein Segen für diesen Planeten sein!

Die Tücken der S-Kurve

Was macht die gerade ablaufenden Disruptionen so ‚Unverhinderbar‘?

Ich habe bereits mehrfach über die S-Kurve als eine zentrale Eigenschaft von Disruptionen gesprochen.

Auf dem Bild zu diesem Memo sieht man die Disruption der Fotografie in den Jahren 1995 bis 2005. In zehn kurzen Jahren wurde eine Jahrhunderte alte Technologie, der Film, durch digitale Fotografie ersetzt. Digitale Fotografie wurde Jahre vorher entwickelt, aber nicht als relevante Konkurrenz gesehen, weil die Auflösung viel zu gering war.

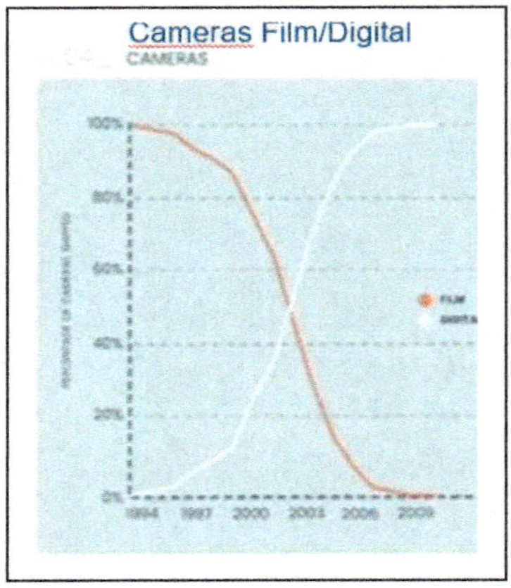

Was die dominierende Firma Kodak nicht berücksichtigte, war der klare exponentielle Trend des Moore'schen Gesetzes, das klar vorher sagte, dass die Sensoren die Auflösung von Film innerhalb weniger Jahre übertreffen würden.

Große Firmen sind oft blind für exponentielle Trends, die ihr Kerngeschäft bedrohen. Beispiel: konventionelle Autofirmen, die schon vor hundert Jahren Elektroautos bauten, aber die Entwicklung der Technologie verschlafen haben und im Moment oft nicht begreifen, dass Diesel/Benzin schon jetzt nicht mehr konkurrenzfähig sind. Erfolgreiche Disruptoren erkennen die flache Phase einer exponentiellen Entwicklung früh.

Während die alte Technologie sich in Sicherheit von Über 90% Marktanteil und guten Gewinnen wiegt, hat sie das Rennen bereits verloren.
Nokia und Blackberry nahmen an, dass Kunden nie auf den Komfort ihrer Benutzeroberfläche verzichten würden. Ich selbst liebte die Tasten meines Nokia-Telefons. Was ich zu diesem Zeitpunkt nicht erkannte war, dass ein exponentieller Trend die neue Technologie unterstützte. Wieder verdoppelte sich die Leistungsfähigkeit von Hardware und Software alle ein bei zwei Jahre.
Innerhalb von wenigen Jahren war Schluss mit Nokia und Blackberry.
Der Trend der darunterliegenden Technologie-S-Kurve war für jene, die darauf schauten, seit Jahren sichtbar.

Momentan wird darüber gesprochen, was das FullSelfDriving (FSD) von Tesla alles nicht kann. Wenige sehen den darunterliegenden Trend in den Daten, der zeigt, dass die Leistungsfähigkeit der AI-Hardware und Software exponentiell ansteigt.

Schon die ersten dreihundert Millionen Kilometer, gefahren in Nordamerika, zeigten die starke Abnahme von Fehlverhalten der Software.

Erfahrene Testfahrer berichten, dass sie in fremden Städten und auf Autobahnen immer FSD einsetzen, weil es einfach mehr weiß und sicherer fährt. Was momentan ein hervorragendes Fahrer-Assistenz-System ist, wird in wenigen Jahren ein notwendiger Teil des Mobilitätssystems sein und Millionen Menschenleben retten durch das Verhindern von Unfällen.

Jetzt wird über Autos gesprochen. Das ist aber, wie beim Handy nicht die eigentliche Disruption. Es wird Mobilität, weil nachhaltig und autonom, neu definiert. Wir können dann jede Art der Mobilität zu einem Bruchteil der Kosten buchen. Weil das Fahrzeug autonom ausreichend verfügbar ist, kommt das geeignete Transportmittel innerhalb von Minuten zur Haustür und kostet pro Kilometer viel weniger als ein privates Auto, Öffi oder ein Taxi. Oder es steht bereit, weil ich es vorbestellt habe. Oder mein Haushalts Roboter hat es bestellt, weil er vermutet hat, dass ich es brauchen werde.

Wie bei Telefon+Kamera auf Handy erschließt die Transport-Disruption ein Vielfaches an Nutzen für die Menschen.

Die Macht der Kostenkurven

Immer wieder werde ich gefragt:
“Warum bist du so optimistisch bezüglich Welt und Menschheit?”
Meine Antwort: Ich informiere mich aus guten Quellen, was weltweit geschieht und vernetze es in meinem Kopf zu einem planetaren Ganzen.

Zusätzlich verfolge ich, wie klügere Menschen Rahmenbedingungen und Muster in der Entwicklung der Menschheit und unserer Ressourcennutzung, identifizieren und nutzen, um potenzielle Zukünfte zu entwerfen und sogar konkret planen in diesem Rahmen Erfolg zu haben.

Einige dieser klugen Leute sind für mich Tony Seba&Co von RethinkX und die Idee, dass Kostenkurven wie Gravitation wirken.

Was ist denn eine Kostenkurve? Eine berühmte Kostenkurve wird Moore’sches Gesetz genannt. Vor etwa 60 Jahren hat der damalige Chef von Intel festgestellt, dass Transistoren und davon abhängig Computerchips alle ein bis zwei Jahre um das doppelte leistungsfähiger zu den halben Kosten werden. Zu dem Zeitpunkt hat IBM behauptet, dass nur wenige Millionäre sich eigene Computer leisten werden können. Bald darauf gab es persönliche Computer von vielen Anbietern.
Kostenkurven sind über Jahrzehnte mit hoher Präzision voraussagbar.
Wie Herr Moore in den Sechzigern vorzeigte.
2012 hat Tony Seba von RethinkX den Preis für solare Energieerzeugung, Solar Paneele, Batterien oder auch die Energiedichte von Batterien vorausgesagt. 2023 stimmen seine Kostenkurven immer noch. Noch 2016 haben Autoerzeuger behauptet, dass Elektroautos wegen der Batteriekosten immer teurer bleiben werden als Benziner. Das führte zu massiven strategischen Fehlern, die sogar heute noch die Strategie vieler großer Autokonzerne bestimmen.

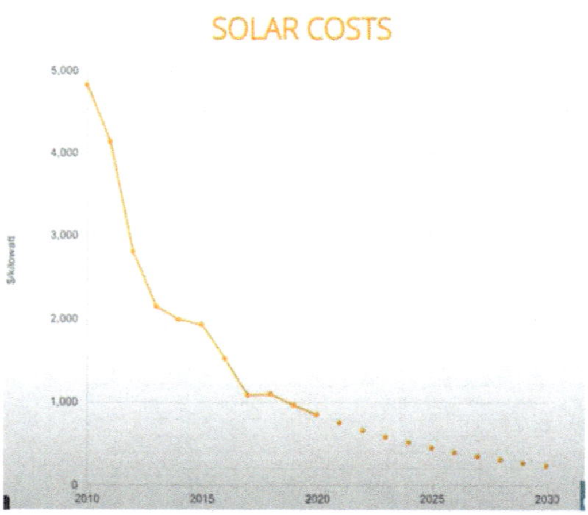

Inzwischen findet mein Schwiegersohn das Aufladen seines Tesla als viel angenehmer als das Tanken eingehüllt in giftige Dämpfe vor wenigen Jahren. Zuhause von der Solaranlage oder dem Stromnetz, unterwegs von den Superchargern.
Die Pausen bestimmen die Kinder nicht die Reichweite der Batterie.
10 Stunden Auftank-Aufenthalte an Tankstellen spart er jedes Jahr.

Tony Seba sagt, dass Kostenkurven wie Gravitation sind.
Materialentwicklung, Softwareentwicklung, Innovation und Investition sind global gesehen kontinuierliche systematische Prozesse, die modellierbar sind.

Oft wissen wir nicht welche Firma den Durchbruch schafft. Wir können aber wissen wann die Disruption etwa eintreten wird. Wer vorbereitet ist, gewinnt. Wer als CEO meint, dass Gravitation nicht existiert, kann ja den Schritt aus dem Fenster seines Büros wagen.

Die Macht der Kostenkurven wird die 5000 Milliarden Industrie der fossilen Energieträger (Erdöl, Erdgas, Kohle, ...) zerstören. Kostenkurven gehen nach oben für sterbende Industrien wie Kohle, Benziner, ...
Steigende Kostenkurven sind nicht lange durchhaltbar für die betroffene Industrie..

Kohle war der billigste Energieträger.
In Australien, ein großer Kohleproduzent und Lobbyist, verdrängen Solar+Wind+Großbatterie systematisch konventionelle Kraftwerke.

Billiger, zuverlässiger, umweltfreundlicher, reaktionsschneller

Eine Groß Batterie (300MWH Leistung) hat im Staat Südaustralien ein Spitzenstrom-Gaskraftwerk überflüssig gemacht. Return on Investment weniger als zwei Jahre, weil die schnelle Netzstabilisierung durch die Batterie viel Geld einbringt. Abgesehen davon, sind nun große Wind- und Solarfarmen und mehrere zehntausend private Haushalte ein einziges großes virtuelles Kraftwerk.
Die Folge sind weitere Groß Batterie Projekte, weil diese Netzwerk-Batteriesysteme praktisch, stabil und lukrativ sind. Konventionelle Kraftwerke können wirtschaftlich nicht mehr mithalten und werden ersetzt.

Die Macht des „First Principle Denkens“

Glaube nie, was jemand anderer und vor allem du selbst glaubt!
Nimm es als Input.
Prüfe selbst! Suche nach ersten Prinzipien, die das Gewünschte möglich oder unmöglich machen.
Wo sind die tatsächlichen physikalischen Grenzen?
Wo sind sie nur angenommen?
Was sind die zugrunde liegenden Prinzipien?

Das sind Aussagen zu einer zentralen Haltung mit der Elon Musk seine Firmen führt.
Musk nennt diesen Denkprozess “First Principle Thinking”.

Bis 2016 war es physikalisch ‘unmöglich’ (Teile von) Raketen, welche die Erdumlaufbahn erreichen, wieder zu verwenden. So die Lehrmeinung.
SpaceX hat bereits mehr als 300-mal eine Falcon 9 Rakete wiederverwendet. Mehrfach sind bereits Raketen mehr als 20mal geflogen worden. Nur noch sehr wenige Starts werden mit neuen Raketen durchgeführt. Keinem anderen Mitbewerber ist das auch nur einmal gelungen. Die Kosten gehen nach unten, die Wettbewerber versuchen nachzuziehen, sind aber viele Jahre hinterher, weil sie dem Mythos der ‘Unmöglichkeit’ glaubten.

Noch 2018 behaupteten Ingenieure von Toyota, dass ein kostengünstiges Elektroauto physikalisch unmöglich wäre und daher der Model 3 von Tesla zum Scheitern verurteilt. Die Schwierigkeiten beim Hochfahren der Produktion schienen das zu bestätigen. Ende 2022 sind viele hunderttausend Model 3 verkauft. Model Y ist seit zwei Jahren mit über 1,2 Millionen verkauften Autos, das meistverkaufte Auto weltweit. Die nächsten Autos in der Liste kosten weniger als die Hälfte. Preis/Leistung unschlagbar.

Mercedes meldet noch 2022, dass ein elektrischer Lastwagen aus physikalischen Gründen keine Last von 40 Tonnen 500 Meilen (ca 800km) führen kann.
Der Tesla Semi demonstriert das seit Ende 2022. Die ersten 60 Vierzig-Tonner fahren inzwischen seit Jahren bei Pepsi und rentieren sich jeden Tag im Vergleich zu den konventionellen Lastwagen. Die Fabrik für die Massenproduktion wird 2025 produktiv.

Die Macht des naturwissenschaftlichen Denkens (First Principles) wird selbst von Ingenieuren oft unterschätzt.

Neugier, konstruktiver Zweifel und die Suche nach Wahrheit ist ein hoher Wert und eine Wurzel der Naturwissenschaften.

Das Gefühl, die Wahrheit zu ‚besitzen', ist ein Alarmsignal!
Viele (inklusive mir selbst) glauben zu 'wissen' und sind oft am Holzweg.

Von Einstein stammt angeblich die Aussage:
Wer sagt "Ich weiß!" oder "Das ist unmöglich!" liegt sicher falsch.
Von Eli Goldratt stammt der Ausspruch "Never say 'I Know!'".

In der Klimakrise gibt es viele Unmöglichkeiten.
CO2 neutrale Energieversorgung des Planeten mit westlichem Lebensstandard ist unmöglich.
Die Sanierung der Meere ist unmöglich.
Der Versorgung der Menschheit mit Nahrung, die nachhaltig erzeugt wird, gesünder und wohlschmeckender ist, als wir 'Reichen' es jetzt gewohnt sind und keine Tiere und Intensiv-Landwirtschaft braucht, ist unmöglich.
Die Renaturierung Kontinent-großer Teile der Erde ist unmöglich.
Viel schnelleres Wirtschaftswachstum und Vervielfachung unserer Produktivität als Menschheit bei gleichzeitiger kompletter Sanierung unseres Planeten ist unmöglich.
Eine nachhaltige Verzehnfachung der Wirtschaftsleistung des Planeten innerhalb von 30 Jahren ist unmöglich.

Nun ja, die Kernaussage dieser ganzen Memo-Reihe ist:
"Es ist möglich."
Wir haben eine reale Chance.

Was ist eine globale Disruption?

Im letzten Memo haben wir über drei wichtige Denkmuster gesprochen, die es erlauben, dass Innovationen vorgedacht und entwickelt werden und sich schließlich zwingend durchsetzen.

Für die Innovation "First Principles & Never say 'I Know'".

Für die strategische Langfrist-Planung und Statusbestimmung
die Nutzung von Kosten- und S-Kurven.

In unserem Kontext hier sprechen wir über globale Disruptionen.
Solche gibt es wenige.
Die Erfindung der Landwirtschaft, Domestizierung von Tieren, die Schrift, das Rad, … ?

Was kennzeichnet eine globale Disruption?

Zum einen folgt sie S-Kurven und die Kosten sinken entlang von Kostenkurven.
Das tun andere Disruptionen in ihrer Domäne auch.
Global ist eine Disruption, wenn dadurch die Gesamtwirtschaftsleistung der Welt stark exponentiell ansteigt.

Seit der industriellen Revolution, seit etwa 300 Jahren ist ein exponentielles Wachstum deutlich. Mit Computer und Internet wurde ein echter Sprung erwartet. Der Sprung blieb aus, das exponentielle Wachstum mit etwa 2-4% pro Jahr blieb etwa im Bereich der letzten Jahrzehnte davor. War also nicht ‚stark'.
Für einen globalen disruptiven Sprung muss ein Großteil der Weltwirtschaft betroffen sein.

Mechanische Transportmaschinen (Auto, Flugzeug, Schiff, …) alleine um 1900 herum wären keine globale Disruption . Aber kombiniert mit fossilen Energieträgern, weltweiter Kommunikation über Telefon und Telegraph und anderen Innovationen ergab sich mit dieser industriellen Revolution ein starker exponentieller Anstieg der Wirtschaftsleistung.

Neben dem Wachsen des globalen Reichtums wurden Nebeneffekte deutlich.
Zum Beispiel ungleiche Verteilung des Reichtums, Klimakrise, Artensterben, Landversiegelung, Luft- und Wasservergiftung, …

Wir stehen jetzt vor einem nächsten Schub. Die vier großen Disruptionen rund um nachhaltige Energiegewinnung, -speicherung und -nutzung mit gleichzeitiger Revolution in Nahrungsproduktion und künstlicher Intelligenz und Robotik berühren alle Wirtschaftsbereiche und die gesamte Menschheit.

Zum ersten Mal haben wir es in der Hand eventuelle negative Seiteneffekte vorwegzunehmen und im Zug der Disruption gleich zu beheben.

Errungenschaften der Vergangenheit können voll genutzt werden.
Die Menschenrechte waren vor 200 Jahren kaum verankert und können und müssen voll umgesetzt werden.
Tier- und Biotopschutz war kein Begriff vor 100 Jahren und kann voll umgesetzt werden. Wir wissen schon jetzt so viel mehr über Meere und Atmosphäre.

Nötig für die Lösung all unserer globalen Probleme ist großer Reichtum, der uns ermöglicht Maßnahmen zu ergreifen, die jetzt noch undurchführbar sind.
Neben unseren menschlichen Fähigkeiten ist Reichtum das Werkzeug, das einen blühenden gesunden Planeten möglich macht.

Intelligent eingesetzter Reichtum löst Probleme.

Wirtschaftsmodelle, welche die großen Disruptionen berücksichtigen, zeigen, dass die Weltwirtschaftsleistung und unsere Fähigkeit Probleme zu lösen, sich schnell vervielfachen werden.

Viel schneller als momentan allgemein erwartet wird.

Das wär doch was!

Die Disruption von Energie-Erzeugung und Speicherung

Energie ist die Basis aller wirtschaftlichen Aktivitäten.
Viel Energie bedeutet Fülle und Reichtum.

Die Sonne beschenkt uns mit 1,6KW pro Stunde pro Quadratmeter. Das klingt nicht viel ist aber mehr als das hundertfache unserer momentanen Energieproduktion. Ein großer Teil wird von Pflanzen in nutzbare Energie umgesetzt ernährt uns direkt über diese Pflanzen oder über Tiere, die Pflanzen fressen.
Einen ganz kleinen Teil verwandeln wir über Solarpaneele in Elektrizität.
Wir haben bereits über die Kostenkurven und S-Kurven in Bezug auf Solarenergie gesprochen. Kombiniert mit Wind und günstigen Batterien kann Solar unsere komplette Wirtschaft versorgen und hat bereits jetzt die geringsten Investitions- und Wartungskosten pro Kilowatt erzeugter Energie.

Ganz interessant ist der Vergleich mit Atomstrom, weil dieser auch als klimaverträglich gilt. Folgendes Video ist sehr informativ zu diesem Thema:
RethinkX - https://www.youtube.com/watch?v=c0f1L0XUIQ8
Neben vielen anderen Argumenten sind es ganz einfach die Kosten, die Investition in Atomstrom völlig sinnlos machen. Atomstrom kostet bereits jetzt ein Vielfaches pro erzeugter KWH als Solarenergie. Atomstrom ist aber eine der wenigen Technologien, die eine steigende Kostenkurve haben, das bedeutet, Atomkraftwerke werden seit vielen Jahren immer teurer pro KWH. Immer noch wird Atomstrom von vielen Staaten gestützt. Interessant ist eine Regel, dass Atomstrom mit der höchsten Priorität eingespeist wird. Während andere Kraftwerke an windigen Sonnentagen dafür zahlen einspeisen zu dürfen, bekommen Atomkraftwerke immer noch Geld. Uran ist zudem ein begrenzter Rohstoff. Außerdem radioaktiv, giftig, nur unter großen und teuren Sicherheitsvorkehrungen transporttierbar.
Es gibt nur einen triftigen Grund Atomkraftwerke zu bauen.
Als Vorstufe zur Kernwaffen-Produktion.

Kernfusion ist extrem teuer und nicht erprobt. Ich nehme an, dass Kernfusion in einigen Jahren nutzbar wird. Insbesondere in Nischen wie extra schnelle Raumschiffe und Kolonien jenseits der Marsbahn.
Für die generelle Energieproduktion sind sie zumindest für die nächsten Jahrzehnte um ein Vielfaches zu teuer.

Fossile Energieträger sind seit etwa 2020 nicht mehr konkurrenzfähig und zusätzlich wegen der Nebenwirkungen nicht akzeptabel. Dort zu investieren ist eine folgenschwere Fehlinvestition, wird aber immer noch von Staaten gefördert.

Die vorliegenden Daten legen nahe, dass wir genug Energie haben werden, um die

Probleme um Klima, Verteilungsgerechtigkeit, Biodiversität, etc. zu lösen. Fülle an Energie ist ein notwendiges Werkzeug. Allein die erprobten Technologien wie Solar-Paneele, Batterien, verschiedenste Elektromotoren und Elektrolyse, um Wasserstoff für Nischen-Verwendungen zu produzieren reichen im Überfluss aus, um unsere Zukunft zu sichern.
Die Speicherkapazität der Batteriesystem, die Kraftwerke ersetzen, steigt exponentiell an und ist ein gutes Geschäft für die Netzbetreiber und die Produzenten.

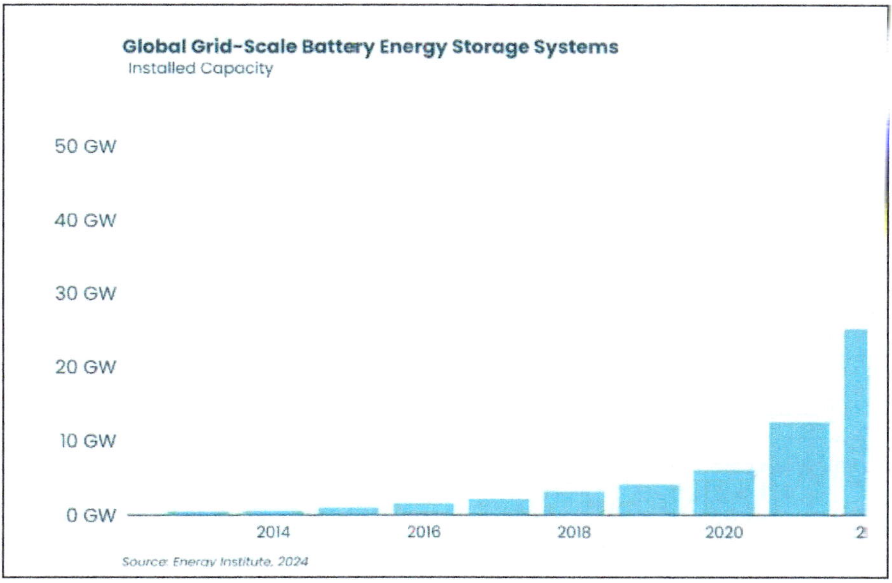

Ich spreche zwar viel von Australien, weil ich dort die Entwicklung verfolgt habe, aber die Action scheint in China und den USA zu sein.
Aus Texas und Kalifornien wird berichtet, dass die neuen Batteriesysteme bereits in September 2024 die jährlichen Sparaufrufe und Blackouts verhindert haben.
Pro Kopf steht UK und Australien recht gut da. Österreich nicht.

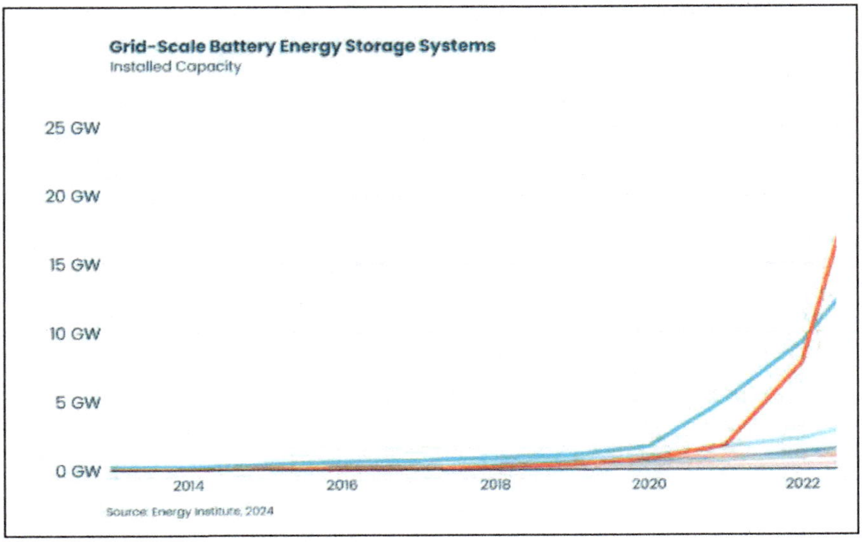

Wettbewerbsnachteil

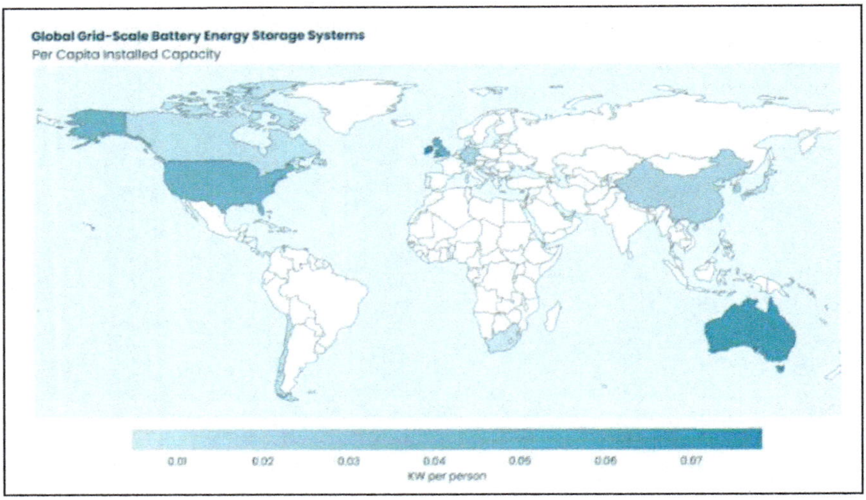

Die Disruption von Mobilität, Transport und Industrie

Industrie und Mobilität tragen im Moment massiv zur Schädigung unseres Klimas, der Meere und der Natur im Allgemeinen bei.

Ein großer Teil des Schadens entsteht durch die Verwendung schädlicher Energieformen. In der Diskussion über unsere zukünftige Energieversorgung haben wir festgestellt, dass wir bereits jetzt über erprobte Formen der Energieproduktion und Speicherung verfügen.
Wir müssen nur noch erprobtes expandieren (Solar + Wind + Batterien).

Der Individualverkehr wird gerade entlang einer exponentiellen S-kurve auf elektrisch umgestellt. Manche mögen sagen: "Aber es sind doch noch fast alle Fahrzeuge Benziner oder Diesel!" Ja, 20 Jahre, bis das Problem im Wesentlichen vom Tisch ist.

Die Produktionskapazität von Elektrofahrzeugen steigt 40-60% pro Jahr. Bereits vor dem Jahr 2030 werden kaum mehr Diesel oder Benziner verkauft. Im professionellen Bereich der schwereren Fahrzeuge wird die Kosten/Nutzen-Rechnung noch schneller als im Privatbereich für einen schnellen Wechsel sogen. Der Tesla-Lastwagen kostet über die Lebenszeit einen Bruchteil der Diesel/Benziner-Konkurrenz.

Der Engpass und damit die große Aufgabe bei allen neuen Produkten in dieser Phase der Disruption ist das Hochfahren der Produktion.

Oft wird Mangel an Bedarf angesprochen. Trotzdem haben die guten Produzenten immer alles verkauft, was sie produzieren. Ja, es werden auch Elektroautos auf Halde produziert, aber nur jene, die unzureichende Kostenstruktur = Design haben. Es trennt sich Spreu vom Weizen.

Chinesische Firmen haben gerade bekanntgegeben, dass sie Batterien mit einer Energiedichte von über 700KW/KG produzieren und bereits entsprechende Flugzeugkonzepte entwickeln. 500KW/KG galt als die Grenze. Flugzeuge können aber auch übergangsweise mit Wasserstoff fliegen, sauber aus überschüssiger Solarenergie erzeugt. Wasserstoffeinsatz ist sehr ineffizient, aber vertretbar, wenn aus sauberer Überschussenergie produziert.
Schiffe und Industriebetriebe werden durch den Wechsel auf nachhaltige Energieformen sauberer.
In der Industrie gibt es viele chemische Prozesse, die Treibhausgase oder Gifte erzeugen (z.B. Zement- und Stahl-Produktion). Meist werden momentan alternative Produktionsmethoden aus Kostengründen nicht eingesetzt. Das ändert sich in

diesen Jahren mit sehr billiger Energie und stark beschleunigter Innovation (Künstliche Intelligenz - AI).

Transport und Industrie werden nach den Modellen von RethinkX (etwa 2040) vollständig nachhaltig laufen können. Einfach weil es zu teuer (= sinnlos und schädlich) ist, Ressourcen zu verschwenden und die Umwelt zu vergiften.

Ein deutliches Indiz für lokal optimierende (gruppen-egoistische) Eingriffe sind steigende oder flache Kostenkurven für die Produkte einer Industrie.
Das wird seit längerem deutlich bei Kernkraft, aber in den letzten Jahren zunehmend in der klassischen Auto- und Energie-Industrie.

Die Disruption von Nahrung und Flächennutzung

Die dritte Disruption ist zuletzt in meinen Fokus gekommen.
Ich sah sie weit in der Zukunft.
Nahrungserzeugung und Flächennutzung unseres Planeten wird aber in naher Zukunft auf den Kopf gestellt. Die ersten Ansätze sind sichtbar.

Das Team von RethinkX hat zwei große Treiber der Disruption der Nahrungsmittelerzeugung identifiziert.

Die erste nennen sie 'Precision Fermentation'. Dabei werden biologische Prozesse industriell nachgebaut und verbessert. Die Kosten 1KG Milcheiweiß zu produzieren sind von 2013 bis 2022 von ca 3000$ auf ca 30$ gesunken und folgen konsequent einer disruptiven Kostenkurve. 2030 wird Eiweiß aus Präzisionsfermentierung nur noch ein Fünftel des entsprechenden Tiereiweiß kosten. Zugleich können Eigenschaften, wie Verträglichkeit, Biss, Geschmack und Vitamingehalt der resultierenden Nahrung fein eingestellt werden.

Ebenso wird seit 2013 wird die Kostenkurve der 'Cell Agriculture' verfolgt. Dafür werden Zellen so designed, dass sie Komponenten von Nahrungsmitteln erzeugen. Zellen werden zu unseren Haustieren.
Die Kostenkurve folgt wieder dem disruptiven Trend und ist von etwa 2 Millionen $ pro KG 2013 auf etwa 20 $ pro Kilo 2022 abgestürzt.

Diese Entwicklung wird gerade sehr stark durch den Einsatz von künstlicher Intelligenz beschleunigt.

2030 wird es schon ökonomisch sinnlos sein, für Haustieren und industrielle Agrarwirtschaft große Flächen unseres Planeten zu reservieren.

Etwa 2,7 Milliarden Hektar werden frei für Renaturierung und Aufforstung.
Wenn man diese Flächen einfach sich selbst überlässt, würden schon 20% unserer momentanen jährlichen Kohlenstoffemission aus dem Kreislauf genommen.
Aktive Einflussnahmen von uns kann ein Vielfaches erreichen.

4,5 Millionen kommerzielle Fischerboote/schiffe werden überflüssig.
Maritime Ökosysteme können sich erholen.

Um Bauern und Fischer müssen wir uns kümmern. Wie Industrieangestellte stehen sie dann ohne Einkommen da und ihr Beruf hat oft tiefe kulturelle Bedeutung. Siehe Politik.

Und wer wird die industriell erzeugte Nahrung wirklich essen wollen?

Ich persönlich habe Lachs aus einem ähnlichen Prozess verspeist. Das war noch nicht überzeugend. Aber hier gehe ich wieder in Falle des linearen Denkens. Die Produkte sind am Markt, kostengünstig aber noch mangelhaft.
Bereits jetzt haben mich die Burger aus solchen Prozessen überzeugt.

In Zukunft bekomme ich mein Sushi in bester und garantierter Qualität, ohne Keime, keine Gifte verwendet oder enthaltend, ohne Antibiotika und das Rindfleisch ohne Leid in einer ungeahnten Qualität geliefert.
Das wäre die Feinschmeckerseite.

Milliarden Menschen auf unserer Welt werden aber zum ersten Mal gesundes, sauberes und billiges Essen und Wasser genießen können.

Natürlich werden sich die Reichen dieser Welt auch das 'echte' Rindfleisch vom japanischen Ochsen gönnen oder die Milch von einer echten Kuh.
Sie zahlen gerne einem hohen Preis beim Kauf und haben ein gutes Gefühl dabei.
Diese Art der „natürlicher" Nahrung wird ein Nischenprodukt sein.

Wir werden also besser essen, weniger Energie und Fläche verbrauchen und damit den Erneuerungsprozess für unseren Planeten beschleunigen.

Die Disruption der ARBEIT

Bei der vierten planetare Disruption geht es um Arbeit.
Was hat Arbeit mit Klimawandel und Nachhaltigkeit zu tun.
Kurz: Viel!
Wir haben viel zu denken, forschen, planen und tun, um eine gute Zukunft für unsere Kinder und uns selbst sicher zu stellen.

Der Grund für meine Zuversicht liegt im Zusammenfließen der vier großen Disruptionen, die sich gegenseitig verstärken.
Die Wissenschaftler des Thinktanks RethinkX identifizieren 3 Komponenten der Disruption der 'Arbeit'.

Zunächst Automatisierung. Seit über hundert Jahren ist Automatisierung in der Industrie ein mächtiger Trend. Doch immer gab es Lücken in den Wertschöpfungsketten. Das gab Menschen Arbeit. Das ändert sich gerade. Darum läuft die Gewerkschaft in Deutschland gerade Sturm gegen die Erweiterung der Tesla-Fabrik bei Berlin.
Es müssen Lösungen für den Übergang und danach gefunden werden.
Dazu mehr später.

Vollautomatisierung praktisch aller industriellen Prozesse wird möglich.
Ich habe noch den Versuch von Tesla im Jahr 2017 in Erinnerung, als sie versuchten, die Produktion des Model 3 weitgehend zu automatisieren. Was folgte nannte Elon Musk 'Production Hell'. Monatelang arbeitete und schlief Musk im Werk, bis die Produktionslinie weit weniger automatisiert war aber eben funktionierte.
Es fehlten essentielle Komponenten der Lösung.

Das führt zur zweiten Teil-Disruption, dem Einsatz von Robotern.
Überall, in jeder Funktion.
Woran Tesla 2017 scheiterte, ist, dass Umgang mit weichen Materialien, wie Textilien und Kabeln, nicht automatisierbar war. Die Fehlerrate war unakzeptabel hoch. Menschen können das immer noch viel besser. Jetzt baut Tesla humanoide Roboter, die alles können sollen, was üblicherweise Facharbeiter in der Fabrik machen. 2024 werden bereits einige dieser Roboter wertschöpfend in den Fabriken eingesetzt. Tesla setzt dazu auf den gleichen Chip und dieselben Trainingsmethoden wie bei ihren vollautomatischen Autos.

Intelligenz ist die Essenz der Innovation und der monumentalen Leistungen, die nötig sind, um unseren Planeten ins Gleichgewicht zu bringen.

Industrieexperten erwarten, dass Allgemeine Künstliche Intelligenz etwa 2028 in praktisch allen Bereichen die besten menschlichen Leistungen übertrifft und sich dann exponentiell weiterentwickelt.
Das bedeutet, dass mein Hausroboter, alle Arbeiten in meinem Haushalt, intelligente Konversation, meine Arbeit, eben alles, was ich mache, besser macht als ich. Ich bin der Wille, ich habe Wünsche. Der Roboter macht. In den Fabriken ist das ähnlich.

Und was passiert dann?
So, also die Roboter können dann alles besser als wir.
Das hat auch positive Effekte.
Unsere Produktivität als Menschheit und damit unser Reichtum, unsere Fähigkeit Probleme zu lösen (und Probleme zu machen) steigt sprunghaft an.

Wieder stellt das Wissenschaftlerteam von RethinkX fest, dass dieser Trend wegen der verbundenen S- und Kostenkurven von selbst läuft.
Fähigkeiten steigen exponentiell an bei gleichzeitig sinkenden Kosten.

Wir Menschen haben die Aufgabe, das zu steuern.

Es gibt aber auch andere Effekte.
Was ist mit meinem Job? Der ist weg.
Und was mach ich dann? Gute Frage.
In einem anderen Artikel diskutiere ich die Sinn-Disruption.
Wir gehen auf eine Sinnkrise zu. Jede und jeder einzelne.

UBI ... Universal Basic Income wird notwendigerweise eingeführt.
Ein erfülltes Leben wird nicht mehr über Geldverdienen definiert.
Innovatoren sprechen inzwischen von Universal HIGH Income (UHI).
Nur „basic“ führt zu weitverbreiteter Unzufriedenheit, weil ja viele Menschen mehr Ressourcen als andere haben.
„HIGH“ bedeutet, dass alle Menschen ihre Potentiale voll entfalten können und ALLE, weltweit in Fülle leben.

Aber was dann? Gute Frage.
Weise Menschen haben diese Frage seit Jahrtausenden beantwortet.
Die Besinnung auf die Frage nach dem Sinn und das Training der nötigen Fähigkeiten, Seelenbildung, ... werden zum zentralen Thema für uns.

Zurück zu den einfachen Themen, wie die Rettung der Weltmeere:
16 Kubikkilometer geeignetes Gestein pro Jahr abzubauen, zu zerreiben und in den Weltmeeren zu verteilen ist eine Mammut-Aufgabe, die momentan außer

Reichweite ist. Nicht mehr lange. Künstliche Intelligenz hilft uns den Prozess ohne negative Seiteneffekte zu designen, Roboter machen die Arbeit (Robotschiffe, Robotbagger, humanoide Roboter) und sind von künstlicher Intelligenz gesteuert. Der Prozess, inklusive dem Bau der Schiffe und der Roboter verläuft nach der initialen Aufbauphase vollautomatisch.
Menschen verfolgen den Fortschritt und haben die Möglichkeit einzugreifen.

Und wenn Menschen mit dummen oder bösen Absichten, diese Fähigkeiten bekommen (Und sie werden sicher danach greifen)?

Die Angst, dass diese Fähigkeiten für die Menschheit zu groß und zu gefährlich sind, bekommt jetzt schon starken Zuspruch.
Ein verständlicher Wunsch vieler Menschen scheint naheliegend:
Diese Disruptionen müssen verhindert werden.

Das wird zwei Effekte haben.
Die bösen und dummen Akteure beschaffen sie sich trotzdem (Siehe Atombomben) und wir, stehen ohne Lösung für den Planeten da.

Da wird wohl notwendig sein, mit dem ‘Bösen’ in uns, der Menschheit, konstruktiv und konsequent umzugehen.

Für mich ist ein Hoffnungsschimmer, dass ‘Böses’ normalerweise aus Trauma, Mangel und Angst geboren wird. Menschen sind grundlegend gut und sozial angelegt, wie viele Studien und Weisheit des Altertums uns mitteilen.

Fülle kann helfen diese Auslöser zu heilen.
Menschenbildung von früher Kindheit an verhilft zu einem erfüllten Leben.

Damit kehre ich wieder zurück zu dem Hauptthema dieses Buches:
Wie kann ich und immer mehr Mitmenschen jeden Tag der besten Version ihrer selbst näherkommen und damit einen kleinen Beitrag leisten?

Keine Arbeit!
Wozu sind wir Menschen dann noch da?

Die zentrale Frage: Was ist “Arbeit”? Physische und auch Wissens-Arbeit wird in den nächsten Jahrzehnten durch Maschinen übernommen.
ChatGPT hat in kleinem Ausmaß gezeigt, was als Nutzen und als Gefahr auf uns zukommt.

Ärmere Länder können nicht hoffen, wie wir, in einer Phase der Industrialisierung gut bezahlte Arbeit für viele zu bekommen. Schon jetzt hat Afrika den Bau eines flächendeckenden Telefonnetzes übersprungen. In Nigeria ist die Telefondichte durch Handis sprunghaft angestiegen und hat in sonst abgeschnittenen Dörfern wirtschaftliche Möglichkeiten erschlossen.
Ein Handy, Solarpanel, drei Ziegen und eine kleine Landwirtschaft sind ein Leitunternehmen im Dorf. Meist von einer Frau geführt.

Eine weitverbreitete Projektion sagt uns, dass 47% der Jobs um 2030 herum nicht mehr in der Form existieren werden.
Ich denke, dass untertreibt die Wirkung der vier Disruptionen.

Aber was ist “Arbeit”. Meist wird Geldverdien-Arbeit darunter verstanden.
Das bedeutet, dass das jene Arbeit ist, die ich mache, damit ich das tun kann, was ich eigentlich tun will.

Diese Einstellung zu “Arbeit” wird sich ändern müssen, wenn wir glücklich sein wollen. Die fremdbestimmte Arbeit wird uns genommen und die Einführung eines UHI (Universal High Income) wird nötig.
Weltweit! Auch in Afrika, Südamerika und sonst wo.
Unumgänglich ist UHI, weil sonst soziale Spannungen unsere Entwicklung torpedieren werden. Der Rückzug in eine reiche Festung ist nicht nachhaltig, das heißt (hoffentlich) inhärent instabil.
Finanziell realisierbar ist UHI, weil sich die Produktivität des Planeten unter nachhaltiger Verwendung der Ressourcen vervielfachen wird.
Ein weiterer Widerspruch zur gängigen Lehre, die Wirtschaftswachstum mit Ressourcenverschwendung gleichsetzt und aus dieser Annahme heraus ablehnt.

Wir werden auf den Sinn unseres Lebens, auf unsere Fähigkeit unser Potential zu entwickeln, zurückgeworfen.
Das führt mich zu einer Disruption, die uns ganz persönlich betrifft.

Ich nenne sie die “Sinn-Disruption”.

Die “Sinn-Disruption” führt jetzt schon zu Wellen der Hoffnungslosigkeit und Depression bei vielen (jungen) Leuten.

Das führt zu der Aufgabe, alles zu tun, allen Menschen die Möglichkeiten zu geben, ihr Potential, ihren Sinn im Leben zu entfalten.
Gelingende Persönlichkeitsentwicklung ist kein Luxus, sondern eine nötige Voraussetzung für ein glückliches Leben ALLER Menschen.

‘Arbeit’ ist dann die Haltung und Tätigkeit, mit der ich an jedem Tag mein Potential realisiere und erweitere und damit ein wenig Nutzen für meine Umgebung schaffe.
Geld verdiene ich damit, oft, nicht.

Aber ich, meine Familie, die Gemeinschaften um mich und die Welt bekommen die Chance ein wenig glücklicher zu sein.

Die SINN-Disruption und ihre Lösung

Wie schon bemerkt, machen die großen technologischen Disruptionen eine Redefinition der menschlichen “Arbeit” nötig. Damit einher geht die Notwendigkeit jedem Menschen auf diesem Planeten ein sinnvolles, ein volles Leben jenseits von Geldverdienen zu ermöglichen.

Die finanziellen Voraussetzungen werden über die nächsten 20 Jahre durch die technologischen Disruptionen geschaffen.

Die psychologischen und sozialen Voraussetzungen zu schaffen, wird ein politisches Thema erster Ordnung. Milliarden frustrierte Arbeitslose wären ein Katastrophenszenario, das die Hölle auf Erden bedeuten und das Paradies in weite Ferne rücken würde.

Der Weg wird nicht geradlinig sein, sondern zwischen Varianten von Hölle und Paradies hin und her federn.

Ich hoffe, und Millionen Menschen arbeiten daran, dass die Richtung Paradies dominieren wird. Während die technologischen Disruptionen zwingend erscheinen, fürchte ich, dass die Sinn-Disruption länger braucht und ein höheres Risiko des Scheiterns hat. Krankheit, Hunger, Trauma, Wut und Angst hinterlassen innere Verletzungen bei hunderten Millionen von Menschen.

Heilung und darüber Hinauswachsen ist ein weltbewegendes Projekt.

Abraham Maslow und viele andere beantworten die Frage seit einigen tausend Jahren nach dem Sinn mit dem Postulat, dass wir ein gutes, glückliches Leben haben, wenn wir die Differenz zwischen dem gegenwärtigen Zustand und unserem Potential jeden Tag ein wenig schließen.
Viktor Frankl sagt, dass Freiheit in dem Raum zwischen Stimulus (der Situation) und meiner Reaktion liegt.
Mit der Erfahrung aus seiner Horrorzeit im KZ, kann er sagen:
„Niemand kann mir diese Freiheit nehmen.
Aber ich kann sie verschenken und Sklave der Situation werden.“

Um ein gutes Leben für alle zu realisieren, brauchen mehr als acht Milliarden Menschen gesunde Nahrung, sicheres Wohnen, Bildung und Erziehung zum Sein, ein hervorragendes Gesundheitssystem und die Freiheit ihr Potential zu entfalten.

Viele Organisationen weltweit gehen jetzt schon Wege, um diese Rahmenbedingungen zu schaffen. Im Idealfall wachsen gerade Millionen von Mentorinnen, von Heilern, von Lehrern, Trainern und Coaches heran, die Kinder und Erwachsene unterstützen, ihren ganz individuellen Lebenssinn in Harmonie mit einem gesunden Planeten zu entwickeln.

Die Khan-Academy hat einen AI-Coach für Kinder entwickelt. Jedes Kind kann schon jetzt einen kompetenten, weisen, geduldigen Coach bekommen. Ein afghanisches Mädchen hat so die Studienberechtigung in den USA erworben und ihre Flucht aus dem Heimatland geplant und durchgeführt. Voraussetzung: eine Internetverbindung und Menschen, die dem Kind im Hinterkammerl des elterlichen Hauses den Einstieg ermöglichen.

Frederic Laloux hat mit seiner Frau das Projekt „The WEEK" gestartet. Vorgangsweise: Du suchst den Link zum Projekt und einige Menschen, die mit dir die Situation des Planeten erforschen und dann etwas Sinnvolles beitragen wollen und wirst mit drei 45 Minuten Filmen und Diskussion an die Sache heran geführt. Daraus entwickelt sich gerade ein weltweites Netzwerk, das in Familien, in der Nachbarschaft und im größeren Umfeld Veränderung einleitet.

Der hier oft erwähnte Brian Johnson hat bereits Über zehntausend Coaches ausgebildet, die beitragen, die Welt zu einem besseren Platz zu machen.
Es braucht Mut, für diese Welt etwas zu bewegen.
Mut ist nach seiner Definition „Der Wille zu handeln in der Präsenz von Angst".
Seine Organisation „Heroic" will mithelfen, dass im Jahr 2051, mehr als 51% der Weltbevölkerung alles haben, um ihr Potential voll zu entfalten.

Mangelnder Horizont, Achtlosigkeit, Trauma, Frust, Ungerechtigkeit, Wut, Kriege und Diktatoren werden in den nächsten Jahren großes Unglück in die Welt bringen.

Es gibt, aus meinem kleinen Sample abgeleitet, hunderttausende Organisationen, die jetzt schon viele Millionen Menschen erreichen und Schritt für Schritt die Hindernisse beseitigen, die uns von einer Lösung der großen Probleme der Menschheit trennen.

Unsere Situation als Einzelperson und als Teil einer geforderten Menschheit macht es nötig, jeden Tag wie ein werdender Spitzensportler zu nutzen, um körperliche, mentale und seelische Muskeln zu trainieren.

Das macht uns selbst ein Stück glücklicher und macht jeden Tag zu einem kleinen Geschenk für den Planeten und die Wesen, die ihn bewohnen.

Sinn, Glück und Erfüllung für mich, meine Familie und alle Menschen ist das große Ziel.

Der Weg aber ist eine tägliche Heldenreise,
die am Morgen mit Sorgen beginnen kann,
Training, schwierige Situationen, kleine Siege, ...
Heimkehr und Dankbarkeit am Abend.

Anhang

Literaturverzeichnis

Ich bin Autoinnen und Autoren der folgenden Schriften zu tiefem Dank verpflichtet!
Sie haben dieses Buch und mein Leben reicher gemacht!

- **Adams Miller, Caroline**
  - *Getting Grit: The Evidence-Based Approach to Cultivating Passion, Perseverance, and Purpose*. Sounds True, 2017.
  - *Creating Your Best Life: The Ultimate Life List Guide*. Sterling Publishing, 2009.
- **Aurelius, Marcus**
  - *Meditationen*. Mehrere Ausgaben und Übersetzungen.
  - *Meditations* (englische Übersetzung). Translated by Gregory Hays, Modern Library, 2002.
- **Bradbury, Ray**
  - *Fahrenheit 451*. Ballantine Books, 1953.
  - *The Martian Chronicles*. Bantam, 1950.
  - *Dandelion Wine*. Bantam, 1957.
- **Branden, Nathaniel**
  - *The Six Pillars of Self-Esteem*. Bantam, 1994.
  - *Breaking Free*. Bantam Books, 1970.
  - *My Years with Ayn Rand*. Jossey-Bass, 1999.
- **Byron Katie**
  - *Loving What Is: Four Questions That Can Change Your Life*. Harmony Books, 2002.
  - *A Thousand Names for Joy: Living in Harmony with the Way Things Are*. Harmony Books, 2007.
- **Chödrön, Pema**
  - *When Things Fall Apart: Heart Advice for Difficult Times*. Shambhala, 1997.
  - *The Places That Scare You: A Guide to Fearlessness in Difficult Times*. Shambhala, 2001.
- **Clear, James**
  - *Atomic Habits: An Easy & Proven Way to Build Good Habits & Break Bad Ones*. Avery, 2018.
- **Dalio, Ray**
  - *Principles: Life and Work*. Simon & Schuster, 2017.
  - *Principles for Dealing with the Changing World Order*. Simon & Schuster, 2021.

- **Donnelly, Darrin**
  - *The Mental Game: Winning the War Within Your Mind*. Shamrock New Media, 2017.
  - *Think Like a Warrior*. Shamrock New Media, 2016.
- **Emerson, Ralph Waldo**
  - *Essays: First Series*. James Munroe & Co, 1841.
  - *Nature*. James Munroe & Co, 1836.
- **Ende, Michael**
  - *The Neverending Story*. Penguin, 1979.
  - *Momo*. Thienemann Verlag, 1973.
- **Easwaran, Eknath**
  - *The Bhagavad Gita for Daily Living*. Nilgiri Press, 1975.
  - *Meditation: A Simple Eight-Point Program for Translating Spiritual Ideals into Daily Life*. Nilgiri Press, 1978.
- **Gelb, Michael**
  - *How to Think Like Leonardo Da Vinci: Seven Steps to Genius Every Day*. Dell Publishing, 1998.
  - *Creativity on Demand: How to Ignite and Sustain the Fire of Genius*. Sounds True, 2014.
- **Holiday, Ryan**
  - *The Obstacle Is the Way: The Timeless Art of Turning Trials into Triumph*. Portfolio, 2014.
  - *Ego Is the Enemy*. Portfolio, 2016.
  - *The Daily Stoic*. Portfolio, 2016.
- **Johnson, Brian**
  - *Areté: Activate Your Heroic Potential*. Heroic, 2022.
  - *Philosopher's Notes*. Heroic, 2008.
- **Kotler, Steven**
  - *The Rise of Superman: Decoding the Science of Ultimate Human Performance*. Houghton Mifflin Harcourt, 2014.
  - *Stealing Fire: How Silicon Valley, the Navy SEALs, and Maverick Scientists Are Revolutionizing the Way We Live and Work*. Dey Street Books, 2017.
- **Lyubomirsky, Sonja**
  - *The How of Happiness: A New Approach to Getting the Life You Want*. Penguin Press, 2007.
  - *The Myths of Happiness*. Penguin, 2014.
- **Rand, Ayn**
  - *Atlas Shrugged*. Random House, 1957.
  - *The Fountainhead*. Bobbs-Merrill Company, 1943.
  - *Capitalism: The Unknown Ideal*. New American Library, 1966.

- **Rohr, Richard**
    - *Falling Upward: A Spirituality for the Two Halves of Life*. Jossey-Bass, 2011.
    - *The Universal Christ: How a Forgotten Reality Can Change Everything We See, Hope For, and Believe*. Convergent, 2019.
- **Singer, Michael**
    - *The Untethered Soul: The Journey Beyond Yourself*. New Harbinger Publications, 2007.
    - *Living Untethered: Beyond the Human Predicament*. New Harbinger Publications, 2022.
- **Stutz, Phil & Michels, Barry**
    - *The Tools: Transform Your Problems into Courage, Confidence and Creativity*. Spiegel & Grau, 2012.
    - *Coming Alive: 4 Tools to Defeat Your Inner Enemy, Ignite Creative Expression & Unleash Your Soul's Potential*. Knopf, 2017.
- **Swami Yogananda, Paramahansa**
    - *Autobiography of a Yogi*. Self-Realization Fellowship, 1946.
    - *The Second Coming of Christ: The Resurrection of the Christ Within You*. Self-Realization Fellowship, 2004.
- **Taleb, Nassim Nicholas**
    - *Antifragile: Things That Gain from Disorder*. Random House, 2012.
    - *The Black Swan: The Impact of the Highly Improbable*. Random House, 2007.
- **Twain, Mark**
    - *The Adventures of Tom Sawyer*. American Publishing Company, 1876.
    - *The Adventures of Huckleberry Finn*. Charles L. Webster and Company, 1884.
    - *The Complete Works of Mark Twain*. Harper & Brothers, 1909.

Printed by Amazon Italia Logistica S.r.l.
Torrazza Piemonte (TO), Italy

64525400R10238